U0922877

人文价值的再发现及新诠释

第六届中韩人文学论坛文集

인문가치의
재발견과 새로운 해석

高　翔　主编

目录 CONTENTS

历史

哲学

语言教育文化

代序言一

在第六届中韩人文学论坛开幕式上的致辞

高　翔

（中国社会科学院副院长）

尊敬的朴栢范副部长、尊敬的卢贞惠理事长、尊敬的中韩专家学者，
女士们、先生们：

大家下午好！

金秋时节，第六届中韩人文学论坛如期举行。很高兴出席此次论坛，在此我谨代表中国社会科学院向论坛召开致以热烈祝贺，向中韩两国与会专家学者表示衷心欢迎。我们原定今秋在首尔相聚，但因突如其来的新冠肺炎疫情，双方商定本届中韩人文学论坛采取线上线下相结合方式举办。在此，我向为论坛付出辛劳的中韩双方工作团队表示由衷感谢。

中韩地缘相近，人缘相亲，两国文化交往源远流长。中韩建交 28 年来，两国政治互信不断加深，经贸合作日益深化，各领域交流成果丰硕，给两国人民带来了实实在在的利益。

今年以来，新冠肺炎疫情给各国人民生命健康带来前所未有的威胁。在中国抗疫面临物资紧缺的时候，文在寅总统表示“中国的困难就是我们的困难”，韩国政府和社会各界纷纷向武汉等地捐资捐物，给予中方帮助和支持。在韩国疫情严峻时刻，中国人民感同身受，同样伸出援手。正如习近平主席所说，“在共同抗击疫情过程中，中韩始终守望相助、风雨同舟、相互支持、相互帮助”。患难见真情，中韩两国为合作抗疫树立了典范，为国际社会战胜疫情增添了信心与动力。

“中韩人文学论坛”于 2015 年创立，轮流在两国举办，已成为两国人

文交流领域的国家级重要平台。5 年来，以论坛为桥梁，双方学术界就传统与现代、传承与创新、交流与互鉴等主题展开对话和交流，为增进双方了解与互信、促进中韩友谊不断加深、推动两国友好关系向前发展发挥着独特作用。

本届论坛以“人文价值的再发现及新诠释”为主题，具有重要的现实意义和价值。面对新冠肺炎疫情，中韩两国彼此支持、紧密合作，正是以仁爱、集体主义为特征的东亚传统文化精神的生动体现。面对当今世界百年未有之大变局，两国学者通过开展深入的学术对话，实现人文学文化价值的再发现、新诠释，必将为两国发展、地区合作，乃至世界和谐与繁荣注入人文智慧与活力。

肝胆每相照，冰壶映寒月。本次论坛中韩两国学者虽不能现场见面，秉持增进理解、深化友谊的真诚愿望，相信论坛一定能取得预期成效，为筑牢中韩友好合作人文根基、推动两国关系迈向更高水平做出新贡献。

最后，预祝第六届中韩人文学论坛圆满成功！

祝各位专家学者身体安康、万事如意！

代序言二

在第六届韩中人文学论坛上的致辞

〔韩〕卢贞惠

（韩国研究财团理事长）

大家好！

我是韩国研究财团理事长卢贞惠。首先谨向出席第六届韩中人文学论坛的各位嘉宾表示欢迎和感谢。同时，感谢韩国教育部朴栢范副部长，中国社会科学院高翔副院长、卜宪群所长和韩国人文学总联合会代表会长朴逸勇先生为此次论坛致辞。

去年我在首尔跟高翔副院长见过面，他对韩中人文学论坛给予了很大的支持。当前，受到新冠肺炎疫情的影响，开展各种交流活动存在困难，在双方的共同努力下，本届论坛以线上形式举办，以期为两国学者提供交流的平台。

企划委员会委员长柳东春教授及相关人员为此次论坛做了大量筹备工作，韩中两国人文学学者分别围绕文学、历史、哲学、语言教育文化四个领域的议题展开讨论，在此向各位表示感谢。

如今，在新冠肺炎疫情全球大流行的形势下，人类面临前所未有的困境和挑战。一方面，人们承受着疾病带来的痛苦和恐惧；另一方面，各种防疫措施的实施给社会生活造成极大的不便，并将长期给经济发展带来不利影响，在今后相当长的一段时期内，疫情还将持续给社会造成压力。在疫情的影响下，不仅个人生活，教育、文化、政治、国际关系等社会各领域都将发生巨大的变化。

如果从这个角度来看，治疗药物和疫苗的供给将是结束疫情全球大流行的有效途径，但与之相比，心理上的治疗和“精神疫苗”更加重要。人们往往致力于通过科学和医疗技术的发展使传染病得到控制，但我认为，也许我们可以尝试探索一条新路径，从人类社会价值和责任的层面寻找出路。这样来看，本届韩中人文学论坛以“人文价值的再发现及新诠释”为主题是恰合时宜的。

各个分论坛的主题，如“后疫情时代的人文学作用”“通过灾难及抗灾过程审视韩中历史”等，不仅是韩中两国共同关注的话题，在世界范围内也受到广泛关注。

多年来，韩国和中国在社会、经济、文化、学术等各方面相互尊重，始终保持友好关系。尤其是，2013 年韩中两国首脑发表《中韩面向未来联合声明》，进一步扩大了两国间的人文交流。在此背景下，我们于 2015 年举办了第一届韩中人文学论坛，并持续至今，希望通过该活动维持并加强两国间的人文纽带。

今后，韩中人文学论坛将成为促进两国人文学发展，增进相互交流和实现共同繁荣的平台。当前形势下，为了使人类继续幸福地生活下去，进行人文学反省十分重要。从这个意义上看，韩中人文学论坛将跨越两国范围，成为世界人文学发展的基础。希望人文学价值得到广泛共享，以使人类作为自然的存在、社会的存在而永久存续下去。期待本届论坛的讨论成果为探寻新的未来之路指引方向。

感谢各位的辛苦付出！

何晋东　于静静 译

代序言三

第六届中韩人文学论坛闭幕致辞

张志强

（中国社会科学院哲学研究所所长、研究员）

尊敬的金性焕团长，

尊敬的柳东春教授，

尊敬的来自中韩两国的教授们：

大家下午好！

“人文价值的再发现及新诠释”2020年第六届中韩人文学论坛，经过一天半热烈的讨论和深入的交流，马上就要到说再见的时刻了。这次论坛，会期是短暂的，形式是特别的，由于新冠肺炎疫情的突然袭来，原本应该在首尔的重聚和面对面的交流，不得已采取了线上线下结合的形式。不过，由于疫情形势而导致的会议形式的变化，并没有影响中韩两国学者对话的热情，并没有降低两国学者对话的质量，本届会议能够克服困难成功举办，本身就说明了两国之间交流对话的愿望是如此强烈，两国之间的情谊是如此绵绵深长。

本届论坛以“人文价值的再发现及新诠释”为主题，分文学、历史、哲学和语言教育文化四个分论坛，分别就12个分议题进行了充分的研讨，12个议题分别聚焦中韩两国历史发展和现代更化中面临的问题及其回应，从各自的历史经验和理论思考中展开深入对话，力图寻求相互理解的可能性。围绕12个议题，共有32位学者进行了论文发表，发表的论文代表了两国学者在相关领域的最新成果。此外，另有32位学者对32篇论文进行了评议，评议既表达了两国学者在相关问题上的不同认识，也在思想碰撞和交流中，沟通了想法、传递了情感。

在对话交流中，我们深刻认识到，差别是沟通的前提，正是由于差别的存在，才有沟通的必要性。传统的儒家智慧告诉我们，天地万物一体之仁，实质上是一种贯通差别的道德感通力，这种作为道德感通力的仁心仁术，同时也是一种感知差异、理解他者的认识智能，这种认识智能让我们在面对他者时，能够以一种敬意来导引一种客观对待他者的认识论态度，而这样一种敬意导引下的认识论态度，首先要求我们能够摆脱自身经验的局限，尽力投身于不同的他者经验中，如其本来地认识对方，并最终带来如其本来认识自己的认识效应。白永瑞教授在开幕式主旨演讲中提到提升和改造自我的修养论对于建设一个美好社会的重要意义，我们相信，这种修养论也是建设一个美好世界的伦理要求。

突发的新冠肺炎疫情是一场对人类世界的大考，不同文明、不同国家在应对疫情中给出了不同的答卷。值得庆幸的是，中韩两国在应对这场大考时给出了不错的答卷，形成了应对疫情的中国模式和韩国模式。两国模式背后当然有着东亚世界共同的文明底蕴在起作用，但同时也有着来自两国不同现代经验带来的差异。中韩人文学论坛的一个重要主旨就是对中韩两国在长期历史发展中形成的异同进行探讨，和而不同，求同存异，是实现两国和谐关系的关键价值，也是建设人类命运共同体的核心价值。疫情加快了世界百年未有之大变局的演进，人类需要携手应对共同挑战。白永瑞教授借用白乐晴教授的“道治说”提出了一种未来世界秩序的构想，以个人的圆满境界来促进圆满世界的实现，白教授的说法启发我们思考，传统的文明资源如何在面对未来构建一个美好世界中发挥积极作用。中华文明中有“循道而治”的传统，治道理想是以天下或世界为政治想象的基本单位的，而其主体则是天下生民，也就是全世界的人民，“循道而治”就是以世界人民为中心的政治。我们相信，在这个“道术而为天下裂的世界里”，人类亟须从伟大的文明传统中再次激发想象未来的能力。对此，中韩两国人文知识分子有着共同的责任。

习近平主席多次强调，国之交在于民相亲，民相亲在于心相通，推动人文交流就是促进民心相通的重要途径。自创始以来，中韩人文学论坛已经成为中韩人文学交流的重要平台，已经成为中韩人文交流的一个重要纽带，已经成为中韩人文交流系谱上不可或缺的一环。我们期待中韩人文学论坛能够伴随中韩两国之间绵绵不绝的情谊而长期持续下去！

最后，感谢韩国主办方对本次论坛的精心策划和组织，感谢韩国学者们的精彩发言，也感谢中国社会科学院国际合作局和语言研究所的辛苦付出，感谢文学所、历史所、哲学所科研处同志们的努力，感谢中方学者们的全力支持！期待明年再见！

汉语韩语的类型学比较

刘丹青（中国社会科学院语言研究所前所长、研究员）

白莲花（上海商学院商务外语学院朝鲜语系副教授）

一　引言

今天来参加论坛的学者，都有一个美好的心愿：以自己的研究成果深化中韩两国文化、教育和学术的交流和相互理解。语言，在其中扮演着双重角色：语言本身是学术交流的领域和研究对象之一，语言又是双方表达和跨文化交流必不可少的工具。这是由语言本身的双重性决定的。语言是人类沟通最重要的桥梁，语言的不同又是群体之间沟通最大的鸿沟。

语言的同和不同，成为影响语言功能的决定性因素。

语言之间的同和不同，不是一个非此即彼的两分法问题，而是一个程度问题、维度问题。在多大程度上同和异？在哪些维度上同和异？

今天在座的各位，在语言方面不出三种情况：有的只会汉语不会韩语，有的只会韩语不会汉语，还有的两者都会——他们是会议上最风光、最自在也最需要的人。

那么，汉语和韩语是什么关系呢？它们既不是同一种语言，也不是毫不相干的语言。例如，本次论坛，汉语叫“第六届中韩人文学论坛”，韩语叫“제 6 회한 · 중인문학포럼”，读起来发音非常接近，如果汉语用粤语念，尤其接近。这是为什么呢？要科学认识和精确测量两种语言的关系远近，需要借助语言的分类法。

人类语言内部要素分类或归类，通常有三种角度：

①根据同源谱系关系确定语系语族语支等层次的亲属语言；

②根据语言特征确定语言类型，所依据的参项不同，归类结果也不同；

③根据地域引起的语言共同性分出语言联盟（Sprachbund；language union）：巴尔干语言联盟、东南亚语言联盟等。[①]

上述三种分类有各自不同的标准，同时自然会有局部的交叉。同谱系的语言类型特征贡献较多，地域上也会靠近。但这些相关性都不是必然的。

汉语和韩语在这三方面都有一些基本的认识，而且很好地体现了三种分类法的相互关系。

汉语是汉藏语系语言；韩语的语系不明确，暂归于阿尔泰语系（但与其他阿尔泰系语言相距较远）。

在形态类型学中，汉语是孤立语，分析性语言；韩语是黏着语，综合性较强。

在语序类型学中，汉语是SVO（主动宾）语言，但不太典型，有把字句、受事话题句等受事成分前置现象等；韩语是典型的SOV（主宾动）语言。

在地域上，汉语和韩语是直接相邻的语言，与韩语名异实同的朝鲜语是中国的少数民族语言之一。两种语言因几千年亲密接触而有不少共同成分和特点，包括曾经共同使用汉字。

简言之，汉语和韩语在谱系关系上和大的类型特点上，都是非常不同的，同时地域相连带来诸多共同点。本次论坛名称读音相近，跟谱系无关，而主要来自地域接触造成的大规模词语借用，跟类型也稍微有点相关，因为汉语和韩语都是所有定语在前的语言。后面将会论及。

本文将基于语言类型学的眼光，结合中韩语言学者对两种语言诸方面特点的分析成果，更加深入地考察两种语言在语言类型上的表现，特别关注同中有异、异中有同的若干复杂情况，也为两种语言间的翻译、教学等交流提供参考。

---

① 此外还有社会功能的分类，如国际通用语言、跨国区域性语言、国语或官方语言、民族语言、地区方言等。

限于文章的篇幅，我们重点谈以下几个方面。

①汉语和韩语在音节类型上的异同；

②汉语和韩语在语序类型上的异同；

③汉语和韩语在话题结构上的异同。

二　汉语和韩语在音节类型上的异同

1. 从汉字和韩文的构造看汉韩语的音节类型

所谓汉字是一种表意文字的说法，只是相对拼音文字而言的一种粗略的说法。汉字的准确定位是语素—音节文字。每个汉字代表汉语里的一个语素——语言中最小的音义结合单位，同时在语音尺寸上代表汉语里的一个音节。

在古代汉语中，大部分词是单音节，因此一个汉字基本上代表一个词。随着汉语词汇系统的双音节化和多音节化，汉字逐渐只能代表一个语素了。在某些情况下，例如双音节联绵词“参差”“窈窕”，或音译词如“阿里郎”“首尔”，一个汉字只代表音节。所以，最稳固不变的是，一个汉字代表一个音节（除了现代的儿化音节，“儿”只代表一个不成音节的卷舌动作）。汉字之所以在这一点上最稳固，是因为汉语自古至今是一种刘丹青（2018）所称的音节显赫语言，汉语人对音节的感知最明晰，不识字的人也知道一句话里有几个字，这个字就是音节。中国的诗歌、骈文也以音节数命名，如四言诗、五言诗、七言诗、四六骈文等。不像印欧语言，划分音节很有难度，语言教材常常详细解释如何划分音节，但还是经常出错。

韩国历史上曾长期借用汉字，也吸收了大量的汉语借词。但是，汉字毕竟不能充分地记录韩语，特别是其丰富的黏着形态，因此韩国借用汉字的时代，实际上往往是直接用汉语的文言文来书写。真正能完整记录韩语的还是 1443 年世宗大王创制的“训民正音”，即现在所说的韩文。

从文字性质上说，韩文是音素文字，与拉丁文字本质相同。但是，韩文的字母是以类似汉字笔画的线条形状构成的。更重要的是，这些字母是以音节为单位组合成方块形的字形来书写，每个音节为一个单位，这与基于分词连写规则的拉丁文字系统很不相同。韩语使用者平时计算字数，并不以字母来计，而以音节字形来计。可见音节单位在韩语人心目中是一种很显赫的存在。

韩文以音节为单位来拼写韩语，不仅仅是因为汉语和韩语这两种语言的近邻关系。以音节为单位的文字书写方式，同时也以某种程度的音节显赫为基础，以母语人对音节的敏感性为基础。与非音节显赫语言如俄语、英语等印欧语言相比，韩语在以下方面表现出了音节显赫的类型特征。

（1）韩语像汉语一样，每个音节有相当严格和优先的组合规则。

①音节开头只有一个单辅音，无法像英语 spring（春天），俄语 Здравствуйте（你好）、встречаться（相遇）那样在音节开头有 3～4 个辅音。

②每个音节末尾只能有 1～2 个辅音，不能像英语 tasks（任务，复数）和俄语 корпункт（记者站）那样可以有 3 个辅音。

③音节中最多有 2 个元音构成复合元音。

④韩语字母组合在一起逻辑上可以构成 1 万多字，但实际常用的只有 1832 字。

以上规则使韩语常用的音节总数为一个相对较小的数字，比普通话带调音节略多，接近中古汉语的不带调音节数，比英语、俄语的音节少得多，但是比日语又多得多。这种音节数使母语人对每个音节都有较强的敏感性，能很快识别是否本族语的音节。

（2）对音节的敏感导致基于固定音节数和音节对称的四字格状态词（拟声拟态词）和四音节词（包括成语）非常发达常见。

①韩语状态词中出现频率较高、形式上显赫的构词模式是四字格“ABAB”式。在临摹描写时这种构词模式成为优先选择的形式标签。

②四音节词有较强的吸纳功能，其他词类可以进入这一位置构成新的状态词。如“흔들흔들”（动词＋动词）、“조각조각”（名词＋名词）、“떨기떨기”（量词＋量词）等，反映出音节显赫扩展的一面。

③状态词或状态词根与一般名词结合形成的复合词中四音节结构最为常见。韩语名词的词类长度多为 2～3 个音节，在状态词派生的复合词中，限制前置成分的音节数目（要求不能大于 2 个音节），来满足整体为四音节结构。这说明四音节结构已经深深印刻在了韩语母语人的大脑中，用来描摹特性相关的名词也同样倾向将表意功能寄托在特定的音节数目上，与汉语的四字格状态词（高高兴兴、东看西看）和以四字格为主体的成语

一致。

正是这种音节类型上的共同点，使韩语能够方便地接受汉语的借词，特别是比现代普通话音系更为复杂一些的中古汉语的借词，并像粤语一样更多地保持原词的形式。

2. 汉韩语音节类型的差异

音节结构的复杂程度、是否拥有复杂的复辅音、声调的有无、语流音变是否频繁都会对音节的显赫度产生影响。

（1）声调

声调是将音节包装成整体得到凸显的重要因素，也是母语人辨别音节界限最可靠的依据。总体上，调类数目越多、对声调对立的感知能力越强，单字调越稳定，声音和音节越显赫（刘丹青，2018）。有声调的语言音节显赫强于无声调的语言。音节显赫度高的壮侗语、苗瑶语声调常见8字调系统，词汇构成中单音节词占主要地位，母语人对音节数较为敏感，词的组合过程中音节数目高度受限。

汉语属于典型的曲拱型（contour）声调语言，每个音节都有声调。声调有助于一个音节形成整体，声调给汉语音节带上了明显的语音表征，使边界更加清晰。韩语不是声调语言，只有庆尚、咸镜等少量方言被认为是有声调的（김차균, 1977; 이호영, 1997; 이미경, 2014）。严格意义上讲，更多表现在没有曲拱的“高”和“低”两种区别上，同时只有极少数单音节名词［例如，말（马）/말（斗）/말（话）］可以通过音高辨别意义（이문규, 2011)，并不像汉语一样，每一个音节都存在清晰而独立的调型形成最小对立项，通常以两个或两个以上音节构成的词为整体发生高低变化［例如，명절（HL）+ 음식（RH）→ 명절 음식（HLLL）；고구마（RHL）］，减弱了音节的独立性。总体上韩语无法像汉语那样因声调而固化并强化音节显赫。

（2）音节界限的封闭性程度与音节间同化异化音变

音节界限的封闭性程度指在语言流中词法、句法组合中是否会发生语素边界与音节边界的错配。音节界限封闭性程度较高的语言，音节之间界限分明，不大容易出现语流音变；相反，音节界限封闭性程度较低的语言，在语流中由于受到相邻音节、音素的影响导致语音的变化（同化、异化、增音、减音、合音等）较为活跃。汉韩语表现出以下差异。

①汉语音节界限的封闭性强，音节内部结构高度模式化，音节之间边界分明；韩语的音节稳定性远不如汉语。

汉语的音节具有对内凝聚性，音节内部结合紧密、融合度高，韵尾的独立性差，音节内音段之间协同发音显著（徐通锵，2003；冉启斌，2009；江荻，2011）；汉语相邻音节之间则不允许出现拼合，如“西安”不会念成“鲜”，“天安门”不会念成“天南门”（刘丹青，2018）。韩语在动态语流中音节边界很容易发生变化。音节重组在句法内出现频繁，在词内也经常发生。比如，“눈”音节结构式是CVC，如果接主格标记“이”，音节划界就成了“누+니”，第一个音节就成了CV结构，音节的边界发生了变化。在单词内部前一音节的末尾或后一个音节的开头，受到相邻音素的影响产生邻接音变，常见的有鼻音同化，如“박물관→（방물관）” “밥맛→（밤맏）”等。在临摹某一情景时辅音后可以增添一个或两个相同的元音，通过增加音节的方式带来微妙的语义变化。如“쩍（张开貌） – 쩌억 – 쩌어억（慢慢张开的样貌）”，因增加了相同的元音，发音部位不发生变化，但增音使音节长度变长，会在语流中占一定的时间段落，同时让状态词具有“过程性”和“时间性”。

②汉语中跨音节同化现象非常罕见，而韩语较为常见，形成元音和谐现象。

韩语存在“相邻音节元音和谐”和“不相邻音节元音和谐”，在固定形式中阴阳交替、高低起伏。“엉거주춤”“도란도란”“알락달락”是同一个词内相邻元音音素都是阳性元音或者是阴性元音形成的“完全和谐”；“화들짝”“딸그락딸그락”“홍청망청”是“不相邻音节元音和谐”。这些例子因发音部位比较靠近、语音听感上相似，大大增加了其听辨难度。

③汉语对小于音节的语音单位感知模糊，韩语对音节以下的单位感知较为敏感。

汉语对音素音位缺乏清晰的感知，只有在涉及诗歌等韵文时韵母部分会受到一些关注，相比形态丰富语言，汉语的形态一般都要以音节为单位，语音操作基本在音节层进行（刘丹青，2018）。相反，像韩语这种具有丰富形态变化的语言，有时通过系统规则化的音变完成形态变化。例如，当末音节是“르”的大部分词和词干音节以“ㄷ、ㅅ、ㅂ”等结束的部分单词根据后加形态的不同会产生不同的变体。具体例子有“모르다（不

知道）>몰라서（表原因）/모르면（表条件）/몰랐다（过去式）”“짓다（盖）>짓고（表完成）/지으면（表假设）”等。韩语母语人对于音素层级的听感度高，处理也较为灵活，这在状态词的构词中尤为凸显。元辅音及音节交替、元音和谐是韩语状态词构词中的显赫手段，能产性极高。可见，韩语母语人对音节以下单位非常敏感，但音素等下层单位的显赫，一定程度上弱化了音节的显赫程度。

整体上音节结构复杂、复辅音复杂的语言，母语人对音素的感知度较敏感，音素音位的显赫度高，音节的显赫度较低。韩语是音素文字，但音节结构相对简单，常规使用的音节数目受限，在日常的书写和交流也是将字母拼成的字符（音节）整块记忆和输出，母语人对音节的辨识度较高，音节概念较为凸显。韩语的词汇系统中大多数是多音节性的，就音节显赫度而言，比英语等语言显赫，但不如汉语显赫，对音节的感知度较高。

三　汉语和韩语在语序类型上的异同

1. 小句基本语序 SVO 和 SOV 的对立

所有语言都存在基本语序。通常被认为自由语序或语序灵活的俄语（因为在俄语中在上下文语境自由的情况下及中性语境下 SVO、SOV、VSO、VOS、OSV、OVS 这六种语序都是可以接受的）也会有最普遍和最常规的类型——SVO。

基本语序往往是最基本的、无标记的语序。无标记不仅指缺少形态标记（如格标记、与动词搭配的形式标记），也泛指在语义、语用上没有附加任何信息和限制条件。韩语“名词短语—名词短语—动词”的句子中，如果形态不标记哪个名词短语是宾语还是主语时，倾向于按 SOV 的顺序来理解意思。如，“영수 수미 사랑한다”（英洙爱秀美）和“수미 영수 사랑한다”（秀美爱英洙）在省略了格标记时，结果都是把前置的名词看作主语、后置的名词看作宾语。汉语除了一些特殊句式，如“台上坐着主席团”“王冕七岁上死了父亲”，也是倾向于按照语序来区分主语和宾语。位于动词前的是主语，位于动词后的是宾语。主在宾前这几乎是全世界绝大部分语言的普遍倾向，也是汉语韩语共同遵守的大原则。不管动词谓语何处，总是

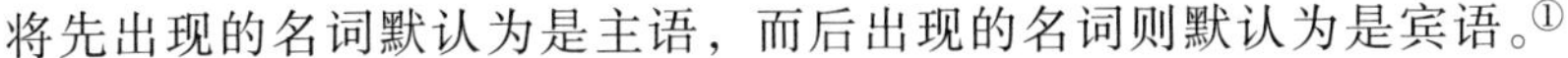

将先出现的名词默认为是主语，而后出现的名词则默认为是宾语。[①]

2. 汉语话题结构和处置式导致表面上的 SOV 语序的显著增加，使汉语成为 SVO 语言中最不典型的样本

汉语最常规的语序是直接宾语位于动词之后的“主语 + 动词 + 宾语”（SVO），而且不带有任何显性的形态标记。但在现实生活中，我们并不总是按照常规的语序排序，为了达到语义语用上表达的需求，会不同程度选择另一种表达方式。现代汉语的话题结构和处置式中直接宾语往往出现在主要动词之前这个非常规的位置。在话题结构超常发达的汉语中，除了句首这个话题的优先位置外，句首之后的其他位置也存在话题的句法位置，特别是吴语、闽语等汉语方言中，主语之后是受事话题的常居之位（次话题）。例如：

（1）你今天究竟走不走，[出门的衣服] 我可都给你收拾好了。

（2）（我）[鸡] 不吃了。

（3）我 [黄鱼] 勿买，伊 [黄鱼] 也勿买。（上海话）

动词之后移动到主语和动词之间，开始只有话题性强的宾语能做次话题，后来更多的宾语可以做次话题，乃至次话题成为宾语的常规位置，汉语的吴语、闽语就在不同程度上经历着这一变化，但没有一种方言已真正完成这一演变（刘丹青，2013）。

从语序上讲，“把”“给”“拿”处置式的逐步发达也同样使受事论元有机会作为旁格状语位于动词前。例如：

（4）桌子把李四绊倒了。

（5）我爸爸给这个民族改成汉族了。（曹茜蕾，2007）

（6）上海话：侬拿钞票还拨伊。（许宝华、陶寰，1999：137）

曹茜蕾（2007）指出，汉语方言中根据句法格式可以确认 5 类处置式。虽然各类在语序上有相当的差别，但总体上除一类（“唐代式”的处置式）动词之后有一个复指代词外，其他四类都是动词短语居后，直接宾

① 学界对韩语的基本语序问题基本没有争议，普遍认为韩语基本语序是 SOV。对于汉语基本语序问题存在一些争议，但主张汉语是 SOV 型语言的学者只占极少数（如 Li & Thompson，1976）。同时，学者普遍注意到了汉语作为 SVO 型语言具有的不典型的特征，也指出了汉语同时具备 VO/OV 型语言的特征，但在基本语序问题上还是把汉语的基本语序看作 SVO 型。

语要带上明显的标记移动到动词之前，使表层结构遵循“主语+宾语+动词”（SOV）的排序，成为汉语作为SVO型语言的不典型的特征。

3. 汉语所有定语都前置，几乎所有状语都前置（但有些补语实际上有状语性），成为SVO语言中的显著异类和最接近韩语、日语、阿尔泰语语序类型的语言

从语序类型学的角度看，汉语属于很不典型的SVO类型。虽然汉语在基本语序的排序上符合VO型（SVO）的特征，但所有定语一律前置，核心名词是汉语名词短语最根本的语序特点，遵循典型OV型语言的特征。

在绝大部分的SVO语言中，除关系从句和领属定语倾向后置外，不少SVO语言的定语也不一定全部后置，也常有定语前置的现象（如英语、俄语等）。但是，像汉语这样所有定语都前置于名词前的语言，在SVO语言中是绝无仅有的（参考Hawkins，1983；Dryer，1992，1999的统计；刘丹青，2013）。就连与汉语关系较近的藏缅语（SOV）中形容词定语也是后置于核心名词（戴庆厦、傅爱兰，2002）。同时，汉语中几乎所有的状语倾向前置，介词短语以前置为主（在世界上的SVO语言中仅见于汉语）、比较基准前置于形容词（在SVO语言中仅见于汉语）。例如：

（7）我［那］［三件］［在圣诞节打折时购买的］［很厚的］［棉麻］衬衫。

（8）小玉［那］［两张］［排了一整夜长队才买到的］［昂贵的］［下铺］火车票。

（9）他［昨天］［在院子里］［仔细地］［用望远镜］观察着这颗不寻常的星星。

（10）［以五十步］笑百步，则何如？

（11）他个子［比小王］高。

这些方面的语序表现使汉语甚至比藏缅语更像韩语、日语等OV型语言，这也是此次中韩人文学论坛的汉语韩语名称在语序上一致的成因（比较英语“The 6th Forum of Chinese-Korean Humanities”）。

4. 汉语和韩语语序类型其他细节的异同

在名词短语和动词短语层面上，汉韩语都取“修饰成分—核心成分”的排序，采用的策略上存在着较多的相似性，但也存在一定的差异，这里简要列出几点。

第一，在动词短语层面上，越靠近核心动词的成分客观性（“命题性”）越强，越远离核心动词的成分主观性（“命题外”）越强（白莲花，2014）。

第二，关系从句是名词短语内部物理长度最长、最复杂的成分。在口语中，当关系从句的物理长度较长时，韩语倾向将较长而复杂的关系从句移向核心的反方向（关系从句前置），汉语兼有复杂关系从句紧密前置和松散后置的现象（关系从句后置为跨语言更常见的策略）。例如：

（12）使豆腐发馊的事件［由于有偷水事件的介入］变得不那么重要了。

（12'）［由于有偷水事件的介入］，使豆腐发馊的事件变得不那么重要了。

（13）龙生他爸是［在检察院工作的］警察。

（13'）龙生他爸是警察，［在检察院工作］。

（14）［勤俭节约外带抠门儿的］张大民让［艰苦朴素外带寒酸的］李云芳戴上［金灿灿的 9999 成色的］大戒指了！（《贫嘴》）

（14'）张大民［勤俭节约外带抠门儿］，李云芳又［艰苦朴素外带寒酸］，张大民让李云芳戴上了大戒指，［是金灿灿的 9999 成色的］。

（15）［자신이 돌아갈 때 쯤이면 여자친구는 이미 다른 사람과 결혼했을지도 모른다고］젠수는 포기하듯 말했다.

韩语是动词居末的语言，动词占据句末是不能违背的。人类语言倾向把重成分放后，但在韩语中句末位置已成为动词的固定位置，重成分只能往前移。虽然汉语与韩语一样，在名词短语内部同属“核心居后型”语言，但汉语是 VO、前置词语言，“大块前置”的驱动力小于韩语。

第三，汉语语序的重要性尤为突出，相反韩语语序的重要性就不那么突出。主要表现在以下三个方面。

①韩语有丰富发达的格标记等助词，加在名词或名词性成分后就赋予前面的名词和名词性成分以语法功能意义。因此某些语序较为自由，而汉语在语序上相对严格一些。

②汉语中语序不和谐会造成歧义，在语序和谐的韩语中有时主格标记功能的多样化会引起歧义。汉语“热爱人民的总理”“咬了猎人的狗”造成歧义的原因是 VO/GN/RelN 语序之间的不和谐。韩语是左分支语言，

“선생님이 보고 싶은 아이가 많다”和“영수가 만나고 싶은 친구가 많다”中OV/RelN/NA语序之间是和谐的，但仍然存在歧义。这与层次切分造成的两种句法解读有关（Rel－N－A/N－N－A），也和主格标记的重复使用分不开，若前一个名词后的助词换成“은/는”就只有一种解读了。

③汉语形态稀少，句法标记不太丰富，话题结构和连动结构是显赫的存在，具有较强的扩展功能，催生了一些特殊句式。相反，形态丰富的韩语主要依靠显性的话题标记形成话题句，话题结构相对单一，也不存在连动结构。韩语以形态来标识句子的基本成分，句末动词之后往往带有与谓语限定性相关的成分，表时间、否定、情态等，它们常常通过语音弱化而成为动词的形态标记。此外，动词前的其他名词成分，如地点、工具等名词，也倾向于用格来标识其语义角色。因此，话题或类似连动的语义域自然更多地依赖后置的形态标记或谓语动词后添加副动词结构来表达。这些构成了汉语和韩语在形态－句法类型方面的显著差异。

四　汉语和韩语在话题结构上的异同

1. 话题优先语言与SOV语言的亲和性

话题是来自一个语义/语用的概念，话题优先语言中的话题不仅是一种语用成分，而且是一种基本的句法成分。话题结构发达的语言中，除了句首这个话题的优先位置外，主语之后也是受事话题的常居之位。汉语总体上可以看作话题优先型语言，但在各方言间话题优先程度存在着一定的差异，而话题优先程度与语序类型具有一定的相关性。例如，吴语为弱SVO型语言，信息和指称属性方面适合充当话题的受事论元经常出现在主语后动词前位置（次话题），话题显赫特征最明显，粤语、湘语等较接近典型的SVO型语言，相应的因话题化而导致的受事前置现象比普通话少，话题的显赫度偏低，普通话介于吴语、粤语之间（刘丹青，2000，2001，2013；林素娥，2006）。总体上，VO语序的典型与否一定程度上影响话题的显赫度，话题化倾向较强，OV句式为优势句式，相反，话题化倾向较弱，VO句式为优势句式。

2. 汉语的话题优先类型和韩语的主语优先话题优先并存类型

Li和Thompson（1976）提出主语—话题类型学，将世界上的语言分为主语优先、话题优先、主语优先和话题优先并存、主语优先和话题优先都不明显四种类型。汉语属于话题优先语言，韩语属于主语优先和话题优先并存的语言。汉语作为话题优先语言的主要特点是话题比主语在语法系统中更凸显，句法地位比主语更确定，有更明确的语法标记，语法化程度比主语更高（Li & Thompson，1976；徐烈炯、刘丹青，1998：§7.2）。韩语作为主语优先和话题优先并存的语言，其主要特点是话题和主语在这里是句法单位，话题和主语都有专门的、高度语法化的形式标记，使用主语标记和话题标记强制性的语言。下面就从话题和主语的区分、话题和主语的句法地位、话题结构的优先程度以及扩展功能三个方面，简要分析两者的异同。

一是话题和主语的区分。

①汉语由于语序和形态上的因素，主语与话题间的句法界限并不清晰。韩语用刚性的形态标记标识主语和话题，要求主语与谓语动词有一致关系，话题跟谓语动词没有一致关系，较之汉语有更加显性的划分依据。

②汉语主语不带形式标记，话题有标记但不强制性使用（话题可以没有标记，也可以带上停顿词做标记），缺乏明确的形式标记来区分主语和话题，而韩语的话题和主语有不同的语法标记，大体上存在主格标记“가/이”和话题标记“은/는”的语法对立。

③汉语中主语不是一种语法化程度很高或句法属性很强的成分，话题比主语语法化程度更高（刘丹青，2016），使汉语中话题比主语有更加明确的句法地位。

④汉语作为话题优先语言，对非话题主语的包容度比较低，对主语有一定的信息结构限制。没有话题性的主体成分做主语只出现在一些特定的条件下。所以，韩语中用主格标记的大量非话题主语，一部分与汉语的非话题主语对应，一部分对应为宾语，从而使汉语在类型上区别于话题优先和主语优先并存的韩语（进一步可参考刘丹青，2016）。

（16）一位来自沈阳的顾客直接订走了100个，太感谢了。

（17）厅长说，省委书记李文瑞亲自下了命令。

（18）무슨 일이 발생했어? 사람들이 왜 저기에 모였지?

发生什么事情了吗？人们为什么聚集在那里？

（19）어떤 중년 부인이 계단에서 굴러 떨어졌어.

一位中年妇女从楼梯上摔了下来。

(20) 깊은 산골에 호랑이 한 마리가 살고 있었어.

在深山里有一只老虎。

例（16）、(17）中带有非话题性的无定成分“一位来自沈阳的顾客”和有定成分“省委书记李文瑞”充当主语。主语要么具有典型“新传信息”“未知信息”的属性，要么语境显示其具有新信息和焦点的属性。此时，对应的韩语例句也只能用主格标记“가/이”标记主语，不能用“은/는”。而例（18)、(19）和（20）所示，韩语用主格标记“가/이”标记的主语分别对应为汉语中的宾语“什么事情”、“一只老虎”和无定主语“一位中年妇女”。从这些例句中我们可以看出汉语对非话题主语的排斥比韩语大一些。

二是话题和主语的句法地位。

话题一般占据句首位置，而句首又是主语的常居之位。在不同的语言类型中，话题和主语在句法上的关系有差异。汉语语法库藏中包括主语和话题两种句法位置，不能相互包含或取代。汉语虽然存在主语（当主语带有话题性时）和隐性话题叠合的情况，但整体上话题优先的汉语中话题比主语具有更重要的句法地位。主要表现在：①基本位置相对固定，具有话题性的成分强烈倾向于谓语前的位置；②具体句法位置更加多样，有话题、次话题等位置；③具有较强的扩展功能等。韩语是语序较自由的语言，话题和主语在句中的位置较为松散，当话题和主语同时出现时，话题一般前置于主语。韩语语法库藏中同样包括话题和主语两种句法位置（허동진，2007)，虽然极少数情况下话题（用主格标记替换话题标记之后）可以实现为主语，但总体上限制较多，并且不像汉语那样，话题以及话题结构带有非常显赫的扩展功能，是话题和主语位置都要求得到凸显的语言。

三是话题结构的优先程度以及扩展功能。

话题优先使话题结构在汉语中获得一定的句法地位，从而造成许多在非话题优先语言中难以出现的句法现象。同时，会借用这种位置完成在其他语言中由其他功能或手段完成的表意任务，展现出话题显赫功能扩张的一面。

①话题结构超常发达的汉语中，存在很多非典型的话题结构。例如，受事次话题结构［例（21)］、分裂式话题结构［例（22)］、名词性的同

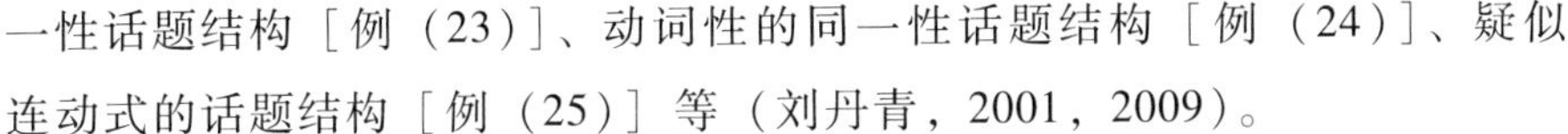

一性话题结构［例（23）］、动词性的同一性话题结构［例（24）］、疑似连动式的话题结构［例（25）］等（刘丹青，2001，2009）。

（21）我黄鱼不买。

（22）衬衫我喜欢蓝的。

（23）主任他也当过主任。

（24）吵架你肯定吵不过他。

（25）这孩子说话不清楚。

以上，汉语中较为常见的特殊句式，是靠话题结构以显赫范畴的力量带入话题优先语言的构式库藏中的。

在话题结构比较显赫的韩语中也同样存在分裂式话题句，并且这类表达常见。

（26）나는 와이셔츠는 남색을 좋아한다.

（27）최사장님은 가죽은 최상급만을 고집한다.

（28）그는 고기는 한우를 샀다.

（29）냉면은 영수가 이 집을 추천했다.

事实上，韩语也存在与汉语类似的“过剩型”话题句，如［例（30）］，但这种表述在实际口语中并不常用，往往是像例（31）一样用表条件或原因的连接词尾进行表述。

（30）상품배송에 관한 문의는 온라인으로 고객센터에 문의하십시오.

（31）<汉>他烟，烟不抽，酒，酒不喝。

<韩>그는 담배라면 담배는 피우지 않고 술이라면 술은 마시지 않는다.

当受事论元中的核心名词前置成为话题、限定修饰性的成分居后做宾语时，话题是不能移动到宾语后的。这说明这种句式与韩语话题化动因的产物有关，句法槽位具有较强的吸纳能力。但总体来说，汉语话题显赫更明显，造成汉语话题结构更加多样化并形成更多特色构式。

②汉语的话题结构作为显赫范畴功能扩展的另一个强势表现是话题结构可以“收编”差比句。“比”类差比句在历史和共时都是汉语话题结构高度显赫扩张的产物。话题结构的属性允准了比较主体和比较属性分离，且比较主体与比较基准、属性主体与形容词两两关联紧密。

（32）价钱他比我便宜，货物我比他好。

（33）영수의 책이 민수의 책보다 많다.→책은 영수가 민수보다 많다.

英洙的书比敏洙的书多。书英洙比敏洙多。

（34）그의 여동생은 영희의 여동생보다 예쁘다.

他的妹妹比英姬的妹妹漂亮。

→여동생은 그가 영희보다 예쁘다.

*妹妹他比英姬漂亮。

韩语差比句中比较主体和比较基准为领属关系且中心词相同时，根据比较对象与形容词、比较对象的领有者与形容词的语义关系，有些可以重组为另一种形式的差比句，形成话题结构，有些则不能形成话题结构。例（33）“영수의 책이 민수의 책보다 많다”（英洙的书比敏洙的书多）可以重组为“책은 영수가 민수보다 많다”（书英洙比敏洙多），这时“책”（书）移到句首充当话题。而例（34）中的“여동생”（妹妹）却不能移到句首成为话题。同时，这样形成的句式中话题的位置不是固定的，可以自由地移到比较主体或比较基准后，与韩语分裂式话题结构形成鲜明的对比。可见，在韩语中，差比句是一种独立的句式，与话题结构没有关系，可以根据表达的需要选择不同句法位置的成分来展示比较主体及与基准的关系。

3. 孤立语类型背景下的话题优先与格系统背景下的话题优先的异同

一般的语言规律是，形态标记发达，语序相对灵活，形态标记简单，语序相对严格。作为孤立语的汉语缺乏形态标记，是语序重要性尤为突出的语言，语序不仅是语法手段，也是语用手段。韩语可以利用丰富发达的形态标记，使语序组织更加多样化，而这些形态标记的使用使韩语成为一种语序过于自由复杂的语言，在这样复杂自由的环境中，想要凸显和强调语言成分，仅通过改变语序往往得不到理想的效果。仅从这一角度看，孤立语类型背景下的汉语和格系统背景下的韩语存在较大差异。分属不同语言类型当中的语言对话题优先的操作上也必然存在一些差异，这里简要指出如下。

（1）孤立语类型背景下的话题优先语言靠语序可以凸显话题，而格系统背景下的话题优先语言可以靠标记凸显话题。汉语的话题里很多是无标记话题，辨别话题时对语序的依靠度非常高。韩语有高度语法化的话题标记，话题标记使用强制性的 SOV 型语言，语序、话题和主语主要依靠后置的话题标记。

（2）孤立语类型背景下的话题优先语言整体上缺乏强制性话题标记，话题标记来源广泛、成员丰富，而格系统背景下的话题优先语言话题标记成员较为集中，高度语法化。除了特定的句法操作（语序、重音）外，韩语主要有专用性很高的话题标记“은/는”，有时主格标记“가/이”和特殊助词“도”“만”等也不同程度地用来标记话题，但这些都属于相同类型的形态手段。汉语缺少韩语那种刚性的形态句法标记，但话题优先使汉语对话题标记的功能需求突出，导致语气词（啊、呢、吧、嘛）、介词（关于、至于）、动词、代词等都相应地发展成为话题标记，跨越了虚词和实词，在标识话题的功能之外其他功能也比较多样。

（3）孤立语类型背景下的话题优先语言有程度不同的各种话题化手段，话题结构多样化，格系统背景下的话题优先语言缺乏此类手段，话题结构相对单一。对此在上一小节中有较为详细的介绍，兹不赘述。

五　结论及余言

本文主要从音节类型的比较、语序类型的异同、话题结构的异同三个方面对分属于格标记语言与分析性非格语言的汉语和韩语进行了类型学的比较。我们得出如下初步结论。

（1）汉语声调显赫、音节结构相对简单，音节是一个很显赫的存在。韩语虽然使用音素文字，但整体上具有音节显赫的特点，母语人对音节的辨识度较高，音节概念较为凸显。韩语也存在音节显赫扩展的一面，例如，对四音节词较为敏感，临摹描写情景时倾向将表意功能寄托在固定的音节数目上。但韩语音节稳定性远不如汉语，对音节以下的单位感知较为敏感。韩语的词汇系统中大多数是多音节性的，就音节显赫度而言，比英语等语言显赫，对音节的感知度较高，但不如汉语显赫。

（2）在组织语言流单位时，缺乏形态的语言，主语和宾语之间对语序位置的竞争比较激烈；而形态丰富的语言，这种竞争就不再那么重要，形态标记赋予它们语法意义，所以它们自然地依赖后置的形态标记，语序的作用相对没那么重要。较汉语而言，韩语的语序相对灵活自由。汉语属于孤立语，基本语序为SVO，但话题结构和处置式导致表面上的SOV语序的显著增加，同时汉语所有定语都前置、几乎所有状语都前置，成为SVO语言中的显著异类和最接近韩语、日语、阿尔泰语语序类型的语言。韩语属于黏着语、典型的 OV 型语言，在分支方向上属于左分支语言，基本语序为 SOV。在语序类型上，汉语和韩语有显著差异，也存在不少相似性。

（3）汉语是话题优先语言，话题优先对汉语的语序类型产生了深远的影响，形成了其他语言中难以存在的特殊的话题结构。韩语为典型的话题优先和主语优先并重的语言，话题在这里是句法单位，有专门的形式标记。

从吴语、湘语、粤语中的话题化倾向看，话题优先程度与语序类型具有明显的相关性，越是话题优先的 SVO 语言，偏离 SVO 常规语序越远。其次，整体上，汉语是话题结构非常显赫的语言，话题占据着重要的句法地位，话题化的作用范围很广，话题结构的种类也非常多样，而且句法化的程度较高，甚至可能成为汉语中的常规结构。韩语语法库藏中虽然包括话题和主语两种句法位置，但韩语的话题结构总体上限制较多，不像汉语那样具有多样化的扩展功能，是话题和主语位置都要求得到凸显的语言。最后，形态类型和格标记系统的有无也造成了两种语言话题结构上的异同。

中国和韩半岛在地理上接壤，有着悠久的历史往来，同时又具有源远流长的语言、文字交流关系。汉语和韩语同属于东亚语言和汉字文化圈，但在语言类型上又各自分属于孤立语和黏着语，汉语语序的重要性尤为突出，韩语语序偏于自由。在语序类型上，汉语是很不典型的 VO 型语言（具有 VO/OV 混合类型），韩语属于典型的 OV 型语言，两者在名词短语上具有很大的相似性。基于类型学的框架下考察汉语和韩语，不仅有助于我们找出汉语和韩语内部共同的特征，还有助于更好地解释汉语和韩语中的一些独特的语言现象，可以加深我们对汉语和韩语的类型特点的认识。目前还有很多疑惑和特殊问题尚待我们去慢慢细化，期待今后进一步的研究。

参考文献

Li，Charles N. & S. Thompson，“ Subject and Topic：A New Typology of Language”，*Charles N. Li. Subject and Topic*，New York：Academic Press，1976.

Hawkins，John，A.，*Word Order Universals*，New York：Academic Press，1983.

Dryer，Matthew S.，“The Greenbergian Word Order Correlations”，*Language*，Vol. 68，No. 1，1992.

Dryer, Matthew S. , "Word Order in Sino-Tibetan Languages from a Typological and Geographical Perspective" (Draft), 1999.

白莲花：《语言类型学视角下的韩汉语语序对比研究》，上海三联书店，2014。

曹茜蕾：《汉语方言的处置标记的类型》，《语言学论丛》（第三十六辑），商务印书馆，2007。

戴庆厦、傅爱兰：《藏缅语的形修名语序》，《中国语文》2002 年第 4 期。

江荻：《音节型语言演化的后果》，《现代人文学通讯》2011 年第 5 卷。

林素娥：《湘语与吴语语序类型比较研究》，复旦大学博士学位论文，2006。

刘丹青：《粤语句法的类型学特点》，香港《亚太语文教学报》2000 年第 3 卷第 2 期。

刘丹青：《吴语的句法类型特点》，《方言》2001 年第 4 期。

刘丹青：《论元分裂式话题结构初探》，载《语言研究再认识——庆祝张斌先生从教 50 周年暨 80 华诞》，上海教育出版社，2001。

刘丹青：《汉语方言的语序类型比较》，《现代中国语研究》创刊 2001 年第 2 期。

刘丹青：《差比句的调查框架与研究思路》，载戴庆厦、顾阳主编《现代语言学理论与中国少数民族语言研究》，民族出版社，2003。

刘丹青：《话题优先的句法后果》，载程工、刘丹青主编《汉语的形式与功能研究》，商务印书馆，2009。

刘丹青：《方言语法调查研究的两大任务：语法库藏与显赫范畴》，《方言》2013 年第 3 期。

刘丹青：《汉语中的非话题主语：主语和话题关系再探》，《中国语文》2016 年第 3 期。

刘丹青：《汉藏语言的音节显赫及其词汇语法表征》，《民族语文》2018 年第 2 期。

冉启斌：《音素结合的融合程度与汉语语音的若干重要表现》，《汉藏语学报》2009 年第 3 期。

徐烈炯、刘丹青：《话题的结构与功能》，上海教育出版社，2007。

徐通锵：《音节的音义关联和汉语的音变》，《语文研究》2003 年第 3 期。

许宝华、陶寰：《上海方言词典》，江苏教育出版社，1999。

김차균, 「육진 방언과 창원 방언 성조의 비교」, 『한글』, 한글학회, 1977.

이문규, 「국어방언 성조의 성격과 성조체계의 기본단위」, 『국어학』, 국어학회, 2011.

이미경, 「중국어 성조와 한국어 방언 성조에 대한 운율 유형론적 고찰」, 『중국문학』 78 권 0 호, 한국중국어문학회, 2014.

이호영, 「국어 머리 억얀의 음향 음성학적 연구」, 『말소리』, 대한음성학회, 1997.

허동진, 『중국에서의 조선어 연구』, 연변동서방문화연구회 편찬 , 한국학술정보원, 2007.

东亚文明论述的使用方法

〔韩〕白永瑞

（韩国延世大学名誉教授）

一　文明论述的再发现

突如其来的新冠肺炎疫情促使我们重新思考何谓文明。在应对疫情的过程中，“近视眼式”的东西区分法（myopic east-west thinking）的影响力在日渐衰落。人们对因病毒暴露出欧美文明的混乱而感到震惊的同时，又对中国、韩国等部分亚洲国家采取的应对措施给予了肯定。此外，还有观点指出东亚的应对侵犯个人的权利，而且国家的控制方式也有弊端，对此文化主义的解释——即注重集体主义和秩序的儒教文化是造成这些问题的原因——仍具有一定的影响力。

与应对过程中显现出的有关文明（或文化）的争论相比，更为根本性的影响则是经历新冠肺炎疫情后，人们对气候与生态危机变得更加敏感，（继 100 年前）文明大转型再次来临的感受比任何时候都更为真切。

然而，韩国与中国此前就已经开始进行有关文明的新讨论，尝试重新解读过去文明的价值。本文将探讨两国的三种文明论述。既然是有关文明的论述，所涉及内容的范围自然比较广，但本文将着重分析个人修养与社会改革的关系。

对于这两者的关系，在 18 世纪欧洲的思想流派中，保守派认为人类社会的根本变化是不可能的，或者只有在实现个人的自我成就之后才有可能带来社会的变化，而进步派则认为保守派的观点只不过是拥护不公正旧体制的意识形态，进而主张可以通过社会改革来实现个人的变化。这两种观

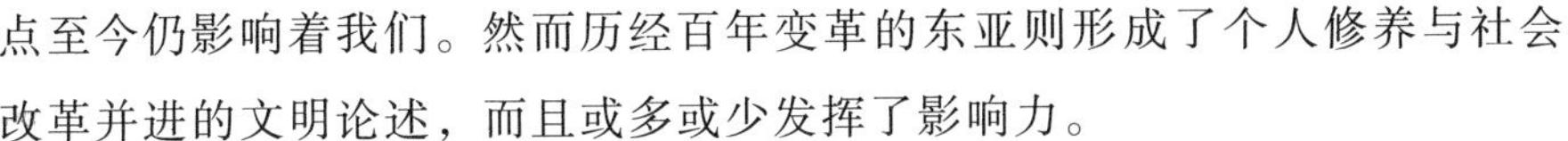

点至今仍影响着我们。然而历经百年变革的东亚则形成了个人修养与社会改革并进的文明论述，而且或多或少发挥了影响力。

二 “新时期”中国的“文明型国家”论

笔者首先要探讨的文明论述是张维为提出的“文明型国家”。[①]

有很长一段时间，我们在说明中国民族国家的形成时，给出的主要根据是现代主义的历史认识，即“从文明（或天下）到民族国家”的转型是历史发展的阶段。然而，近年来由中国向外扩散的视角则是一种后现代的观点，认为中国“既是帝国又是民族国家”。因为中国是唯一成功转型民族国家的“文明国家”，所以这类主张听起来有一定的说服力。

其中之一就是“文明型国家”（civilizational state）的概念。所谓“文明型国家”，指的是民族国家（nation-state）与文明国家（civilization-state）的融合体，“一个把‘民族国家’与‘文明国家’的长处结合起来的国家”。[②] 过去欧洲学者提出的“文明国家”是指民族国家形成之前的“文明形态的国家”，其中的文明与国家常常是一个矛盾体。[③] 相比之下，唯有延绵五千年的古老文明与超大型现代国家相重合的中国才能发展出“文明型国家”的独特概念，“它解构了西方话语关于中国的主流叙述，它有利于增进国人的道路自信和文化自信”。[④]

“文明型国家”的特征包括超大型的人口规模、超广阔的疆域国土、超悠久的历史传统以及超深厚的文化积淀。这些内容与甘阳、马丁·扎克（Martin Jacques）等人所主张的“文明国家论”没有什么区别，[⑤] 不过张维为对制度上的表现给出了更系统性的说明，即在政党制度方面是“国家型政党”或“整体利益政党”；在组织制度方面是“选贤任能”（meritocracy）；在经济制度方面是“混合经济”。因篇幅限制，本文不再深入分析，

① 张维为：《文明型国家》，香港：开明书店，2018。

② 张维为：《文明型国家》，香港：开明书店，2018，第9页。

③ 张维为：《文明型国家》，香港：开明书店，2018，第4、9页。

④ 张维为：《文明型国家》，香港：开明书店，2018，第Ⅸ页。

⑤ 〔韩〕白永瑞：《中华帝国论在东亚的意义：探索批判性的中国研究》，《开放时代》2014年第1期，第86～88页。

在此只想强调他提出这个概念的重要目的，即在与西方国家的比较中，确保当前中国的政治合法性，简而言之，就是强调中国模式的高度竞争力。

那么中国模式的核心特征是什么？就是组织化（“组织起来”）。一个国家的组织化包括组织能力、综合能力、规划能力，而“从过去三十多年的情况来看，中国模式在整合国内外不同利益方面，明显比西方模式更胜一筹”。[①]

这种中国模式论以“天命观”为媒介，与文明论述密切相关。“天命”可以说是一种中国式契约论。它既是民心向背，也是对皇帝的警训，与民本思想相联系，并延伸到选贤任能的科举制度。一言以蔽之，中国模式的核心竞争力就是结合“选贤任能”与“民心向背”的治国理念。

张维为主张拥护中国“实质民主”而非西方“程序民主”的依据就是“实质民主”关注“如何最大限度地反映和满足人民的愿望和要求，真正实现‘良政善治’”。[②] 从思想继承来看，它“继承了中华文明中从长计议的政治智慧和传统”。[③]

张维为主张中国模式应通过兼顾法治与德治来取长补短。“德治”呼唤人们从内心出发，规范自己的外部行为，从这点来看，“德治”是社会治理的最高境界，因此从社会治理层面来看，“德治”是“上策”，“法治”是“下策”，两者需要有机地结合起来。“上下策结合”的社会才是“一种治理成本更低、社会更公道、社会生活更自然也更人性化的社会”。[④]

这样梳理下来，就会发现“文明型国家”论述很明显是以国家为主的发展战略，而个人的作用则偏重于功能方面。这是因为为实现个人价值而选择的是分轻重缓急的发展战略，先从整体出发，然后再扩散到个人。张维为“‘组织起来’不是说不要个人的积极性，恰恰相反，通过‘组织起来’，即首先确立秩序，个人生活才可能出彩”[⑤] 的描述就充分体现了这一特点。

① 张维为：《文明型国家》，香港：开明书店，2018，第155页。
② 张维为：《文明型国家》，香港：开明书店，2018，第109页。
③ 张维为：《文明型国家》，香港：开明书店，2018，第111页。
④ 张维为：《文明型国家》，香港：开明书店，2018，第159页。
⑤ 张维为：《文明型国家》，香港：开明书店，2018，第155页。

那么一百年变革期，中国就没有出现过有关个人与革命这两者间张力的细致论述吗？在此我们有必要关注另一个文明论述，即革命修养论谱系的三阶段。

三　中国革命修养论的谱系

1. 20 世纪 20 年代中国青年学生的革命人生观

五四运动退潮期，北京大学马克思学说研究会围绕是否参与工人运动展开的辩论，很好地体现出当时革命人生观抬头的情况。① 一个学生献身工人革命运动就要放弃学业成为“职业革命家”，这既是革命实践问题，也是建立“革命人生观”的问题。中国共产党在研究会里对此反复进行讨论，要求学生接受马克思主义理论提出的革命性展望。然而这个问题不只针对该研究会的成员，所有社会主义青年团员都需要面对这个课题。相比新文化运动时期小团体（组织）中的个人修养强调（在无政府主义影响下）如何提高个人的人格与能力，此时已转变为动员个人献身国家和革命的革命性修养。②

在后来被称为“主义的时代”或“组织的时代”所诞生的这些“职业革命家”与（笔者强调的）一般学生的“社会变革性认同”相遇时，革命运动得以扩大具有活动力的主体。这就为五四运动转变、发展为国民革命奠定了契机。③

那些选择参与国民革命且走上职业革命家这条“值得一走的人生道路”（革命人生观）的青年们的一个共同点是，他们不再留恋学生的身份，努力让自己融入劳动人民。下面的报告内容就很好地体现了这一点。

> 我们多数的同志，平日享惯了学生生活，一旦去同劳动者过寒

---

① 这部分内容参考了《罗章龙谈中国劳动组合书记部北方分部》，中国革命博物馆编《北方地区工人运动资料选编 1921 ~ 1923》，北京出版社，1981，第 6 ~ 8 页。

② 〔日〕森川裕贯：《从日本的现状和中国近现代的修身问题来看〈道路〉一书的定位》（未发表原稿）。

③ 〔韩〕白永瑞：《中国现代大学文化研究：认同危机与社会变革》，首尔：一潮阁，1994，参考第 2 部。

苦生活，苦是的确苦；但是学到的经验很多，肉体纵劳苦，精神却很愉快！平时在书本上求的学问，时感枯燥与乏味；参加运动，就是书本上的学问与事实相映证。还有平日心上想的，口上说的劳动状况如何如何，都不实在，若要真切知道，除了参加的运动是不有其他方法。[①]

2. 新中国成立初期中国共产党的革命修养论与群众路线

1949 年中国共产党成功接管城市的原因就是拥有许多能够控制基层的资源，而这些资源是治理庞大国家所必不可少的。尤其在实现公共目标方面，“能够动员大众的意识形态与政治文化，低成本却极具奉献精神的干部们”显得尤为重要。[②]

在获得军事上的胜利后，中国共产党在进入北京接管的过程中面临许多问题，胜利者应该如何通过改造社会来改造自己成为重要的议题。有人曾提出通过干部的主体性改造与工作态度的调整，就可以获得组织机制的支持，并由此再矫正干部的主体意识，简言之，就是领导人如何能与群众融为一体的问题。其实这正反映出在“为人民服务”的原则下，在城市变革的过程中仍然会遇到现实的问题，因此有必要探讨个人与革命之间的伦理问题。

其实早在延安时期，刘少奇的《论共产党员的修养》（1939 年）就已看出这一问题的重要性。[③] 众所周知，从中国共产主义运动早期开始，严格的道德标准就是知识分子入党的重要动机。然而刘少奇却呼吁知识分子要批判性地吸收日常生活中所熟悉的传统文明（尤其是儒学）的修养论，提高党员个人的道德反思意识，以人民的利益作为标准来加强个人的党性修养。当时党内的主流认识认为个人改造（乃至修养）隶属于社会改造，

① 《团上海地委农工部给团中央农工部的报告》，《档案与历史》1986 年第 4 期，第 9 页。

② 〔韩〕尹炯振：《从历史角度看中国的城市基层组织：以居委会为中心》，《历史批评》2016 年冬季号，第 352 页。

③ 该文有四个版本，分别是 1939 年版、1949 年版、1962 年版以及 1980 年版。关于不同版本，参见任晓伟《〈论共产党员的修养〉：历史生成、版本演变和现实意义》，《学习月刊》2017 年第 2 期。本文以下内容参见吴增礼、李亚芹《儒家思想与刘少奇马克思主义中国化的文化进路：以〈论共产党员的修养〉为讨论中心》，《湖南大学学报》（社会科学版）2019 年第 3 期。

而刘少奇则强调个人改造，并将社会改造与个人改造的并进作为党员修养的理论根据，这是他的独创之处。

在这里，我们将关注的焦点转移至与革命修养论密不可分的群众情感动员问题和群众路线上，这也与群众的个人修养相关。

农村的土地改革或城市的群众运动经常出现的“提高情绪”（emotion raising）对中国共产党的革命与新中国成立起到了核心作用，① 不过“情感工作”的内在危险性也是不容忽视的。从理论角度而言，要严格控制情绪，但是现实中却引发了不少纷扰，这也是常常被人批评无视法治与人权的原因。

然而，如果我们摆脱这种批评，从另一个角度进行思考，就能更深入地理解其复杂性。我们从近期受到普遍关注的“情动”（affect）的视角来考虑一下这个问题。情动指的是与情绪（emotion）或感情（feeling）相关的身体（存在）的状态，它横跨身体与精神、感性与理性、意识与无意识，是能够不断改变世界的力量。这种改变的力量并非只起到积极的作用，而是一把双刃剑。尽管如此，也无需将“思维”与“情动”完全对立起来，或许能通过“已内含情动的思维”找到一条“不拘泥于任何老套”却又能克服“情动的无政府主义”之路。②

那么革命与新中国成立过程中所动员的“提高情绪”是否达到了这个水平？对此，贺照田强调的有别于“群众运动”的“群众路线”很有启发性。在中国共产党的官方解释中，“群众路线”指的是一切“从群众中来，到群众中去”的根本性政治路线和组织路线。然而他却认为群众路线关注的是在具体实践过程中，怎样培养参与者的“共和意愿与共和能力”，以及怎样养成“更好的精神身心状态、更饱满的生活状态”。他进一步积极评价道：“群众路线所联通的便不只是领导者、组织者、精英和群众，它联通的还是工作与身心、个人与公共以及现在与人民共和真正实现的中国未来。”③

他提出“共和”的部分具有重要意义。众所周知，共和主义认为国家

---

① 〔美〕裴宜理（Elizabeth Perry）：《重访中国革命：以情感的模式》，《中国学术》2001 年第 4 期，第 5 页。

② 〔韩〕韩基旭：《思维、情动、现实主义》，《创作与批评》2019 年冬季号，第 34 页。

③ 贺照田：《群众路线的浮沉》，《革命－后革命：中国崛起的历史思想文化省思》，新竹：台湾交通大学出版社，2020，第 164 页。

事务和政治是公共事务而非君主个人或特定集团的问题，并重视国民参与政治时的道德（公德）。所谓“国民参与政治时的道德”指的是“作为真理之路的道以及作为由道而来的力量的德”。[①] 检验群众运动是否符合这一标准是很重要的。贺照田之所以强调有别于群众运动的群众路线，想必也是出于这个原因。

此外，认识到共和主义同样需要个人的独立生计这一道德的物质基础也很重要。[②] 关于这一点，我们举一个中国人亲身经历的事例。新中国成立初期，东北地区的刘斌接管工厂之后，在日常生活中根据延安时期的群众路线等革命经验，与工人一同生活，建立传统伦理观念的同甘共苦之感，以此作为情感与伦理基础，逐渐在接管干部与普通工人之间形成了共和理念认同。还有一个例子。抗美援朝的全民动员，不仅依赖于全面宣传，而且是在更纵深层面潜入日常实践中对工人的走访、座谈，更细致地嘘寒问暖，解决工人的住房、子女就学、家庭负担等问题。何浩从中找到了对物质有切身之感的群众想要守住自己所得的动机与爱国的公共动机相结合的例子。换言之，就是着眼于孟子强调的“恒产”与“恒心”相互作用的社会结构。[③] 总之，这些例子生动地展现了个人伦理（或修养）问题并非抽象的概念，而是日常生活中的切身问题。

这虽不是本文的主要议题，但笔者想强调的是，关于个人的革命人生观或革命修养论内含的自发性与等级性之间的紧张关系问题早在创党初期就已经存在，而且一直存续于群众运动与群众路线之中。

3. 新革命史、革命文明史含义的再发现

在当前的中国，“新革命史”正悄然受到关注。在这种潮流下，过去遭到负面评价的中国特殊性开始被重新解读。例如，有观点认为一党制起源于儒家士大夫的一元政治，而且可从宋明理学的“理一分殊”——普遍原理与个别原理相互关联——的角度进行简明扼要的解释。[④] 简而言之，

---

① 〔韩〕白乐晴：《文明的大转型与后天开辟》，首尔：事奉的人，2016，第 215 页。

② 〔韩〕柳镛泰：《见识东亚》，首尔大学出版文化院，2017，第 284 页。

③ 何浩：《“马恒昌小组”：以工人阶级建国的历史实践及其思想意涵》，贺照田、高士明主编《人间思想》（第 1 辑），金城出版社，2014，第 81 ~ 82 页。

④ 谢茂松：《从文明的视野理解中国共产党一党执政》，《开放时代》2018 年第 1 期；李放春：《毛泽东“理一分殊”思想发微》，《开放时代》2018 年第 3 期。

就是关注革命的文明史含义。

其中关于本文主题，引发笔者兴趣的是重视“个人内在本性”的主张。吴重庆受到韩国学者提出的“社会性灵性”（social spirituality）[①] 概念的启发，试图重新解释儒家传统与革命传统的关系。他发现儒学“内圣外王”的概念蕴含着“社会性灵性”的趋向，并且将其视为推动中国社会变革的力量。然而他还强调，个人超越性的确立，除个体努力之外，还有党在发挥作用，如此方能成就整体性的社会变革。[②] 另外，他还期待通过以人民这一充分被组织起来的群众作为政治主体的“人民社会”，去同时实现“强国家”与“强社会”。他虽然想以“社会性灵性”为媒介来重新解释个人与社会的关系，但似乎仍然停留在既有革命修养论的框架里，这样一来，就很难有创意地解决革命修养论所内含的自发性与等级性之间的紧张这一难题，更加难以激发个人的政治效能感（efficacy）。

在提升修养的过程中，全新的自我需要集体恢复“社会性灵性”，即兼具能够看清（广泛蔓延于全球的新自由主义造成的）不平等社会结构的能力，“个人才能成为有力量的主体”，才能迈向“赋权的民主主义”，即更加激进的“强化的民主主义”（empowered democracy）之路。[③] 换言之，需要一个更能表达民主性集体的主体性与连带机制的新构想。

四　韩半岛的“开辟思想”与运动

韩国近代新宗教的“开辟论述”始于朝鲜王朝末期。近来这种论述正作为另类文明的可能性，缓慢地传播开来。尤其在“三一运动”迎来一百周年之际（2019 年），“开辟思想”对“三一运动”的影响受到人们的关注。

---

① 笔者认为，所谓的灵性是指让人发现个人内在全人的潜力，走向超越自我的内在道路（inner path）的生活方式和修行。灵性在某种意义上，也可以称为“作为经验的宗教性”，之所以加上“社会性”这个修饰语，理由在于为了内含“关系的”且“结构的”这两种意义。因此，所谓社会性灵性是指不仅借由在宗教性里面解释个人的经验，同时改变个人的生活和社会的品质，同时也借由解释社会的经验，使全社会产生改变，同时也改善个人的生活品质，是一种互相作用的过程。韩国在经历“世越号”等事件（2014 年）的同时，从其中找出并证明“社会性灵性”的痕迹，并且尝试赋予名称。

② 吴重庆：《迈向社会革命视野下的革命史研究》，《中共党史研究》2019 年第 11 期。

③ “empowered democracy”是 Roberto Unger 提出的概念。详细内容参见〔巴西〕罗伯托・曼加贝拉・昂格尔《政治：反抗命运的理论》，崔之元、金正梧译，首尔：创批，2015。

在汉字圈里，“开辟”通常被理解为“开天辟地”之意，而作为（东学与其后身）天道教、曾山教、圆佛教等新宗教共同打出的标语，“开辟”却是“民众为主，基于个人修养，实现救济他人，共同开创新文明”[①]的思想和运动。这一概念同时反映出宇宙论的转型意识与国际秩序发生变化的历史转型意识。不同于旧韩末时期的“开化”或“卫正斥邪”，“开辟”被重新解读为“本土性现代”或“韩国性现代”的路线。[②]

如果再进一步思考，就会发现“开辟”可分为“先天开辟”和“后天开辟”，东学（与天道教）的“后天开辟”意指非常彻底且根本的变革，骨子里具有珍爱全宇宙所有生命体的敬物精神。因此可以说东学的“后天开辟”是“生命的开辟”，[③]是“民众自发地为了持续不断的精神修养与社会改革而努力，同时主动开启崭新世界的大变革过程”，也就是“指向具有创造力的现代”。[④]此外，这还是儒家伦理秩序的道德观念大转型为生命和平的道德概念，并且因为追求与天共生的人生，所以（用第一代教主崔济愚的话来说）是“开辟的人生”，（用今天的话来说）是“注重生态和生命和平的人生”。[⑤]至少和中国的情况相比，韩国近现代思想史的一个特点是强调宗教的变革作用，因此这种解读对重新书写历史也有一定的贡献。

也许人们很容易认为这种想法属于大家比较熟悉的“多元现代性”范式，而这种视角的确是一种基本共识。但是在笔者看来，比起“本土性现代”或“韩国性现代”，同时完成“适应现代与超克现代的双重课题”似乎更为贴切。[⑥]也许有人觉得这种想法有些不好理解，但其实这就是我们日常生活中的一种常识性的经验，对照历史经验就很容易理解。韩国的近现代新宗教并非单纯地追求文明开化，而是在各自所处的环境中做出了接

---

① 〔韩〕圆光大学圆佛教思想研究院编《实践近代韩国开辟思想》，首尔：事奉的人，2019，第5页。

② 〔韩〕圆光大学圆佛教思想研究院编《重读近代韩国开辟运动》，首尔：事奉的人，2020。

③ 〔韩〕圆光大学圆佛教思想研究院编《重读近代韩国开辟运动》，首尔：事奉的人，2020，第29页。

④ 〔韩〕圆光大学圆佛教思想研究院编《重读近代韩国开辟运动》，首尔：事奉的人，2020，第33页。

⑤ 〔韩〕圆光大学圆佛教思想研究院编《重读近代韩国开辟运动》，首尔：事奉的人，2020，第64页。

⑥ 关于双重课题论，参见〔韩〕李南周编《双重课题论》，首尔：创批，2009。

受或抵抗的战略，采取了积极主动的应对，试图构建开启新世界的“开辟宗教”，仅从这一点，我们也不难理解这一“双重课题”。此外，圆佛教的“开教宣言”——不但重视物质上的开辟，还同样重视精神上的开辟——更是精简地概括出了“双重课题”。

这样重新解读“开辟”后，我们应该就能从另一个角度看待作为新宗教的圆佛教与其他宗教的对话。正是通过圆佛教，（后天）开辟思想与佛教相遇，对近现代科学文明与基督教文明的吸收也进入新的阶段。

在此有必要重新探讨朝鲜半岛获得解放的那一年（1945 年）圆佛教所倡导的建国论。其实政教合一的文明观是多个开辟性宗教的共同特点，不过圆佛教将政治与宗教喻作两个车轮（不是政教合一或政教分离），这种对“政教同心”的认识是比较新颖的。从这个角度来看，三种治教（治理与教化）的并进思想——在德治、政治的基础上，要同时兼顾道治，才能成为圆满的世界——的深度与对当前的意义也将更加凸显。

此类将新宗教（即开辟性宗教）重新解读为生态、和平思想的实践，或重新思考政教合一的问题，都能够激发人们对另类文明论的根本性思考。

然而“多元且本土的现代性范式”作为这一解释的基础，尽管韩国内外的学者经常使用这个论述，但对此也有不少批判之声，其中最切中要害的意见就是：过于简单地以为构思另类现代性就是超克欧洲中心主义的解决方案，因此超克现代最核心的难关——资本主义问题——被留下了“巨大的空白”。[①] 我们需要铭记的一点是，之所以将现代性作为我们重要的研究课题，主要是为了正确认识并且超克历史上的近现代资本主义时代向我们的生活所施加的巨大力量。

五　结语

在新一次文明大转型来临之际，笔者怀着东亚人能够创造性地提出符合时代要求的文明之条件的期待，从个人修养与社会改革的关系角度，探讨了过去一百年变革中，中国和韩国所提出的文明论述。通过分析，我们了解到这些文明论述没有只从功能的角度看待个人的作用，有一些文明论

---

① 〔韩〕黄静雅：《“开辟”这个大胆的名称》，《创作与批评》2019 年春季号。

述主张基于日常生活的真实感去兼顾个人修养与社会变革，而且此类文明论述在社会变革（革命）的过程中也起到了一定的作用。

在对新冠肺炎疫情有切肤之感的时代，国家的作用无疑是一个热点问题。现在我们既不应拘泥于个人与国家的二分法而坚持批判国家的老套论述，也不应对国家的干预采取去政治化的配合。对于国家的干预，此刻我们正迫切需要在民主且大众的管控方面获得新想象与新思维去加以政治性的介入。[①] 本文之所以将个人修养与社会改革的并进（再活性化）视为未来另类文明论述的重要条件，也是出于这个原因。

笔者怀着两国正在摸索的另类文明能够成为普遍性文明论述的期待，想再次强调我们在这条路上值得借鉴的标准，那就是上面提到的三种治教并进的方式，即德治、政治与道治必须并行。

> 基于“政”的治理就相当于东西方的各种现实政治以及法治，基于“德”的治理相当于儒家式礼道政治的主要手段即领袖的德治，而“道治”则是每一个民众都达到道人的境地，以此自然完成圆满世界的新概念。[②]

众所周知，儒家的现实主义充分体现了政治与德治并行的必要性（在本文第二节中提到当今也更注重法治与德治的并行）。不过儒教的礼治终究是通过君主或牧民者的德治来体现的，因此与民主的对等观念明显不同。

这就凸显出佛教的重要性。张志强分析了阳明学的现代形态——现代性唯识学，指出在通过以个人的转依完成彻底的个人革命的同时亦借此达成社会革命，最后在所谓净佛国土的意义上，达成完全的社会改造，对于这个长期过程的认识潮流，构成了中国文明的鲜明色彩。[③] 而白乐晴进一步解释了圆佛教的教义，强调道治是通过每一个个人达到“道人”的境界来实现圆满世界的新概念。上述引文蕴含着一种犀利的现实认知，那就是

---

① 〔韩〕黄静雅：《大流行时代的民主主义和“韩国模式”》，《创作与批评》2020 年秋季号。

② 〔韩〕白乐晴：《西方的开辟思想家 D. H. 劳伦斯》，首尔：创批，2020，第 484～485 页。

③ 张志强：《革命与佛学》，《开放时代》2018 年第 1 期，第 37 页。

现代社会如果没有三种治教的结合，不论是从未以国家单位施行过的道治，还是政治或德治，都难以真正实现。当然要让“三种道”能圆满并行，就必须冒险去寻求符合各个社会具体历史脉络的具体方法。[①]

① 〔韩〕黄静雅：《大流行时代的民主主义和“韩国模式”》，《创作与批评》2020年秋季号。该文是对圆佛教第二代宗法师鼎山宋奎（1900～1962）提出的三种治教的新解释。

共同研讨

家国情怀，一个古老民族的精神脊梁

刘跃进

（中国社会科学院文学研究所所长）

2020年对世界各国来说都是极为特殊的一年。新冠肺炎疫情的突然暴发和迅速蔓延不仅使世界经济发展和全球治理体系面临严峻挑战，也给许多国家、家庭和人民带来了严重的生命财产损失。过去几个月以来，以中、韩、日为代表的东亚各国取得抗疫重大进展，并成为全球抗疫大考中的“优秀标兵”和“成功样板”。这既得益于东亚各国对疫情的高度重视、较好的综合治理能力、较为健全的医疗保障体系以及国家—市场—社会之间的良性互动，也在很大程度上彰显了东亚各国“以人为本”的治国理念、守望相助的合作精神和根植于东亚民族文化血脉深处的家国情怀。作为一名中国传统文化研究者，今天我想借这个宝贵机会简要地和大家谈谈中国人的家国情怀，以期为各位理解中国文化及其在中国抗疫过程中的积极作用提供一些参考和借鉴。

在中国人的心中，家是最小的国，国是千万家，每个人的生命体验都与家庭、家族、国家紧密相连。从家出发，个人、家庭、群体、国家乃至天下，一脉相承，共同支撑着我们的理想。这就是中国人的家国情怀，它已经成为中华民族生生不息的文化基因。

第一，中国人的家国情怀基于我们祖先对天的敬畏。天是最高的境界。天既是抽象的，又是具体的。从自然层面来说，日月运行，不为尧存，不为桀亡，自有其亘古不变的运行规律。从社会层面来说，天就是老百姓。《左传》说，“民之所欲，天必从之”，“国将兴，听于民；将亡，听于神”。民的地位是很高的。由此说来，敬天就是敬畏百姓。

中国古代思想家早就指出，谁能获得百姓的信任，谁就会赢得最终的胜利。谁损害老百姓的利益，谁就必然招致灭亡。《尚书》多次强调知人安民的重要性。《荀子·王制》把君与民的关系比作舟与水的关系，指出水可以载舟，也可以覆舟。《管子·四顺》也说：“政之所兴，在顺民心；政之所废，在逆民心。”天地间，民为贵，这是非常重要的民本思想。从个体的人来说，他的一言一行也必须心中有天，以德昭示天下。《大学》说：“古之欲明明德于天下者，先治其国。欲治其国者，先齐其家。欲齐其家者，先修其身。欲修其身者，先正其心。欲正其心者，先诚其意。欲诚其意者，先致其知，致知在格物。”这种家国理论，以修身为起点，强调内心修养、个人行为的重要性，最终以经世济民为目标，因为一个人的好坏，不仅仅是个人的问题，它关系到家族的荣耀，关系到国家的盛衰，更关系到天下兴亡。陆游讲的“位卑未敢忘忧国”就是这个道理。

如何做到修齐治平，《中庸》还有两句话特别重要，一是正心诚意，二是致知格物。心正，才能意诚。诚有天道、人道之别。天道的关键在于诚，而人道的终极目标则是对诚的追求。《周易》强调君子当进德修业，修辞立诚。欧阳修《朋党论》也说，君子“所守者道义，所行者忠信，所惜者名节。以之修身，则同道而相益；以之事国，则同心而共济，终始如一”。道义、忠信、名节，都与诚有关。守道以诚，才能做到富贵不能淫，贫贱不能移，威武不能屈。报国以诚，就能同心共济，坚守“人生自古谁无死，留取丹心照汗青”的信念，“鞠躬尽瘁，死而后已”。致知格物，即推诚于物，致意于实，就是强调实践的意义。明代大儒王守仁在《答顾东桥书》中指出，“知之真切笃实处即是行，行之明觉精察处即是知。知行工夫，本不可离”。习近平同志指出：“从某种角度看，格物致知、诚意正心、修身是个人层面的要求，齐家是社会层面的要求，治国平天下是国家层面的要求。”这符合认识论和实践论的统一。

第二，中国人的家国情怀还体现在对国家统一的认同上。《礼记·礼运》将远古历史的运行，分为“天下为公”与“天下为家”两种形态。天下为公，是说天下乃天下人共有之天下，是谓大同。当历史进入私有制社会以后，以血缘为纽带，天下为家，公天下变成了家天下，这是国家的雏形。如何维护国家的统一、社会的稳定，便成为核心问题。董仲舒在

《举贤良对策》中强调指出，大一统是“天地之常经，古今之通谊也”。对此，任何人都不能质疑。周秦汉唐，中国封建社会真正实现了国家的统一、富强，奠定了中国大一统的基础。康乾盛世，尊奉中华始祖，修建历代帝王庙，强调“夫天下者，天下人之天下也，非南北中外所得私。舜东夷，文王西夷，岂可以东西别之乎”。在乾隆眼中，“中华统绪，不绝如线”。这是“《春秋》大义”中最核心的观念，也是中华民族源远流长、历久弥新的根本所系。在中华一统的前提下，天下兴亡，匹夫有责。每当中华民族危亡之际，正是彰显家国情怀之时。无数仁人志士舍小家顾大家，舍小爱成大爱，救亡图存，慷慨赴死。我们不会忘记天安门广场中央人民英雄纪念碑的碑文：“三年以来，在人民解放战争和人民革命中牺牲的人民英雄们永垂不朽！三十年以来，在人民解放战争和人民革命中牺牲的人民英雄们永垂不朽！由此上溯到一千八百四十年，从那时起，为了反对内外敌人，争取民族独立和人民自由幸福，在历次斗争中牺牲的人民英雄们永垂不朽！”中华民族抵御外侮，坚持统一，同心同德，反对分裂，这是历史的选择。

第三，中国人的家国情怀还体现在对民族强盛的热切期盼上。每一个中华儿女，无论生在何时，身在何处，都是中华民族大家庭中的一员，都要为中华民族的发展贡献一份力量。苟利社稷，生死以之。鲁迅说：“我们从古以来，就有埋头苦干的人，有拼命硬干的人，有为民请命的人，有舍身求法的人。”鲁迅称他们是中国的脊梁。古往今来，那些为中华民族崛起而献身的人们也许没有豪言壮语，没有高头讲章，而他们的实干，却在生动地诠释着一个古老民族的家国情怀和不屈品格。

习近平同志在国家博物馆参观“复兴之路”陈列时说：“历史告诉我们，每个人的前途命运都与国家和民族的前途命运紧密相连。国家好，民族好，大家才会好。实现中华民族伟大复兴是一项光荣而艰巨的事业，需要一代又一代中国人共同为之努力。”总之，中国人的家国情怀不是一句空洞的口号，而是深深地植根于每个中国人的内心世界，无疆大爱，是对国家的高度责任感和使命感，是中华民族永远立于不败之地的文化密码，是中华民族伟大复兴的内生动力，值得我们永远珍惜。

正是这种对天的敬畏、对国家统一的认同和对民族强盛的期盼让中国在新冠肺炎疫情防治过程中展现出了如履薄冰的谨慎、万众一心的凝聚力、投桃报李的气度和战疫到底的决心。我相信，中国人民同舟共济、守望相助的家国情怀和顾全大局、甘于奉献的民族精神将继续为中国自身发展、国际合作抗疫和人类文明进步提供强大的精神动力。

今天我们如何认识这个世界并进行价值对话？

段伟文

（中国社会科学院哲学研究所研究员）

世界的大道是曲折的，文明的前景每每处于高度不确定之中。刚刚迈入21世纪20年代，人们就与疫病大流行不期而遇。这次疫情的冲击实际上导致了CPS（赛博—物理—社会）空间的重构。从信息论与控制论思想到反主流文化对控制的拒斥，从虚拟的存在空间到虚实平行的数字乌托邦，再到如今初现端倪的数据驱动的智能化社会经济结构，“赛博”这个词的内涵已多次嬗变，但不管怎样，它都与技术对信息或数据、形式或结构的控制有关。在今天看来，赛博空间与现实空间日益结合为整体性的CPS空间，三者的关系与结构的演变决定着世界的未来形态。

一　CPS空间重构的价值应对之道

新冠肺炎疫情对数字经济，对数字经济与信息经济和传统物质经济的构成，对其背后的社会政治文化架构，对过去30年间形成的全球化分布式的物质生产与文化生产，都带来了前所未有的冲击。在这种情况下，以往的分布式生态位可能会因为物质或人与人之间的社交距离阻隔带来诸多亟待应对的问题。其中最大的问题是，会不会导致新的世界区隔？世界的各个大陆会不会有一种新的区分？其中很重要的一点就是如何拥抱数字化或智能化的潮流。数字经济或者将来的数字社会与智能社会，类似于氨基酸结构构成蛋白质晶体，在数字化（智能化）与疫情的双重作用下，会通过CPS重构产生一种新的结晶。这种新的结晶的表现之一就像社交隔离期的视讯会议，既带来了交流方式的重构，又使参与者必须面对由此所带来的新问题。例如，有时候视讯会议因为怕卡顿，连视频都不能播放，更不用说眼神交流，如何从技术上予以弥补乃至增强？这些由 CPS 重构带来的生态位再造和社会经济生活流程的改变值得进一步探讨，其中有着很宽阔的创新和迭代升级的空间。

与 CPS 重构相伴随的是数字经济和正在兴起的智能社会的价值重构。从宏观上讲，数字经济或智能社会实质上是对人的欲望与行为更加精细的量化经营与管理。不论认知计算与社会物理学，还是智能化监测或算法推荐，最后都涉及人的问题。近年来，在数字经济与智能化社会的发展过程中，各个国家对伦理问题和数据权利的认知是不一样的。这次疫情又把生命政治，即每个个体的生命权利与社会价值这个问题提了出来。人们发现，相关的公共卫生防控政策很难同时实现个体生命价值、社会经济总成本意义上的生命价值和疫情统计学（群体免疫）意义上的生命价值的最大化。更重要的是，这种不可能三角关系并不是抽象的，而总是处在具体的价值系统之中。毋庸置疑，不同的区域、意识形态或者文化背景有不同的价值系统，包括生命政治系统、数字经济系统、数字社会系统，它们在价值上是有差异的，但它们之间又是相互关联的、共存于一个世界之中。在面对共同遭遇的重大危机时，为了增进相互理解与共识，一个尤为重要的问题是：如何提升不同价值系统在价值上（包括价值规范及其内涵）的互操作性？这意味着我们需要有一个与其他价值系统对接的价值接口，这一现实需求将倒逼数字经济与智能社会建设展开进一步的价值重构。

为此，一要寻求普遍价值诉求的本土转化与开新。由此，信息化与智能化的价值诉求不再是字面上抽象的信息接入权、个人数据权利、包容性（inclusion）、弥合数字鸿沟、赋权（empowerment）等概念和原则，而在于其中的内涵在不同价值体系中的本地化落实。例如，为了便于一些普遍性的价值观念的落地，增进其本地可接受性，在中国的语境中，包容可以解读为普惠；赋权可以解读为比较容易为行政文化所接受的赋能，并将赋能的对象从企业扩展到个人；数字鸿沟可以从使公众应该享有创新红利的科技政策维度切入。二要致力于构建价值系统之间的互操作性接口。比如当前世界不同区域、国家和机构制订了大量的数据伦理和人工智能伦理规范与准则，所提出的很多原则在字面上都是类似的，接下来就是要通过对这些原则在不同价值系统下的内涵的理解和对话，提升价值上的互操作性。

二　面向疫情危机的认知补偿策略

无论世界还是价值的重构，都建立在合理的认知之上，面对疫情大流行所带来的危机态势，普通人或一般的行动者需要在生活实践中探寻面向信任崩塌挑战的认知策略。从一般意义上讲，各种组织、机构、群体与个人都是基于认知的行动者，任何一个行动者在面对高度不确定性的情境时，都力图使其有限的知识和行动体系在应对问题，特别是风险和灾害上具有高度的可塑性。而这种可塑性的获得，主要来自行动者的主观努力，其中重要的是基于无知弥合的认知策略。所谓基于无知弥合的认知策略，就是行动者在认知与行动中必须以消除和减少无知作为其关键的认知方法论。这不仅意味着行动者要认识到其所获得的信息和所拥有的知识的局限性，而且一般的行动者应该看到，无知一直是各种信息传播与知识生产的条件。认识到这一点，就意味着无知的弥合是行动者正确地理解信息与所获得的知识的基本方法；而只有充分运用其有限理性使各种形态的无知得到弥合，行动者才有可能在重大的灾害面前展开有效的认知和行动。

面对疫情大流行，人们对各种相关消息高度关注，不同的群体因为对疫情及相关问题的不同解读而爆发争论、相互撕裂，由于各个圈层的认同有极大不同，甚至产生了信任脆断，这与管理学常说的团体思维非常相似。疫情期间信任崩塌、信任脆断的原因大致有两条：一是危机归因。人们面对危机的时候都会找原因，最后的结果可能就是甩锅；二是事实与价值的高度纠缠。比如说中医到底起到多大的作用，这个事情的复杂在于其中所涉及的问题既不完全是事实的，也不完全是价值的。由于事实与价值高度纠缠，一些有争议的事实负载着很高的价值。面对这种莫衷一是的认知状况，需要诉诸必要的认知补偿策略。

第一种认知补偿策略是情报侦测。在面对危机时，对普通人或一般的行动者而言，尤其需要这种认知补偿策略。一般而言，知识来源于对信息的研判。但必须指出的是，在危机出现时，首要的认知策略不是全盘接受信息，而是要进行必要的质疑、分析和抉择。值得指出的是，“information”这个词翻译为“信息”固然不错，但这个翻译过滤掉了一个很重要的内涵，即“情报”，而“情报”这个概念可以更好地服务于危机认知的需要。在危机认知与应对中，人们所应该运用的基本认知补偿策略就是情报侦测，它以合理的怀疑为出发点，在十分危机情况下甚至是以高度怀疑为前提，即将任何资讯和消息都视为可真可假的情报，充分考量和分析发布者的倾向、意图和利益对其真实程度的影响，进而辨别其真伪程度并做出合理的认知抉择。

第二种认知补偿策略是价值解缠策略。为什么要谈到价值解缠策略呢？一个很重要的原因是，对于传统医学在疫病防控中的作用的讨论，往往涉及事实与价值的纠缠。在此，本文无意加入本已盘根错节的现代医学与传统医学之争，而仅希望通过著名的科学社会学家和信息系统学者斯塔尔（S. L. Star）的边界对象（boundary objects）概念，给出一种可操作性的认知策略。[①] 耐人寻味的是，尽管现代医学和传统医学在认知范式上有很大的差异，但是从此次疫病防治中的各种临床医疗方案与药物试验来看，两者似乎并行不悖。在知识的社会研究中，斯塔尔的边界对象理论讨论过这种现象。这一理论指出，人们在对某一事物没有达成共识的情况下，依然有可能根据各自不同的认知在实践中和而不同地相互整合。

问题是，对于一般的行动者而言，应该采取什么样的认知策略？对此，首先必须承认，问题的应对已经不再仅仅是诉诸事实、数据或所谓的循证医学标准，而涉及事实与价值千丝万缕的纠缠。单从对现实的权衡来考量，一种可行的认知策略是，对于事实与价值高度纠缠的情况，可以采取价值解缠的方法。

所谓价值解缠，主要有三个策略。

其一为自反性策略，即不妨站在传统医学自身的认知方法论的角度，以传统医学本身的评价标准，去探寻其所提出的治疗方案和药物使用的合理性。例如，仅就传统医学本身而言，那些更注重辨证论治的方案和疗法应该具有相对的可靠性，这至少意味着那些相对不注重辨证论治的方案即便有较高的价值负载，其可接受性也应慎重对待。

其二为悬搁策略，在传统医学方案与多种复杂诉求和价值观念过于纠

---

① Susan Leigh Star, " This is Not a Boundary Object: Reflections on the Origin of a Concept", *Science, Technology & Human Values*, Vol. 35, No. 5, pp. 601 – 617. DOI: 10.1177/0162243910377624.

缠的情况下，采取悬搁不论与不轻易推行的审慎态度。特别是对于那些没有严格依据的疗效上不够严谨的宣称，在无法或不便对其公开质疑的情况下，采取既不争论也不倾向无条件采信和普遍运用的处置办法。

其三为去极端化策略，对于那些打着传统医学旗号，但在事实上存在显而易见的问题与缺陷的神医现象，则在认知和实践上完全可以加以排除。不难看到，所谓价值解缠，其前提也是在一定程度上承认无知的社会建构。特别是认识到虽然不存在没有事实的价值和没有价值的事实，但是在特定的情况下，事实与价值的高度纠缠往往是无知的温床，行动者虽然没有能力对其做出准确的判断和公开的追问，但可以从认知方式上对其有更深的质疑，在实际操作中做出更可靠务实的抉择。

三　从二人游戏到三人游戏的启示

突发疫病的全球大流行不仅是一场公共卫生的重大危机，而且加剧了全球既有的政治文化冲突，随之建构出各种新的国际政治认知。在这些认知中，不仅有加强全球合作与协同以应对疫情的传播与危害的明智的认知，也产生了很多在后果上极可能激化矛盾与强化对立的认知。面对由此可能导致的逆全球化等不确定性的未来情景，一般的行动者需要从更广阔的全局性视野出发，设法矫正这些认知中可能存在的基于政治文化建构的无知。对此，本文无意加入已经热络无比的各种相持不下的政治文化争论，而仅聚焦于对自然力量的忽视所带来的认知盲点，简要探讨克服这种无知的急迫性。

法国哲学家米歇尔·塞尔在《生地法则》一书中对于二人游戏和三人游戏的讨论，非常具有穿透力地揭示了人们对自然和世界的存在的无视及由此导致的巨大危机。在他看来，人类的演化与世界的发展貌似永无止境，但人们往往遗忘了世界禀赋的有限性和自然力量的恒在性。近代以来，人们运用科学技术似乎使自己在短短的三五百年间成为地球与自然的所有者，甚至认为已经进入到所谓的人类世，俨然以主人自居的人类误以为自然的演化乃至宇宙生命的演化反过来仰赖于人类的创造。这种无视世界的存在与自然力量的认知使人们走入了双重误区：一方面，不择手段地从自然中攫取各种资源以满足人类社会的消费；另一方面，不同的国家、地区和群体为了争夺资源和资源的再分配而形成了各种各样的相互对立。塞尔将这些自以为已经是自然界的主人的人类之间短视的对立称为二人游戏。

然而，这次疫情突发却用铁的事实表明，人类的政治文化法则以及由此导致的各种二人游戏忽略了完全不应该无视的自然力量和法则。在塞尔看来，不论何时，人类都不应该也不可能忽视自然力量的存在。他将这种存在称为“生地”（WAFEL）——水（water）、空气（air）、火（fire）、土壤（earth）、生物（life）。而在人类所有看似二人游戏的政治文化冲突的背后，实际上都存在着“生地”这个远比人类文明强大、时刻都有可能祭出自然法则的第三方力量。因此，所谓的二人游戏，最终不过是因短视而对立的人类双方与自然或世界的三人游戏。对此，塞尔不无反讽地指出：“一旦人类掌控并拥有自然，自然终将逐步拥有并控制我们。我们曾经几乎到了能够操纵它的地步，但现在却轮到它摆布我们了。”① 这种三人游戏的吊诡之处显而易见：在培根式的征服自然的传奇之后，人们不得不面对自然对人类的逆袭。

正如塞尔所言：“人类的自命不凡终于遭受了致命的一击：我们不得不让世界作为第三方参与到我们的政治关系中来。”② 仅仅一个小小的病毒就能在几个月的时间内让整个地球几乎停摆，如果认识不到病毒所代表的自然力量对于人类文明前所未有的冲击，就无法理解此次疫情的暴发实质上是自然法则和人类文化法则之间的全新的碰撞。唯有从中认识到人类的无知，才可能清醒地意识到并逐渐摆脱人类所沉迷的政治文化的二人游戏，弥合由此导致的各种认知误区。毋庸置疑，对这种认知误区的克服，需要在国际政治文化层面引入全新的思维。而如何避免无知的政治文化建构以及由此可能导致的正反馈自激与难以摆脱的恶性循环，则亟待各个层面的行动者的共识与努力。鉴于政治文化层面的新思维构建的复杂性与困难性，这一消除无知、连接共识、协同应对的过程将是长期而艰难的。

---

① 〔法〕米歇尔·塞尔：《生地法则》，邢杰、谭弈君译，中央编译出版社，2016，第29页。

② 〔法〕米歇尔·塞尔：《生地法则》，邢杰、谭弈君译，中央编译出版社，2016，第32页。

四 余论

当前的重大危机带来的一个重要启示是，尽管信息化与智能化似乎昭示了无止境的科技未来，但自以为处于人类世的人们或许必须认真思考如何应对文明脆断的可能。最近，因为一项工作的需要，笔者在细读泰格马克的《生命3.0》。泰格马克讲的就是“远虑”，很远的顾虑。他在想机器人或者人工智能会不会使人类走向没落，但现在的问题是病毒会不会给人类带来毁灭性的灾难，人类文明会不会马上脆断？现在人人都是媒体，人人都在用言语谈论世界，这类似于古希腊时代向古罗马时代的变迁，人们日益从书本阅读、从相对严肃的逻辑与理性的思考，转向偏向夸张的媒体表演和煽情的修辞表达。修辞时代是众声喧哗的时代，每个人都可以表达他/她的意见与观点，甚至各种智能音箱和社交机器人也开始成为表达者。但在与机器人或智能音箱聊天时不难发现，这些聊天还只是处于会话阶段，而且很容易陷入尬聊。这让人们意识到，人们最需要的实际上是对话，比方说将来能不能出现柏拉图机器人、黑格尔机器人、爱因斯坦机器人，以便我们通过对话掌握各种思想的精髓。

回到我们当下必须面对的近忧则是：不同的文明、不同的政治架构之间能不能从经验和生活层面的会话，转到思想和价值层面的对话。这也许将是疫情过后的世界所必须面对的最大挑战。通过对话，立场各异的群体与区域之间能不能在相互理解的基础上探寻避免文明脆断的可能性。或者即便遇到文明戛然而止的情况，如何既不要温柔地走进那个良夜又保持人的终极优雅——即便人类文明明天就要灭亡，我们能不能用好最后的时间。

后新冠肺炎疫情时代的感染伦理①

〔韩〕郑世根

（韩国忠北大学哲学系教授）

一 预见

新冠病毒可能像西班牙流感、艾滋病、埃博拉病毒、甲型 H1N1 流感病毒一样，最终会过去。一旦疫苗问世，就意味着结束。虽然各地都出现了传染速度更快的变异毒株，但研究者认为，开发出来的疫苗基本上对变异病毒也有效果。

---

① 本文是在第六届韩中人文学论坛（首尔，2020年9月25~26日）上发表的论文基础上加以扩充而成。在“后疫情时代人文学的作用”这一主题下，本文试图与中国学界探讨相关问题，是一种带有提案性质的尝试。除了经济和宗教领域以外的人文学探讨，可参考以下书籍:박병준 외，『코로나 블루，철학의 위안』，지식공작소，2020(우울과 행복에 대한 철학 상담과 주제별 토론 모음); 송호근 외 지음，『코로나 ing』，나남，2020(뉴 노멀을 전제하는 정치사회학); 슬라보예 지젝，이택광，『포스트 코로나 뉴노멀』，비전C&F，2020(대담록)。虽然关于后疫情时代的书籍为数不少，但多数是关于经济的探讨，或充其量是关于大学危机的文章。参见한국경제신문 코로나 특별취재팀『코로나 빅뱅，뒤바뀐 미래：코로나 시대에 달라진 삶，경제，그리고 투자』，한국경제신문，2020。另外，关于“新基准”的书籍已出现很多，但以“后新冠肺炎疫情”和人文学视角进行探讨的书籍并不多，且这些书籍大多包含对第四次工业革命等未来社会的预测，并不聚焦于当前发生的经验性的问题。从人文学角度来看，以下书籍似乎更具意义。从未来学角度观察的제이슨 솅커 지음，박성현 옮김『코로나 이후의 세계』，미디어숲，2020; 以问答方式解析文明大转换的최재천 외『코로나 사피엔스』，인플루엔셜，2020; 提及阶级不平等的마이크 데이비스 외 지음，장호종 엮음『코로나19，자본주의의 모순이 낳은 재난』(특히 5장 감염병이 들춰낸 계급불평등에 나타난 한국의 실례)，책갈피，2020; 从人工智能发达后的“控制”角度观察的한헌수，임종현『COVID-19 사태로 본 완벽한 통제의 시대 :2040 AI 동물농장』，바른북스，2020; 有助于整体理解的타일러 J. 모리슨『코로나19: 우리가 알아야 할 사실들』，열린책들，2020; 反映医疗团队实际情况的오범조 외『코로날러지』，토일렛프레스，2020。

病毒的全球范围扩散，也就是“全球性流行病”（pandemic），在几个方面已经被预见到了。以对感染或传染性疾病的恐惧感为素材的电影是恰合时宜的。

此类电影有很多，其中极具代表性的是《恐怖地带》(Outbreak)(1995年)，该片讲述的是由一只猴子带来的病毒攻击，而这只猴子恰好是一艘韩国货船“太极”号运送的。该片问世于现在的大学生出生前，所以年轻人不太熟悉，在当时也并不是特别火的电影，但这部电影反映了人们对病毒的典型恐惧，描述了阻止源于非洲扎伊尔的出血热在美国传播的过程。

真实反映当前情况的电影莫过于《传染病》（Contagion）（2011年）。影片情节平铺直叙，给人带来类似于纪录片的印象，因此该影片似乎未能卖座，但它逼真地反映了与新冠肺炎疫情的全球流行相似的状况。除了暴动、疫苗的快速开发和当权阶层对疫苗的独占以及为此进行的绑架和恐吓（这可能是为了影片的趣味性）以外，该片无论在理论上还是实际上都精准地预测了今天的事态。片中的传染病被设定为继“非典”（SARS）和MERS病毒之后的第三波大流行，也很真实。

《流感》（2013年）以韩国富人阶层生活的典型新都市盆唐为背景。盆唐是城南市的一个区，但它并不被认为是城南市的一部分，因为它是新开发地段，是代表性的中产阶层居住区域。盆唐居民以“天堂之下有盆唐”来展现自己的自豪感。该片以“H1N1之后的局部流行”为剧情设定，以呼吸系统病毒为主题，以连续的偶然展开事件。从集装箱中唯一幸存的外国偷渡者身上得到抗体，并从通过注射该抗体得到康复的医生女儿身上再次提炼抗体，故事以此收尾。

与上述作品在类别上有所不同，若泽·萨拉马戈有一部小说及同名电影《失明症漫记》，该作品以唯一没有失明之人的视角观察失明症如传染病一般扩散的过程。虽然为了阻止传播而关押了失明者，但疾病还是扩散到全国。该片刻画了在所有一切都陷入瘫痪的空间中所发生的人间群像。可以想象一下，如果所有人都失明，会发生什么事情。也可以试想一下，在公权力消失的社会中人们将如何生活。

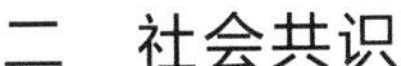

二　社会共识

传染病的扩散在许多领域引发了新问题，而这些领域无法单纯地被视为科学对象。疾病的发生与治疗毫无疑问属于科学的领域，但从预防疾病的方法到治疗疾病的方法，会有许多政治性判断介入。之所以说是“政治性”的，是因为这里需要以人文学探讨为基础来处理从人权保护到价值的优先顺序（医疗团队、高风险群体、年龄、密集度等）问题。在现实中，疫苗的供应顺位也是基于这些判断。例如，监狱等服刑空间虽然在密集度上不亚于军队，但如果对其赋予优先顺位，可能会引起社会争议。事实上，学校无论在密集度方面还是在扩散可能性方面都有可能是最危险的地方，但单纯以出入管制进行处理的倾向性较大。

社会争议是如何平息的？可以以新冠病毒扩散时对国境封锁原则的社会协商一致为例进行阐述。当时很多国家都采取了封锁国境的超强硬政策，但韩国并未照搬。虽然韩国国内主张封锁国境的政治立场强烈，但现政府并未采纳这种主张，而是继续防疫。在这一决策过程中，除了单纯的价值判断以外，国家的力量，即医疗水平、能力、容量和局限等也被考虑在内，但最重要的无疑是“对外国人开放”的原则。

新冠肺炎疫情暴发后，媒体对感染者人数的报道一直以“本土病例××人，境外输入××人”的形式呈现。我们耳熟能详的“本土”“境外”这样的词语实际上反映了我们惊人的认识水平。这是一种要治疗境外输入病例的姿态，而不是阻拦境外输入。对不遵守14天居家隔离规定的人员采取法律措施，但这种态度表明不会对外国人（虽然境外输入也包括境外的本国公民）公然进行歧视。

韩国在这一方面堪称表率。无论结果如何，“K－防疫”的基准是韩国的文化、政策、医疗水平达到世界级水平的良好示例，就像在大众之中流行的“K－POP”一样。现在，韩国人不再认为禁止可能携带传染病病毒的外国人入境是正确的政策。虽然媒体报道中的境外输入确诊病例数每天都有若干人，但禁止外国人入境的政治主张已不再出现。这较好地反映了国家层面应对全球性流行病的态度。这里包含了对人权、他者、外国人、患者、尊严、少数人群、本国公民保护以及地区利己主义的整体姿态。

早期，当得知韩国国内特定地区将接纳、隔离从境外地区通过韩国包机运送过来的本国公民时，这些地区的居民表示强烈反对。但现在，他们拉起了写着“祝愿早日康复”的横幅，鼓励隔离人员。即便今后韩国境外出现传染性更强的新病毒，这一立场也不会突然改变。

这是非常巨大的认识变化。这是从恐惧到理解，再从理解走向共鸣的过程。新冠病毒确实可怕。它引起个人和集体层面的“恐惧”。对于恐惧的对象，躲避是上策。但“恐惧”感随着对病毒的“理解”而逐渐稳定。预防传染的手段和方法被陆续提出。我自己和我所爱的人也有可能染病的想法使人们超越对病毒的“理解”，带来对传染病的“共鸣”。从事不关己到我自己、我的朋友和邻居都可能患病的想法广为扩散，催生了对患者的怜悯之情。超越国籍，所有患者都应该得到照顾的社会共识得以形成。

新冠肺炎疫情让人们看到，国境已无法发挥太大的作用。采取封锁国境这种超强硬手段的国家会得到一些现实利益，但无法成为韩国这样的防疫模范国家。

新冠肺炎疫情所呈现的人的脆弱性不仅体现在肉体上，还体现在精神层面。比较典型的是嫌恶他人、人种歧视、阶层差距、年龄差异、宗教集会、个人信息公开等。以下逐一探讨。

（一）嫌恶他人

他人被视为病毒携带者。他人令人害怕。丢失或忘记佩戴口罩的他人被等同于罪人。口罩超越了对人自身的保护措施，成为对他人的礼仪，又超越礼仪，成为伪装成公共道德的默认强制。在韩国，对不按要求佩戴口罩的中年男性群体的代际公愤十分明显。

病毒流行初期的状态被描述为“口罩大乱”。戴口罩被视为最重要的防护方式，然而人们却买不到口罩。更准确地说，人们担心新冠病毒大流行，所以都想多备口罩，但供不应求。购买口罩的人大规模聚集在超市前长时间排队，即使这样也只能买到每人 3 个左右。

当时，我们的疑问在于口罩能不能长时间使用。有观点提出可以将口罩放在阳光下晒干，忠北大学医药学院朴日永教授甚至提出了用蒸汽蒸的方法。新闻报道中，从建议口罩“每天都要用新的”变成了“用三四天也可以”。

最终，政府选择通过药店和大型超市实施分配购买制，人们可根据出生年份，在一个星期中的特定一天购买若干个口罩，价格也被统一控制。为了避免已经买过口罩的人重复购买，全体公民的信息都被提供给个人实体。该措施对病患和儿童欠缺考虑，但后来还是允许他人携带老人或儿童的身份证为其代买口罩。

开始阶段，即便实施了分配制，但如果不从早上就开始排队根本买不到口罩。因为很快就会售罄。后来情况逐渐好转，政府废除了分配制，口罩价格也由市场自行调节。

不戴口罩的人往往受到严重的敌视。与西欧的个人主义社会不同，在韩国，无论出于什么理由，对不戴口罩的人都有很强烈的集体强迫氛围。虽然没有表现出来，但没人能扛住这种怒视的目光。

虽然这是很经验性的推断，但在新冠肺炎疫情初期，不按要求戴口罩的群体大体上集中于中年男性。在大街上或公共场所不戴口罩的人一般都是他们（“大叔”）。结果，这个年龄段的人群被斥责为“老头子”。“老头子”们不仅被视为保守且落后于时代的人，而且也被视为威胁年轻人健康的愚昧群体。他们本来就被视为占据既得利益，不顾年轻人利益的群体，因为新冠肺炎疫情，更是成为年轻人指责的对象。

在年轻人看来，中年男性并不是受尊敬的长者、满腹经纶的年纪、体贴关怀的资深人士、能培养晚辈的前辈，而是无论政治倾向如何，都只会维护自身利益的群体。新冠病毒的流行使年轻人对中年男性的这种看法更为牢固。新冠病毒引发的不只是单纯的疾病，它也成为加剧社会矛盾的催化剂。

（二）人种歧视

新冠肺炎疫情暴发后，欧洲对全体亚洲人的嫌恶情绪沸腾，当时身处欧洲的韩国人也受到排斥。随着疫情的扩散，“滚回你们的国家”等极右口号获得了异乎寻常的力量。同样，对已经生活在韩国或新近迁入韩国的外国劳动者的偏见也不绝于耳。

新冠肺炎疫情开始在欧洲蔓延之际，在欧洲的韩国人称，周边投过来的目光使自己感到不舒服。韩国人亲身体验到了疫情前和疫情后“待遇”的不同。当时韩国甚至还没有“居家隔离”（14 日）这个单词。

只要到了境外，我就是外国人。从这一点来看，“外国人”只是区分自我与他者的词语，并不能成为固有名词。但对外国人的成见在指代“异邦人”“异种生物”“外星人”等的“alien”一词中得到了明确的体现。“alien”一言以蔽之就是“被排挤”（왕따①）。

作为外国人居住在国外时，聚居生活是很自然的事情。一方面居住便利，另一方面，相同的文化和饮食习惯也是他们倾向于聚居生活的原因。当前韩国人聚居生活的加利福尼亚州洛杉矶市和北京的望京就是如此。100 多年前，横滨的中国人根据出生地所在省份，以作为祭祀空间的庙为中心聚居生活。旧金山的唐人街是以建设金门大桥的广东籍劳工为主体形成的。在韩国，包括朝鲜族在内的中国人、越南人、泰国人、孟加拉国人和乌兹别克斯坦人也会经历类似的过程。

问题在于，新冠肺炎是一种流行疾病，集体居住设施容易成为传染源头。新冠肺炎疫情在中国暴发后，在韩国受到关注的群体是人数众多的中国留学生。临近开学，针对中国留学生，各个大学都制订并实施了一系列防疫措施，如安排专门车辆到机场运送，并对这些学生进行一定时间的隔离。从结果上看，并没有出现大问题，但在此过程中人们的担忧还是很大的。在中学延迟开学的情况下，大学并不能搞特殊。

韩国并不是人种歧视特别明显的国家。因为韩国的民主化是彻头彻尾地以承载弱者声音的方式进行的。这里已经融入了对工人、农民和城市贫民三大弱势群体的关怀。很多韩国人也将外国人视为弱势群体之一。作为工人运动的一个方向，韩国在民间层面设立了“外国工人援助中心”，致力于保护他们的人权。韩国的外国人人权保护始于非政府组织（NGO），这种说法并不为过。虽然出台了相关法律，但外国人很难得到法律的保护，因此韩国的工人团体试图以各自的方式帮助他们。小至与经营者的矛盾，大至非法居住，工人团体将外籍劳工视为“全世界的工人”，对其保护和关怀。

然而，新冠病毒的流行使韩国人不再将外国人视为邻居，而是将他们视为病毒的来源。他们对外国人去的餐厅、外国人摸过的物品、供外国人使用的设施表现出极大的警惕。外国人之中既有一直生活在韩国国内的

① 韩语中的“왕따”，意即被完全排挤或边缘化的个体或群体。

人，也有经常一起工作的人，但他们也被视作刚从国外入境的人。对于一眼就能认出的外国人更是如此。

据称，因为低生育率，韩国将在2025年成为入籍人口超过总人口5%的多文化国家。根据OECD标准，如果一个国家的外国人、移民第二代、入籍者等移民人口超过5%，那么就会被归类为多文化国家。在韩国语中，“多文化”（multi-culture）[①] 一词已被日常化，如“多文化家庭”“多文化教育”“多文化政策”等词语。特别是移民第二代的出生使人们对没有语言障碍的多文化国家，即多人种国家的未来充满期待。不能让新冠病毒逆转了这一趋势。

（三）阶层差距

新冠肺炎疫情暴发后，人们被分类为容易暴露在传染病之下的人群和不易暴露的人群。而容易暴露的人群又被分为收入高的人群和收入不高的人群。

出租车司机等从事旅客运输行业的人容易暴露在传染病下，但他们的收入不如医生高。医护人员面临传染风险，但非正式的医护人员收入也不及正式人员高。

韩国的送货行业规模庞大。曾有送货企业以相当于航空公司的价格被外国公司收购。[②] 或许有人会想，送货行业规模到底大到什么程度，体系何等成熟，以至于如此鼎盛。如果说美国只配送披萨，韩国则可以配送所有东西，其积累的基本经验资产可见一斑。以前韩国主要以配送中国料理、整鸡、猪蹄、白切肉以及荞麦凉面等为主，但随着IT技术和送货APP的发展，所有物品的“门对门”（door to door）配送成为可能。即便不专门雇用送货的人，送货公司也可上门服务，将物品交给订货人并收取费用。因此，不雇用配送员的餐厅也可以通过支付配送费解决问题。例如，餐厅可为每次配送支付3000韩元，可以让订购者支付1000韩元，也可以让配送员一次处理2~3件配送。在住宅密集的国家，这是非常有用的行业，

---

① 笔者在KMOOC（韩国线上公开讲座——译者注）中向全世界公开名为“多文化与世界宗教纪行”的课程（提供英语字幕）。

② 这里指的是韩国的“送货民族”公司被德国跨国公司Dilivery Hero（D. H.）收购的事件。

在新冠肺炎疫情暴发后更是得到了持续发展。送货行业正在迅速发展。

虽然送货员采取了非常彻底的防疫措施，但他们依然暴露在新冠病毒之下。最近情况大为好转，因为如果快递费用已支付，则可将物品放在房前或附近，避免接触，但早期不得不面对面接触。这就是所谓“非对面”原则。但配送食品仍然采取直接送达、当场收款的方式，所以仍暴露在危险之下。

作为经济大国的美国情况如何呢？罗伯特·赖希（Robert B. Reich）做了如下分类。第一阶层是“可以远程办公的人”（the remotes），是约占35%的笔记本电脑劳动者。第二阶层是“完成必不可少工作的人”（the essentials），是占据30%的承担感染风险的医护人员、司机和公务员（警察等）。第三阶层是“拿不到工资的人”（the unpaid），也就是失业者。第四阶层则是“被遗忘的人”（the forgotten），即被隔离的人。[①] 尤其第四阶层无异于阿甘本所说的虽有主权但处在法律效力停止的例外状态的“牲人”（homo sacer），[②] 顾名思义就是被当作“牺牲品”献祭的人。

从事文书工作的人属于第一阶层。简而言之，就是那些以敲击电脑键盘为职业的人。他们可以远程办公，所以相对远离新冠病毒。从事“必需”行业的第二阶层本身在工作环境和薪资方面差别较大，很难归为一类。特别是出租车司机等职业群体的收入下降了很多。他们处在与“拿不到工资”的第三阶层的临界线上。虽然物流量增加了，但配送员的境遇也和出租车司机一样。对于“拿不到工资”的第三阶层，韩国政府试图优先援助，哪怕是微不足道的帮助。韩国政府出台这一政策的出发点是很多国民同情第三阶层。“2.5阶段”措施实施以来，21点之后禁止营业，这对从业者的影响很大。禁止5人以上聚集可以理解，但过了21点病毒就更容易传播？所以这对经营者而言是难以理解的措施。听

---

① Robert B. Reich, “Covid – 19 Pandemic Shines a Light on a New Kind of Class Divide and its Inequalities”, *The Guardian*, 2020. 4. 26.

② 耶林（R. Jhering）认为，“牲人”与“狼人”（wargus）及“丧失和平者”（friedlos）相似，阿甘本以此为例，指出被流放的人（bandito，匪徒、山贼）既可以被杀害，也可以被视为已经死亡，称“狼人非人非狼的生活便是被流放者的生活，矛盾的是，他们不属于这两个世界，却居住在这两个世界”。参见조르조 아감벤 지음『호모 사케르』，새물결，2008，第214～215页。隔离的性质一是流放，二是治疗，这一点完全不同，但相通的一点是，感染者也被视为可能死亡的人。

起来像是只允许吃饭，不允许聚会。然而，韩国第四阶层的群体也暴发了新冠肺炎疫情。大规模公寓型拘留所出现疫情。服刑中的韩国前总统[①]在此之前已经因病到外面的医院接受住院治疗，但其余的服刑人员只能遭遇不幸，毫无反抗能力。他们将自己的处境写在纸上，通过窗户传递给外界，媒体已经报道了此事。服刑人员与一般感染者的区别在于他们不是自发接触病毒，而是强制接触，且这种强制接触并不被支付补偿，而是惩罚的一环。

很多人担心新冠肺炎疫情会导致社会“阶级化”。[②] 尽管大家在新冠病毒面前都不安全，但收入有保障的人理应为收入没有保障的人承担一定责任。作为韩国社会主要争议的“基本所得”（basic income）理应在这种前提之下进行讨论。向所有人都支付一笔钱，但这笔钱对有些人而言是闲钱，对另一些人则是生活费。因为生活水平或有高低，但生计问题还是要得到优先保障。用现在的话来说，国家需要负责全体公民的基础生活供需。

（四）年龄差异

新冠肺炎确诊病例中的脆弱群体是老年人。大部分死亡病例都是老人或基础疾病患者。从这一点上讲，发生在疗养院这样的老年人集体设施中的感染可谓十分致命。但问题是我们对待老年人的态度。“他们已经是该走的人了，虽然很心痛，但也只能如此了”，这种想法是对的吗？

年轻人中有不少无症状感染者，且据说传染力很强。这与老年人的癌症通常不会快速发展是一个道理。但是对于基础疾病患者而言，新冠病毒是致命的。

不同于阶层、职业和环境方面的差异，年龄差异会产生新的问题。在道德关怀的顺序上，西方人的原则是“孩子和女人优先”，而东方人的关怀顺序是“长者优先”，遵循长幼有序的原则。一般来说，年龄大的人会

---

① 指李明博。

② 张昊钟将呼叫中心咨询师、医院劳动者、因特网及光纤铺设工人、学校劳动者（临时聘用教师、课后讲师、学校非正式岗位）、保育教师、平台劳动者和移民归类为过劳和收入断崖式下跌的劳动者。参见 장호종「감염병이 들춰낸 계급 불평등」, 마이크 데이비스 외 지음, 장호종 엮음,『코로나 19, 자본주의의 모순이 낳은 재난』, 2020, 172 쪽。

比年轻人先离世，因此“先享受优待、先离世”似能成立。但年轻人是否也能接受这种普遍性呢？

有观点认为“年长者该享受的都已经享受过了”，这种观点甚至会发展到“年长者享受到的我们年轻人无法享受到”的怀疑。年轻人的未来不像老年人的过去那样有保障，如果对这种主张不能进行恰当的回应，那么作为一种理性原则的“长幼有序”就会站不住脚。最终就只会剩下“虽然孩子和女人弱小，但老人也是无助的”这一同情性（sympathetic）的原则。

新冠肺炎疫情引发了对这些问题的反思。现代社会以年轻人养活老年人的结构运行。在过去，老年人尚可向年轻人传授智慧和技术，但进入工业社会以后，说得极端一点，老年人能展现给年轻人的只有“人必有一死”的道理，令人痛惜。

在相同情况下，应该先治疗“感染就会死的人”还是“即使感染也可能不死的人”？在死亡率90%的人群和死亡率50%的人群之间，应该先治疗哪类人群？如果对于死亡率90%的人群，付出的努力只能得到50%的回报，而对于死亡率50%的人群，付出的努力能得到90%的回报，那么应该先治疗谁？这种功利主义的思考与其说是伦理性的，不如说是科学层面的，我们眼下是如何判断的呢？

（五）宗教集会

在韩国，宗教集会持续成为新冠肺炎疫情传播的震中。其中，最尖锐的矛盾主要呈现在基督教会的周日礼拜中，教徒因为相信周日礼拜是其宗教认同的体现，在地方政府的限制聚集禁令之下依然堂而皇之地集会。基督教成为韩国集体感染的震源，这在很多方面引起思考。

对于佛教而言，周日是否礼拜并不重要，因此早早停止了集体仪式。作为“旧教”的天主教也中止了周日或周三的弥撒。与教区制的天主教不同，基督教则是每个教会都有不同的立场。他们称要遵守自己的防疫准则，坚持周日礼拜，拒不执行地方政府的行政命令。他们甚至组织大规模的反政府集会，为新冠肺炎疫情的全国性流行推波助澜。

民主主义的权力来自国民，而不是枪杆子。但是关于国民的意愿是什么，容易引起争议，所以政府只好遵从“专家”或“防疫机构”的意见。但在政治上反对现政府的人会主张专业机构的意见本身就带有政治色彩。

在民主主义社会，公权力通过多数人的支持获得正当性，判断少数和多数只能通过选举。即使已经获得多数人的支持掌握了政权，民心总有可能“背叛”（不管是从好的意义上还是坏的意义上），因此权力的正当性总是在于过去，而不是现在。

作为自由主义国家，让韩国政府犯难的一点就是宗教的这种功能和含义。基督教保守右派团体高举的国旗不仅有太极旗，还有星条旗，这一点需要正视。大规模集会导致的疫情传播始于首尔，它们之间的关系虽然是非线性的，但从结果来看还是蔓延到了国际宣教教育团体。他们违反聚集禁令举办活动。现在，基督教徒的集体行为处处使防疫部门紧张，甚至比早期基督教派系新兴宗教团体“新天地”所呈现的传播威力更甚。[①]

人们的信念或信仰模糊了宗教和科学之间的差异，新冠肺炎疫情使人反思信念和信仰到底是什么。这种信念既有区分左右的政治信念，也有主观上确信的科学信念，这种信仰呈现为多个层次，从自己不会得病的确信到即便得病归天也相信是神的旨意。[②]

（六）个人信息公开

在韩国，个人信息受到法律保护。住址、出生日期等所有个人信息未经许可均不得公开。这是相当麻烦的事情，处理公文的时候每次都要附上个人信息公开同意书，才能算完整的文件。例如，如果得到一份收入就要缴税，为了代扣税，纳税申请人就要知道受益人的住址和居民身份证号码，随之纳税人就要向申请人提供个人信息公开同意书。简单地说，有收入就要缴税，有税收就涉及个人信息公开同意问题。

但在防疫的名义之下，确诊病例的所有活动信息均被公开（虽然不公开姓名）。新冠肺炎疫情是否真的可以成为个人信息保护的例外？这是否可以被视为，为了防疫大局，少数人的牺牲就成了理所当然？

---

① “新天地”领导人李万熙总会长出面道歉，受害人对其提起诉讼，但在传播新冠病毒相关问题上，他还是被判无罪（2021 年 1 月 13 日）。可以预见，司法部门的判断未来可能产生不小的影响。

② 到目前为止，关于后疫情时代的教会出了很多书，但大部分都是关于非接触时代未来教会的发展方向和礼拜方式。

在所有可能传染新冠病毒的公共设施入口，都有一张出入人员登记表，让人们自行填写。最初需要填写姓名，后来只需填写电话号码和住址即可，无须填写姓名。人们认识到，防疫并不是一定要公开暴露自己的姓名，而是积极报备自己的行程轨迹即可。

代表性的案例是在避讳暴露身份的同性恋俱乐部里发生的集体感染。时值长假，特定群体的人聚集在新冠病毒传染可能性较高的公共设施（俱乐部），其中的感染者导致疫情在全国范围内的扩散。但是，他们要么说谎，要么彻底躲藏起来，给防疫部门进行流行病学调查带来了非常大的困难。问题在于，他们避讳暴露自己是同性恋。由此，防疫部门再次认识到了保护个人信息的重要性。他们认识到，为了流行病学调查，在判断同性恋者聚集的对错之前，理应保护他们的个人信息，否则他们就会躲起来。公众也是一样的。

现在，政府和公众都认识到，只有个人信息得到保护，感染者才会自发报告。国家应切实保护公众的私生活。公众也认识到，为了各自的安全，彼此之间该知道的可以知道，不该知道的就应该不知道。只能寻找作为公共活动的防疫和私生活之间的微妙节点，在公开和非公开之间走钢丝。

相比西方社会，东方社会的个人主义色彩没那么浓厚。西方的个人主义与自由主义相吻合，是社会运行的原理。而东方则倾向于将国家或社会等比个人更大的单位设定为社会运行原理。东方注重“我们高于我”“我们血脉相连”“血脉相连的祖国”等儒家观念，有利于防治和消除传染病。

从这个角度来看，东方将能在应对集体感染方面获得比西方更好的成效。但如果我们在个人信息的公共保护方面有欠缺，就无法保障传染病的成功阻断。

三　人文学的作用

在这样一个时期，我们作为人文学者应该做的事情非常明确。那就是以哲学、文学、历史学、语言学、教育学、文化学的视角深入研究嫌恶他人、人种歧视、阶层差距、年龄差异、宗教集会、个人信息公开等问题。

哲学领域需要苦恼的问题有：嫌恶他人（旨在保护自己或共同体）的情况发生时判断对错的问题、人种歧视的文化动机与解决方法、对日益严重的经济不平等的公愤、关于不同年龄群体的作用和价值的沟通、疫情下宗教集会的方向和新礼拜方式的正当性等。它们分别以社会正义、文化包容性、经济不平等、价值观变化、宗教仪礼和实践等主题作为伦理探讨的对象。简而言之，这是新冠伦理学，广义上讲，这是感染伦理。

感染伦理中探讨的问题有：防疫背景下出入国境的开放性和封闭性，作为世界公民应该承担的口罩和试剂（检测工具）等医疗必需品的援助义务，国家间互助的必要性和国家保护主义的局限性，强国、大国或发达国家垄断疫苗导致的人类的苦难，疫苗开发的专利保护和知识产权开放（open sources），随着疫情扩散，财富更加集中于少数人以及经济不平等深化，追求宗教集会的个人信仰和因而导致的集体威胁因素之间的调和，个人信息保护的必要性和个人信息公开的公益性等。传统伦理学关心的人权的天赋性和社会局限性、个人的尊严和对全人类的关怀、本国公民优先主义的正当性和对全世界所有人的普遍措施等主题应与时俱进地与具体事宜一同探讨。

在决定疫苗接种优先顺位的问题上，同样会有伦理判断的介入。韩国是将医护人员和高龄者作为优先接种对象，申请优先接种的机构还有分别负责海洋产业从业人员和惩教机构的海洋产业部和法务部。英国则是完全从高龄者开始按年龄顺序接种疫苗。[①]

在新冠肺炎疫情期间大学毕业的青年人遭遇了自 1997 年金融危机以来最高的未就业率。[②] 金融危机给年轻人带来的愤怒感和失望感终生都不会

---

① 根据英国国家健康体系（NHS）的接种优先顺位，第一顺位是疗养院居住者和职员，第二顺位是 80 岁以上老人和一线医护人员，第三顺位是 75 岁以上老人，第四顺位是 70 岁以上老人和极度体弱者（孕妇和 16 岁以下人员除外），第五顺位是 65 岁以上老人，第六顺位是 16～65 岁的危险人群，第七顺位是 60 岁以上老人，第八顺位是 55 岁以上老人，第九顺位是 50 岁以上人员。（https://assets. publishing. service. gov. uk/government 14a－8，December 2020，访问日期：2021 年 1 月 15 日）其他人口是第十一顺位。94 岁的英国女王伊丽莎白二世与其 99 岁的丈夫菲利普亲王同属第二顺位。（『조선일보』，2020. 12. 11）

② 根据韩国统计厅 2020 年 12 月的数据，与去年相比，减少了 21. 8 万人。据《韩国经济》报道（2021 年 1 月 14 日），此次就业人口减少幅度达到 22 年来的最高值，上一次出现在 1998 年（减少 127. 6 万人）IMF 金融援助时期。

消失，而新冠肺炎疫情导致的就业断崖更使年轻人受挫。除了保健福利、运输、储藏业以外，所有行业经济急剧衰落，足以被称为“新冠一代的眼泪”。我们应该给他们什么样的补偿和关怀？这同样是伦理问题。未来肩负社会重任的青年人，如果不管他们自身的能力和意愿如何，都无法获得工作，那就需要思考如何援助他们的问题。这也是需要和当前的灾难援助金一同思考的问题。本来青年失业问题（目前首尔市正在实施青年就业援助金）就是国家层面的议题，新冠肺炎疫情使其雪上加霜。

由于韩国大学生发起了要求学校退还学费的运动，韩国的很多大学都退还学生约10%的学费。大学生们提出拒绝按原学费标准支付线上授课，学校同意退费，这是尊重青年人要求的结果。但也有另一种观点认为，对于通过视频反复认真学习的学生，线上教学方式反而效果更好。前提是可以和教授们在线上或利用义务工作时间（office hour）进行一对一的提问和讨论。

对此，不同学科领域大学教授们的意见各不相同。人文社科领域的教授称，虽然制作视频很辛苦，但线上教学可以节省上下班时间。而理工科教授则认为除了制作视频以外还要一一回答提问，投入到授课的时间增加了2倍左右。这是无法在教室一次性解答提问导致的结果。与小规模授课的人文社会学科不同，自然理工科在这方面存在一定困难。

线上学会的便利性表现在可以从任何地方接入，特别是如果用YouTube播放，效果也不差。但由于发言内容可能被记录和保存，发言者往往非常谨慎，但学会活动还在不断发展。问题在于经费过高。

目前使用最广泛的Zoom缺乏安全性，所以发生了大企业禁止其使用的事件。在大学，对安全性的强调超过了便利性，因此也逐渐出现了强制要求教授们使用其他软件的情况。

学校和教室原本的功能正在慢慢退化。与学校相比，教室功能的退化更加明显。如，中级教师用教育频道（EBS）取代授课，自己只发挥协调和监管的作用。由于网络发达，大学选择较好的基础科学讲座让学生们听，然后教授用答疑取代授课，这种情况很早就有。所谓后疫情时代成为“新基准”（new normal）。

我主张在大学的讨论式课堂中，教授应该是协调者（coordinator），而不是授课人（teacher）。[①] 在信息社会，学生可以收集很多信息，并以此为基础增进自己的见解，所以教授与其试图教导学生，不如成为一个帮助者（helper）。

惊人的信息量和快速的信息传播速度正在颠覆现有的产业和文化。见面行为不只是单纯为了知识传达，也使人格沟通和情感交流更加顺畅，因此教育领域一直以固有的“特殊性”为名义，提倡面对面。但新冠病毒的流行使学校和教室逐渐失去原有的功能。2020 年度过小学 1 年级和大学 1 年级生活的学生或许会觉得线上学习更自然、更舒服。

在此过程中，人工智能展现出直接和间接的影响力。人工智能将取代人的很多角色，这一大趋势无人能够阻挡。但在当今的韩国，因人工智能的出现可能导致某些职业消失，因此抵制人工智能的情绪强烈。而中国却是一边倒的赞成。人工智能作为与美国竞争的积极的战略出路，从这个角度来看可以充分理解中国对人工智能的重视，但普通民众又如何维持生计?

新冠肺炎疫情既展现了个人和国家的利己主义，也使人思考“人类爱”是什么。当韩国某地因宗教团体而导致疫情迅速扩散时，医护人员毅然奔赴疫情所在地。他们的精神和行动让人敬佩。在非面对面日益日常化的现实中，医护人员还是在完全面对面。

新冠肺炎疫情在“生存”这一大义之下使国家的很多复杂性简单化。简言之，搞政治变得更容易。只要一提“新冠”，所有都可以被谅解和接受。防疫被写于“自由、平等”的口号之前。法国大革命的“自由、平等、博爱”变成了“防疫、平等、自由”。

“西班牙流感”虽然已经被固有名词化，但如今随着认识水平的提高和疾病的全球化，特定地区或国家名称不会轻易被套上枷锁。

感染伦理学的目标很简单。参照赖希划分美国阶层的方法，不管自己是不是第一阶层，都去关怀同住一个地球的第三、第四阶层，这就是感染伦理学的主题。对我们而言，集体免疫无论如何都是不可或缺的存在。

---

① 参见장세근「교양철학 토론 수업의 방향과 방법」(보고서) 및「토론 수업 매뉴얼 20」(보고서)，충북대학교，2014. 2。

参考文献

마이크 데이비스 외 지음 , 장호종 엮음 ,『코로나 19, 자본주의의 모순이 낳은 재난』, 책갈피 , 2020.

박병준 외 지음 ,『코로나 블루 , 철학의 위안』, 지식공작소 , 2020.

송호근 외 ,『코로나 ing』, 나남 , 2020.

슬라보예 지젝 , 이택광 ,『포스트 코로나 뉴노멀』, 비전 C&F, 2020.

오범조 외 ,『코로날러지』, 코일렛프레스 , 2020.

제이슨 솅커 , 박성현 옮김 ,『코로나 이후의 세계』, 미디어숲 , 2020.

조르조 아감벤 , 박진우 옮김 ,『호모 사케르』, 새물결 , 2008.

최재천 외 ,『코로나 사피엔스』, 인플루엔셜 , 2020.

타일러 J. 모리슨 ,『코로나 19: 우리가 알아야 할 사실들』, 열린책들 , 2020.

한국경제신문 코로나 특별취재팀 ,『코로나 빅뱅 , 뒤바뀐 미래 : 코로나 시대에 달라진 삶 , 경제 , 그리고 투자』, 한국경제신문 , 2020.

한헌수 , 임종현 ,『COVID-19 사태로 본 완벽한 통제의 시대 : 2040 AI 동물농장』, 바른북스 , 2020.

정세근 ,「교양철학 토론 수업의 방향과 방법」(보고서) , 충북대학교 , 2014.2.

정세근 ,「토론 수업 매뉴얼 20」(보고서), 충북대학교, 2014.2.

Robert Reich, "Covid – 19 Pandemic Shines a Light on a New Kind of Class Divide and its Inequalities", *The Guardian*, 2020. 4. 26.

< 감기 > (2013)

< 눈먼 자들의 도시 > (2008)

< 아웃브레이크 > (1995)

< 컨테이젼 > (contagion) (2011)

『조선일보』 (2020.12.11)

『한국경제』 (2021.1.14)

https://assets.publishing.service.gov.uk/government/uploads/system/uploads/attachment_data/file/948757/Greenbook_chapter_14a_v4.pdf, 访问日期：2021 年 1 月 15 日。

李旻 译

现代中国的扶箕与诠释

岳永逸

（中国人民大学社会与人口学院教授）

一　扶箕在民国的盛行

作为许地山（1894～1941）生平“最晚的一个朋友”，黄炎培（1878～1965）于1941年5月5日在香港拜访了许地山。这次会面谈话的主要内容，就是扶箕（Coscinomancy）。许地山给黄炎培讲述自己出版中的《扶箕迷信底研究》，黄炎培给许地山讲述早年因为爱女夭折，他们夫妻连续三晚找人在家中扶箕的经历（黄炎培，1942）。在日本早稻田大学攻读经济学时，彭一湖（1887～1958）加入了同盟会，他并不相信鬼。然而，彭一湖亦曾在乩上与亡妻问答，“有许多言语与态度绝对证明是其本人，决非伪造”（张东荪，1930：57）。

扶箕，亦称扶乩、扶鸾、飞鸾等，是一种不断演进且至今犹存的人类共有的文化现象。20世纪前半叶，在既有传统基础之上，作为对社会巨变或正或反的回应，包括乩手/扶手、乩坛、乩书/銮书、公开或秘密以设坛扶箕为主要纽带的会社团体、杂志，立与破的论战等，蔚为大观。不仅如此，在五四运动前后的科学救国、教育救国、实业救国诸多思潮与实践中，还有一种声势不小的“灵学救国”。1917年10月，在上海，包括归国留学生在内，一些社会地位颇高的知识分子，诸如俞复（1866～1931）、陆费达（1875～1937）、丁福保（1874～1952）等人发起成立了灵学会，并同步创建了乩坛——盛德坛。1918 年元月创刊的会刊《灵学丛志》，出版发行至 1920 年。每月十五，在坛长的带领下，坛员（会员）们一道扶箕、叩拜神灵。《灵学丛志》有近半的篇幅刊载扶箕实况、乩文等（李欣，2008）。在此历史背景下，就不难理解伤痛中的黄炎培夫妇、彭一湖为何找人扶箕了。

除灵学会之外，在红卍字会、道院、同善社、悟善社、救世新教、一贯道、明明圣道等公开或秘密的宗教团体中，扶箕同样盛行，且是吸引信众的核心（Chao，1942：9～11；陈明华，2009；李世瑜，1948：63～66，2007：154～156，298～299）。有意思的是，在道院的扶箕仪式中，基督也参与进来。1923 年 4 月 17 日，齐鲁大学艺术与神学学院的 6 名成员在道院观摩了扶乩仪式。道院接待室的墙上挂满字画，都是乩板的作品。这些作品多数署名佛祖，也有作品署名基督。扶箕时，站在桌子两边的两人握着乩板棍子的两端。旁边站着的人负责将写在沙上的字大声读出。站在对面小桌旁的人，随时准备将听到的字写在黄表纸上。一开始只是在沙上慢慢转圈的乩板，转速逐渐加快，然后一个接一个地写字。握乩板的人不得不用空着的手，拿一块木片快速将沙子抹平（转引自 Chao，1942：10）。从现今香港信善紫阙玄观（志贺市子，2013：xix～xxiii）、飞雁洞（Luo，2016）的布置和扶乩仪式可知，乩坛的基本布局、参与人众和仪式过程，基本没有变化。

1935 年，心理学家黄翼（1903～1944）先后在杭州和厦门看见人们用与扶箕同类的碟仙占卜（黄翼，1937：179）。事实上，在各阶层、各地盛行的降鸾、扶箕，在相当意义上影响了抗战。1939 年 10 月 26 日，在《内政部礼俗司向国民党五届六次中央会议提出的工作报告稿》中，就有“查禁邪教及神权迷信”部分（中国第二历史档案馆，1994：542）。随后，各地纷纷制订颁布了相应的规章。1941 年 8 月，湖南省民政厅颁布了《各县加强查禁社会神权迷信办法》等规章（转引自杨乔，2017）。1940 年 4 月，在国民参政会第五次大会上，傅斯年（1896～1950）公开陈词，要求政府取缔以扶乩预测国运的道院等“邪教”，并提交了“请严禁邪教，以免摇动抗战心理案”（2002：415）。毫无疑问，抗战期间，扶箕承载的“侥幸心”和“运气思想”弥漫在不少官僚和政客中间。于是，在胡愈之（1896～1986）为《扶箕迷信底研究》写的序言中，“侥幸心”和“运气思想”成为关键词（1940）。

抗战胜利后，民国政府颁布法令，禁止在抗战期间大行其道的诸多华北秘密宗教。但事实上，太极神教、一贯道、八方道、混元门、红卍字会、太上门等不同教门仍然通过扶乩聚合一处（李世瑜，2007：120～125）。面对扶箕的盛行，分处香港和北平两地的许地山、赵卫邦（1908～1986）在抗战正酣的1940年前后都不约而同地研究扶箕，试图澄清扶箕源流、本质时，其学术意义、社会意义以及政治意义也就叠加混融。

二　迷信、社会事实与非传统化倾向的反应

许地山的扶箕研究偏重于史的梳理。从他摘引编排的132则材料而言，《扶箕迷信底研究》几近“类书”。该书第三章，许地山尝试对扶箕进行心灵学上的解释，用灵应、灵动，即心理感应等方面的科学知识，揭示扶箕迷信的蛊惑性，戳穿其神秘性。在“结论”部分，许地山更是直接将扶箕在国人中的盛行归结为侥幸心和运气思想两个方面：

> 数十年来受过高等教育的人很多，对于事物好像应当持点科学态度，而此中人信扶箕却很不少，可为学术前途发一浩叹。又见赌博的越来越多，便深叹国人的不从事于知识的努力，其原因一大半部分是对于学问没兴趣，对于人事信命运，在信仰上胡乱崇拜。箕仙指示他等机缘，他只好用赌博的行为来等候着，因此养成对于每事都抱一种侥幸心和运气思想。（许地山，1941：107）

联系当时灾难深重、举步维艰的国运，许地山试图借研究扶箕警醒世人、曲线救国，一目了然。这种科学主义立场、为家国分忧的站位，得到广泛赞誉。茅盾（1896～1981）称许地山是“学养有素而思想正确的战士”（1941）。柳存仁（1917～2009）认为，该书“从根本上给乎我们这迷信的和衰弱的民族一帖拯救的兴奋的药剂”（1941）。秋远也觉得，全书处处揭发迷信的不可靠，“非常积极”（1941：48）。毫无疑问，许地山秉持的科学观，是清末以来对扶箕等“迷信”研究的主流。1928年，江绍原（1898～1983）《发须爪》的副题就是“关于它们的迷信”。在周作人

(1885～1967）看来，阐明了“好些中国礼教之迷信的起源”的《发须爪》，不但有益于学术，还有着觉世的效力（2011：41、42）。

在《灵学丛刊》创刊后不久，陈大齐（1886～1983）、钱玄同（1887～1939）和刘半农（1891～1934）都在《新青年》同一期撰文猛烈抨击“灵学”的乖张和荒谬。作为心理学家，陈大齐（1918）直接将其文章命名为“辟‘灵学’”，认为灵学会诸君即使没有作伪之意，也有着作伪之实。他直接将扶箕定义为“变态心理现象”，在中西比较中引入“下意识”“歇斯底里”等概念，对乩动、乩文等进行物理学、生理学和心理学方面的解释，以戳穿扶箕之伪。钱玄同、刘半农二人则力陈宣扬扶箕的灵学派误导青年的诸多罪状，将灵学会视为“最野蛮的邪教”，将灵学会诸君视为“兴妖作怪、胡说八道的妖魔”（1918）。1918 年 3 月 10 日，在给许寿裳的信中，鲁迅（1881～1936）将灵学会诸君的言行视为“昏虫捣鬼”，乃大害青年，十恶不赦（2005：360）。陈独秀（1879～1942）对扶箕的批判则提到了政治的高度，云：“若相信科学是发明真理的指南针，像那和科学相反的鬼神、灵魂、炼丹、符咒、算命、卜卦、扶乩、风水、阴阳五行，都是一派妖言胡说，万万不足相信的。因为新旧两种法子，好像水火冰炭，断然不能相容”（1918：3）。

约 20 年后，黄翼对其经常遇见的碟仙也进行了与陈大齐辟“灵学”类似的解释（1937）。1946 年，李世瑜还采用“脑波传导学说”，对驾乩、扶鸾揭秘证伪（2007：305～307）。在此期间，以亲历者和局内人的身份，揭秘扶箕的内幕、黑幕，从经验层面直批扶箕的“迷信”本质的文字也时常见于报刊（健碧斑红馆主，1933；离石，1933；凤茜，1947，1948）。

然而，对于扶箕还有一种相对平和的声音。翻译了《天演论》的严复（1854～1921），或许看到了灵学会“求科学”的一面，数次致函与灵学会讨论，俨然“会友”。在回俞复的信中，严复赞其“以先觉之资，发起斯事，叙述详慎，不忘增损，入手已自不差，令人景仰无异”（1918）。翻译过井上圆了（1858～1919）《妖怪学》的蔡元培（1868～1940），号召用美育代宗教，对灵学会也温婉不少。在回俞复的信中，对于对方希望他撰稿的要求，蔡元培以“弟于此事素未研究，尚不敢辄加断语，并希见谅”而婉拒（1918）。

在救亡图存的大背景下，与科学救国、教育救国一样，灵学救国也是对现实的一种回应，但有着神秘色彩，而且传统色彩浓厚，以扶箕为主要表征的“灵学”很容易在革命、进化的语境中处于道德的低点。因此，尽管民国新兴宗教的扶箕多少有着对过往扶箕教化、劝善功能的继承，但无论基于文献还是现实，无论过去还是现在，对于扶箕持平的研究并不多见。

或者是因为身在沦陷区，用英文写作的赵卫邦，其扶箕研究少了以科学主义、革命主义为前提的价值判断，而是直面扶箕这一人类共有且源远流长的“社会事实”。作为维也纳派民族学的信徒（岳永逸，2017：32～33），赵卫邦通过远少于许著的篇幅，在古今中外的纵横比较中，力求简要精当地澄清扶箕的起源及其发展。在相当意义上，与许著形成了互补。

赵卫邦认为，在中国，扶箕之名大概始于宋朝，原本叫“请紫姑”，主要是元宵节时妇女的游戏。那时，在神降临时，仅仅是箕动而已，并不能书写文字。早在南北朝，这一习俗就已见之于文字。就扶箕的由来，赵卫邦推断是源自人类误信箕、帚等物具有法力（magical power）。也即，箕卜是人类普遍的文化现象，并列举了古希腊、印度、苏格兰、北欧以及日本等地的实例（Chao，1942：21～22），以之和中国的扶箕比较。对赵卫邦而言，不同地域、不同时代的扶箕，并无高下优劣之分。

异曲同工的是，20世纪末，焦大卫（David K. Jordan）和欧大年（Daniel L. Overmyer）对台湾的奥法堂、慈惠堂和一贯道等飞鸾的民族志研究，也采用了这一策略（2005）。在更加广博的中外比较中，两人指明中国的扶乩是更大的世界性背景的一部分。在指出中西扶箕之间差异的同时，他们更强调二者的共同性。即，扶箕是“非传统化倾向的一种反映。它表明了，投射于人世意义之上的是，人们的心灵将重新确认自身的广度”，而中国的扶箕正是“直到西方的武力严重破坏了中国人的生活才普及开来”（焦大卫、欧大年，2005：261）。

三　月姑、紫姑及鸡姑

因为有了自己的研究，赵卫邦侧重于对许著内容介绍的书评也就中肯到位。他更看重许著本身的学术价值，肯定其资料学意义。在介绍许著的第三章时，赵卫邦将许著中原本相对模糊的一些认知阐释得更加清楚。根据许著，赵卫邦写道：“神、仙和鬼在本质上都是相同的。他们都是精神存在，都可以通过扶箕为人预测某事。这样，有些书里用箕仙来泛指神、仙和鬼，并不对其进行区分”（Chao，1944a：148）。对如今格外强调中国人精神世界中的神、鬼、祖先等神灵的差异性认知论（Jordan，1972；Wolf，1974）而言，赵卫邦反向强调的同一性或者能更好地诠释差异论者不得不面对，并尽力去解释的神、鬼、祖先等不同神灵之间经常互动转化的矛盾性、混融性。当然，这些试图会通的差异论者，已经炮制出了中国神灵“标准化”抑或“正统化”（standardizing）的论调（Watson，1985）。

对许著中有疑义的观点，赵卫邦同样直言不讳。例如，他基本不同意许地山认为扶箕与道教中降笔之间的渊源关系，坚持认为建立在箕附有法力的观念之上的箕卜，才是扶箕的起源（Chao，1944a：144）。在读到许著之前，赵卫邦已经根据《民俗周刊》中的材料，详细研究过广东中秋节的游戏（Chao，1944b）。再加之其扶箕研究是基于人类共有文化的高度，赵卫邦敏锐地注意到许著中提及的在广东某些地方称紫姑为月姑（许地山，1941：15）这样的信息，认为这可以视为中国民俗中箕卜同月亮关系的证据（Chao，1944a：145）。

同时，在其研究中，赵卫邦不局限于陈说，总是有理有据地提出自己的见解，从而澄清事实。关于紫姑即厕神，以及紫姑和箕卜仪式之间的关系，赵卫邦的推断显然更加合理。他认为，正是因为箕卜时要到厕所拿箕或扫帚，才会有附会于其上的传说故事，而非像一些著述认为的那样：人们到厕所请紫姑是因为其死在厕所而成为厕神（Chao，1942：25）。

换言之，对熟悉河北农村生活的赵卫邦而言，在迎紫姑和紫姑传说的关系上，是先有相关的生活、仪式实践，然后才衍生、附会出了种种解释文本——传说。随后，赵卫邦进一步指出，从法力附体（magical power-possession）的占卜到神灵附体（spirit-possession）的占卜的转变，是一个漫长的过程。正是在此过程中，人们才杜撰出了包括苏东坡（1037～1101）记述的何媚，世人皆知的汉高祖刘邦宠妃戚夫人等众多中国厕神“紫姑”的因果报应的灵异故事。在将箕或扫帚这样具有法力的灵物拟人化即神化之后，人格化的灵物也就直接附体上身成为“箕姑”了。

这里，有必要提及黄石对紫姑的杰出研究。在两篇围绕同一主题的文章中，黄石“企图以历史的方法寻究紫姑的传说及紫姑卜的风俗之源流与转变”（1933：2）。为此，根据对《异苑》、《酉阳杂俎》、《东坡集》、《梦溪笔谈》和《帝京景物略》等文献的研究，他相对肯定地梳理出了迎紫姑以卜的风俗演进史，并提及因为音近，“紫”“厕”“戚”“七”相互转化、以讹传讹或者地方化、时代化的问题。重要的是，在神话帝喾之婿、紫姑传说和何媚故事之间，黄石勾勒出一条演进的虚线。尽管他强调，这三者之间隔着“一条深沟”（黄石，1931：7），“未敢确断，仅作为一个或然的假说提出，以待考证”（黄石，1933：2）。对于箕、帚为何会具有赵卫邦所言的法力，以致被人格化、神化，黄石更明确地意识到了“俗谓正月百草灵，故帚苇针箕之属皆可卜”的潜在的信息。即，在古人的观念中，正月的箕、帚等生机勃勃的“百草”原本皆“灵”，正如陆游（1125～1210）《箕卜》首句“孟春百草灵”所言，其自具法力。遗憾的是，许地山和赵卫邦对黄石几乎早十年的紫姑研究关注不够，甚或不在视野之内。

顺带提及的是，在1940年前后，法力抑或说灵力强大的箕姑的变体“鸡姑”，出现在北平郊区的前八家村。在前八家村村民的生活中，村庙延寿寺菩萨殿廊下砖制神龛中不起眼的鸡姑神，主要是应对死于难产的产妇、收留孤魂野鬼，即处理具有强力的横死幽灵等污秽。陈封雄（1917～1999）指出，对村民而言，难产而死的妇女，是因有罪而上天罚之的结果，是不洁的。为了避免污秽祖茔，难产而死的妇女须暂厝，等到本家再丧一人安葬时，顺便将产妇之棺掘出，在祖茔地依序葬之。这即“带灵”。在接三日，丧家还要为死亡产妇扎制一个鸡笼焚烧，使产妇之魂免入鸡笼。村民相信，鸡姑是阴间专门保佑产妇灵魂的，但其地位低下，“大庙不收，小庙不留”（1940：105～106）。陈永龄（1918～2011）指出，鸡姑，或者是“寄孤”。生前为乞丐的她，虽然喜欢参佛修禅，但自知身份低微，遂在庙台即殿廊趺坐。升化后，其塑像也就立在了殿廊下，专司收留孤魂野鬼。因此，凡有应佛事，诸如放焰口等之庙宇，皆供有寄孤神（1941：43～44、59）。

从都具有避秽的强大法力，在神灵阶序中的位卑，“箕姑”、“鸡姑”与“寄孤”音近，主要是女性等弱小群体的守护神等方面而言，鸡姑或许是“箕姑”的变体。显然，这仅是一种推测。

四　文字的魔力：另一种解释之可能

许、赵的研究都注意到了原初主要是女性参与的迎紫姑到扶箕降笔之间的质变，但并未给出一个相对明晰的解释。在相当程度上，二人都忽视了原本可能衍生于“巫术”并自具魔力的汉字的能动性。换言之，在扶箕中，作为华夏文明关键符号抑或超级符号，同时也是行动主体的汉字，扮演了重要的角色。不同于杜赞奇（Prasenjit Duara）在东西比较视野下的赞赏性的外部审视（2019：238～248），同样注意到灵学会等近代中国扶乩团体慈善与道德教化“正”面性的王见川，还将“文字性”列在神奇性、客观性之前，认为这三性是扶乩在近代中国盛行的原因（2019：124）。

虽然同样仅是一种推断且不乏浪漫主义的想象，但文字起源于初民社会的巫术观念，即文字天然与占卜、预测关联一处（汪德迈，2018：29～30；王铭铭，2010：50～51），仍然值得足够的重视。基于北宋晚期和南宋初、中期“世变与文变”内在互动逻辑的认知，谢聪辉（2013）分别从“鸾”字既有的神圣属性、帝王属性，从“飞鸾”承旨的翰林学士或其文章和草书字体等意涵，强调当时道教开创的“飞鸾”的精英性。反之，同期已经在阡陌市井盛行的扶箕降神，则是传统巫觋文化的流衍，是民众的，也是被朝廷明令禁止和道门大力拒斥与批评的。换言之，无论飞鸾还是扶箕，文字都扮演了重要的角色。在相当意义上，正是因为科举制度的盛行，宋代读书人数量的持续增加，金榜题名的小概率以及不确定性，使得卜算之风不但在士大夫阶层大为流行，也培育了大量在精英和平民等不同阶层之间游走的卜算术士（刘祥光，2013：18）。

在对扶箕动态的民族志研究中，虽然不是其研究的重点而仅仅是其立论的前提，志贺市子却敏锐地从男女性别的角度指出：如果不是文字有效地渗入紫姑信仰及迎紫姑的仪式实践中，可能紫姑信仰会长期停留在女性和孩童的“边缘文化”地位；正是在引入使用文字记录神灵乩式之后，因为乩文的巧妙和书法的精美，男性社会，尤其是知识分子阶层，才接纳了扶箕，并最终使得同时在女性和孩童中盛行的这一“边缘文化”进入“将文字神圣化的中国高阶文化之列”；不仅如此，乩文、銮书的汇集、刊刻和流通，使得扶箕影响到更广泛的地域和各个阶层的人（2013：42，69）。

显然，在扶箕中，汉字绝不仅仅是一种被动的媒介。与乩手等相关的行动主体一样，汉字是扶箕能动的“掺和者”（actants amassing）（Chau，2012）。如果放在更长的历史时段，并偏重于扶箕中的乩文、鸾书，那么在千百年来奉行“万般皆下品，惟有读书高”之理念，还敬惜字纸的中国，全民对文字的敬拜与民国时期扶箕回光返照式的大行其道就密不可分。也即，清末民国扶箕的盛行，是一种对“非传统化倾向”的能动反应，但这种反应是以对作为关键而超级的符号的汉字、诗文的敬意和膜拜为基础的。

经过鸦片战争以来的一系列残酷打击之后，在20世纪初期，汉字及其所代表的传统文化的合法性，受到包括世界语在内的拼音文字及其背后文化的挑战，以致同样具有革命意识形态色彩的汉字拉丁化、拼音化的呼声经久不衰（孟庆澍，2006：67～120；湛晓白，2016，2018；王东杰，2019：222～258）。正是在此忧心忡忡而尝试突围、解厄的复杂又矛盾的语境中，“通神明”“类万物”且衍生于巫术而具有魔力的文字敬拜——文字拜物教（王铭铭，2010：60～65）——之传统的强大惯性，使得扶箕成为对传统之深层皈依和留恋的一种浅吟低唱的回旋式的表现。与之前的扶箕结社主要在于满足个人的欲求、兴趣以及修养不同，19世纪后期新兴的扶箕结社有了改革的欲求。即，地方精英试图通过扶箕振兴伦理道德，在个人救赎的同时也应对社会层出不穷的危机与混乱，以拯救世界（Clart，1996：15～16）。直至20世纪90年代，作为一种社会组织、宗教团体、文化次生群体，香港众多以扶箕为核心的道堂的形成，都是依靠“都市中期望维持中国传统习俗的市民的支持”（志贺市子，2013：115）。

甚或，在一定层面上，作为中国文化内发性发展与自我蜕变的必经阶段与面相，在最深层指向中国文化精血的汉字之扶箕，也可以视为指向传统，但却向内并以抵抗为媒介的“回心型”文化（竹内好，2016：119、285～287）的本土运动、民粹运动。当然，这种指向传统的回心式的内向抵抗是多重的、对峙并交互显现的。诸如，扶箕者自觉给扶箕戴上科学的“徽章”，科学主义者则不遗余力地撕去这一被“盗用”的徽章；位“低”者——生活世界中的无助者、迷惘者，对扶箕依从、盲从；位高且相信其真理在握的科学主义者——舍我其谁而勇往直前、正义凛然的启蒙者、革新者，声色俱厉地对各种扶箕团体、仪式实践进行批判和规训。

五 “小道”有理

因为个体命运以及社会历史演进的“不定性”（contingency），包括扶箕、星占（相）学、八字算命、风水堪舆等在内的“预占”的技术、学问——命学，是人类共有的文化遗产，甚至在相当长的历史时期在不同地域社会中有着不可替代的地位。即使在当下，处于显性位置的“预判”，尤其是风险评估、可行性报告、国际形势、股市行情以及天气、灾害预测等，因为有着科学主义、权威专家和新生的“大数据”的加持，而拥有实证、合情、合法、合理的地位。换言之，无论穿着哪种“马甲”，“预测”无处不在，无时不在。

正因如此，在历史悠久、积淀深厚的传统“命学”必然会被边缘化而旁落失势的近代中国，诸如倡导西学、科学与理性的严复、吴宓（1894～1978）、钱穆（1895～1990）等转型中的启蒙知识分子（当然是相对“保守”的），其琐碎的日常生活中同样习惯性地与传统命学、命理握手言和（王栻主编，1986：1506～1511；吴宓，1998a：179；1998b：10；1999：81；钱穆，2011：208）。如此，就不难理解灵学会声势浩大地以“科学”的名义隆重登场，也不难理解严复与灵学会之间的“暧昧”和扶箕在民国社会各阶层不绝如缕的生命力。

与杜赞奇认为同善社等“救世”团体自觉修正西方暴力化的物质文明而追求宗教的普遍（普世主义）不同，朗宓榭（Michael Lackner）更注重作为这些救世团体核心的扶箕等技术（技艺）之合理性的层面。同样是在世界主义的视域中，朗宓榭将包括扶箕在内，这些以各种名义和方式或长或短存在的诸多形态的“预占”，温柔地命名为“另类的科学”、“复数意义上的科学”（sciences）与“小道”（2013：263～271；2018：1～31、49～83），并尝试诠释其大道理。朗宓榭指出，在歌德（1749～1832）时代，至少对歌德本人而言，“迷信是充满动力的、大举措的、进步的、自然的一个载体”。然而，在欧洲，历经基督教和启蒙运动之后，迷信的“意义已经被掏空，成为批判的话语，随着语境的变化，可以用来指责任何不受欢迎的观点与实践”（朗宓榭，2018：26～27）。在波澜壮阔的近现代中国，19世纪晚期以来长期追赶西方、现代化以及科技的自我革新抑或自我矮化的行动诗学，和在此诗学指导下的多样的运动，尤其是层出不穷的“革命”运动，更是强化了意义被掏空的外来语——“迷信”。这一批判话语的威力与火力，使之天然具有了革命性和意识形态的正确性（Nedostup，2009）。显然，无论过去还是现在，迷信这个先声夺人的霸凌话语，无助于对扶箕等预占日常实践的理性审视。

20 世纪八九十年代，在中国大陆文化热，尤其是传统文化热兴起的潮流中，占卜及其相关的知识系统，事实上扮演了中国文化认同一个“新模块”的角色（朗宓榭，2013：272～291）。如今，在非遗运动的助力下，各种形态的乡土宗教因应主动或被动添加的非遗标签，俨然有了新的生机。毫不讳言，不仅扶箕仪式还在相当的范围内井然有序地实践（杜树海，2013），扶箕核心所在的神人之间“灵力的交会”（contact of the spirit force）（Chao，1942：11、21），即通灵抑或灵附、“待人而灵”，仍然是乡土宗教普遍的社会事实（Kang，2002；Chau，2006；吴重庆，2014：68～96；岳永逸，2014：101～171）。因为快速变化的信息社会与科技社会的“风险社会”之本质，伴随机会增多而风险倍增的世人之安全感反而降低。这使得侥幸心理和运气思想依旧大行其道。在此语境下，无论基于学术认知还是社会改良，重温前人关于扶箕的种种认知和研究，也就有了不言而喻的重要性。

参考文献

半农：《随感录》，《新青年》1918 年，第 4 卷第 5 号。

蔡元培：《蔡孑民先生书 正月十五日》，《灵学丛志》1918 年，第 1 卷第 2 期。

陈大齐：《辟“灵学”》，《新青年》1918 年，第 4 卷第 5 号。

陈独秀：《今日中国之政治问题》，《新青年》1918 年，第 5 卷第 2 号。

陈封雄：《一个村庄之死亡礼俗》，北平：燕京大学法学院社会学系学士毕业论文，1940。

陈明华：《扶乩的制度化与民国新兴宗教的成长：以世界红卍字会道院为例（1921～1932）》，《历史研究》2009 年第 6 期。

陈永龄：《平郊村的庙宇宗教》，北平：燕京大学法学院社会学系学士毕业论文，1941。

杜树海：《民间信仰的社会功能——广西壮族地区 J 县扶乩活动的文献和田野考察》，《宗教学研究》2013 年第 3 期。

〔美〕杜赞奇：《比较视野下的宗教与世俗主义：欧洲、中国及日本》，载曹新宇主编

《新史学（第十卷）：激辩儒教：近世中国的宗教认同》，中华书局，2019。
凤茜：《乩坛内幕》（上），《幸福世界》1947 年，第 2 卷第 1 期。
凤茜：《乩坛内幕》（下），《幸福世界》1948 年，第 2 卷第 2 期。
傅斯年：《傅斯年全集》（第 7 卷），湖南教育出版社，2002。
胡愈之：《运气思想和侥幸心理：〈扶箕迷信底研究〉序》，《野草》1940 年，第 4 期。
黄石：《“迎紫姑”之史的考察》，《开展月刊》1931 年，第 10 ~ 11 期合刊。
黄石：《再论紫姑神话——并答娄子匡先生》，《民众教育季刊》1933 年，第 3 卷第 1 号。
黄炎培：《我和许地山先生仅有的关于扶箕一席话》，《国讯》1942 年，第 297 期。
黄翼：《“碟仙”与相类现象之心理的解释》，《教育杂志》1937 年，第 27 卷第 4 期。
健碧斑红馆主：《乩坛黑幕》，《金刚钻月刊》1933 年，第 1 卷第 4 期。
江绍原：《发须爪：关于它们的迷信》，开明书店，1928。
〔美〕焦大卫、欧大年：《飞鸾：中国民间教派面面观》，周育民译，香港中文大学出版社，2005。
〔德〕朗宓榭：《朗宓榭汉学文集》，复旦大学出版社，2013。
〔德〕朗宓榭：《小道有理：中西比较新视阈》，金雯、王红妍译，三联书店，2018。
离石：《扶乩与碟仙》，《太平洋周报》1933 年，第 1 卷第 23 期。
李世瑜：《现在华北秘密宗教》，华西协和大学中国文化研究所、国立四川大学史学系联合印行，1948。
李世瑜：《社会历史学文集》，天津古籍出版社，2007。
李欣：《五四时期的灵学会：组织、理念与活动》，《自然辩证法研究》2008 年第 11 期。
柳存仁：《论许地山的〈扶箕迷信底研究〉》，《大风半月刊》1941 年，第 93 期。
刘祥光：《宋代日常生活的卜算与鬼怪》，台北政大出版社，2013。
鲁迅：《鲁迅全集》11，人民文学出版社，2005。
茅盾：《国粹与扶箕的迷信：纪念许地山先生》，《笔谈》1941 年，第 1 期。
孟庆澍：《无政府主义与五四新文化——围绕〈新青年〉同人所作的考察》，河南大学出版社，2006。
钱穆：《八十忆双亲、师友杂忆合刊》，九州出版社，2011。
秋远：《〈扶箕迷信底研究〉书评》，《萧萧》1941 年，第 1 期。
〔法〕汪德迈：《跨文化中国学》，中国大百科全书出版社，2018。
王东杰：《声入心通：国语运动与现代中国》，北京师范大学出版社，2019。
王见川：《近代中国扶乩团体的慈善与著书：从〈印光法师文钞〉谈起》，载曹新宇主编《新史学（第十卷）：激辩儒教：近世中国的宗教认同》，中华书局，2019。
王铭铭：《文字的魔力：关于书写的人类学》，《社会学研究》2010 年第 2 期。

王栻主编《严复集》(第5册),中华书局,1986。

吴重庆:《孙村的路:后革命时代的人鬼神》,法律出版社,2014。

吴宓:《吴宓日记(1936~1938)》(第六册),三联书店,1998。

吴宓:《吴宓日记(1939~1940)》(第七册),三联书店,1998。

吴宓:《吴宓日记(1946~1948)》(第十册),三联书店,1999。

谢聪辉:《新天帝之命:玉皇、梓潼与飞鸾》,台湾商务印书馆股份有限公司,2013。

许地山:《扶箕迷信底研究》,商务印书馆,1941。

玄同:《随感录》,《新青年》1918年,第4卷第5号。

严复:《严几道先生书 正月十九日》,《灵学丛志》1918年,第1卷第2期。

杨乔:《抗战时期湖南的“破除迷信运动”》,《求索》2018年第2期。

岳永逸:《行好:乡土的逻辑与庙会》,浙江大学出版社,2014。

岳永逸:《隐于“市”与“史”:赵卫邦与他的民俗学研究》,《贵州民族大学学报》(哲学社会科学版)2017年第2期。

湛晓白:《拼写方言:民国时期汉字拉丁化运动与国语运动之离合》,《学术月刊》2016年第11期。

湛晓白:《二十世纪三十年代汉字拉丁化运动勃兴考述》,《中共党史研究》2018年第2期。

张东荪:《新有鬼论与新无鬼论》,《东方杂志》1930年,第27卷第5期。

〔日〕志贺市子:《香港道教与扶乩信仰:历史与认同》,宋军译,香港中文大学出版社,2013。

中国第二历史档案馆编《中华民国史档案资料汇编》(第五辑第二编)《文化》(二),江苏古籍出版社,1994。

周作人:《谈龙集》,北京十月文艺出版社,2011。

〔日〕竹内好:《近代的超克》,李冬木等译,三联书店,2016。

Chao, Wei-pang, “The Origin and Growth of the Fu Chi”, *Folklore Studies*, Vol. 1, 1942.

Chao, Wei-pang, “A Study of the Fu-chi Superstition by Hsü Ti-Shan, Review by: Chao Wei-pang”, *Folklore Studies*, Vol. 3, No. 2, 1944.

Chao, Wei-pang, “Games at the Mid-Autumn Festival in Kuangtung”, *Folklore Studies*, Vol. 3, No. 1, 1944.

Chau, A. Y., “‘Superstition Specialist Households’? The Household Idiom in Chinese Religious Practices”,《民俗曲艺》153,2006。

Chau, A. Y., “Actants Amassing (AA): Beyond Collective Effervescence and the Social”, in Nicholsa J. Long and Henrietta L. Moore (eds.), *Sociality: New Directions*, Oxford:

Berghahn Books, 2012.

Clart, Phillip, "The Ritual Context of Morality Books: A Case-Study of a Taiwanese Spirit-writing Cult", Ph. D. thesis of the University of British Columbia, 1996.

Jordan, D. K. , *Gods, Ghosts, and Ancestors: Folk Religion in a Taiwanese Village*, Berkeley: Calif, 1972.

Kang, Xiaofei, "In the Name of Buddha: The Cult of the Fox at a Sacred Site in Contemporary Northern Shanxi",《民俗曲艺》138, 2002。

Luo, Dan, "History and Transmission of Daoist Spiritwriting Altars in Hong Kong: A Case Study of Fei Ngan Tung Buddhism and Daoism Society", Ph. D. thesis of the Chinese University of Hong Kong, 2015.

Nedostup, Rebecca, *Superstitious Regimes: Religion and the Politics of Chinese Modernity*, Cambridge: Harvard University Asia Center, 2009.

Watson, James L. , "Standardizing the Gods: The Promotion of T'ien Hou (Empress of Heaven) Along the South China Coast, 960 – 1960", in David G. Johnson, Andrew J. Nathan, and Evelyn S. Rawski (eds.), *Popular Culture in Late Imperial China*, Berkeley: University of California Press, 1985.

Wolf, Arthur P. , "Gods, Ghosts and Ancestors", in Arthur P. Wolf (ed.), *Religion and Ritual in Chinese Society*, Stanford: Stanford University Press, 1974.

书写如何重构文类？

——以“十七年”（1949～1966年）的对口相声为例

祝鹏程

（中国社会科学院文学研究所副研究员）

在现代化的过程中，口头传统的生存方式发生了深刻的变化，最显著的变化之一，是书面创作成为艺术生产的重要方式。围绕着口头传统与书面文本的互动关系，中国学界已经做出了全面细致的探讨，但很少有研究关注书写对口头传统文类（genre，又译体裁）的重构作用：社会政治文化如何通过书写，铭刻（inscribe）到文类形态上？在书写的影响下，口头传统的文本形态与叙事方式有何新的特点？

针对“口承－书写”（orality-literacy）问题，学者如詹姆斯·科林斯（James Collins）提出了“新书写论”。科林斯受德里达（Derrida）、德塞都（Michel de Certeau）等后结构主义者的影响，反对瓦尔特·翁（Walter Ong）等“书写论”者将口语与文字的差别归于人类心智差异的看法，认为书写是社会形塑（shaping）的结果。他注重社会形塑书写的多元途径，强调要在具体的语境中探究社会权力与书写的关系，尤其关注现代国家建构、教育体制、认识论等因素对书写的影响。[①]“新书写论”为我们的研究提供了新的思路。显然，书面创作的实践与社会、政治与文化诸因素密切相关。要探讨书写对文类的影响，就需要把它还原到生产与传播的语境中，把对社会权力、书写技术与文类形态的考察结合起来。

---

① James Collins，Richard K. Blot，*Literacy and Literacies*：*Texts*，*Power*，*and Identity*，Cambridge University Press，2003；巴莫曲布嫫：《口头传统·书写文化·电子传媒——兼谈文化多样性讨论中的民俗学视界》，《广西民族研究》2004年第2期，第31页。

新中国成立后，作为“寓教于乐”的艺术，相声承担起了宣传国家政策、教育人民大众的任务。与此同时，相声的生产方式也从艺人的口头传承，转变为由文艺工作者主导的书面创作。书写对相声的文类形态产生了深远的影响。本文将从“新书写论”的视角出发，借鉴口头传统研究的相关成果，以新中国“十七年”（1949～1966年）间的对口相声为例，探讨在从口承向书写的转化过程中，相声文类形态的转变与重构。在具体的论述中，笔者将探讨新中国的社会语境对书写的规约，并分析这些因素对相声的影响，进而比较口承/书写型相声在文类形态与叙事方式上的差异。为了便于表述，文中将用“口承型相声”和“书写型相声”来分别指代传统相声与新中国成立后的新相声。此外，如无特殊说明，下文所说的相声均指对口相声。

一　口承型相声的生产方式与文类形态

顾名思义，对口相声由两人表演。“逗哏”在表演时不断地说出“包袱”（笑料）引人发笑，而“捧哏”则配合“逗哏”推进叙事。一段相声通常包括了“垫话”[①]、“瓢把儿”[②]、“正活”[③]、“底”[④] 四部分。

1. 从“瓤子”到“活”的生产方式

和大多数口头传统一样，口承型相声也没有定于一尊的表演范本，它以“瓤子”为基础进行创编。[⑤] “瓤子”指的是相声的主干结构和主要“包袱”，由“捧”“逗”在表演中长期磨合、积淀而成。作为建构表演基础的大脑文本（mental text），“瓤子”为艺人提供了必须遵循的基本规则（ground rules）与程式（formula）。一段相声的表演经历了从“瓤子”到“活”的语境化（contextualization）过程。“活”指的是艺人在某一次表演

① “垫话”，即开场白，艺人根据现场的情况，铺垫在“正活”前面的话，有标定表演、吸引观众注意的作用。

② “瓢把儿”是“垫话”与“正活”的过渡部分，它把观众逐渐引入表演中。进入剧场后，“瓢把儿”的作用相对减弱。

③ “正活”即相声的主体部分。

④ “底”是相声的结尾。好的“底”既要逗乐，形成一个“大包袱”；又要像揭开“谜底”一样，让人有出乎意料的感觉。

⑤ 〔美〕阿尔伯特·贝茨·洛德：《故事的歌手》，尹虎彬译，中华书局，2004，第29页。

中的现场文本。在表演的过程中，艺人需要根据现场的情景，建立一个交流性的阐释框架（frame），将静态的“瓤子”语境化到这一框架中，成为符合现场情景的“活”。[①] 因此，作为一种在现实情境中的交流艺术，传统相声的表演和创作是一体的。

“瓤子”具有较强的语境化能力，在不同的语境中，艺人可以根据时代特色和现场需求，对相声进行“旧瓶装新酒”式的改编。如《文章会》说的是一个不学无术的人自夸文采，结果在某位著名文学家的考验下出尽洋相的笑话。在清末，段子中的文学家是荣禄或翁同龢，到了民国，艺人将其改为康有为或蔡元培；而不学无术者的身份，也有洋车夫、烤白薯的小贩等多种。在不同的时代，相声的主干并没有变化，艺人们只是根据时代的不同，替换了作品中的人物角色。在“旧瓶装新酒”式的创编中，艺人并不需要另起炉灶，而是在遵循表演基本规则的基础上，对旧有的“瓤子”进行语境化的改编。

显然，从“瓤子”到“活”的语境化过程，是口头传统常见的生产方式。唯其如此，相声才能够在以不识字者与初通文墨者居多的艺人群体中获得长足的传承与发展。

2. 开放性的文类形态

（1）无主题的文类特征

艺人以取悦观众、获得收入为宗旨。因此，口承型相声是以“包袱”为主体的。“捧”“逗”二人必须在相声中设置足够多的“包袱”以娱乐大众。在具体的表演中，“包袱”往往统领了文本，作品中的情节发展、人物设置，都是为“包袱”服务的。编演俱佳的李文山说得很明确：

> 那时候很多（段子）是从一个“包袱”、一个笑话发展成一个段子的，我前面加点“垫话”什么的，就够一个“活”了。那时候哪有什么主题啊？就是以“包袱”为主。像《牙粉袋》就是抓住了这么一个“包袱”，围绕着这个“包袱”来发展、来延伸。[②]

---

① 〔美〕理查德·鲍曼：《表演：观念与特征》，《作为表演的口头艺术》，杨利慧、安德明译，广西师范大学出版社，2008，第 68 页。

② 笔者对李文山的访谈，2011 年 7 月 15 日。

所以，口承型相声并没有书面文学意义上的“主题思想”[①]。按照罗兰·巴特（Roland Barthes）对文本的分类，传统相声属于“可写的文本”（writerly text），即文本消解了书面文学中明确的规则和模式，具有开放的意义，允许受众以多种方式进行诠释。[②] 受众听相声的过程，也是生产文本意义的过程。正如李文山所说：“老段子的意义，不用谁定，就看不同时代观众的不同认识。你《揭瓦》演完了，观众哈哈一乐：嘿，这个街坊人性真次。”[③] 或者像相声名家侯宝林晚年所说：“传统相声的每篇主题都是隐蔽、游移、多元而恍惚的。”[④]

（2）“将社会中之情态摭拾一二”：开放性的叙事方式

传统相声的表演多处在流动的情景中。“撂地”的艺人需要面对流动的观众；即使是在茶馆、杂耍园子中的演出，相声的表演情景也是不稳定的：观众可以在表演中随意进出，也可以根据现场情景随意插话。

这种流动的表演情景决定了相声的叙事是开放性的。除了少数段子外，[⑤] 对口相声的故事性并不强，它往往不具备完整的故事情节，也不注重叙事时间的连贯性、情节的因果性与叙事的完整性。教育家英敛之在1908年就观察到了这一特点：“其（相声）登场献技，并无长篇大论之正文，不过随意将社会中之情态摭拾一二，或形相，或音声，摹拟仿效，加以讥评，以供笑乐。”[⑥]

根据笔者对《传统相声大全》[⑦] 收录的241段对口相声的统计，这种开放性的叙事作品占了绝大多数，共197段，是总数的81.7%。主要分为以下五类。

文字游戏：以语言文字的音、形、义制造“包袱”的作品，由“捧”“逗”二人的问答来推动叙事，如《字像》《八大吉祥》等。

---

① 我们今天所谓的一些传统相声的“主题思想”，是在新中国成立以后的相声改进中被赋予的。

② 〔法〕罗兰·巴特：《S/Z》，屠友祥译，上海人民出版社，2000，第61~63页。

③ 笔者对李文山的访谈，2011年8月15日。

④ 薛宝琨：《侯宝林逸事》，侯鑫主编《一户侯说——侯宝林自传和逸事》，五洲传播出版社，2007，第211页。

⑤ 这些段子多脱胎于故事性较强的单口相声，如《丢驴吃药》《抡弦子》等。

⑥ 英敛之：《也是集续编》，转引自吴文科《中国曲艺艺术论》，山西教育出版社，2003，第185页。

⑦ 刘英男主编《中国传统相声大全》（全五卷），文化艺术出版社，2011。

模拟学唱：整个段子以学唱戏曲、曲艺作品为主，如《卖布头》《学电台》等。

艺人之间的斗智：“捧”“逗”二人之间就某一话题展开诘难与诡辩，以此来组织叙事，如《蛤蟆鼓》《铃铛谱》等。

“贯口”：口头炫技类作品，表演者将某段冗长的台词（行话“趟子”）一口气说到底，借此展示自身的技艺，如《报菜名》《八扇屏》等。

描摹世态人情：“捧”“逗”二人就某一社会现象进行描摹，其间引用若干小故事，但故事之间并无情节联系，如《买卖论》《哭笑论》等。

限于篇幅，此处只对模拟学唱类的《学电台》（孙少臣忆述）加以分析。在这段作品中，“逗哏”以戏仿的形式，模拟了电台播音的内容，如京剧、大鼓、河南坠子，乃至广告等。整个段子由以下九部分组成。

学广告：戏仿性地播报瑞蚨祥绸缎、寿星牌生乳灵的广告。

学京剧：学马连良、金少山、梅兰芳唱《二进宫》。

学广告：戏仿性地播报盛锡福帽子、前门香烟的广告。

学京东大鼓：学刘文斌唱《拆西厢》。

学相声：模仿张寿臣、陶湘如合说相声。

学广告：戏仿性地播报骆驼牌爱尔染色剂、亨得利钟表、烤地瓜的广告。

学河南坠子：学乔清秀唱《玉堂春》。

报新闻。

学外国歌曲。

以下是开篇学广告的部分：

甲：太太小姐们，春天就要到了，春季里家家忙，家家忙做新衣裳，要问谁家料子好，山东老号瑞蚨祥。瑞蚨祥绸缎布匹源来，欢迎比较任意择，布匹颜色鲜，欢迎比较、欢迎批评。瑞蚨祥地址在济南经二路纬三路路北，全国各地均有分号，欢迎购买。

乙：还真清楚。

甲：先生们太太们，您知道世界上什么最苦吗？

乙：什么最苦？

甲：就是小孩没有奶吃最苦，如果没有奶吃，请用天津大同药房生产的寿星牌生乳灵吧，寿星牌“生乳灵”夫人奶妈吃下去当天可以催下奶来，催得奶就和自来水一样！

乙：嚯！受的了吗？①

我们看到，在段子中，戏仿性的表演构成了一连串的平行“包袱”，这些“包袱”构成了作品的主体。整个段子的叙事是非线性的，它并没有具体的故事情节，此外，戏仿的各部分对象——京剧、大鼓、河南坠子、广告等之间也没有逻辑上的必然关系，即使艺人根据现场表演的需求，把它们的顺序进行调换，甚至抽去一部分，也不会影响作品整体的叙事。

二　书写型相声的生产方式与文类形态

中华人民共和国成立后，相声的生产被纳入国家文艺生产体系。相声艺人进入国营曲艺团体，成为新社会的文艺工作者，他们和专业作家合作，以书面创作的方式生产相声。“十七年”间的社会政治、文化体制、时代美学深刻地形塑了书写的方式与内容，并重构了相声的文类形态。

1. 主题先行与“打破框框”：书写型对口相声的生产规约

新中国以建设一个富强的社会主义国家为目标，为了确保政策能顺利实施，文化的动员作用尤为重要。文艺工作者们普遍看到了相声滑稽幽默的趣味和便于普及的特点，认识到这是宣传国家政策、教育民众的利器。这也对相声的生产提出了新的要求。

（1）主题先行的创作规约

新社会要求文艺工作者积极配合国家的政治任务，使相声成为政策推行与社会动员的有力工具。所以，“十七年”的相声一直以配合国家建设的形式存在着，无论创作歌颂型的作品，还是书写讽刺型的段子，文艺工作者们都积极响应着“说新唱新，配合中心”的号召，围绕社会热点编写相声。

在谈及新曲艺的教育作用时，民间文艺学家贾芝强调了主题思想的指导意义：

---

① 刘英男主编《中国传统相声大全》（第五卷），文化艺术出版社，2011，第401页。

> 我们的工作既然是以艺术的形式教育群众，提高群众的政治觉悟，是在改造人们的思想，武装人们的思想，就不能不注意作品的思想性。好作品也必定是思想性很强的。这就是：作品中赞成什么，反对什么，应该明明白白。而且要赞成的正确，反对的得当。[①]

要使相声具备宣传教育的功能，就必须在作品中设置旗帜鲜明的主题思想。因此，不同于传统相声是无主题的，新相声普遍有教育性的主题，它以歌颂人民生活中的新人新事，讽刺落后的人与事为主旨。纵观“十七年”里那些脍炙人口的段子，无论讽刺不遵守交通规则的《夜行记》（郎德沣等人创作），还是歌颂新社会的《找舅舅》（马季创作），都包含了明确的主题思想与教育意义。

（2）“打破框框”：现实主义的表现手法

新相声要反映日新月异的社会现实，在新内容面前，旧形式就失效了。因此，文艺工作者不能简单地套用口承型相声的“瓤子”，来表现新社会的新面貌。一些人还把旧作品中的程式等同于束缚思想的“框框”，认为“脑子里有了框框是不利于工作的”，[②] 敢于“打破框框”被认为是革命精神与进取意识的体现。[③] 作家老舍就反对“旧瓶装新酒”式的相声创作：

> 在新相声中，也有些不甚成功的。这些段子的缺点大概是颇愿提高相声的思想性，可是在语言上却模仿老段子的老包袱。[④]

文艺工作者转而倡导以现实主义的美学来指导相声的创作。即以社会发展的客观现实为对象，通过具体的生活画面以及典型社会背景中具体人物的典型性格来表现新社会的本质。[⑤] 因此，创作者们需要在遵循相声

① 贾芝：《谈新曲艺如何更好地为群众服务》，《人民日报》1950年4月2日，第5版。

② 《曲艺必须多快好省地为社会主义服务》，《曲艺》1959年第12期，第2页。

③ 马增芬：《写鼓词要打破框框》，《曲艺》1962年第3期，第58页。

④ 老舍：《相声语言的革新》，《出口成章——论文学语言及其他》（增编本），辽宁人民出版社，2011，第172页。

⑤ 参见何直（秦兆阳）《现实主义——广阔的道路》，洪子诚主编《中国当代文学史·史料选：1945～1999》，长江文艺出版社，2002，第306页。

“垫话”“瓢把儿”“正活”“底”一般结构性的基础上，打破传统的“框框”，采取现实主义的表现方式，以体验生活来获取创作的素材，用写实的手法来刻画具体人物、反映现实生活，做到真实性与艺术性、思想性与倾向性的统一。

2. “根据主题意义来补充情节和包袱”：线性叙事的确立

在主题先行和现实主义的双重规约下，新相声的表现侧重从“文字游戏”和“模拟学唱”，转向描摹“典型场景中的典型人物”。相应地，文艺工作者采取了线性叙事（linear narrative）的手法来书写相声，即把有利于表现主题的叙事材料组织成“相互联系的因果链条”,[①] 并注重叙事时间的连贯性、情节的因果性与叙事的完整性。[②]

（1）根据主题塑造人物与设置情节

为了凸显作品的宣教意义，创作者需要紧密围绕主题思想来选取素材。北京曲艺团的相声演职人员认为：要提高思想性与艺术性，就要“根据主题意义来补充情节”。[③] 因此，新相声以主题思想为中心，并围绕主题思想塑造人物、设置情节。下文以《昨天》为例展开说明。

《昨天》由海政文工团的相声演员常宝华与文艺干部赵忠、钟艺冰合作。这段相声创作于1959年新中国成立十周年大庆之际，它的主旨是歌颂新中国的建设成就。据常宝华回忆，作品的主题和梗概是由赵忠提供的。

> 就是新中国成立十周年，算是个命题作文。那时候要写个歌颂题材的，（反映）咱们新中国成立十周年的成就。……（赵忠）有一个准备写电影的点子。一个人在旧社会患精神病，后来在党的关怀下，康复了，他还带着旧社会的意识，看到新社会的各种新事儿，结果闹出好多笑话来。[④]

在此基础上，几位创作者设想了主要人物：作品的主角是“我大

① 〔美〕华莱士·马丁：《当代叙事学》，伍晓明译，北京大学出版社，2005，第51页。

② 杨世真：《重估线性叙事的价值——小说文本与影视文本的比较研究》，浙江大学2007年博士学位论文，第42页。

③ 王长友、王世臣等：《谈谈相声笑料的丰富和加工》，《曲艺》1961年第6期，第19页。

④ 笔者对常宝华的访谈，2011年7月27日。

爷”——一个靠拉洋车为生的进城农民。显然，进城农民的身份有利于主题的表达：一方面，通过刻画主人公在旧社会的艰辛生活，能够达到批判旧社会的目的，并为之后展开的新旧对比打下基础；另一方面，农民的身份使他具有老实、守旧的性格，使其能与急速发展的社会现实产生矛盾，确保了作品的“包袱”。

而作品的情节设置，也完全是以“我大爷”的性格与行动为线索的：

进城求生→拉车谋生→遭遇旧警察的敲诈而丢车，发疯→十年后治愈，但记忆仍停留在旧社会→私自跑上街见到各种新事物，引发大量笑料→被“我”找回来，带着去百货商场购物，见到各种新事物→听见商场播放失物招领，想起自己丢的洋车，要去领车。

我们看到：围绕歌颂新中国成立十年成就的主题，创作者们设想出了精神病人眼中的新旧社会对比这一素材，设计出了“我大爷”这一人物与此后的情节。无疑，《昨天》的叙事是围绕主题展开的。

（2）“包袱”的设置围绕主题与人物性格

为了避免使“包袱”沦为无意义的插科打诨，甚至妨碍主题的表达，新相声“包袱”的设置也必须围绕主题思想与人物性格。老艺人王长友等人认为：“应该特别注意的是丰富发展笑料的时候，要根据原作的主题、情节、时代背景和人物性格，都恰当吻合了，对原作的思想性和艺术性才能有所提高。”① 王长友之子王文林也认为，新相声的技巧（“包袱”）必须为主题思想服务。

> 实际上你把中心思想、立意、来龙去脉、人物的身份、内涵、背景、观点都弄清楚了，像演话剧似的，你的“包袱”自然就形成了。因为你的技巧是为中心思想、内容和人物服务的。②

仍以《昨天》为例进行分析。为了凸显新旧社会的不同，《昨天》“包袱”的安排完全围绕“我大爷”守旧的形象与急速发展的新社会之间的矛盾展开，以“我大爷”从医院跑出来的一段为例。

---

① 王长友、王世臣等：《谈谈相声笑料的丰富和加工》，《曲艺》1961 年第 6 期，第 19 页。

② 笔者对王文林的访谈，2011 年 8 月 26 日。

甲：哎，打那边过来个红领巾，让我大爷给叫住了："哎，小少爷！"（包袱 1）

乙：啊？小少爷？

甲："这是天安门吗？""老爷爷，是天安门！""这花园跟这大楼是外国人盖的？"（包袱 2）

乙：啊？外国人盖的？

甲：小孩儿说："老爷爷，这不是外国人盖的，是咱们自己盖的。""自己？""啊，是咱们大家的，也有你一份儿。""我哪儿有钱盖大楼啊！"（包袱 3）

乙：嗐！

甲：小孩儿说："你看！这是人民英雄纪念碑；这是人民代表开会的地方……""人民代表？""啊，就是咱们人民管理国家大事……"（捂小孩嘴）"莫谈国事！"（包袱 4）

乙：还"莫谈国事"呢?!

甲：小孩儿也乐了："老爷爷，咱们应该懂得国家大事……""哎，快走吧，快走吧！"小孩行了个队礼："再见！"把我大爷吓了一跳："要打人是怎么着？"（包袱 5）

乙：嗐！这害什么怕呀！①

上述的五个"包袱"并未游离于主题和人物形象，而是与其形成了紧密的关系，具体见表 1。

表 1　人物形象和主题的关系

	人物形象	对主题的作用
包袱 1	守旧，保留着旧社会的人际称谓	揭露了旧社会不平等的人际关系，歌颂了新社会人人平等
包袱 2	守旧，保留着旧社会的"崇洋"记忆	揭露了旧社会国力衰微的情形，歌颂了新社会的建设成就

① 根据常宝华、李洪基表演录音整理。

续表

	人物形象	对主题的作用
包袱 3	赤贫的劳动者	揭露了旧社会民众的苦难生活，歌颂了新社会的人民当家做主
包袱 4	胆小怕事、安分守己	揭露了旧社会没有言论自由，歌颂了新社会的民主
包袱 5	胆小怕事，落后于时代	揭露了旧社会不平等的人际关系，歌颂了新社会的孩子懂礼貌

不难看出，这五个“包袱”组成了人物的行动，并推动了叙事的发展，而它们又都服务于主题：在“我大爷”与小孩的言语对比中，暴露了旧社会的黑暗，歌颂了新社会的建设成果。在这里，“包袱”已经被完全整合进作品的叙事中，“包袱”之间也形成了紧密的逻辑关系。在评论《昨天》时，时任中国曲协主席陶钝就敏锐地看到了这一点：

> 它（《昨天》）运用了相声的传统技巧“包袱儿”给观众很多的笑料，而且这些“包袱儿”又是从事物本身发展的，不是从旁边取来的无关主题的“包袱儿”，这个作品的艺术技巧是作者从事物的发展中提炼出来的，在传统相声中是不多见的。[①]

我们看到，在主题先行与现实主义美学的规约下，创作者采取了线性叙事的方式来结构文本。新相声不但具备了明确的主题，且主题成为相声叙事的中心，统摄了此后的情节发展，人物形象的塑造、情节的设置与“包袱”的组织都必须紧密围绕主题。

三　结论

通过上文的分析，我们发现，在“十七年”里，对口相声的生产方式经历了从口承到书写的转变，相声也从原先开放性的叙事，转变为线性叙事。这一变化对相声的文类形态产生了深远的影响。

① 陶钝：《曲艺艺术的新面貌》，《曲艺》1960 年第 2 期，第 28 页。

1. 故事性的凸显：文类形态趋于单一

书写型相声要围绕社会的热点问题、以现实主义的手法进行创作，受此影响，相声的故事性得到了前所未有的凸显。正如李文山所说：

> 新节目为什么故事多？政治任务下来了，就是让你说这件事儿，或者说这个先进人物，这个人本身就是这些事儿啊。传统的文字游戏都是没有主题，没有（思想）内容，即兴发挥，现在这个新节目都要求有人物、故事。①

相较于开放性、多样化的口承型相声，书写型相声的文类形态逐渐趋于单一，故事性的体裁成为对口相声的主要构成。在“十七年”里，以具体的故事来歌颂新社会的新人新事、批评落后现象与人物的作品占了绝大多数。无论前文引述的《昨天》，还是脍炙人口的《买猴儿》（何迟创作）、《英雄小八路》（马季创作），都具有鲜明的故事性。在 1957 年的“鸣放”中，北京曲艺团的相声演员张善曾也提及这一转变：“据老艺人讲，相声的形式是多种多样的，有的说是八种，有的说十种，其说不一。可是现在的创作却只是一种，那就是故事性的相声。”②

2. 相声语境化能力的弱化

与口承型相声相比，书写型相声的语境化能力大幅弱化。

史诗研究的权威格雷戈里·纳吉（Gregory Nagy）曾引用布拉格学派语言学研究中的一组概念——“有标记”（marked）的言语与“无标记”（unmarked）的言语，来分析荷马史诗中的神话叙事。这组概念的意义如下。

> 在一对对立项中，“有标记者”承载着更大的语义量（semantic weight），但是可以用于跨越一个更狭义的情境范围；反之，“无标记者”——这对对立项中变化特色更少的一方——可以用于表示一个更宽泛的情境范围，即使那种范围被“有标记者”所覆盖：这是一个更

① 笔者对李文山的访谈，2011 年 7 月 15 日。

② 《让曲艺这朵花开得更灿烂 首都曲艺界人士座谈会纪要》，《曲艺》1957 年第 3 期，第 9 页。

具概括性和普遍性的术语。[①]

我们可以把口承型相声的“瓢子”视作一种“无标记”的言语。“瓢子”只是一个梗概性的叙事，在不同的时代里，艺人可以根据不同的情境将其语境化。如前文引述的《文章会》，将段子中的荣禄改为蔡元培，并不会造成叙事结构的剧变。某些“瓢子”中的“包袱”甚至可以在类似内容的段子之间互相借用。如有一个“包袱”描绘一个既爱看戏，又舍不得花钱的戏迷，经常扮作饭馆伙计，假装为演员送汤面进后台去听戏。这个小段在一些京剧题材的相声，如马三立的《卖挂票》、侯宝林的《空城计》中都被使用到。因此，“瓢子”往往具有较强的语境化能力，它可以适用于一个相对宽泛的情境范围。

而书写型相声则是一种“有标记”的言语。[②] 作为一种积极配合社会动员的书写，新相声具有浓厚的故事性，且在既定的主题下展开叙事，主题、情节、时代背景、人物性格和“包袱”之间形成了紧密而不可分的关系，构成了一个相对封闭自足的叙事体系。而为某一主题思想专门创作的情节与“包袱”，显然具备了“这一个”主题的特定“标记”。因此，与“瓢子”相比，书写型相声“承载着更大的语义量”，它的语境化能力也相应减弱。

以《昨天》中的五个“包袱”为例，正如陶钝所说，它们是“从事物的发展中提炼出来的”，它们的设置都和人物形象、时代特色紧密相关，带有情景性的“标记”：人物——“我大爷”，时间——新中国成立十周年，地点——天安门前。它们不能够脱离既定的主题、情节、人物而存在，只能用来描绘胆小怕事、大病初愈，还保留着旧时代记忆的“我大爷”。当时代变迁，原有的主题思想不再适合社会的需求时，那些标记性的情节、“包袱”也就失去了依附的对象，很难被语境化为新时代的故事，最多只能留下几处零散的笑料。尤其是那些歌颂具体人物的作品（如马季创作的、歌颂劳动模范张富贵的《画像》），几乎与新闻特写等同，更无法

① 理查德·马丁语，转引自〔匈牙利〕格雷戈里·纳吉《荷马诸问题》，巴莫曲布嫫译，广西师范大学出版社，2008，第163～164页。

② 通常，演员们都会在表演中对书面文本进行“二次创作”，使其便于口头表达，但“二次创作”往往只能修正不够口语化的语言，并不能改变以主题为核心的文本形态。

系统地传承下来。

因此，与口承型相声相比，以宣传、教育为使命的书写型相声往往缺乏“旧瓶装新酒”般的再生能力。当历史的车轮滚滚轧过，它的生命也就此终结。正因如此，尽管文艺工作者们在“十七年”里书写了不可计数的新相声，但流传至今的作品不过数十段。

本文以“十七年”的对口相声为例，分析了书面创作对文类形态的重构。限于篇幅，笔者只考察了其中的一个侧面。实则，书写对口头传统的影响是全方位的，关于书写对相声的叙事视角、人物形象、“捧”“逗”关系的影响，将留待在其他文章中探讨。

欧战、“觉悟”与东西文化论争的文明史涵义

——以杜亚泉欧战时论为中心的考察

杨位俭

（上海大学文学院副教授，上海研究院秘书处副处长）

1914 年 7 月底，欧战（一战）爆发，8 月 1 日发行的《东方杂志》第 11 卷第 2 号刊载了高劳（杜亚泉）撰写的时论《欧洲大战争开始》，对战争的发生原因、发展态势和可能后果都做了比较深入的分析评论。在整个战争期间，以及战后和平会议时期，《东方杂志》密集推出有关欧战的文献翻译、深度报道和时政评论，产生了广泛的社会影响，而其中的关键人物就是主编杜亚泉。这一时期正是由杜亚泉主编改良后的《东方杂志》（1911～1920 年），他既是主编，又是主笔，以伧父、高劳等名字发表欧战有关文章 60 余篇，而且以时论见长。他的欧战时论一方面依托商务印书馆强大的编译力量掌握即时的战争资讯，同时又有深度的思想性分析和预判，体现了《东方杂志》对世界局势以及中国问题的清醒洞察。伴随着欧战的发展，杜亚泉的比较文明思想得到不断深化，他也是较早指出西方文明“病理”并倡导中西文化调和、再造新文明的现代知识分子之一，在世界眼光之下显现出更为深沉的本土自觉。关于文明反思与重建的思想差异进而引发东西文化论争，但是东西文化论争并未随着杜亚泉的去职而终结，随即又扩展为科玄论战，其中诸多问题仍有待今人再做深入思考和详微辨析。

一　作为文明反思前提的“大战争”与中国

“大战争”是由英语 great war 翻译而来，在英语含义里，这个词还有

“伟大”的意思，这个命名包含了一种“为文明而战”的骄傲。然而，今天的人类应该已经明白，任何美化战争的行为都不可以再被称为“伟大”，正如弗尔克·贝克汉恩所评价的那样，“这场战争对所有的参战国都是一场巨大的灾难，这场战争没有胜利者。如果我们对那以后直到1945年欧洲乃至世界所发生的一切进行一番思考，就会认识到，第一次世界大战就是20世纪一切灾难的‘元凶’”。[①] 时至今日，人们关于一战的历史叙述仍然存在巨大的分歧，对于一战发生和终结的原因以及潜在的后果也还有很多谜一样的晦暗之处。除了大家所熟知的政治人物（决策者）及其外交方面的因素，我们必须强调欧洲列强的殖民扩张与一战之间所存在的必然联系，一战爆发之前的半个世纪内，列强之间在殖民地争夺过程中的矛盾愈发尖锐。与此同时，无论在帝国内部还是他们的海外殖民地，民族自决和分离的倾向也越来越强烈，应该说，首先点燃于欧洲内部的战火能够迅速席卷全球、将各个殖民地裹挟进来，显然离不开这些错综复杂的世界性矛盾的激化。理解一战与中国之间的关系，需要重视国际化（internationalization）和内在化（internalization）的双向互动过程。[②]

1914年9月1日发行的《东方杂志》第11卷第3号头篇文章即是伧父（杜亚泉）的《大战争与中国》，他将此次战争称为“百年来未有之大战争”。正如杜亚泉在文中所指出的，欧洲战争，在东欧是斯拉夫民族与日耳曼民族之战争，在西欧是日耳曼民族与拉丁民族之战争，他认为正是欧洲各民族之间不断累积的相互竞争和猜忌，才造成了一发不可收拾的欧战，“世界主义、博爱主义，虽为基督教之标帜，而其国民之里面，则偏狭隘民族主义、桀骜之帝国主义，固结而不可解，以民族之夸负心，酿成民族战争”。[③] 塞尔维亚年轻而狂热的民族主义者反对哈布斯堡王朝的统治，引发了一系列的连锁反应，尽管战争的发生看起来具有诸多偶然性，但是在所谓的“大日耳曼主义”与“大斯拉夫主义”之间的冲突则似乎是不可避免的。根据克里斯多夫·克拉克在《梦游者》中的观点，沙俄早在

① 〔德〕弗尔克·贝克汉恩：《第一次世界大战》，华少庠译，上海三联书店，2018，第128页。

② 徐国琦：《中国与大战——寻求新的国家认同与国际化》，马建标译，四川人民出版社，2019，第20页。

③ 杜亚泉：《大战争与中国》，《东方杂志》第11卷第3号，1914年9月1日。

大战爆发之前就深深卷入这种民族主义对立的巨大漩涡之中。[①]

杜亚泉同时注意到了资本主义经济扩张对战争的推动作用，他提出，“今日之大战，为国家民族间经济冲突而引起”。[②] 19世纪中后期，欧洲经过工业革命的迅速发展，进入垄断资本主义时期，而新兴的资本主义国家如德国，在较短时间内追上甚至超越老牌资本主义国家。高度集中的大生产模式和迅速发展的科学技术使得资本主义内在发展不均衡的矛盾更加尖锐，资本剧烈膨胀，它必然要求有新的殖民地，必须寻找市场以适应资本的扩张。“无论何国，人口增殖在所难免，迨至增殖之后，不能不求土地之扩张者，必然之结果也”，“曩者欧洲之列强，以人口增殖，本国国内已无隙地，乃以种种名义为口实，用强力占领人口少、土地广之美亚非三洲各地”。[③] 欧战的爆发主要也是因为英德之间存在着竞争性矛盾，这就是所谓的“修昔底德陷阱”。除此之外，杜亚泉也认识到影响战争的其他复杂性因素，如阶级与国家利益的不一致等，卷入战争的国家内部“劳动阶级之观念，全与权力阶级异趣，彼等深知战胜之利益，多为权力阶级所获得，分配于劳动阶级者极少，故常以限制军备反对战争为主义，常与他国同阶级者亲昵，而与同国之权力阶级相抗争。彼等之观念，以阶级为境域，不以国家为境域，其国家观念决不及阶级观念之强”。[④] 他因此判断代表劳动阶级的政党可能会对战争终结发生一定影响，这也是比较有预见性的。

关于战争对中国的影响，杜亚泉最初提出，“故此次大战争之关系于吾中国者，一为戟刺吾国民之爱国心，二为唤起吾民族之自觉心。此虽为间接之影响，而关系于吾中国十年内之变局者，当以此为最巨”；而直接影响，除财政、贸易、商业之外，“划龙口莱州及接连胶州湾附近之领土为战地，而外交愈陷于困难也”。[⑤] 杜亚泉在战争初发就意识到“日本在东方为英之同盟国，苟英德开战，则战事将蔓延于东亚之属地，而日本之助英以攻德，亦不难推测而知”，“我国于列强之间，虽无特别之关系，完全

① Christopher Clark, *The Sleepwalkers: How Europe Went to War in 1914*, Harper Perennial, 2014.

② 杜亚泉：《战后东西文明之调和》，《东方杂志》第14卷第4号，1917年4月15日。

③ 杜亚泉：《从生物现象上观察之战争》，《东方杂志》第13卷第3号，1916年3月10日。

④ 杜亚泉：《大战争与中国》，《东方杂志》第11卷第3号，1914年9月1日。

⑤ 杜亚泉：《大战争与中国》，《东方杂志》第11卷第3号，1914年9月1日。

居中立之地位。然狡焉思启之心，何国蔑有，其乘机而起，以攫取利益取霸权犯中立者，亦安可不为事先之防乎”。[①] 杜亚泉提出的暂时中立并警惕日本乘机攫取利益这一策论，与此后北洋政府所确定的基本外交方针是一致的。在欧战之初，战争的残酷性与日本永占青岛的野心还没有充分暴露，参战各国所展现出的军备实力和强大动员能力、国民投入战争的狂热，深深刺激着杜亚泉，杜亚泉仍然对于欧战能在中国“戟刺爱国心”“唤起民族自觉心”抱有强烈的期待，他认为在激发个人爱国心的背后要建立一个强大的“公有国家”的概念，要变“一姓一人私有国家”为“全体国民公有之国家”，才能整合国民的力量，捍卫国家的发达。

这场由欧洲席卷全球的工业化战争在西方不仅导致普遍的社会危机，同时也引发了“精神世界的一场大战”，它深刻动摇了现代人理性自信的根基。但是对欧战的思想反思并不仅仅限于欧洲，而是随着战争在全球的蔓延而遍布整个世界，这也不难理解为什么斯宾格勒的《西方的没落》与梁漱溟的《东西文化及其哲学》可以在战后并起而风靡中国学界。欧战在西方思想界引起的反动是以生命哲学为代表的人本主义回归和非理性主义的兴起，而在中国思想界则表现为对科学万能论和社会达尔文主义的系统反思，这种思想上的冲击在中国也具有重大历史转型意义，它整体上动摇了晚清以来不断强化的中/西、古/今观念，使思想界对西方现代性的普遍尺度产生了严重怀疑。至迟在1916年，杜亚泉已开始流露出这样的看法，“自欧战发生以来，西洋诸国日以科学发明之利器戕杀其同类，悲惨剧烈之状态，不但为吾国历史之所无，亦且为世界从来所未有。吾人对于向所羡慕之西洋文明，已不胜其怀疑之意见，而吾国人之效法西洋文明者，亦不能于道德上或者功业上表示其信用于吾人。则吾人今后不可不变其盲从之态度，而一审文明真价之所在”。[②] 这个说法，早于梁启超《欧游心影录》中相似观点提出的时间。正是在对“以西为师”反思的基础上，以梁启超、杜亚泉、梁漱溟、张君劢等为代表的一批所谓保守主义者主张不能盲目崇拜西洋学说、不加辨别地反传统，而强调东方（中国）文明仍然具有自身的价值。

---

① 杜亚泉：《欧洲大战争开始》，《东方杂志》第11卷第2号，1914年8月1日。

② 杜亚泉：《静的文明与动的文明》，《东方杂志》第13卷第10号，1916年10月10日。

毫无疑问，欧战是中国知识分子反思西洋学说和文明危机，进而主张调和、再造文明的现实前提。调和论相对于西化论貌似中庸、回避矛盾，但是如果回到历史现场，在当时党争激烈的夹缝中，主张调和论者未必不会冒政治风险。杜亚泉因主张新旧接续、东西调和，引发轩然大波，而于1920年从《东方杂志》主编任上黯然辞职，这说明调和殊为不易。调和论并不像旧的体用之说那样，仅将西洋文化视为工具之用；也不是文化相对主义、进行文化的庸俗拼合，而是承认新旧之间可以接续、不同的文明形态之间存在对话、通约与互补的可能，它与反调和论最大的不同就是不用征服或替代的方式来看待文明之间的关系。但是即使承认调和论的合理性也并不意味着杜亚泉的立论就是无懈可击的，杜亚泉在《迷乱之现代人心》中将周孔之说视为“国基”，以“周公之兼三王，孔子之集大成，孟子之拒邪说”为基础进行文明的统整，就不免授人以柄，成为陈独秀攻击《东方杂志》诸多标靶中至关要害的一个。陈独秀质问杜亚泉：“近代中国思想学术，即无欧化之输入，精神界已否破产？假定即未破产，其所谓我国固有之文明与国基，能否使吾族适应于二十世纪之生存而不削灭？”这个质疑非常尖锐，因为仅仅依靠固有的文明传统，确实已无法解决中国自身的危机，也无法适应在世界上的生存挑战，“今后果不采用西洋文明，而以固有之文明与国基治理中国，他事之进化论与否且不论，即此现行无君之共和国体，如何处置？由斯以谈，孰为魔鬼？孰为陷吾人于迷乱者？孰为谋叛国宪之罪犯？”[①] 如果单从统整的表象来看，杜亚泉似乎有退回到君道臣节、名教纲常的动向，与当时官方推行的尊孔读经没有明显区分，颇显不智，陈独秀因此认定他不单保守，更有守旧复辟、“谋叛共和民国”之嫌。相对于调和论，陈独秀断言新旧西中为水火冰炭，截然分离、不可调和，而以西学为人类公有之文明，主张激进西化。其实问题的靶点应该在更早之前包括《敬告青年》这样倡导伦理革命的宣言书中就已经埋伏下，陈独秀对《东方杂志》的质问并不是偶然，从上海到北京，《新青年》与《东方杂志》之间实际上一直存在辩驳的张力。

---

① 陈独秀：《质问〈东方杂志〉记者——〈东方杂志〉与复辟问题》，《新青年》第5卷第3号，1918年9月15日。

二　心物难题："迷乱之现代人心"

杜亚泉的思想在战争期间发生了重要裂变，从早先醉心于西方科学、推崇西方物质文明一步步转变成反对全盘西化、主张中西调和、提倡道德人心建设等，其基本理路在于由战争的反思推及导致"文明病"的现代思想根源批判："现代之道德观念，为权力本位、意志本位，道德不道德之判决，在力不在理，弱者劣者，为人类罪恶之魁，战争之责任，不归咎于强国之凭陵，而诿罪于弱国之存在，如此观念，几为吾人所不能理解"。[①] 在经济、道德的双重维度下，他以经济与道德俱发达为文明，经济道德有衰败则为文明病变，"今日大战即为国家民族间经济的冲突而起也，吾东洋社会，仅抱一不饥不寒、养生丧死无憾之目的，惜无手段以达之；西洋社会之经济苟不耗之于奢侈、置之于军备、破坏之于战争，则虽粟菽水火亦可无几，而又为欲望之所误。故就经济状态而言，东洋社会为全体的贫血症，西洋社会则局处的充血症也"。道德上则是"东洋社会为意志薄弱，为麻痹状态；西洋社会为精神错乱、为狂躁状态"。究其根源，"至十九世纪科学勃兴，物质主义大炽，更由达尔文之生存竞争说与叔本华之意志论推而演之，为强权主义、奋斗主义、活动主义、精力主义张而大之，为帝国主义、军国主义；其尤甚者，则有托拉邱克及般哈提之战争万能主义，不但宗教本位之希伯来思想被其破坏，即理性本位之希腊思想亦蔑弃无遗矣"。[②]《东方杂志》也曾借《大西洋月刊》中黑德尔斯顿（Sisley Huddleston）的观察对"世界病"进行"诊断"，"战后欧洲神经病患者，非常增多，体力之衰弱、精神之萎靡、心理之消极悲观，尤为普遍之现象。总之就战后之所见，人类事事皆趋于退化"，"这样的社会风气，使一切道德传统、宗教戒律，均不足以维护人心"，[③] 其中观点也与杜亚泉颇为接近。

欧战对当时具有世界眼光的中国知识分子几乎都是一场大刺激，导致他们在思想姿态上发生明显的调整，当然这不是说他们只是学着西方的样

① 杜亚泉：《战后东西文明之调和》，《东方杂志》第 14 卷第 4 号，1917 年 4 月 15 日。

② 杜亚泉：《战后东西文明之调和》，《东方杂志》第 14 卷第 4 号，1917 年 4 月 15 日。

③ 《战后之世界病》，《东方杂志》第 17 卷第 14 号，1920 年 7 月 25 日。

子反思，而是因为工业化战争已成为共同反思的对象，面对战争引发的从政治到人心等一系列难题，从而衍生出未来人类的路该怎么走这样的问题。尽管在战争后期陈独秀也调整了对战争的态度，更表示认同互助、和平等观念，但是在欧战爆发后较长的一段时间内，他一直不太承认欧洲出现了危机，对于笃信西洋“庄严灿烂”之文明的观念迟迟未做调整。如在《再质问〈东方杂志〉记者》中，陈独秀仍坚持认为“盖自欧战以来，科学社会政治，无一不有突飞之进步；乃谓为欧洲文明之权威，大生疑念，此非梦呓而何？”[①] 无论如何，应用于欧战的突飞猛进的工业技术，如毒气和“四十二生大炮”等，并不可看作正常意义上的进步；西方政治虽有民族自决、公理战胜等曙光乍现，但也随着密约外交的曝光和战后巴黎和会的不公正解决方案而迅速幻灭，它不但为20多年后的又一次世界大战埋下祸根，也引起了中国五四运动这样强烈的政治反弹。如果以此为据，究竟是谁在说梦话，殊难分辨。再联想到陈独秀之前一系列将战争浪漫化的观点，如极力倡导青年学习兽性精神、意志顽狠、善斗不屈，[②] 推崇战争为人类社会进步的力量，视和平主张为自取灭亡，“苟安忍辱，恶闻战争，为吾华人最大病根”等，[③] 尽管可以理解为他对民族危亡的激愤之语，但把这些话当成崇奉强力的注脚也顺理成章。而《新青年》作者中有更甚者如刘文典，大力鼓吹“举凡国家之兴废，个体之存亡，人之为圣贤为禽兽为文明为野蛮，莫不由于战争之胜负”，“战争者，进化之本源也；和平者，退化之总因也。好战者，美德也；爱和平者，罪恶也”，鼓励青年“人人以并吞四海为志，席卷八荒为新，改造诸华为最好战之民族，国家光荣”，[④] 这些观点比较典型地反映了当时国内将战争浪漫化的倾向。中国知识分子的“嫉国主义（不爱国主义）”与激进民族主义两种观念貌似对立，却都或多或少源自救亡图存的愤激，因而也都崇尚通过热血战争来解决问题，这些观念在《东方杂志》讨论过的德国般哈提等人的战争哲学中能找到类似的根源。所以，认定杜亚泉的“非战”论是针对陈独秀、刘文

① 陈独秀：《再质问〈东方杂志〉记者》，《新青年》第6卷第2号，1919年2月15日。

② 陈独秀：《今日教育方针》，《新青年》第1卷第2号，1915年10月15日。

③ 陈独秀：《答李嘉亨》，《新青年》第3卷第3号，“通信栏”，1917年5月1日。

④ 刘雅叔（刘文典）：《欧洲战争与青年之觉悟》，《新青年》第2卷第2号，1916年10月1日。

典等《新青年》作者群观点的批评，也未尝不可。

尽管不必对西方世界的舶来品“东方文化救世论”太过当真，但承认文化的连续性，以及不同文化形态之间融通互补的必要与可能，立足文化自觉、解决自身的问题，进而建设世界新文明、助益人类——这是杜亚泉等一批所谓保守主义者所认同的文化使命。对战争的反思给以德性伦理为核心的中国思想传统以进入世界文化重建的机会，所以杜亚泉期望以“人心”“救世”，恰恰体现了伦理本位、德性政治传统作为一种思想方式对于现代世界变迁进行解释并参与重建的一种企图。尽管当时孔教纲常已尽显陈旧，但这并不意味着德性维度就必须全然弃之不用，杜亚泉认为古希腊、罗马和中国的道德观念有相近之处，本不应舍弃。陈独秀其实也讲伦理的觉悟，他主张废名教纲常贵贱制度，改以自由平等独立，“以（此）伦理觉悟为最后觉悟之最后觉悟”。[①] 但两者的区别在于以何种伦理为根本尺度，杜亚泉不满意的是个人主义的极度扩张，而认可个人之上有更具超越性的伦理法则，强调个体和社会应当受内在道德价值的约束。

众所周知，欧战的阶级性后果是刺激了全球劳工运动的开展，客观上使劳工地位获得极大提高。杜亚泉虽然注意到了战中及战后的阶级因素，“此国际战争之讲和会议，实已变为阶级战争之讲和会议”，“讲和之主动者，实为各国之下层人民”，他看到社会主义流遍各国的趋势，但在对下层民众的态度上，却又逐渐显露出犹疑的态度，对于大战以后西方式社会民主主义在中国的推行既有欣喜，又有所忧虑。他在《中国革命不成就及社会革命不发生的原因》中，就提出社会动荡容易刺激游民文化，而游民是过剩的劳动阶级，实为乌合之众，“我国下层人民，劳动于农业工业者不过小半数，大半数为现无职业，欲劳动而不可得，或不肯劳动者。农工业所组合之团体，虽可为我国社会之中坚，而范围甚隘，并不抱有若何改革之思想，无职业者所结团体，未离秘密性质，实为我国社会中不安定之分子，其耳目所濡染、意念所积蓄者，不过小说中劫富济贫、轻财仗义之类，虽其根柢上与欧美之社会主义非无近似之处，而学问道德思想行动与欧美社会党之程度相差尚远，平时愤懑不平，对于现社会抱一种恶感，一有所发泄，则杀戮焚烧，奸淫掳掠，无非野蛮性之发作，物质欲之冲动而

① 陈独秀：《吾人最后之觉悟》，《新青年》第1卷第6号，1916年2月15日。

已”。所以“一方面当实行政治上精神上之社会主义以纾未来之祸，一方面当留意世界改革之大势，明其真相、悉其主旨、详其利害，以为适应之预备，切勿盲从轻信，摘未熟之果、揠未长之苗，以贻害于无穷焉”。[①] 杜亚泉的观点得到了李大钊部分响应，“庶民的胜利，是资本主义失败，劳工主义战胜，今后世界的人人都成了庶民，也都成了工人，凡是不做工吃干饭的人，都是强盗”，“我们中国人贪惰成性，不是强盗，便是乞丐，总是希图自己不做工，抢人家的饭吃，讨人家的饭吃”。[②] 鲁迅笔下的阿Q那种城镇游民形象地说明了这种“国民性”特征，表明中国的无产者尚未成长为革命性的劳动阶级，中国的社会革命也不能简单照搬西方的经验。这里可以看出，杜亚泉对自下而上的“激进”社会革命是比较拒斥的，他主张采纳劳动主义和有限的庶民政治，不盲目倡导下层革命，这与他批判个人主义，注重克己爱人、社会有所伦理调节的观念是一致的。作为一位对欧战有详细和全面观察的学者，杜亚泉就欧战中数十万中国劳工仅有寥寥数语提及，且未有此后如蔡元培、晏阳初等给予劳工的较高赞誉，正可以佐证他对下层民众的一定成见。

杜亚泉、陈独秀的对立既埋伏在各自的办刊方针上，也贯穿于不同文化品格之中，但并非可以简单通过激进与保守进行区分，相较之下，陈独秀对欧战观察中的观念独断、反复矛盾之处似乎更多一些。随着欧战的结束，陈独秀开始逐渐转向唯物主义社会史观，杜亚泉则更倾向于道德理想主义，尤其对西方文化中物质主义的观念迷失提出警醒，而物质主义与唯物主义之间并不明晰的界限将这种论争进一步复杂化，在这一点上，杜亚泉的知识和理论储备似乎并不足以应对。尽管杜亚泉在1920年基本退出与陈独秀的论辩，但关于道德与人心的问题，仍然延续到了科玄论战之中，从而由伦理范围的问题扩展到了世界观和社会史观层面，不过陈独秀的唯物主义看起来也粗糙了一些——将唯物史观等同于经济或物质决定一切，唯物以外的思想道德解释则看作唯心的——这一点在科玄论战中显露无疑。陈独秀断定，“欧洲大战分明是英德两大工业资本发展到不得不互争

---

① 杜亚泉：《大战终结后国人之觉悟如何》，《东方杂志》第16卷第1号，1919年1月。

② 李大钊：《庶民的胜利》，《向着新的理想社会——李大钊文选》，上海远东出版社，1995，第169~170页。

世界商场之战争，但看他们战争结果所定的和约便知道，如此大的变动，那里是玄学家、教育家能够制造得来的。如果离了物质的即经济的原因，排科学的玄学家、教育家、政治家能够造成这样空前的大战争，那么我们不得不承认张君劢所谓自由意志的人生观真有力量了”，“我们相信只有客观的物质原因可以变动社会，可以解释历史，可以支配人生观，这便是‘唯物的历史观’”。[①] 前文已经看到杜亚泉观察欧战并没有局限于道德或思想观念，但陈独秀此处全然排除思想观念在欧战中的作用，更像是机械唯物论的一种表现。相比之下胡适对于这个问题的看法要更中肯一些，“我们虽然极端欢迎‘经济史观’来做一种重要的史学工具，同时我们也不能不承认思想知识等事也都是‘客观的原因’，也可以‘变动社会、揭示历史、支配人生观’”，[②] 这也等于是承认主观因素在战争中仍然会起作用。然而胡适延续“唯物（经济）史观至多只能解释大部分的问题”这个说法，也是没有超越心物二元的分离，反倒不如他提出的“科学的人生观”更有理论突破的意义。将道德从物质世界中分离出来，或者完全取消道德的主观能动性，都容易歪曲物质与意识的辩证关系；而对主体欲望的批判，也不能仅仅局限于道德层面的理想主义，还需要纳入生产方式、社会关系变革的理论维度，具有唯物主义意义的未来统整必须在克服心物二元的方法论基础上进行。

三　大战终结后国人觉悟如何?

杜亚泉在大战结束不久即提出，“吾人对此时局，自不能不有一种觉悟，即世界人类经此大决斗与大牺牲以后，于物质精神两方面，必有一种之大改革”，“即如吾国之南北战争，本以参战为诱因，近以受此影响，退兵罢战，可知吾国人于时局上已有若干觉悟。但觉悟程度如何，与吾国将来对于世界之大改革能否适应，至有关系。故吾人亟欲以大战争影响之所及告我国人，以促国人之觉悟焉”。[③] 觉悟与否，取决于战争反思和危机性

---

① 陈独秀：《科学与人生观序》，《科学与人生观》，亚东图书馆，1923，陈序第 11 页。

② 胡适：《科学与人生观序・附注：答陈独秀先生》，《科学与人生观》，亚东图书馆，1923，胡序第 32 页。

③ 杜亚泉：《大战终结后国人之觉悟如何》，《东方杂志》第 16 卷第 1 号，1919 年 1 月。

认识的程度，此番大战是人类战争及民族战争，同时期的内战则为政体之战、新旧之战，两者均为思想战。早在1915年，杜亚泉就反对战争仅由事实或利益决定、“非思想所能制止”的观点，他提出，战争之起因依人类进化程序分三级，“其始争得失，进则争利害，更进则争是非。争得失者为事实战，争利害者为事实战亦为思想战，争是非者则思想战也”，他判断欧战就处在思想战的时代，“非以思想遏止战争”，而是“以思想挑拨战争”，但将来人类社会，因思想之效“使战争绝迹，殆非无望”。[①] 因此，对于杜亚泉来说，强调道德人心建设仍是重在主体的积极觉悟，对于战争的反思并不限于欧洲文明“病理”的诊断，同时还包括对世界危机和国家自身危机的统整性认知。基于对欧洲民族主义铸成战争危机的判断，杜亚泉将本土思考的重点由政体问题转向国家问题。汪晖认为，“《接续主义》发表之时，蒙古问题已经发生，西藏问题也在萌芽和发展之中，而外交承认直接地关涉中国主权的完整性。杜亚泉论证国家对于延续性的依赖，显然是对这一历史局势的回应。杜亚泉在文中强调国家的延续依存于国民个人对于国家目的的自觉服从，将政治的传承问题与公民的道德状态关联起来，从而为《东方杂志》将对政治的关注转向文明或文化问题埋下了伏笔”。[②] 杜亚泉的接续主义主张在欧战之前就已提出，主要针对的是新旧的问题；调和论则更侧重于东西之间，但二者相通的地方是都具有更深层次的危机判断和文明性思考，这显然不是陈独秀所批评的复古、复辟层面上的局限含义，这种统整性的危机—文明认知实际上超越了新旧中西的对立，将政治思考推进到了文明何以自存及其总体性建构的理论极限。

需要强调的是，杜亚泉对战争和文明的反思并非借助西方流行的非理性主义思潮，而是借助具有传统特征的性理之学；相关论争也不是欧洲思想变动在中国的简单投射，而是中国思想学人立足本土自觉对全盘西化以及现代化道路的批判性思考。新文化运动期间，非理性主义在中国大行其道，尼采、柏格森、倭铿等人的生命哲学学说支撑了中国启蒙运动的个人主义主张，陈独秀、张君劢虽然都曾经将生命哲学引为自己观点的理据，

---

① 杜亚泉：《论思想战》，《东方杂志》第12卷第3号，1915年3月1日。

② 汪晖：《文化与政治的变奏——战争、革命与1910年代的“思想战”》，《中国社会科学》2009年第4期。

但方向却大相径庭，双方都存在严重的误用，尤其是用非理性主义的一些观点来主张民主与科学的理性价值，有南辕北辙之感。新旧转换时对个体解放的张扬与新的公共理性建设之间存在着严重的悖论，扩张的个人主义极易导致竞争的绝对化，“适者生存”的社会达尔文主义必然趋向对强者的崇拜，在五四运动前后，一些学者隐约意识到尼采的超人说与强权法则之间暧昧的关系，并非没有一点道理；但问题的另一面，对群体道德秩序的强调也可能会被专制政治所利用，有关杜亚泉保守性的误解往往是由这个方面引起的。

杜亚泉并不是全然否定个人主义的价值，他在《个人与国家之界说》中提出，“不知个人虽为国家分子，其个人地位，依然存在，未尝消灭。既未消灭，而欲剥除其一切之权利，阻遏其应有之生计，使受支配于国家，势必不可。毋强个人以没入国家。彼其意，盖谓吾人既为国家分子，当此国事危急之秋，个人岂容自私其所有，非牺牲一切，必同陷于沦亡。于是一言救国，即侵夺他人之自由，蔑视他人之权利，亦所不顾。况国家者，乃多数个人之集合而成，谋国家之福利，不外谋多数个人之福利，然欲为谋未来之福利，而先令失其现在之福利，此理亦嫌矛盾，日后之能否取偿不可知，而目前之痛苦，已非一般人民所愿受”。[①] 他强调个人虽然作为国家中的一分子，但是如果打着国家的名义剥夺个人的自由、权利，牺牲个体的一切，也是不可取的。杜亚泉反对的是扩张的个人主义和竞争本位，这不是排斥竞争，而是反对以竞争为人类社会的普遍法则，“欧洲所竞争者，为国家权利，故发生国际战争，中国所竞争者，为个人权利，故发生国内战争”，“旧文明者，即以权利竞争为基础之现代，而新文明者，即以正义公道为基础之方来文明也”。[②] 因此他批判最激烈的，还是晚清以来大行其道的，既决定着个体和族群生存合法性，又规定着文明进化方向的社会达尔文主义，这是配合殖民主义的全球扩散而不断强化的现代性意识形态，尽管它在殖民化区域的接受本身暗含着被殖民者“救亡图存”的抗争性诉求，但是不触及强权逻辑本身的反抗同样还会复制出无休止的殖民压迫。实际上从战争后期开始，陈独秀的观点相较《新青年》早期也发

① 杜亚泉：《个人与国家之界说》，《东方杂志》第14卷第3号，1917年3月15日。

② 杜亚泉：《大战终结后国人之觉悟如何》，《东方杂志》第16卷第1号，1919年1月。

生了明显的调整，不再绝对主张个人主义和竞争本位，和杜亚泉相似，对社会达尔文主义、军国主义也进行了批评，意味着晚清以来流行的进化史观在中国思想界受到了根本性动摇，这是新文化运动后期发生的特别重要的思想转型。

杜亚泉的欧战时论，不局限于军事、外交的策略性建言，而更多富有思想性的思考和预见，他是较梁启超更早对等级式文明论提出反思的中国知识分子，但史界往往多注意梁启超，却忽视了杜亚泉。对于杜亚泉来说，他主张重新审视西方文明，改变从前对西方文明盲目信服的态度；主张以立足本土自觉，中西调和，再造战后的新文明，这是一种比较开明的比较文明观。杜亚泉在1917年的《战后东西文明之调和》中写道，“平情而论，则东西洋之现代生活，皆不能认为圆满的生活，即东西洋之现代文明，皆不能许为模范的文明；而新文明之发生，亦因人心之觉悟，有迫不及待之势。故战后之新文明，自必就现代文明，取其所长，弃其所短，而以适于人类生活者为归”。[①] 新文明的达致之道，离不开中国文明固有的统整性优长。他在1918年的《迷乱之现代人心》中设想：“吾固有文明之特长，即在于统整，且经数千年之久未受若何之摧毁，已示世人以文明统整之可以成功。今后果能融合西洋思想以统整世界之文明，则非特吾人之自身得赖以救济，全世界之救济亦在于是。”[②] 杜亚泉在这里实际上提出了具有高度文明自觉的历史自足性问题，一种文明之所以存在，必然要具有自身生成的动力结构，经由欧战的对照反思，中国特有的文明动力模式（像赵汀阳所概括的“旋涡”那样）显现出超越权利竞争本位的西方现代文明的优势，“今大战终结，实为旧文明死灭，新文明产生之时期。旧文明者，即以权利竞争为基础之现代文明，而新文明者，即以正义公道为基础之方来文明也。但此在欧洲言之则然，若就我国言之，则当易为新文明死灭，旧文明复活之转语”。所谓“旧文明复活”是依据“今日固以权利竞争为新文明，而以正义人道为旧文明也”，“近二十年来之纷扰，实以权利竞争为之历阶，皆食此所谓新文明者之赐，与欧洲国际间纷扰之祸根，实为同

① 杜亚泉：《战后东西文明之调和》，《东方杂志》第14卷第4号，1917年4月15日。

② 杜亚泉：《迷乱之现代人心》，《东方杂志》第15卷第4号，1918年4月。

物”。[①] 固然向古求道显示出一定的保守性，但以东西定古今的进化顺序也绝非普遍真理，杜亚泉的观点貌似“复古”，实则是解构了排定新旧古今价值的现代秩序，而唯有突破此层迷障，才有可能在文明主体性自觉的基础上，走出帝国主义和殖民主义的19世纪，重建20世纪新的文明思想范式。

在《静的文明与动的文明》中，杜亚泉概括了西洋社会民族对抗、重竞争、向外求、重个人、结成团体（个人中心与国家中心）、无时不在战争之中等特点，与中国社会非民族之争而为兴亡更替、重道德、向内求、重自然、差等、一治一乱等特点相对照，认为两种文明“皆为竞争存在与自然存在两观念差异之结果”，总而言之“西洋社会为动的社会，我国社会为静的社会。由动的社会发生动的文明，由静的社会发生静的文明”。通过丁格尔游记的例子，杜亚泉指出在西方人眼中，中国社会更富有田园意味，真质朴素、爱好和平，为西方深陷繁华纷扰、人为争斗的都市人所羡慕；借由华工赴欧工作的例子，他指出彼此往来，不可避免，因此“今日当两文明接触之时，固不必排斥欧风，侈谈国粹以与社会之潮流相逆”，但凡社会之中，“不可不以静为基础，必有多数之静者，乃能发生少数之动者”，他主张通过静的社会涵养生计、发展职业生活，且不排斥在此基础上的创造进取。[②] 李大钊延用以动静分别东西文明的方式，认为二者是农商之别所造成的结果，但是对它们做了消极与积极的区分，认为当今世界必然“由静的文明变而为动的文明”，“吾人认定于今日动的世界之中，非创造一种动的生活，不足以自存”。[③] 对于文明调和，李大钊“亦非敢概为否认”，以为“调和之境，虽当宝爱，而调和之道，则不易得也”，应该也是作为对章士钊政治调和论的回应，他反对“伪调和”、自毁之调和，提倡“新旧之力皆有活动机会”而能产生自由竞争，“为避二力之迭兴，主张二力之对立，为免时间的取代，主张空间的调和”，[④] “确信东西文明调和之大业，必至二种文明本身各有彻底之觉悟，而以异派之所长补本身之所短，世界新文明始有焕扬光彩，发育完成之一日”。[⑤] 相比之下，李大

① 杜亚泉：《大战终结后国人之觉悟如何》，《东方杂志》第16卷第1号，1919年1月。

② 杜亚泉：《静的文明与动的文明》，《东方杂志》第13卷第10号，1916年10月10日。

③ 李大钊：《动的生活与静的生活》，《甲寅》日刊，1917年4月12日。

④ 李大钊：《调和之法则》，《言志》季刊第三册，1918年7月1日。

⑤ 李大钊：《东西文明之根本异点》，《言志》季刊第三册，1918年7月1日。

钊尽管不看好新旧东西调和，但其对动静辩证持说仍抱有同情之理解。

相比较《新青年》所面对的林纾等旧派学人，杜亚泉并不是前现代式的盲目排外，而是清楚了解现代危机症结的新式知识分子，论视野之开阔杜亚泉并不输于陈、胡等人，他在论辩中相当注重学理自洽和详细辨析战后世界问题的根源，也不反对引进西方科学知识和进步观念，所以我们不能简单将杜亚泉归为旧派学人或者一个落伍者，而更倾向于将欧战时论作为本土性的世界方案，将相关分歧视为西学在中国遭遇的危机。杜亚泉的文明思考没有受到当时流行的现代性时间秩序的制约——这一时间秩序在陈独秀、胡适等人那里表现得非常明显，他们都把西方文明当成中国未来发展的必然。杜亚泉采用的是并置互动的解释方式，并置之后才有调和，否则按照时间进化的模式只能是迭代，或者一种文明化掉另外一种文明。关于并置说与文化多元主义及一元论的关系，也不能简单套用中体西用的说法，因为他对西方文化的尊重不完全停留在器物层面，他的意图也包括发掘出西方失落的政教伦理之“理性”，加以统整，实现天理到公理的转化，如此说来，则是超乎中西旧学之上的新的统整（totalization）。杜亚泉以动静二元的方式描述东西文明差异可能是受到日本学者的启发，早在1911年4月，杜亚泉就曾经翻译日本户田博士的《东西洋社会根本之差异》（《东方杂志》第8卷第3号），但杜亚泉的贡献在于以文明并置的方式解构了以西中定新旧的文明进化观，承认文明各有优劣，需要短长互补、调和再造，这尤其区分于以《新青年》早期观点为代表的反传统与全盘西化。尽管以动静区分东西文明能否成立大可商榷，但由动静辩证而确立的统整性思考却具有丰富的理论潜力，对于杜亚泉而言，与其说动静是东西之别，毋宁说是人类社会中涵养与革新的二元性关系，缺一不可。动静之道是调和论的方法论依据，它有着深远的中国哲学背景，并且在中国调和天人关系和世俗伦理方面一直发挥着作用。

今天我们判断一战对中国的影响——包括思想反思、政治重建的成果等，所依据的原则已经不再是国际政治中流行的功利主义，而是看这一转折可以在多大程度上对理想性的国际政治秩序做出贡献、对本土历史进步产生推动作用。杜亚泉在欧战爆发之初就以富有理想色彩的口吻提出，“欧洲各国，或渐悟穷兵黩武之非计，知武装和平之难保，一变为无武装的和平。各国国民，互以好意相结合，国民之爱国心、民族之竞争心，不表现于炮火，而表现于工商事业文化事业之中。则此次大战争之血，或将一洗前世纪之秽恶，而培养新世纪之和平，未可知也。果尔，则世界历史，将于此战争以后，起显著之大变化，何百年大变十年小变之足云乎？"[①] 穷兵黩武既造成欧洲战祸，也绝非中国的福音，这种历史判断由于救亡图存的急迫性而不能被同期知识分子所认同，调和节制反倒成了旷世稀声。对于第一次世界大战与中国的历史性关联，其思想语境多少有点类似于春秋战国与诸子的关系，也正是在强者为王、道术为天下裂的现实土壤中才催生了以道德关怀为核心的儒家思想以及主张并得到力行的兼爱非攻的墨家思想。统观杜亚泉欧战时论及其引发的论争，它并不以杜亚泉或陈独秀的退场而终结，也不会因为历史唯物主义的出现而完全取消本土思想资源的可能价值。从东西文化论争到科玄论战，在战后西方大行其道的生命哲学并没有在中国的思想土壤里结出太多果实，而中国社会的"文化"难题却一直占据论辩的核心，并借由乡村建设运动和平民教育等实践形式获得部分回答，对于后者而言，注重伦理本位的本土社会基础，以涵养生计（固本）、道德教化进行公序良俗的接续革新仍不失为一种"实事求是"的本土现代化探索和文明再造实践；同时，具有世界眼光的现代中国知识分子立足于本土思想大地思考"天下"共同性难题和中国问题，将民族主义与世界主义进行了有效的统合，为战后世界文明的构建留下了丰富的思想遗产。

（上海大学中国现当代文学系研究生王思凌为本文写作提供了文献上的协助。）

① 杜亚泉：《大战争与中国》，《东方杂志》第11卷第3号，1914年9月1日。

几点问题：韩国当代小说在中国的译介与出版

李闻思

（中国社会科学院文学研究所助理研究员）

中韩两国的文学交流从2000年开始逐渐活跃起来，大量中国当代小说被译介到韩国，余华、苏童、曹文轩等作家具有了一定的知名度；而在中国出版的韩国当代文学也拥有一定的影响力，从2002年金浩植的《我的野蛮女友》到2019年赵南柱的《82年生的金智英》都引发了关注。并且，中国小说在韩国的流行与韩国小说在中国的流行具有相似性：影视改编是作品流行的关键因素；网络小说和推理题材较受欢迎。但是，相比中日、中美、韩日、韩美在文学方面的双边交流，中韩当代小说在译介方面还有很大的进步空间，包括：译介数量不足；数量与知名度不平衡；彼此文学认知度较低；翻译效果不佳；作品的宣传与推广力度不足等。如何促进中韩文学广泛、深入的交流，在文章中还需进一步探讨。

一　韩国小说在中国的出版数量

以笔者个人的经历来看，“韩流”作为一股文化风潮，在20世纪90年代的中国就已经蔓延开来。在20世纪90年代末，最受欢迎的韩国歌手是李贞贤、H. O. T. 、baby V. O. X等。笔者曾去人民大会堂参加过一次中韩交流活动，最后出场的是当时刚刚出道、后来火遍全亚洲的“东方神起”。韩剧和韩国电影也很快流行起来。但在文学方面，直到2000年初，随着《我的野蛮女友》的热潮，其原著小说才带动了一批韩国小说在中国的流行。不过总体来讲，韩国小说在中国的受欢迎程度远不及韩剧、韩国电影及韩国服饰美容等消费产品。

文丽华的《韩国现代小说在中国——翻译出版现状、问题及解决方案》[①] 一文统计了 2000 ~ 2018 年（截至 2018 年 7 月 11 日）由韩国文学翻译院资助并在中国翻译出版的韩国现代小说作品的数据，如图 1 所示。

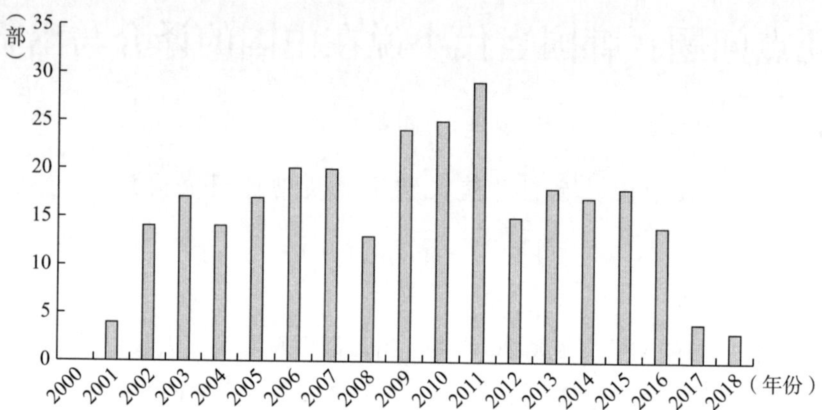

图 1　2000 年至 2018 年 7 月韩国现代小说作品在中国翻译出版数量统计

资料来源：整理自韩国文学翻译院网站，http:∥library. ltikorea. or. kr。

可以看到，在此期间韩国小说每年在中国翻译出版的作品数量平均约为 20 部，总体呈增长趋势，2011 年达最高值 29 部，但 2012 年以后整体数量开始下降，特别是 2017 年，减少到仅有 4 部。文丽华认为，2017 年翻译出版作品急剧减少与两国政治、经济、外交政策的变化紧密相关，如萨德问题引发的“限韩令”等，也与韩国文学翻译院资助政策的变化不无关系。

而本文撰写时（2020 年 7 月），笔者在中国最大的网上图书销售平台之一“京东商城”（https:∥www. jd. com/）搜索韩国小说，显示只有不到 3 页（日本小说 75 页，英国小说 68 页，美国小说 100 页），每页 60 种，除去重复和误显示的非韩国小说，该网站售卖的韩国小说一共不超过 130 种。其中销量最高的是 2019 年在中国引发广泛共鸣和讨论的《82 年生的金智英》。销量最高的前十名作品如下。

《82 年生的金智英》，赵南柱（女）

① 文丽华：《韩国现代小说在中国——翻译出版现状、问题及解决方案》，《当代韩国》2018 年第 4 期，第 78 ~ 90 页。

《烧纸》（电影《燃烧》的原著小说，这部电影在中国迷影青年群体中的评价很高），李沧东

《熔炉：10 周年纪念版》（电影《熔炉》的原著小说），孔枝泳（女）

《外面是夏天》，金爱烂（女）

《你的夏天还好吗》，金爱烂（女）

《离别的山谷》，林哲佑

《杏仁》，孙元平（女）

《百年旅馆》，林哲佑

《素媛》（电影《素媛》的原著小说），苏在沅

《走出韩国》，张康明

较受欢迎的韩国当代小说还包括都振棋的悬疑推理系列等。

而在中国另一个最具知名度的网络图书销售平台“当当网”（http://book.dangdang.com/）上，则搜索出韩国小说 8 页（日本小说 100 页，英国小说 100 页，美国小说 100 页），共 462 件商品，其中也包括重复的商品及误被纳入的非韩国小说。销量前十名作品如下。

《82 年生的金智英》，赵南柱（女）

《亲爱的女儿》，孔枝泳（女）（网页上特别标注：电影《熔炉》的原著小说作者）

《外面是夏天》，金爱烂（女）

《她的名字是》（网页上特别标注：《82 年生的金智英》作者又一力作），赵南柱（女）

《走出韩国》，张康明

《我爱劳劳》，具景美（女）

《七只猫眼》，崔宰勋

《美术馆的老鼠》，李垠

《百年旅馆》，林哲佑

《离别的山谷》，林哲佑

通过排行榜，我们可以看出一些特点。第一，韩剧、韩国电影的原著小说比“纯文学”或“经典文学名著”更受欢迎。中国的中小学课本里关于韩国传统文学的介绍不多，一般的中国读者对韩国文学的了解非常有限，大部分是通过影视剧等途径开始关注的。第二，韩国女性小说家占比格外突出，显示出中国的韩国小说读者也多为女性。原因一方面在于，以服饰美容、肥皂剧和男团女团为代表的“韩流文化”的受众以女性为主；另一方面由于中韩两国都受到传统儒家思想的影响，文化和生活方式相近，在女性所面临的困境方面尤其容易引发共鸣。第三，这些受欢迎的作品相对集中，都是出自少数几位韩国作家。新生代人气作家（如金爱烂）的青春题材作品更受中国年轻读者的青睐。

二　中国市场上韩国小说的主要译者

目前，中国翻译韩国文学作品最高产的译者是徐丽红和薛舟。徐丽红的主要翻译作品有《钟声》《搭讪》《暴笑》《明朗少女成功记》《21 世纪美男条件 1、2》《美丽痛苦之吻》《韩国小姐金娜娜》《外面是夏天》《我爱劳劳》，多部诗集以及大量的韩国童书和绘本。

薛舟原名宋时珍，祖籍山东。2004 年，主编并翻译了《韩国当代小说丛书》（四卷本），在《世界文学》《外国文艺》《译林》《作家》等杂志上翻译介绍了大量韩国著名作家的作品，近年来的代表作有《你的夏天还好吗》及许多韩国儿童文学。

徐丽红和薛舟还出版了大量合译作品，包括《申京淑作品集》《等待铜管乐队》《黄真伊》《猜谜秀》《寻找母亲》《鲸》《树大根深》《李真》《柏林狂想曲》《风之画师》《大长今》《巴黎恋人》《浪漫满屋》《火鸟》《钱的战争》《乙的生存法则》等近 40 部。其中《单人房》获得第八届韩国文学翻译奖。

此外，近年来较为知名、以翻译畅销书为主的译者还有以下几位。

千太阳，毕业于北京师范大学中文系，同时是韩国小说和日本小说的翻译家。作品包括《王的男人》《成均馆罗曼史》《拥抱太阳的月亮》《素食主义者》《恋人》《鲑鱼》等。

金莲兰，青岛滨海学院东方语言系副译审，曾获少数民族文学创作翻译成果奖（骏马奖）、中国译协翻译一等奖等奖项。译著包括《裸木》《刺鱼》《寻觅王者》《路上的家》《僵尸村》《明天须由今日塑性》等。

荀寿潇，毕业于北京大学，主要译作包括《菊花香1、2》《梦游桃源图》《七朵水仙花》《你爱香草吗》《早安》《大酱女》《我们的幸福的时光》等。

权赫律，毕业于东北师范大学，后在韩国仁荷大学获得硕士、博士学位。译作主要集中在韩国近代纯文学方面，如《雷阵雨》《鳀鱼》《无明》《故乡》《贫妻》《丛林不眠》等。

韩梅，韩国文学博士、山东大学教授，译著包括《乙火》《诗人》《为了皇帝》《离家》《巫女图》等，曾获第六届韩国文学翻译奖优秀翻译家称号。

金冉，哈尔滨工业大学朝鲜语专业副教授，译著包括《黑暗之魂：韩国分断小说选》《你们的天国》《韩国现代小说选：通过小说阅读韩国》《烧纸》等。

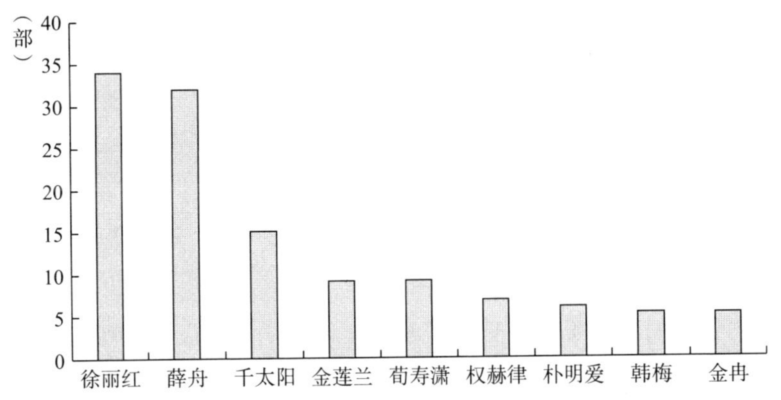

图2 主要译者和译本数量统计

资料来源：整理自韩国文学翻译院网站，http://library.ltikorea.or.kr。

可以看出，中国市场上韩国小说的译者人数有限，除了这些知名译者，根据文丽华的统计，全国其他参与过韩国小说译介的译者人数总和不超过200人。[①] 并且，他们几乎都不是专业译者，而以高校教师为主，这

① 文丽华：《韩国现代小说在中国——翻译出版现状、问题及解决方案》，《当代韩国》2018年第4期。

就让韩国小说的出版数量受到了极大限制。问题在于以下三个方面。

第一，与韩国文学翻译院的资助政策变化密切相关。韩国文学翻译院更倾向于资助韩国经典文学和“纯文学”作品的译介，但这类作品在中国的知名度并不高，因此销量较低，平均每本只有五六千册左右，对出版韩国小说保持兴趣的中国出版社也比较少。韩国文学翻译院认为对中国市场的投入未能获得相应的回报，因此减少了对中国翻译出版的资助。

第二，中国出版业的相关现状限制了译者的动力。目前，中国出版社支付给译者的稿费普遍为 70～100 元/千字，平均为 80 元/千字。以一部 20 万字的小说计算，前后历经 2 年左右才能出版，而拿到的稿费扣除税金实收只有约 13000 元，仅相当于高校/研究所一个月左右的工资。同时，中国的译者绝大部分都不是职业翻译，他们的主业一般是科研、教学或编辑，但译著并不算在学术成果之中，也造成了很多人对翻译工作兴趣的缺失。

第三，与中韩两国之间的政治、外交政策息息相关。

除此之外，我们还看到，中国市场上的翻译作品过于集中于少数韩国作家。综上所述，目前韩国小说的中国译者队伍数量较少、产量较低、稳定性较差，满足不了社会和市场需求，与喜爱韩国流行文化的潜在的庞大读者群不匹配。

三　中国市场上受欢迎的作家及作品类型

首先，正如前文所说，受到“韩流文化”的影响，韩国影视剧的原著小说、网络小说、推理小说等大众文学是最受欢迎的类型。其中最具代表性的作家是金河仁，他是在中国出版作品数量最多的韩国作家。作品《菊花香》在中国出版后，创下了超过 30 万册的销售纪录，并连续一年雄踞全国畅销书排行榜首位。其他影视剧的原著小说也很受中国读者的青睐。据统计，2002 年出版的 14 部作品中有 12 部是影视剧的原著小说，如《蓝色生死恋》《冬季恋歌》《情定大饭店》《我的野蛮女友》等。而韩国网络小说代表作家可爱淘的作品也深受青少年读者的喜爱。2004 年，她的《那小子真帅》在中国取得了近百万册的销售纪录，今天在“当当网”上搜索“可爱淘”，还会显示包括二手书在内的 1297 件商品在售。

其次，韩国女性作家的作品在中国备受瞩目，形成了较强的影响力。比如代表 20 世纪 90 年代韩国文学潮流的作家申京淑，人民文学出版社曾出版了她的作品系列，花城出版社也出版了《申京淑小说选》。孔枝泳的《熔炉》曾在韩国国内引起巨大的社会反响，改编电影在中国的知名度也很高，因此她的《熔炉》《鲭鱼》《凤顺姐姐》《我们的幸福的时光》《像犀牛独角一样只身前行》《快乐我家》《不管你过怎样的人生，我都为你加油》《爱过之后来临的》《亲爱的女儿》等作品都得以在中国出版，并且在这几年热度越来越高。2013 年以来，70 后作家中最早获得李箱文学奖的作家韩江开始受到中国读者的关注，目前，已有《素食主义者》《玄鹿》《植物妻子》《少年来了》《白》等作品在中国翻译出版。此外，目前在中国热度最高的韩国女作家无疑是赵南柱，她的《82 年生的金智英》在中国年轻用户最多的网络平台——微博、知乎、微信公众号上得到了广泛的好评和大力推荐，成为近年来最畅销的韩国小说，而且很难得地成为在改编电影上映之前就声名远播的韩国小说。赵南柱的其他作品《她的名字是》和《献给柯曼妮奇》也都立刻随之翻译出版了。

此外，相比传统文学和纯文学，韩国新生代人气作家的作品更受中国年轻读者的青睐。如金英夏，她的作品在中国出版的有《我有破坏自己的权利》《光之帝国》《哥哥回来了》《猜谜秀》《黑色花》等，而金爱烂是近年来在中国市场上关注度不断提高的 80 后作家，除了《外面是夏天》《你的夏天还好吗》以外，还有《我的忐忑人生》《老爸，快跑》《噙满口水》《飞机云》等作品被翻译出版。

图 3 为根据韩国文学翻译院网站和文丽华的统计做出的“十大最受欢迎的韩国作家”（截至 2018 年），其中金爱烂、孔枝泳、金英夏、崔仁浩等作家也出现在笔者于 2020 年看到的网络图书销量榜上。

不过，虽然在韩流的影响下韩国当代小说在中国引起了一定反响，但总体而言在中国的关注度还不算高。中国的网络商城以及近年来开始流行的手机阅读平台上，畅销书排行榜中几乎见不到韩国当代小说作品（最近的情况略有好转，《82 年生的金智英》大红及“素媛”背后真实案件的细节被曝光后，《素媛》《熔炉》《杏仁》等小说开始频繁出现在手机阅读平台的推荐书目中）。

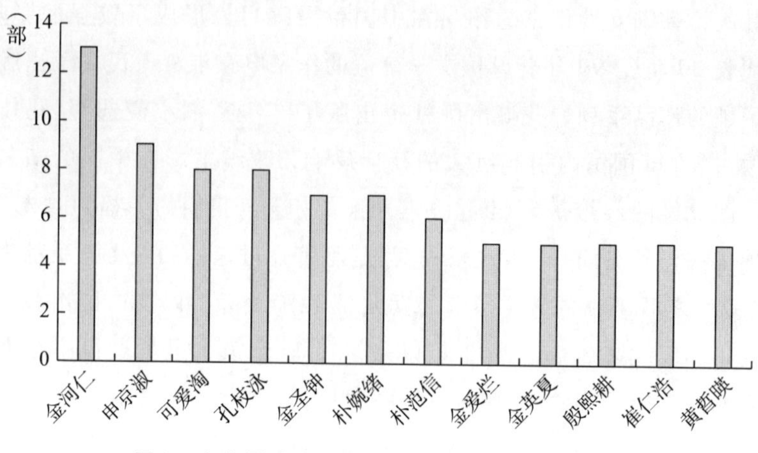

图 3 十大最受欢迎的韩国作家（截至 2018 年）

四 一些想法和建议

综上所述，韩国当代小说在中国的翻译出版状况不太尽如人意，需要中韩两国政府和学者、译者、出版社等各方面的协同努力和精诚合作。

第一，应该加强两国人民的沟通交流，逐渐提高相互的文学认知度。中国读者对韩国文学的认知度正在逐渐提高。从年龄层次来看，受到中国读者喜爱的作家中，20 世纪 60 ~ 80 年代出生的占绝大多数；而从性别比例来看，女性作家所占比重越来越高。可以说，不是中国读者不关心和不喜欢韩国文学作品，而是对韩国文学的了解渠道少，种类也相对单一。此外，还应加强两国学者之间的交流，相互学习，多多沟通，形成良好的文学氛围和学术氛围，在两国读者间搭起桥梁，帮助读者真正了解和感受两国文学的精髓。

第二，中韩两国应积极合作，共同培养翻译人才。韩国在培养翻译人才方面可以加强同中国高校韩国语专业院系的合作。目前在中国大约有 250 多所大学设有朝鲜语或韩国语言文学专业，这些专业的毕业生都可能成为中韩两国翻译人才的后备军。中国与韩国相关大学可以建立合作，通过开设讲座、进行网上教学、提供翻译实践训练、鼓励资源共享等方式共同培养中韩翻译人才。中韩两国政府也可以在经费和资金等方面提供相应的支持。

第三，出版社可以加大对作品的宣传与推广，通过新书发布会、与作家和译者的见面会、读者座谈会等各种形式，加强作品的介绍和宣传。特别是加大媒体宣传力度，利用网络平台，加强与读者的互动，以提高中国读者对韩国文学的认知度。还可以通过两国出版社之间的交流与沟通，共同举办出版会议、书展，开发合作项目等。如出版中韩两国著名作家的代表作品选集、两国学者对文学作品的评论和研究成果等。

第四，目前智能手机的普及给现代生活带来了巨大变化。中国读者的阅读方式和习惯也发生了诸多改变。中韩两国在文学的宣传推广方面需要与时俱进，可以通过阅读平台将文学作品细化分类，精准对标读者的偏好，将不同时代、不同类型的作品推广开来，尽可能做到资源共享。举例来说，现在越来越多的中国读者使用手机、平板电脑或 kindle 购买电子书或有声读物。“百度阅读”“微信读书”“京东读书”等手机阅读平台上的书籍更新上架速度很快。虽然纸书依然不可替代，但使用手机平台阅读的方式会越来越流行。

以“微信读书”为例，除了输入书名、作者名的搜索功能外，平台还会在首页根据用户的偏好每日更新推荐书籍，以及“Top200 新书榜”、分类推荐榜等供用户浏览的书单，并通过“买电子书送纸书”“知识问答赢免费阅读卡”等活动促进用户活跃度。截至 2021 年 1 月 20 日，“微信读书”平台上，《82 年生的金智英》阅读量为 21.4 万人（349 人显示今日在读，我的朋友中有 5 人在读），评论 3.7 万条，并匹配了有声书；《熔炉》的阅读量为 2.1 万人（499 人显示今日在读），评论 2212 条；《你的夏天还好吗》阅读量是 1.3 万人（225 人显示今日在读，我的朋友中有 1 人在读），评论 1502 条。而这只是阅读平台的其中之一。如何在读书习惯急剧变迁的今天，利用新的科技手段促进文学交流，对我们来说是一个全新的课题。希望中韩两国的友好关系能够不断推进，韩国文学在中国的关注度以及中国文学在韩国的关注度都能更上一个台阶。

韩中民族起源神话的现代意义

〔韩〕孙正一

（韩国延世大学中国研究院研究员）

一　前言

现在我们幸福吗？英国的杰里米·边沁（Jeremy Bentham，1748～1832）曾讨论过“绝大多数人的最大幸福”，假若他活到这个时代，他又会作何感想呢？一度席卷整个世界的全球化浪潮，正在因一场谁也不曾预料到的世界性传染病而停滞不前，且不说幸福，世界和我们还安全吗？在21世纪这场突如其来的疫情下，韩中人文学者该如何重新发现和诠释民族叙事呢？在如此严峻的时刻，民族起源神话又有什么意义呢？在这个强国霸权竞争横行、筑起各种壁垒的时代，在经历了21世纪五分之一的今天，本文将以韩中民族起源神话为主题，来回顾一下我们的人文精神。

二　人类起源和民族起源神话

《楚辞》的《天问》是这样开始的：

> 曰：遂古之初，[请问上天，在神创造天地的] 遥远太初的诸事，
> 谁传道之？[当时并没有任何人，那么] 是谁流传下来的？
> 上下未形，[时间和空间，天和地] 上下尚未分开，
> 何由考之？[寄身何处的人] 根据什么考察出来的？

不仅中国神话，世界大部分神话都试图阐明起源问题。自然的起源、世间万物的起源、人类的起源以及人类历史，这些都是它们想要探明的领域。这些神话，有些记录在历史文献中，有些通过口头传承，还有些在传承过程中出现了讹传、歪曲和变形，但试图用神话阐明起源的实质始终未发生改变。包括希伯来民族的《创世记》在内，世界上许多民族都对人类的起源和自己民族的起源进行了阐述。但是，屈原提出了这样的疑问："谁亲眼看到了那么多神话中说明的内容，这怎么能说是事实呢？"然后又继续提出了关于神话和传说的170多个问题，其中包括用黄土造人的人面蛇身的女娲，被认为分别是夏、商、周王朝始祖的禹、契、后稷，东周时期的秦、齐、吴和自己所在的楚国的历史关系等。

中国的盘古或女娲的故事可以说是中国传统文献中出现的人类起源神话，而屈原在《天问》中这样问道：

> 登立为帝，［伏羲的妹妹女娲］登位称帝，
> 孰道尚之？［以什么原则举荐］是谁引导和接受的？
> 女娲有体，［用黄土造人］女娲也有形体，
> 孰制匠之？［人面蛇身的］她，又是谁造出的？

神话想要说明起源，但《天问》却提出"疑问"，而不是解释。对与《山海经》并称为中国神话宝库的《天问》来说，这既是它的特点，也是它的魅力所在。我们从中也可以看出，社会学或历史学的指向和方法不同于文学。严格来说，各国的人类起源神话更注重说明民族的起源，都记述了人类诞生后因洪水而灭亡，最后少数人历尽艰难存活下来并再次繁衍。

三　韩国民族起源神话

伴随着全球化的浪潮，进入21世纪的韩国有一个流行用语是"多文化"。韩国进入了包含多文化家庭在内的多文化社会，因此也不再是单一民族国家。从历史上看，由于无数次的外侵而造成的与异族的混血，以前的韩国也不可能是单一民族。虽然各种社会学和生物学上的旁证都不支持单一民族，但韩国人却有着单一民族的意识。特别是，20世纪初

外敌入侵和被殖民的历史，对这种思想和精神起到了固化的作用。后来，因朝鲜战争导致的家属离散和民族、国家分裂，进一步加深了单一民族的观念。无论是把檀君王俭开创国家的开天节定为国庆节的韩国，还是1993年10月在平壤市江东郡发掘檀君墓的朝鲜，对于自己是檀君子孙都不会有太大的抵触感。[①] 承接古朝鲜的高丽始祖东明圣王朱蒙、百济的始祖沸流和温祚、新罗的始祖朴赫居世和昔脱解的神话等，都与檀君神话没有太大的冲突。[②]

四　中国民族起源神话

1953年，新中国首次进行民族识别时，据说自己注册的民族名称超过了400个。此后，虽然经历了“文革”期间的中断，但经过多次识别工作，1979年，随着基诺族成为第55个也是最后一个少数民族，中国的法定民族被宣布为包括汉族在内的56个民族，并延续至今。[③] 中国是一个拥有14亿人口的大国，不可能存在单一民族的神话，但“一个统一的多民族国家”不是统一后又分裂的一个民族，而是多民族统一。

一直以来，中国的民族问题是国家面临的一大课题。因此，从辛亥革命开始，孙中山提倡五族共和，中华民国国旗也使用了象征五个民族的五色旗。[④]因此，将多民族国家统一为一体的“中华民族”的概念引进，民族起源神话也根据这种意图进行了“说明”，例如，被称为中国代表性民族起源神话的黄帝神话，在建设民族国家的“想象共同体”的过程中，发挥了“形成传统”的作用。[⑤] 在新中国民族识别工作结束后，中国掀起了神

① 조원진,「북한의 단군 민족주의에 대한 검토」,『단군학연구』40, 2019.6, pp.183－215; 이재원,「남한과 북한 문학사에 서술된 단군신화 고찰」,『단군학연구』9, 2003.12, pp.83－114; 정영훈,「남과 북의 단군 인식과 단군 숭앙」,『□焙切楷□』12, 2005.6, pp.177－219.

② 박기용,「한중 건국 시조신화 비교 연구－상고시대 신화를 중심으로」,『快府富臂』43, 2008.8, pp.97－134.

③ 林耀华：《民族学通论》，中央民族大学出版社，1997，第193～194页。

④ 从上到下的红、黄、蓝、白、黑象征着汉族、满族、蒙古族、回族、藏族。

⑤ 李有鎮,「중국민족주의 담론으로서의 黃帝서사에 대한 계보학적 고찰」,『중국어문학논집』57, pp.429－455.

话研究的热潮，也就是所谓的“神话热”。[①] 中国学者袁珂的三部曲《中国神话传说》（1984 年）、《中国神话史》（1988 年）、《中国神话大辞典》（1998 年）等作品充分反映了这一神话热。[②] 收集并出版大量少数民族资料的努力，也是神话热所取得的成果。[③]

中国人自称“炎黄子孙”。1997 年，中国建成了“中华三祖堂”[④]；2007 年，在长春冬季亚运会上大力宣传中国长白山，并宣布申办冬奥会。2008 年 8 月，第 29 届北京奥运会圣火传递时，将圣火保管在距北京约 120 公里的中华三祖堂，以便在开幕式上向全世界宣传中华民族是“炎帝和黄帝及蚩尤的子孙”。中国所有的民族在三祖之内都是一个大家庭，中华文化被称为三祖文化，各民族的文化都可以在中华文化的熔炉中被统一起来。

五　从国家神话到民族神话

回顾人类历史，民族主义和国家主义经常遇到瓶颈，而突破瓶颈的方式往往是战争这个极端的选择。当前，世界矛盾层出不穷，在政治上面临新冷战体制，在经济上公然宣称贸易保护主义，以及伴随而来的本国优先主义。自身生活所依赖的根据地是自己的本土，这种忠实于“本土”（locality）的“本土主义”将成为超越国家主义和民族主义弊端的一个对策。[⑤]

---

① 鄭在書,「中國 神話와 歷史와 構造 - 盤古神話를 中心으로-」, 한국구비문학회편『동아시아 제 민족의 신화』, 서울: 박이정, 2001, pp. 169 - 188.

② 其中前两本书已经在韩国翻译出版，分别是전인초, 김선자 옮김『중국신화전설』(1)(2), 서울: 민음사, 1999, 2002 (개정판); 김선자, 이유진, 홍윤희 옮김『중국신화사』(상)(하), 서울: 웅진지식하우스, 2010。如果说促成当今希腊罗马神话流行的 19 世纪人物是美国的 Thomas Bulfinch（1796 ~ 1867）的话，那么促成中国神话流行的人物则是袁珂（1916 ~ 2001）。

③ 季羡林名誉主编、徐丽华主编《中国少数民族古籍集成》（汉文版）（全 100 册），四川民族出版社，2002。

④ 中华三祖堂位于河北省张家口市涿鹿县，是在原黄帝祠的基础上，由国内外 32 万名中华儿女筹集资金，从 1994 年开始施工，1997 年香港回归之年竣工，1998 年 7 月 25 日正式开业的中国黄帝城文化旅游区的中心。1997 年香港回归前夕，吉林省的 3 名青年怀着爱国热情，将香港的泥土运到三祖堂东侧，并栽种了 3 棵“回归松”，建立了 1997 厘米长的花岗岩“港土归根碑”，成为中华民族团结统一的象征。现在，这里也成为青少年和海外同胞朗读祭文并进行祭拜的著名场所。

⑤ 유영하,『중국 민족주의와 홍콩 본토주의』(개정판), 부산: 산지니, 2020, pp. 173 - 196.

金善子的观点值得注意：

> 不应将神话作为宣扬国家、民族的伟大和悠久历史的工具，而应找出少数民族神话所蕴含的“共享”的价值，并将其变成一种知识，与人们“共享”，这是我们现在应该做的事情。①

目前，人类所面临的传染病大流行，给我们提供了一个认真思考人文学该走什么道路的机会。在你死我活的战争中，拥有能够战胜对方的力量十分重要，但与之不同，现在人们面临着的是只有对方活着我才能生存的现状。相生的人文学并非一个口号，只有倾听对方的声音，互相理解，我们才能拥有值得期待的“未来”。在全球化、信息化、人工智能化时代，我们在研究民族起源神话时，要将环境、生态、共存等要素纳入考量，这样才不致陷入僵化。

民族起源神话的叙事是能够带来无穷无尽想象力的人类宝库。如果试图根据政治国家主义来解释神话，那么神话就会失去其多样性，沦为教条式的宗教经典。从“子不语怪力乱神”的传统儒教的视角来看，“神话”（myth）本身并非那么高尚和严格，故事只体现其本身的趣味性时才具有生命力。

六　从民族神话到人类神话

与民族起源神话相伴登场的洪水和治水的传说，在前面提到的《天问》中也有相当长的篇幅。我们来看前面的1/4：

不任汩鸿，	［尧帝时的鲧］不是治理洪水的合适人选，
师何以尚之？	［自认为是黄帝子孙的］他为何而被推荐？
佥曰何忧，	［尧帝］对众人说“这有什么可担忧的？”
何不课而行之？	［最终失败］为何不斟酌就任用他？（阳）

① 김선자,「 담론의 전쟁에서 ‘공유(commons)’의 담론으로 – 동아시아 신화학 연구 방향에 대한 제언」,『한국중어중문학학회 학술대회 자료집』, 2019, pp. 28 – 38.

鸱龟曳衔，	［对忧心忡忡的鲧］鸱鸟和乌龟为何告诉他治水的策略？
鲧何听焉？	［盗取息壤］的建议，鲧为何听从？
顺欲成功，	［盗取黄帝之物，众人］顺势建立功业，
帝何刑焉？	［洪水既然是天神们的意志］黄帝为何对他施以刑罚？（耕）

永遏在羽山，	［让祝融将他］长期囚禁在羽山，
夫何三年不施？	［莫非是神人］如何能三年而未变？
伯禹腹鲧，	［被封为河伯的］禹，从鲧的腹中生出，
夫何以变化？	［用宝剑劈开］究竟发生了怎样的变化？（歌）

不妨将上述情节想象成今天的动画片或科幻电影。我们希望通过韩中合作创造出人类起源神话或洪水神话。如果选取特定主题，编写剧本并以音乐剧或其他艺术形式展现出来，或将取得不亚于希腊、罗马神话的效果。同时，我们也期待韩中文学创作者和艺术家们能集思广益，交流并制作精彩的电影。如果我们能创作出让韩中两国人民乃至全世界所有人能共享的作品，或许民族神话就能摆脱意识形态，成为真正的人类神话。

七　结语

韩国人在传统上大多以檀君后代自居，朝鲜亦如此。在现代史上，半岛分为两个国家，并同时加入了联合国。相反，人口超过 14 亿的中国在一国的旗帜下，巩固着共同体的意识。中国的民族学研究有 120 多年的学术积累，而韩国的民族学研究却并非如此。韩国应该向中华民族学习，被称为韩民族、朝鲜民族、高丽人、朝鲜族、外卖民族的檀君的后代们，应该学习在同一个国家生活的智慧，并一起探索现在和今后与中华民族共存于东北亚的现实方法。我们仍然抱有这样的希望，期待未来会出现与邻国和其他民族相生共存的神话学或民族学。

魏义祯 译

新媒体时代韩中传统叙事的文化交融

——以韩国电视剧《鸡龙仙女传》为例

〔韩〕崔真娥

（韩国釜山大学教授）

一　概述

在21世纪新媒体①环境下，人文学正面临新的局面。随着媒体形式的变化以及科学技术的发展，人文学的意义或许需要重新确立，大学中的人文学教育方案也需要重新调整，这是当前所面临的现实。本文将从以下两个方面进行阐述。

第一，本文的考察对象主要是以韩国和中国的传统叙事为基础创作的叙事型韩国电视剧。本文将以韩国电视剧《鸡龙仙女传》为例，考察韩中传统叙事在现代文化中的全新呈现。通过分析，笔者认为这部电视剧源于韩中传统叙事并对其做了适当改造，一方面，在叙事结构上，改变了"人神恋爱""才子佳人"式的中国传统叙事结构；另一方面，在内容上，借用了韩国式的主题。

第二，本文将阐述当前韩国大学中顶点设计融合人文学教育的事例和意义。原系工学概念的顶点设计与人文学结合在一起，形成了"融合人文学"这一新的教育概念。也就是说，它是以韩国和中国的传统叙事为基础，在与工学、经营学等学科的交汇融合中创造的产物。本文将以根据传统叙事创制的网络漫画、AR游戏、产品等大学教育中的实际成果为例，

① 在本文中，新媒体是传统的报纸、电视等传播信息使用的新技术以及近来快速普及的新传播方式的总称，网络漫画和CATV（有线电视）电视剧属于广义的新媒体。

证明传统叙事在新媒体时代被广泛作为文本、内容使用，并进一步展望其人文价值的发展。

二 韩国电视剧《鸡龙仙女传》中呈现的传统叙事

1. 新媒体时代的人神恋爱叙事——《鸡龙仙女传》

对于我们来说，银须飘飘的神仙的故事、霓裳羽衣的仙女的故事并不陌生。如今，神仙和仙女的故事以全新的形式进入我们的视野。在新媒体时代，神仙和仙女依然被刻画成拥有超凡法力的形象，在此基础上，为其披上 21 世纪的外衣便呈现新的面貌。

《鸡龙仙女传》于 2018 年在韩国 NAVER 网站上以网络漫画的形式完成连载，之后在韩国公共电视广播 tvN 上以电视剧形式播出，其讲述的是女主人公仙女宣玉楠 699 年间在鸡笼山等待丈夫樵夫转世的故事。在现代，仙女宣玉楠是一名咖啡师，她亲自种植咖啡豆，冲调咖啡，经营着一家咖啡店。有一天，两名男子郑一贤和金锦偶然来到了仙女的咖啡店。宣玉楠无法确定这两名男子前世的记忆，因此也就无法从郑一贤和金锦二人中认出谁是丈夫樵夫转世。为了找到转世的丈夫樵夫，宣玉楠追随郑一贤和金锦来到凡间。

无论在网络漫画中还是电视剧中，《鸡龙仙女传》的内容基本相同，① 这部作品融合了中国魏晋时期的《列仙传》、唐代传奇中的人神恋爱题材和韩国的"仙女和樵夫"的传说故事。同时，新叙事的消费者开始在传统叙事结构中加入一些新元素，如将男女主人公的特征互换，或在结尾进行改编。

2. 《鸡龙仙女传》中的中国传统叙事

（1）用草药治病救人的神仙医者和仙女咖啡师

《鸡龙仙女传》中，仙女宣玉楠的职业是咖啡师。她在鸡笼山种植咖

① 像《鸡龙仙女传》这样以网络漫画为基础创作的电视剧，大多是在网络漫画已拥有大量受众群体的前提下，利用故事内容的光圈效应，从而实现收益最大化。因此，可以说，《鸡龙仙女传》将网络漫画的故事内容原封不动地搬到电视荧幕上，是一种成功的"一源多用"（OSMU）方式。根据网络漫画制作的电视剧相关论文，参见〔韩〕李胜炯《网络漫画媒体转变过程中的协作体系研究》，韩国建国大学文化传播专业硕士学位论文，2019，第 18 页。

啡豆，并经营一家咖啡店。仙女宣玉楠种植的咖啡豆其实和传统叙事中的草药具有相同的效果。她能听懂咖啡豆等植物的语言，与它们沟通交流，从而最大限度地发掘每一粒咖啡豆的特性，制作出特殊的、拥有治疗效果的咖啡。喝了她做的咖啡，不仅百病全消，还能抚慰受伤的心灵。在这里，仙女宣玉楠其实和魏晋时期《列仙传》中用草药治病救人的神仙医者是同一个原型。

> 偓佺者，槐山采药父也，好食松实……时人受服者，皆至二三百岁焉。
>
> 崔文子者，太山人也……系黄散，以徇人门，饮散者即愈。

《列仙传》中的神仙都擅长用草药治病救人。他们自己服用草药或者给其他人服用草药，并且仙人还能用自己制作的草药为百姓治病。这与《鸡龙仙女传》中喝了宣玉楠制作的咖啡，人们不再受到失眠困扰，做事充满自信，所有困难都迎刃而解是相通的。也就是说，《鸡龙仙女传》将《列仙传》中的草药替换成了咖啡。

图 1 《列仙传》中用草药治病救人的神仙偓佺和《鸡龙仙女传》中的仙女咖啡师

《鸡龙仙女传》中，神仙拥有治病救人的法力，这样的设定在魏晋时期的《列仙传》以及唐代传奇中都十分常见。例如，裴铏在其所著《传奇》“崔炜”篇中有关于仙女鲍姑用艾灸救治百姓的描写。葛洪的夫人鲍姑自南海采来艾草，为百姓施艾灸治病。另外，在该书“樊夫人”篇中也记载了仙女救治百姓的故事。刘纲的夫人樊夫人用法术除掉了洞庭湖怪物，并用神符为百姓治病。[①] 这里需要注意的是，在唐代传奇的叙事中，

① 배형,『전기-초월과 환상, 서른한 편의 기이한 이야기』, 서울: 푸른숲, 2006.

用草药治病救人的是女性神仙，也就是说这是仙女所特有的能力，男性神仙并不具备。在魏晋时期的《列仙传》中，没有关于仙女用草药治病救人的描写，而在唐代传奇中，这种治病救人的行为经常作为仙女拥有的能力出现。

之所以出现这样的情况，这与唐代的社会文化背景有一定的关联。与中国其他传统王朝相比，唐朝女性活动范围较广，崇拜女性神仙，并逐步形成在文学作品中美化仙女形象的倾向。因此，传统叙事中刻画的仙女形象不仅容貌美丽脱俗，还拥有普度众生的品德和治病救人的能力。网络漫画和电视剧《鸡龙仙女传》中的女主人公就是以这样的仙女形象为原型创作的。

（2）唐代传奇的人神恋爱题材与《鸡龙仙女传》

仙女与凡人男性的爱情故事在唐代传奇中属于人神恋爱题材。原本人神恋爱题材的男主人公身份大多是王，后来逐渐演变为修习道术之人，或者前世是神仙的人。也就是说，《鸡龙仙女传》中男主人公前世的身份是仙界的神仙，这一点与传统叙事有着相同的脉络。唐代传奇中人神恋爱的结局大多是男女主人公一起得道升仙。即，凡人男性通过与拥有仙女身份的女性恋爱，获得神仙身份，然后离开凡间，来到仙女所在的天界，位列仙班。先前的很多研究认为，在唐代，普通男性渴望与家世显赫的女性结婚，从而进入上层社会。这种渴望投射到文学叙事中，就以男主人公得道升仙这样的结局形式呈现出来。① 而《鸡龙仙女传》中男主人公的结局却并非如此，无论网络漫画还是电视剧，二者都没有对男主人公升仙赋予较大的意义。相比唐代传奇，《鸡龙仙女传》更侧重表达男女主人公之间的爱情，通过仙女宣玉楠和两名男性，即金锦和郑一贤之间的感情发展来展开叙事。《鸡龙仙女传》与唐代传奇的相同之处仅在于男主人公的身份不是普通的凡人。《鸡龙仙女传》中的两位男主人公金锦和郑一贤在现代是大学里的研究生和教授，但在前世他们并非凡人。他们二人曾是仙界的神仙破军星和巨门星，与贪狼星仙女宣玉楠相交甚好。在仙界时，破军星金锦和贪狼星宣玉楠相爱，巨门星郑一贤暗恋贪狼星宣玉楠。然而，后来破

① 人神恋爱和男主人公升仙的相关社会背景的研究，参见梅新林《仙话 - 神人之间魔幻世界》，三联书店，1992；李丰楙：《误入与谪降》，台北：学生书局，1996。

军星和巨门星受罚下凡，同时也失去了仙界的记忆。破军星前世是樵夫，后转世为研究生金锦，巨门星前世是一只鹿，后转世为大学教授郑一贤。在现代，破军星金锦和巨门星郑一贤因迷路偶然来到了鸡笼山仙女池。两位男主人公来到仙女池，即仙界这个神秘空间是偶然的、不经意的。这与唐代传奇人神恋爱题材所描写的偶入仙界的叙事异曲同工。唐代传奇中，往往将仙界与岩石山、深山谷、溪谷、桃花等联系在一起，如下文所述：

> 深谷带地，凿穿崖岸之形；高岭横天，刀削岗峦之势。……须臾之间，忽至松柏岩，桃花涧，香风触地，光彩遍天。[①]

只有特定的人才能在因缘际会下通过深山谷、悬崖峭壁进入仙界，《鸡龙仙女传》的两位男主人公是因为迷路，在徘徊迷茫之际偶然来到了仙女池。这两位男主人公之所以能够来到仙女池，是因为他们前世是仙界神仙破军星和巨门星。中国的道教传说有这样的说法，女神仙元姆育有多个儿子，其中贪狼、巨门、禄存、文曲、廉贞、武曲、破军后来成为天上的星宿。[②] 也就是说，《鸡龙仙女传》男主人公的名字取自道教传说中的星宿名，这在叙事中能够更加凸显男主人公不同寻常的身份。

（3）神仙的乘物和仙女的桃

老虎与神仙关系密切，神仙往往与虎为伴或骑虎云游。据《列仙传》记载，神仙彭祖有两虎在其左右，人们在供奉他的祠堂祭拜后，常常看到老虎的脚印。老虎作为灵物所拥有的特性和法力高强的神仙的特性绑定在一起。《鸡龙仙女传》中也出现了老虎这一形象。在剧中，老虎是女主人公宣玉楠的女儿，成日陪伴在宣玉楠身边，虽然它真身是老虎，但由于修行尚浅，它常常是一只猫的形态。

与虎相比，龙是与神仙有着更密切关系的神仙乘物。《列仙传》的“马师皇”篇、“皇帝”篇等中有神仙乘龙升天的相关记载，也有神仙养龙，为龙疗伤，甚或养一条鱼把它变成龙，随意唤龙、驭龙的相关描写。在《鸡龙仙女传》中，仙界神物龙是仙女宣玉楠和樵夫金锦的儿子。它最

---

① 曹小云：《日藏庆安本〈游仙窟〉校注》，黄山书社，2014，第 5 ~ 9 页。

② 詹石窗：「여성과 도교」, 서울: 여강, 1993, p. 97。

初被封印在石头里，后来转世为海肠，并认出了其父金锦。变成龙身后，它唤来云团，扑灭了巨门星在仙女池引起的一场大火。

图 2　网络漫画《鸡龙仙女传》中的老虎（女儿）和龙（儿子）

在网络漫画和电视剧中，传统的神仙乘物虎和龙变身成为仙女的女儿和儿子。老虎陪伴在神仙身边，龙呼云唤雨、载着神仙腾云驾雾，这些传统要素融入全新的叙事中。

另外，《鸡龙仙女传》还借用了中国传统叙事的“桃”这一要素，在网络漫画和电视剧中都出现了桃。在《鸡龙仙女传》中，桃是仙女们最喜欢的水果，不仅如此，仙女如果生病了，还可以用桃治病。仙女宣玉楠沐浴的仙女池也被设定成了桃花缤纷盛开的溪谷的场景。桃这个要素与中国的传统叙事有着非常深厚的渊源。在中国神话中，西王母是蟠桃园的主人，据说若人吃了蟠桃园里的仙桃就能活 3000 年。另据《列仙传》“葛由”篇记载，跟随神仙葛由之人全部得到了仙桃。笔者认为，传统叙事中的桃这一要素自然而然地融入现代新媒体叙事《鸡龙仙女传》中。

3. 韩国传统叙事在《鸡龙仙女传》中的呈现

通过前文的分析，我们考察了中国传统叙事在《鸡龙仙女传》结构和内容方面的呈现。接下来本文将探讨韩国传统叙事在该作品结构和内容方面的反映。

（1）鸡笼山与仙界

《鸡龙仙女传》将仙女宣玉楠经营的咖啡店和桃花盛开的仙女池这些场景设定在鸡笼山。在网络漫画和电视剧中，鸡笼山是神仙和仙女居住的空间，连接着凡间和仙界。那么鸡笼山这个特殊的空间，其文化内涵源于何处呢？

朝鲜王朝建国之时，鸡笼山曾是都城候选地之一。另外，朝鲜王朝时期的谶纬书《郑鉴录》中载有“真人横空出世，创立新王朝”这样的预言，其中就曾提及鸡笼山。自古以来，鸡笼山或被描述为仙人云集之地，或作为道仙故事的背景而出现。在《鸡龙仙女传》中，数百年来，仙女宣玉楠和其他神仙一起居住在鸡笼山。鸡笼山外面的世界发生了怎样的变化，他们一无所知，在这里过着幸福快乐的生活。这样的场景和桃花源十分相像，为避战乱，百姓们来到桃花源，不管岁月流逝，世事变迁，他们在这里过着简单快乐的生活。宣玉楠和神仙们生活的场所鸡笼山，象征的就是这样一个一切都十分完美、和谐、安定的空间。

（2）“仙女和樵夫”的传说故事与《鸡龙仙女传》

韩国“仙女和樵夫”的传说是新媒体叙事《鸡龙仙女传》结构和内容的重要基础。《鸡龙仙女传》中的仙女宣玉楠、樵夫、巨门星转世的鹿、仙女和樵夫的子女这些人物设定都源于这个故事，并在此基础上赋予了新的叙事结构。

在前世，曾是仙界破军星的樵夫在巨门星转世的鹿的引导下，趁贪狼星宣玉楠在仙女池沐浴时偷走了她的羽衣。失去羽衣，贪狼星无法回到仙界，而同时她也认出了樵夫就是她前世的恋人破军星，于是他们结为夫妻，并生育了两个子女。然而，前世爱慕贪狼星的鹿，也就是巨门星一直在樵夫身边伺机谋害他，最终，樵夫被其所害，掉落悬崖身亡。失去丈夫后，宣玉楠一直居住在鸡笼山，等待她的丈夫破军星樵夫转世。新媒体叙事《鸡龙仙女传》与“仙女和樵夫”传说的不同之处在于，鹿在传说中只是一个辅助性角色，而在《鸡龙仙女传》中，它成了积极推动情节发展的角色。在传说故事中，鹿为了报恩而为樵夫和仙女牵线搭桥。但在《鸡龙仙女传》中，鹿这个角色与传说中的形象大相径庭。鹿在前世是神仙巨门星，他爱慕仙女贪狼星。《鸡龙仙女传》利用家喻户晓的“仙女和樵夫”的传说故事拉近了与受众群体的距离，而对叙事结构进行一定的改造又赋予了新鲜感。①《鸡龙仙女传》的结局结构也与单纯的人神恋爱类传说故事有所不同。在“仙女和樵夫”的传说故事中，仙女最后找到羽衣，带着两

① 关于传统叙事和现代叙事相结合过程中的“熟悉化”和“陌生化”处理方法，参见최진아「도깨비의 귀환: 드라마 ‘도깨비’에 내재한 한 중 전통괴담서사의 원리」，『중국문학연구』，한국중문학회，제 67 집，2017。

个子女回到天界。而樵夫无法追随他们去天界，只能独自一人在凡间思念仙女度日。从此，仙女和樵夫的世界完全割裂。而《鸡龙仙女传》的结局与之不同。仙女不是带着两个子女回到天界，而是独自离开。仙女的子女留在凡间，仙女的丈夫破军星继续从事着自己的工作，等待着仙女的归来。也就是说，仙女往返于天界和凡间，她的凡人丈夫依然过着从前的生活，等待着仙女。唐代传奇的人神恋爱类叙事和韩国传说故事“仙女和樵夫”将天界视作至高无上的存在，而《鸡龙仙女传》在这个方面做了调整。剧中仙女和樵夫的世界不是割裂的，天界和凡间是一体的、相通的。

4. 新媒体时代人神恋爱叙事的变化

那么，与传统人神恋爱叙事相比，新媒体时代人神恋爱叙事为什么会出现变化呢？笔者认为，出现变化最重要的原因是人神恋爱叙事的受众群体发生了变化。中国传统叙事的生产者是知识阶层男性，读者群体也是这个阶层的男性。而新媒体时代人神恋爱叙事的生产者不再集中在男性群体，而且新媒体人神恋爱叙事以网络环境为基础，其产生是实时的、双向的。因此，网络漫画作家、电视剧制作方关注到新媒体人神恋爱叙事的受众，即消费者的反应，创作了符合其喜好的叙事。这是因为，只有关注并反映消费者的喜好，新媒体叙事才能存在和发展。

（1）仙女奶奶和年轻男性的爱情

新媒体时代的主要消费群体是女性或与女性取向相近的年轻男性群体。他们的想法和喜好促成了与传统叙事完全不同的新媒体叙事的出现。在传统叙事中，往往将男女主人公设定为才子和佳人，在这样的人物设定下，仙女的外貌绝对不可能丑陋，或者年龄很大。但是，现在新媒体时代叙事的消费群体发生了变化。在以女性或女性取向为中心的新媒体时代的人神恋爱叙事中，虽然仍将仙女设定为超凡脱俗的存在，但赋予了女主人公仙女外貌和年龄的变化。传统叙事将仙女的外貌描写为“露裛琼英，春融雪彩，脸欺腻玉，鬓若浓云”，[1] 而新媒体叙事《鸡龙仙女传》的女主人公宣玉楠是满脸皱纹的老奶奶。女主人公宣玉楠以老奶奶的模样出现在鸡笼山仙女咖啡店和男主人公所在学校的咖啡馆。只有当有人认出女主人公

① 배형,「裴航」,『전기-초월과 환상, 서른한 편의 기이한 이야기』, 서울: 푸른숲, 2006.

宣玉楠是仙女的时候，她才看起来是年轻女子的模样，在其他人眼中，她始终是老奶奶的形象。所以，对于不知道她是仙女的人来说，他们所看到的就是一位老奶奶和既年轻又有能力的两个男性谈恋爱。对于女主人公年龄的这种突破性的设定，展现出新媒体时代叙事的消费群体拥有女性中心倾向。不仅如此，《鸡龙仙女传》的结局是，女主人公并没有为了深爱自己的男主人公和子女而放弃自己的世界，留在凡间。女主人公自由地在天界和凡间之间往返，男主人公等待着女主人公再次回到凡间的那一天。新媒体叙事中对男女主人公的这些刻画，创造了传统人神恋爱叙事中不曾尝试过的新结构。

图 3　电视剧《鸡龙仙女传》中的仙女奶奶和年轻仙女

三　顶点设计和新媒体时代的融合人文学教育

在前文中，我们分析了韩国电视剧《鸡龙仙女传》中韩中传统叙事的呈现和变化，接下来将通过分析大学顶点设计融合人文学教育，来展示韩中传统叙事在现代的应用。

1. 顶点设计与以韩中传统叙事为基础的人文学教育

“顶点设计”一词原为工学用语，也称“创意综合设计”。具体指的是，学习者变被动为主动，提出问题，解决问题，并形成最终成果。顶点设计方法论源自工学概念，后将其引入大学人文学课程，通过“提出问题”“企划”“设计”“开发”“生产”五个阶段，开展融合人文学教学。尤其是，如果将顶点设计方法论应用到人文学教育，以韩国和中国的传统叙事为基础进行创造的课程，就会生产出多种融合价值。也就是说，学习

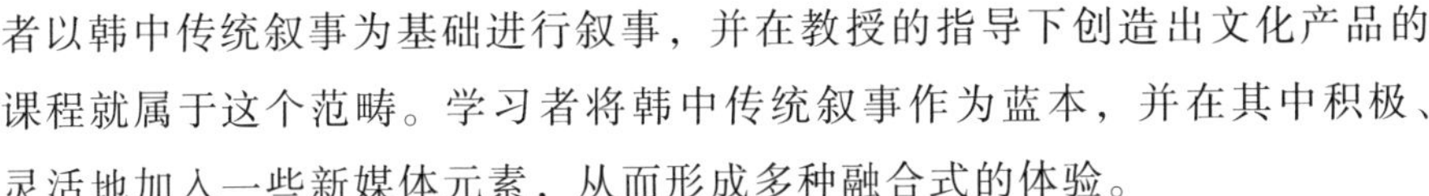

者以韩中传统叙事为基础进行叙事，并在教授的指导下创造出文化产品的课程就属于这个范畴。学习者将韩中传统叙事作为蓝本，并在其中积极、灵活地加入一些新媒体元素，从而形成多种融合式的体验。

2. 顶点设计与以韩中传统叙事为基础的人文学教育示例

下面将介绍三个大学顶点设计课程的成果。

（1）根据中国传统叙事《古镜记》创作的网络漫画

网络漫画是新媒体叙事的一个主要形式，该漫画根据中国传统叙事中神秘的古镜精灵、姻缘进行创作，并将一部分内容转化到二维码中，读者扫描二维码即可观看漫画。

（2）《西游记》与 AR 融合技术密室游戏的说明书

该项成果是根据《西游记》故事开发的 AR 式密室游戏。密室游戏规则被做成二维码，玩家可扫码查看。它是中国传统叙事与工学技术相结合而创作的产物。

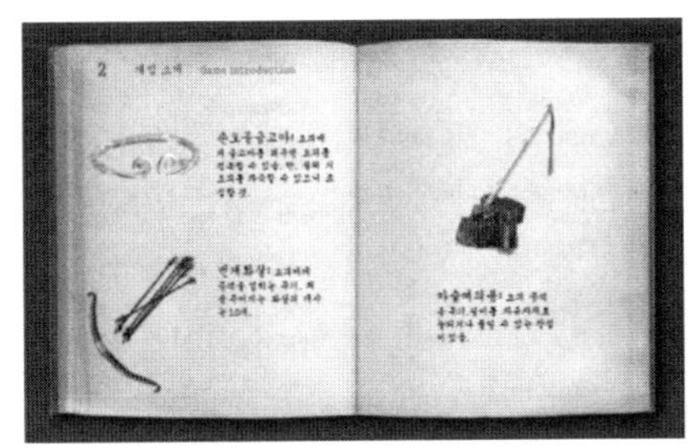

（3）根据月下老人红线赐姻缘故事创制的情侣香水

该产品是根据中国传统叙事《续玄怪录》“定婚店”篇制作的香水和情侣手链。这个故事源自中国传统叙事，经过改编，曾出现在韩国电视剧《绅士的品格》和日本动画电影《你的名字》中。这两款产品，一个根据“定婚店”篇中月下老人的红线设计制作了手链，另一个则取“连结姻缘”之意，将香水命名为“连缘”。月下老人的故事是东亚共有文化，根据传统叙事创作的产品，其受众更加广泛，囊括了处于相同文化圈的全部对象。

四 结语

本文考察了《鸡龙仙女传》和顶点设计教育课程中对韩中传统叙事的积极借用、再生产及其意义。当前，出现了人文学无法通过新媒体呈现，在新媒体时代处于边缘地位的倾向。在这样的背景下，本文通过分析认为，韩中传统叙事通过新媒体这一跨国、跨空间的工具实现文化交融，并将进一步扩大其人文学意义和领域。

于静静 译

参考文献

유향,『중국 도교의 70 仙人이야기 - 열선전』, 서울 : 예문서원 , 1996.

李剑国:《唐五代志怪传奇叙录》，南开大学出版社，1993。

김의정,「시는 어떻게 광고가 되는가 - 중국 고전시의 문학콘텐츠 활용방안」,『중국어문학지』, 중국어문학회 , 제 42 집 , 2013.

최진아,「중국소설 과목의 캡스톤 디자인 교육과정과 학술적 가치에 대한 연구」,『중국소설논총』, 한국중국소설학회 , 제 52 호 , 2017.

하경숙,「설화 선녀와 나무꾼의 형성과 전승양상」,『동방학』, 한서대학교 동양고전연구소 , 제 39 권 , 2018.

허혜정,「뉴미디어 스토리텔링과 웹컨텐츠의 가능지평」,『국제한인문학연구』, 국제한인문학학회 , 제 20 권 , 2017.

日帝强占时期韩国现代诗人东亚经验的人文学再认识

〔韩〕朴胤雨

（西京大学教授）

一　引言

文学史是对社会主体在历史进程中的人生经历和现象加以形象化的总的集合体。尤其是，韩国进入近代以来的各种桎梏与矛盾在文学史中得到了更具体的反映。这种文学史上的努力赋予了民族文学作为个别文学史的特殊性。从这个意义来说，如何树立看待韩国文学史的正确视角，是文学史研究和教育的实践课题，也是构建其内容要素的基本前提。①

作为文学价值的秩序，我们在看待文学史时必须坚持的一个重要视角是，从其价值的内容和形态来说，特定文学史是基于民族共同体这个精神产物的历史生活而构成的。② 在日帝强占时期韩国现代文学史的潮流中，构建诗歌文学现代面貌的过程，与小说文学对民族生活具体细节的再现性特征有所不同。值得注意的是，创作者离乡流浪的物理轨迹（历史、地理）是促成现实认识的契机，从这个角度出发，韩中日的越境问题也就成为构建韩国现代诗的民族文学特征的精神基础。因此，在这个时期韩国现代文学史的展开过程中，诗人生活的时空轨迹具有精神史的意义，由此出发来

① 구인환 외,『문학교육론』（제4판），삼지원，2009，pp. 346，356.

② 박윤우,「전후 모더니즘 시의 가치 인식과 문학사교육」,『문학교육학』34 호, 한국문학교육학회, 2011，p. 112.

看待诗歌文学的地位尤其重要。

记忆使历史叙事化，而叙事又使历史成为记忆，从这个角度来说，记忆和叙事有着密切的关系。特别是，赋予事件以虚构情节是我们为了完成事件的叙事而使用另一叙事的行为，也是为了忘却事件的暴力而采取的一种方式，由此来看，记忆和叙事的关系具有连锁性。① 在这里，我们有必要考虑到文学史教育和历史教育中的记忆差异。如果说历史的记忆是将“过去”从“现在”和“未来”中彻底剥离后的意识产物，那么文学记忆则是架起“过去”“现在”“未来”之间桥梁的个人和集体特殊记忆的基础。② 从这个意义上讲，考察特定文学史的某个时期及其作品，可以说也是对伴随他们记忆的特殊价值和规范所创造的本体性的确认与审视。

本文拟对日帝强占时期韩国现代诗的历史主流的核心要素，即离乡、流浪以及越境问题进行研究。从20世纪20年代初到30年代，再到日帝统治末期，在此期间出现了一批代表性的诗人。我们希望通过考察他们的诗作，从韩中日近代史地理空间的角度来探讨不同时期作品具有的由启蒙性、丧失感和抵抗意识所构成的诗歌的人文学意义，而朱耀翰、白石、李庸岳、李陆史、尹东柱等则是体现这一意义的代表性诗人。

二　启蒙期朱耀翰的文学活动和上海

20世纪10年代即所谓的启蒙文学期之后，以20年代西欧象征主义文学的引进为契机，早期的近代诗逐渐发展起来，在此过程中，朱耀翰是一位非常重要的诗人。他先后在1919年京都留学生会刊《学友》上发表了《练习曲》，在韩国国内最早的近代文学杂志《创造》上发表了《烟花》《雪》等诗作，从而展现了其作为近代诗先驱的积极姿态。

1900年，朱耀翰出生于平壤，1912年小学毕业后前往日本，在明治学院学习。但在1919年“三一运动”爆发后，他中断学业，前往上海担任韩国临时政府机关报《独立新闻》的编辑，当时他以笔名“牛犊”创作了《祖国》《欢乐之歌》等激烈的民族抵抗诗，呈现了从《烟花》展开的韩

① 오카 마라,『기억 · 서사』, 김병구译, 소명출판, 2004, p. 169.

② 변학수,『문학적 기억의 탄생』, 열린책들, 2008, pp. 54 – 55.

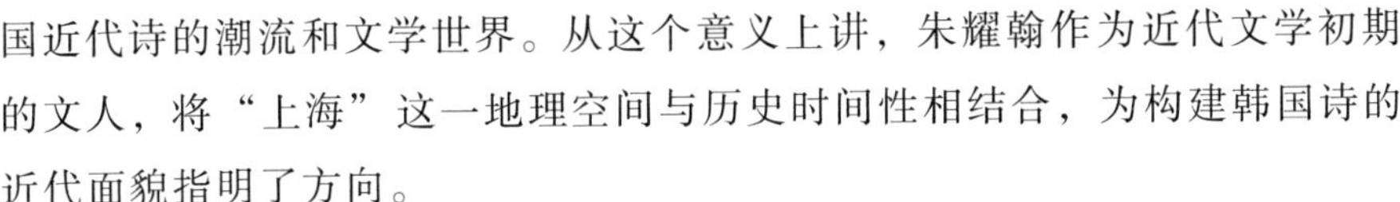

国近代诗的潮流和文学世界。从这个意义上讲，朱耀翰作为近代文学初期的文人，将“上海”这一地理空间与历史时间性相结合，为构建韩国诗的近代面貌指明了方向。

鉴于朱耀翰上海时期的个人经历，20 世纪 20 年代，他的诗作鲜明地体现了他对社会现实的民族性、民众性的认识。他的第一本诗集《美丽的黎明》就是这种认识的结果，《树色》《思乡》《雨声》《孤独的泉水》等作品所体现的民族性和乡土情绪，通过朴素的个人性和普遍的内心情感的表达，这些都直接体现了现代抒情诗的特征。

朱耀翰作为《独立新闻》的编辑和新诗的开拓者，其诗作的发展脉络体现了现代性、抒情性、异国情怀以及他对表现民族情绪的认识。在参与《独立新闻》的活动时，朱耀翰已阐明了要放弃使用“诗”这个字眼而追求“歌”的文学道路，这种认识蕴含着作为民族原始体验的精神指向；在另一方面，他也通过《上海故事》① 等作品唤起了他人对“上海”这一异国空间经验的兴趣，使得基于这种复杂情感的“望乡”的情绪化成为可能。

尽管如此，“上海”这一空间的特殊性使得对近代诗的认识在追求形象性、理念性相结合的方向上更加具体化，这一点值得我们注意。也就是说，在朱耀翰早期作品《烟花》等诗作中，象征性、梦幻性的情调实际上是为了体现诗人对散文诗体的追求，即摆脱旧体诗韵律的束缚而追求近代性的形态逻辑；由此发展下去，也就有必要使祖国独立的崇高命题成为一种理念，即表现为有力、生动的心境和积极向上、活泼明朗的形象。

> 伟大的祖国啊，我儿时的追忆，总牵动着我的美梦。沐浴在温带的春风里，我的心已融化。在桃树的绿荫里，我读着那伟大的历史，泪流满面——那是快乐的眼泪…… 那样的快乐如今已不再，在我的身旁，你已变得寻常。
>
> 但是，我伟大的祖国啊，在苦难和伤心的日子里，你的名字给我

① 该作品发表于『창조』4 口（1920 年 2 月），《歌剧》《支那少女》《公园에서》等 3 篇是一个系列。作者在发行诗集时，将书名改为『상해풍경』，身处异国的诗人对这个民族的生活带有一种主体的内在距离感和反省性的眼光，由此可见一斑。정한모，『한국현대시문학사』，일지사，1974，pp. 328 – 330.

以慰藉和勇气。

——《祖国》第一部分[①]

大韩的兄弟姐妹啊！

在汉阳城明媚的日子，独立万岁的呐喊如潮水涌来，当暴虐残忍的倭警把刀刺向你时，我看到了你可怜的双臂。

在水原花树里的茂密的草地上，暴虐之火只余下灰烬，我看到无辜的你，双腿惨遭野蛮倭兵的毒手。

——《大韩的兄弟姐妹啊》第一部分[②]

这些作品以笔名发表于《独立新闻》，完全是以散文体的形式写成，诗人用强烈的语调向特定的听者即朝鲜民众们发出号召，这种语言化的策略是显而易见的。这种尝试使朱耀翰的上海经历及其空间意义反映在他对诗的认识中，其对民族、民众的理念化也被奉为近代诗创作的指向。[③]

作为此理念的延伸，在这个时期，朱耀翰为了体现朝鲜诗的近代性而开始倡导“民众诗论”，以求超越近代初期浪漫主义诗歌的鉴赏性。在《致想要创作歌曲的人》中，朱耀翰通过创作民谣和童谣反映了民众的日常生活情感，同时也表现了朝鲜语特殊的美，而他正是以此作为朝鲜现代抒情诗的目标。在这里，他的观点可以概括为两种，一种是民族情绪的创造，另一种是体现朝鲜语的美学。

在这个初创期，我们没有鼎盛时代的势力，没有普通知识阶层的快速鉴赏能力，也没有成熟的诗歌形式，凭此就想空手创造什么新文学。这项工作虽然艰难，但同时也是有趣的。那么，这个新诗运动的追求目标是什么？在我看来，至少有两个目标：一是正确地诠释和表现民族情操与思想，二是重新发掘并塑造朝鲜语的美和力量。[④]

① 『独立新闻』，1920 年 6 月 1 日，作者署名为“송아지”（牛犊）。

② 『독립신문』，1920 年 3 月 1 日，作品名为“耀”，由此推定“송아지”（牛犊）就是朱耀翰。

③ 김윤식，『한국근대문학사상사』，한길사，1984，pp. 104 – 105.

④ 朱耀翰，「노래를 지으려는 이에게」，『조선문단』，1934. 10。

在上海期间，朱耀翰参与了独立运动，并将民谣与自己的民众世界观视为一体，他的诗论在韩国近代诗的发展过程中具有特殊的意义和地位。也就是说，考虑到他从一开始就拒绝中国的汉诗或时调，只想继承纯粹民族诗的传统形式和文体，他的诗学作为现代抒情诗的一种变革，有其自身的意义。因此，韩国现代诗在西方文学的现代潮流中也就拥有了作为诗的主体性和洞察力。

三　20世纪30年代诗人们的离乡、流浪的意象

九一八事变后，日本军国主义侵略战争进一步扩大，这使东北亚局势更加危急，同时也迫使无法承受土地掠夺和劳动力剥削的朝鲜民族失去了家园，成为前往间岛或满洲等地的流民。20 世纪 30 年代，韩国现代诗中值得关注的一个特征就是作品将故乡的问题加以形象化，将诗人们的存在性作为其理由。白石、李庸岳、吴长焕等诗人就是代表性的例子，他们通过作品展现了自己离乡和越境的生活，这一点尤为重要。

1. 他者的认识和丧失感——白石的作品

白石（原名白夔行）出生于平安北道的定州，1930 年在日本青山学院留学，1940 年作为诗人活动期间主要担任朝鲜日报社记者；1940 年初移居满洲，居住在新京（今长春市），解放后经新义州返回故乡。

白石的诗集《鹿》（1936 年）是一部描写故乡风土和人情世界的作品。在此期间，他又发表了《南行诗抄》《咸州诗抄》《西行诗抄》等连载诗，体现了其旅行动机和对身在异乡的他者生活的观察和反省。在移居新京期间，白石曾在“满洲国”军务院工作过一段时间，与《满鲜日报》[①] 有着密切的联系。这样的人生旅程促使生活在异乡的他加强了对自我存在的反省。

---

① 因为满洲很早就有 150 万 ~200 万名朝鲜人，所以日本帝国主义从政策上认识到有必要以他们为宣传对象。因此，通过该报纸的发行，坚决执行言论控制政策，实现“满鲜一如”的政治口号，谋求五族（朝鲜族、汉族、满族、蒙古族、日本族）协和。当时“满洲国”的文化政策以“满日文化协会”为文化运动中心，强调通过文化实现民族和谐，同时成立了更具政治性的组织“满洲协和会”，并提出“以王道为基础的国防合作、经济一体、政治独立为条件的东亚联盟”的纲领。参见서준섭「白石과 滿洲」，『한중인문학연구』第 19 辑，한중인문학회，2006，第 271 ~272 页。

向着遥远的过去，我走了，
走过夫余、肃慎、渤海、女真、辽、金，
走过兴安岭、阴山、阿穆尔、松花江，
背叛了虎、鹿和浣熊，
瞒着鳟鱼、鲇鱼和青蛙，我走了。

——《在北方》部分①

我像支那人那样沐浴，
无论殷、商、越，他们的子孙后裔，
都沐浴在同一个澡池，
来自不同国家的人，
大家赤身裸体，浸泡在水里。
世世代代，祖先们不相识，言语不通，衣食相异，
竟都一样赤身裸体，沐浴在一样的水里，
如此细想，真是凄凉。

——《在澡堂》部分②

以上作品展现了白石如何看待自己在他国的生活，我们由此也可以窥视，作为一名离乡者，他的社会历史生活是如何构建诗人的内在认识的。在孤独、凄凉的情绪中，置身于“他者”的存在中，这种对诗的主体的认识，实际上将“离开”的意义视为“遥远的过去”。与故乡的充实形成鲜明对比的异国的空虚，通过对自我距离感的时间化而表现出来，进而归结为丧失感。

但是，这个时期白石的作品之所以具有重要意义，是因为在“满洲”的空间里形成的生活认识，以及作为“他者”对中国人的关心与作为失乡人的存在都结合在一起的缘故。因此，在 20 世纪 40 年代白石的后期诗作中，充满了对中国人民和中国文化传统的关心和爱护，以及对中国邻居的

① 『문장』杂志，1940 年 7 月，副标题为“정현웅에게”。参见『백석전집』，김명인译，실천문학사，1997，第 115 页。

② 收入『인문평론』(1941 年 4 月)。参见『백석전집』，김명인译，실천문학사，1997，第 133 页。

怜悯和同类意识，进而营造出一种对命运进行反省和肯定的空间。[①]

2. 民族的流浪和回归——李庸岳的作品

李庸岳，1914 年生于咸镜北道镜城，其人生经历尤其不幸。他幼年时，从事贩卖私盐工作的父亲就去世了，李庸岳在极度贫困中长大，通过勤工俭学从京城高级中学毕业，1934 年进入上智大学新闻系，在贫困中度过留学生活。诗人的人生经历是描绘当时朝鲜民族生活的现实性和叙事性的要素。

《全罗道女孩》讲述了南方全罗道的一名女子和北方咸镜道的一名男子，离开故乡在已成为别国土地的间岛酒馆相遇的情景。下面引用的《老房子》也是融入了自传元素的叙事作品。

九岁那年，
猎狗追赶野鸡的冬天，
住在这里的一家七口，
杳无踪影，第二天早上，
只有北上的脚印，在雪地颤抖。

有人去了乌鸦岭，
有人去了俄罗斯，
邻家的老人指着那令人生畏的方向。

老房子已无人居住，
村里人却忌讳说是凶宅。
还记得，每到季节便果实累累，
满是诱人的杏子，
可如今，杏树上只留下字迹，
到了花开的季节，
在后院，没有一只蜜蜂飞来。

——《老房子》部分

---

① 서준섭,「白石과 滿洲」,『한중인문학연구』第 19 辑，한중인문학회，2006，第 277 ~ 282 页。

从这首诗可以看出，李庸岳以通俗、细腻的语言和缜密的叙事结构，描写了失去家园的殖民地人民的痛苦。新生命的诞生也不能令人喜悦，生活极度贫困的人们全都离开了，没有一个果实和花朵，“老房子”不知不觉间成了凶宅，真实地再现了被日本帝国主义践踏成废墟的朝鲜民族的生活现实。

这一时期，他的诗作凸显了风雪和寒冰，即由“冻土”“江（豆满江）”所构成的空间意象。从下面的诗句可以看出，作为认识的主体，诗人将其对现实存在性的迷茫的自我意识，通过不断的流浪转化为行动。

灯塔和我
都陷入了静默的思绪。
夜晚，不停地引诱着肤浅的梦，
不能往来的海参崴。

——《在离我们很近的港口》最后一节

我们的江啊，不要入睡，
今夜，悲痛踩踏着你的胸口，
饥渴冰雪的路途，又远且阻。

——《豆满江，我们的江》最后一节

值得注意的是，在李庸岳的诗中，这种流浪的路线是以祖国光复为起点的，这呈现了重新回归的历程。下面引用的作品堪称描写民族大迁徙的“回归之歌”，基于现实再现了光复前生活的记忆和历史。在这些作品中，“记忆叙事”① 通过诗人这个客观的观察者和叙事的陈述者得以具体化，从而为光复期现实意义的形象化做出了贡献。

乌龟从满洲来。厚厚的雪原，肆虐的寒风，任岁月流过，乌龟离开了满洲。岁月无心，春天来了，将爷爷埋在满洲，我流着泪，踏上

① 记忆将历史叙事化，而叙事让历史被记住，从这一点来看，记忆和叙事关系密切。特别是赋予事件以虚构情节，是我们完成该事件的叙事而对其他叙事采取的手段，也是为了忘却事件暴力的一种方式，因此记忆和叙事具有连锁性。参见오카 마라『기억 · 서사』，김병구译，소명출판，2004，第 169 页。

了回家的路。

离开满洲，涉过江水，又回到朝鲜，想在那被掠夺过的土地上耕种、读书，回到了祖国，却没有了故乡和房屋。

乌龟嚼着白菜根，嚼得香甜，望着黝黑的爸爸的脸，嚼着白菜根的乌龟，它在想什么？

初雪已降，新年将至，在屋舍绵延的南大门，不时地仰望天空，也许只有天空才如此美。

——《只有天空美》[1]

在这里，诗人以“乌龟回归”为叙事对象，提出了光复时期混乱的政局对民众意味着什么样的怀疑和批判。“络腮胡”的形象反映了当时流民的历史性和现实性，他们无条件地回归所谓的“祖国”，作者通过“乌龟回归”的叙事按时间的连续性将其再现，乌龟看向天空的视线也被描绘成客观的他者视线。本应通过清算日帝残余、对财产进行再分配来保障回归的同胞们的生计，但当时的现实状况却再次给他们带来了疏远和背叛，作品通过历史记忆再现了那一段历史。

四　日帝末期的抵抗诗和他者的空间性

20 世纪 30 年代后期，九一八事变和太平洋战争爆发，日本帝国主义的侵略战争给东北亚带来的极端局势，促使诗人们做出了个人和政治的决断，其中最具代表性的诗人就是李陆史和尹东柱。通常来说，李陆史的诗具有阳刚之气和豪放的大陆风貌，而尹东柱诗则具有细致、女性化的语调和深刻反省的内在性。他们的诗歌在韩国现代诗中具有重要意义，这是因为他们的诗歌都用温情而批判的反省语言表现出来，而日帝强占末期的历史空间则是这些诗的存在基础。

1. 越境和革命的实践——李陆史的作品

李陆史（原名李源倖），出生于朝鲜时代具有代表性的儒学中心——庆尚北道安东。受严谨的家风熏陶，李陆史很重视名节和大义，并将这种

① 参见『동아일보』（1947 年 1 月 7 日）。

传统的价值观内在化。[①] 1925 年，李陆史 22 岁的时候，在参与国民党正义部、大韩独立党军情署、义烈团等独立运动团体的李定基的领导下，他与大哥元基、弟弟元一等一起组织了秘密团体。1927 年，李陆史因朝鲜银行大邱分行投掷炸弹事件被捕入狱，后在担任朝鲜日报大邱分社记者期间正式投身独立运动。

1931 年，为了帮舅父许奎筹集独立运动的资金，李陆史去了满洲，九一八事变后一直停留在奉天，并与金斗奉交往。1932 年，他还见到了中国的文豪鲁迅。李陆史正式投身民族解放运动，可以说是从加入以金元奉为首的创建于南京的朝鲜革命军事政治干部学校开始的。就目前所知，其越境路线为“（安东）—大邱—北京—奉天—南京等地”。

“陆史”是诗人的笔名，可以说体现了其“面向大陆的历史生活”的精神性。就像他在《旷野》《绝顶》等作品中所说的那样，“在千古之下的旷野上放声高歌”，站在“疲惫至极，一步之遥的高原”和“剑光凛冽的地方”，这都具体表现了诗人超越历史时空的意志。在下面的诗句中，诗人宣示将遵守与同仁们的约定，从而对自己的历史认识进行了确认。

在东方，天空的尽头，
即便没有一滴雨，
花儿却开得那么明艳，
耗尽生命的日子。

在北方荒漠的清晨，
厚厚的雪中，萌动的花蕾，
在等待，一群乌黑的燕子飞来，
终不辜负，曾经的约定。

——《花》1、2 节[②]

① 祖父李仲直建立了“宝文义塾”，致力于教育；外祖父许衡（凡山）举家起义，走在抗日斗争的前列。参见조창환『이육사』，건국대출판부，1998，第 22 ~ 24 页。

② 该作品发表在解放后的『자유신문』（1945 年 12 月 17 日），但实际是在听到义烈团的同志尹世主于 1942 年在朝鲜义勇队河北支队胡家庄战斗中战死的消息后，于 1943 年前往北京时创作的作品。

与《旷野》《绝顶》等诗作一样，在李陆史的这首诗中，“花”所代表的意义并不仅在于强烈的生命意识和坚毅执着的意志，而在于唤起与生俱来的先于理念存在的情感，因此有其固有的价值意义。也就是说，从他在朝鲜革命军事政治干部学校的生活来看，将“花”、“血”和“革命”的身体感觉和心理相联系的观点①是有说服力的。在此背景下，他的诗所具有的历史记忆形象也被具体、现实地呈现出来。

2. 离乡和思念的终点——尹东柱的作品

尹东柱在韩中日三国流浪的悲剧生活经历广为人知。1917 年，他出生于北间岛明东村（吉林省和龙县明东村），先后就读于明东小学、龙井恩真中学，1938 年离开家乡，进入延禧专门学校。此后，1942 年前往日本，考入东京立教大学英文系，1943 年 7 月返乡前夕，因被指控为思想犯而遭到拘捕，关押在九州福冈监狱，后死于狱中。② 解放后，他的弟弟尹一柱和挚友郑炳旭将其遗稿整理汇编成《天空、风、星星和诗》（正音社，1948 年）一书刊行于世。

如此看来，与不断往返于韩半岛和中国大陆的李陆史相比，正如北间岛—平壤—龙井—京城—东京—京都—福冈—（哈尔滨）的行动路线所暗示的那样，诗人尹东柱的行踪反映了一种不断远离故乡的犹太人式的命运轨迹。尹东柱的诗包含了他对故乡的爱与思念，由此我们也可以看到其作品的人文主义精神背景。

> 妈妈，我给每一颗星星都起了美丽的名字，小学时曾经同桌的孩子的名字，佩、镜、玉这些异国少女们的名字，已经成了母亲的女孩们的名字，贫苦邻居们的名字，鸽子、小狗、兔子、骡子、小鹿，还有“弗朗西斯·雅姆”“赖内·玛利亚·里克尔”这些诗人的名字。
>
> 他们都在遥不可及的地方，

---

① 정우택认为，作为这个作品的创作背景，“花”曾出现在朝鲜革命军事政治干部学校时期广为传唱的《革命干部学校校歌》和《革命军歌》中，根据其寓意，该作品可谓是李陆史的思想总结和对诗的展望。参见정우택「조선혁명군사정치간부학교와 이육사, 그리고 <꽃>」,『한중인문학연구』第 46 辑，한중인문학회，2015，第 17～19 页。

② 据查，在关押期间，尹东柱成为日本为开发生化武器在中国哈尔滨设立的“731 部队”（正式名称：大日本帝国陆军防控水部本部）的实验对象。他的遗骸被送回故乡龙井安葬，与他的故居一起成为历史的记忆。

恍如隐约的星星那样遥远，
妈妈，还有您也在遥远的北间岛。
——《数星星的夜晚》部分

这首诗是1938年尹东柱在京城留学时的作品，诗人远离故乡和家人，如同夜空中相距遥远的星星一样，这种惋惜的情绪通过空间的距离感和孤独的自我反省表现出来。诗人通过一一“点名”思念的对象将记忆唤起，从而创造出一个代替物理空间的自我的内心空间。

这种内心空间是尹东柱诗中所固有的人类之爱，通过现实和批判的态度，这种情感作为一种意志性的认识而得以弘扬。在他的诗中，“思念”或“悲哀”的情绪不仅仅是单纯的浪漫性的表现，而是以高尚的精神形象表现出来。

窗外夜雨淅淅沥沥，
六叠房是别人的国度。

虽然早就知道所谓“诗人”的悲哀宿命，
可还是想写那么一行诗。

收到了装着学费的信封，
里面温暖地浸润着汗与爱的味道。

我夹着大学的笔记本，
去听老教授的课。

回想一下，我发现儿时的伙伴，
一个，两个，都再也找不回。

我到底想要什么？
只有我一个人在沉沦？
——《容易写成的诗》部分

在太平洋战争正酣之际，诗人留学殖民宗主国日本，自然会受到蔑视。在一个雨夜，诗人坐在寄宿家庭二楼的榻榻米房的窗边，倾诉着悲哀的自我反省。在离开家乡的过程中，极大的失落感为诗人创造了反省的空间，而这些诗意瞬间在“黑暗”的空间里创造了“灯火”和“如同时代来临的早晨”等未来空间。由此，诗人也可以通过“最后的我”和“最初的握手”来克服自我，并找回原来的空间。

从尹东柱的出生地来说，他已经具备了民族迁移的特性。在韩国文学史上，尹东柱是现代文学期最核心的诗人。① 但是，他的这种双重认同感，确实可以让他的诗免于时空距离感所引发的“不在的记忆”，同时通过记忆的遗忘，后世的历史记忆又重新构成了新的记忆。因此，这个时期诗人们的东亚体验在诗歌的形象化过程中有着非常重要的人文学意义。②

五　结语

综上所述，从民族共同体历史生活的总体形象化出发来看待韩国的现代诗，将诗本身放在诗人对现实的认识脉络中，可以使我们对文学史的理解和对作品的批判性解释在相互照应中得以实现。也就是说，将作品放在当时社会历史的发展中，以寻求其对个人和对共同体现实生活问题的有意义的价值解释。

围绕日帝强占初期即 20 世纪 20 年代的《独立新闻》，李光洙、朱耀翰等文人在上海的活动可以说具有启蒙性质。特别是，朱耀翰的“民众诗论”强调民族固有的情感，因此在这个意义上具有民族主义的倾向。

---

① 조성일、권철等编写的『조선족 문학 통사』（이회，1997，第 214 ~ 228 页）“제2편 현대문학”中，将尹东柱与金昌杰一起列为主要诗人；北京大学朝鲜文化研究所编写的『중국조선민족문화사대계2: 문학사』（민족출판사，2006，第 23 ~ 28 页）“제2장: 1931년부터 1945년까지의 시문학”特别介绍了尹东柱的诗。

② 其中，一个典型的事例就是与尹东柱诗碑或纪念馆（文学馆）建立相关的历史记忆问题。尹东柱诗碑分别位于首尔延世大学校园和北汉山环路，龙井故居纪念馆及龙井中学校园，以及京都同志社大学。由此，尹东柱获得了“国家一员”“民族历史”“和平愿望”的象征意义，也重新填补了记忆的缝隙，而这些评价可谓意义深远。김신정，「尹东柱」，정지영等编『동아시아 기억의 장』，삼인，2015，第 269 ~ 303 页。

但是，随着日本殖民统治的持续，1930年后日帝的军国主义战略得到加强，土地掠夺和劳动力剥削不断扩大，满洲和间岛地区的移民数量呈几何级数增长。在此背景下，白石、李庸岳等这一时期的诗人将离乡、流浪的生活及其历史性加以语言化，因此，他们的诗已不再是单纯的理念指向的诗文学，而是基于历史生活的现实主义形象的诗学，同时也是他们在客观的观察和感性的表达中，对他人的认识和对从异乡彻底的个人孤独中寻找到的共同体生活的重新认识。

20世纪40年代太平洋战争前后，李陆史、尹东柱的诗是展现不断越境、离乡并达到顶峰的代表性事例。诗人们的旅程伴随着对自身的历史存在感进行的反省以及通过决断和意志所表现出的价值意义，由此看来，我们绝不能将其意义局限在“民族迁移”上。由日帝强占时期韩国现代诗的历史，我们可以一窥其作为民族文学的无可超越的精彩性，同时也可以从人文主义的角度来认识诗歌文学创造的生活价值。

杨红静 译

参考文献

구인환 외，『문학교육론』（제4판），삼지원，2009.

김윤식，『한국근대문학사상사』，한길사，1984.

김재용 엮음，『백석전집』，실천문학사，1997.

변학수，『문학적 기억의 탄생』，열린책들，2008.

이숭원，『백석 시의 심층적 탐구』，태학사，2006.

정지영 외 편，『동아시아 기억의 장』，삼인，2015.

정한모，『한국현대시문학사』，일지사，1974.

조창환，『이육사』，건국대출판부，1998.

루드비히 비트겐슈타인，이영철 옮김，『문화와 가치』，책세상，2006.

오카 마리，김병구 옮김，『기억・서사』，소명출판，2004.

조셉 블레이처，『해석학적 상상력』，이한우 역，문예출판사，1989.

박윤우，「전후 모더니즘 시의 가치 인식과 문학사교육」，『문학교육학』34호，한국문학교육학회，2011.

정우택，「조선혁명군사정치간부학교와 이육사，그리고 <꽃>」，『한중인문학연구』제46집，한중인문학회，2015.

朝鲜后期韩文坊刻本《水浒传》的特征

〔韩〕俞春东

（韩国江原大学国文专业教授）

韩国古典文学研究者之所以对《水浒传》感兴趣，是因为李植提出《水浒传》是《洪吉童传》的渊源。这种倾向从金泰俊[①]就已经开始了。因此，现在韩国学术界对《水浒传》的研究核心是将其与《洪吉童传》进行比较。

现在，在韩国主要的图书馆藏有原本《水浒传》，为了解读原本《水浒传》而制作的语录解，还有将原本翻译成韩文的众多翻译本。从时间上看，现有《水浒传》翻译本从朝鲜时代开始一直到日本殖民时期陆续出现。从种类上看，分为手抄本、彩印本 、坊刻本和活版本。这些翻译本分为 100 回本、120 回本和 70 回本。

值得注意的是，《水浒传》大部分的译本都是商业出版物。因此，针对《水浒传》翻译本的研究不能只是单纯地接受或者观察翻译的状况，还要考虑到其作为商业出版物的性质。本文讨论的是《水浒传》的坊刻本。坊刻本其实是朝鲜时代为了追求商业利益而使用木版印出来的版本。坊刻本《水浒传》的出版印证了这部小说在朝鲜时代百姓中广为流传。

坊刻本《水浒传》在当时首都汉阳有京板本出版。京板本有《两卷两书本》和《三卷三书本》两种。[②]《三卷三书本》是将《两卷两书本》作为分卷而制作的。《水浒志卷其一》《校对本两书本》各卷的卷名为“水

① 〔韩〕金泰俊：《朝鲜小说史》，学艺出版社，1939；金泰俊著，朴熙炳校注，《朝鲜小说史增补校注》，韩吉出版社。

② 京板本的详细内容参见〔韩〕俞春东《坊刻本〈水浒传〉的坊刻版特征的研究》，《印象古典研究》第 32 期，2010。

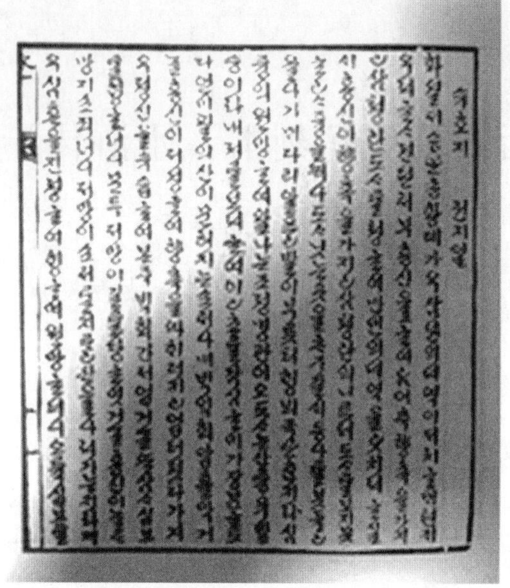

浒传上”和“水浒传下”，卷首题和卷末题都有“水一”“水二”的标注。两卷每半页有十五行，共三十一章。卷一上有刊期为“庚申”。

以下分别介绍京板本《水浒传》翻译底本/翻译本分类。

1. 京板本《水浒传》翻译底本

京板本最后一卷只收录了“高俅出兵讨伐梁山泊”之前的内容。这包括100回本、120回本和70回本所有相关的前53回的内容。翻译的方式不是将原本逐字翻译，而是对其进行缩略，内容方面也发生了很大改变。因此，京板本的底本目前还不能肯定。

但可以肯定的是并没有翻译100回本版本。通过在120回本中可以看到“宋江得知济州府捉拿晁盖的公文后，正处于苦闷之际遇见了王波并得到帮助后，又遇见了刘唐”等这类的内容。

ᄎᆞ셜. 송강이 평싱 지물ᄅᆞᆯ 앗기지 아니며 남의 혼샹의 구비ᄒᆞ기ᄅᆞᆯ 슝샹ᄒᆞ더니 , 고을 ᄉᆞᄅᆞᆷ 념파의 지ᄋᆞ비 죽으미 송강이 장ᄉᆞᄅᆞᆯ 지ᄂᆡ여 주거ᄂᆞᆯ 념픠 송강을 은인이라 ᄒᆞ여 제 ᄯᆞᆯ 파셕으로 쳡을 삼은 후 , 파셕이 장삼을 ᄉᆞ통ᄒᆞ여 송강의게 졍이 바히 업스미 , 송강이 그 ᄉᆞ긔ᄅᆞᆯ 싀치고 종젹을 ᄭᅳᆫ허 왕ᄂᆡ치 아니터라. (…中略…)

유장이 칼 ᄎᆞ고 젼닙 쓰고 산의 ᄂᆞ려 화음현 압히 가 송강을 맛ᄂᆞᆫ 졀ᄒᆞᆫᄃᆡ , (…中略…)

송강이 유장을 보니고 〃올노 도라오더니 길의셔 념파ᄅᆞᆯ 맛ᄂᆞ미 픠왈 , "요ᄉᆞ히 압시 엇지 아니오ᄂᆞ뇨? 금일 나와 한가지로 가ᄌᆞ." ᄒᆞ며 , 웃ᄉᆞ미ᄅᆞᆯ 닛글거ᄂᆞᆯ 송강이 념파의게 붓잡힌 비 되여 마지 못ᄒᆞ여 파셕의 집의 니ᄅᆞ러 청상의 안즈미 , 념피 파셕을 불너 왈 , "너희 ᄉᆞ랑ᄒᆞ는 삼낭이 왓스니 나오라."(京板本 <卷1> , 18章 前叶)

通过上面给出的例文可以看出京板本不是根据 100 回本翻译出来的。因此，京板本的底本是 120 回本或者 70 回本中的一个。但是因为终断于 53 回，所以无从考察。我们无法明确京板本是以哪一个版本为基础进行翻译的。需要注意的是商业出版物中细册本和活版本是以 120 回本作为底本的。考虑到京板本《水浒传》与一般商业出版物的关系，以 120 回本作为底本的可能性较大。

这可以从京板本的特征来类推。京板本虽然只是缩略本，但也有部分接近原本内容的表述。我们可以从武松、李逵、石秀和杨雄的典型的例子进行论证。首先武松的故事取材于中译本第 21～26 回的内容。从武松遇见宋江的场景开始，武松在景阳冈打虎、武松因此被授予官职后与其兄武大见面、潘金莲与西门庆行淫、二人毒杀武大以及武松杀死二人，这些场景在京板本中几乎都被原汁原味地展现出来。

与李逵有关的故事也与此相似，详细描绘了原本第 41～42 回中的部分场景。李逵为伺候老母亲暂时离开梁山泊、遇到假李逵、老母因虎患而死、为老母报仇而杀虎，详细记录了他为公为私而受尽苦楚的场景。

而石秀与杨雄合杀潘巧云、加入梁山泊的场景，也被如实地还原了。原本第 43～45 回记录了石秀寄居杨雄家中，杨雄妻子潘巧云与僧侣裴如海私通，石秀得知后为了杨雄的名誉杀了裴如海，杨雄怒杀妻子，以及他们到达梁山泊的场景。这些场景在京刻本中都有详细的展现。

京板本集中刊出《水浒传》生动有趣的内容，目的是吸引读者，这是与之前出版的商业出版物或其他手抄本的区别。由于底本相同，各商业出版物从底本中吸取了必要的成分，并将不需要的部分删减，从而形成一个独立的文本，这是为了提高竞争力而设计的做法。因此，京板本应该是在120 回本的基础上制作的。

2. 京板本翻译的趋势和特点

京板本《水浒传》是 120 回内容中大约 53 回的缩略。原本每一回的内容在京板本都被缩略为两页左右的篇幅。[①] 而在 120 回本中看到的诗、词、评语、插页诗、信函、奏折句等都被省略了。同时，根据 120 回本中 108 位人物在书中的比重，有选择性地登场了部分人物。在这种情况下，人名大多与原本一致，但比重稍弱的人物，在翻译过程中也会被随意取名。让我们来看下面的例子。

> 第一回　张天师祈禳瘟疫 洪太尉误走妖魔
>
> 话说，大宋仁宗天子在位，嘉祐三年三月三日五更三点，天子驾坐紫宸殿，受百官朝贺。(……中略……)，当有殿头官喝道，“有事出班早奏，无事卷帘退朝”。只见班部丛中，宰相赵哲，参政文彦博，出班奏曰，“目今京师瘟疫盛行，民不聊生，伤损军民多矣。伏望陛下释罪宽恩，省刑薄税，以禳天灾，救济万民”。天子听奏，急敕翰林院随即草诏，一面降赦天下罪囚，应有民间税赋，悉皆赦免，一面命在京宫观寺院，修设好事禳灾。不料其年瘟疫转盛。仁宗天子闻知，龙体不安，复会百官计议。向那班部中，有一大臣，越班启奏。天子看时，乃是参知政事范仲淹，拜罢起居，奏曰，“目今天灾盛行，军民涂炭，日夕不能聊生。以臣愚意，要禳此灾，可宣嗣汉天师星夜临朝，就京师禁院，修设三千六百分罗天大醮，奏闻上帝，可以禳保民间瘟疫。”仁宗天子准奏。急令翰林学士草诏一道，天子御笔亲书，并降御香一炷，钦差内外提点殿前太尉洪信为天使，前往江西信州龙虎山，宣请嗣汉天师张真人，星夜临朝，祈禳瘟疫。就金殿上焚起御香，亲将丹诏付与洪太尉为使，即便登程前去。(……后略……)(120 回本，第一回)

---

① 〔韩〕俞春东:《坊刻本〈水浒传〉的坊刻版特征的研究》,《印象古典研究》第 32 期，2010，第 296 ~ 300 页。

슈호지 권지일. 화셜. ᄃᆡ송 인종황뎨 가우 삼년의 녀역이 ᄃᆡ치ᄒᆞ미 텬ᄌᆡ 우려ᄒᆞᄉᆞ 젼뎐ᄐᆡ부 홍신으로 ᄒᆞ여곰 어측향촉을 가지고 삼청관도서를 청ᄒᆞ여 만민의 녀역을 곳치려 ᄒᆞ실ᄉᆡ(…中略…)
(京板本 <卷1> , 1章 前叶)

上面给出的例文为120回本和京板本第1回的部分内容。在120回本中，首先出现引言、开场诗和插入诗，而在京板本中被删减了，直接开始第1回。京板本并没有原封不动地翻译中译本的内容，而是仅对核心内容进行了缩写与翻译。

通过给出的例文，可以看到京板本中人名是如何呈现的。以洪信为例，120回本与京板本一致，而嗣汉天师张真人仅以“三清观道士”记载。在第1回中，最重要的人物是洪信，他开启了伏魔殿，将108个妖魔送入世间。另一方面，张真人是一个比重相对较弱的人物。在京板本中，考虑到这一点，只是模糊地提出了张真人的名字。像这样处理比重较弱的人物名字的情况，在京板本中颇为常见。

3. 译本的整体特征

坊刻本《水浒传》很可能是以原本《忠义水浒传》为底本的，所以通过两本的对比，来看看坊刻本《水浒传》的整体特征。

如果将坊刻本《水浒传》与原本《忠义水浒传》进行对照，坊刻本《水浒传》在原本120回的内容中，大概缩略了53回的内容。原本的每一回在坊刻本中大约缩略了两页。然后省略了《忠义水浒传》中的诗、词、评语、插入诗、书信、上疏文等内容。同时，在《忠义水浒传》中登场的108个人物并不是全部登场，而是考虑到对故事内容的重要性，只登场了一部分人物，人名大都与原著一致，但比重较弱的人物在翻译过程中任意取名。具体表现参见例文如下。

第一回　张天师祈禳瘟疫 洪太尉误走妖魔

话说，大宋仁宗天子在位，嘉祐三年三月三日五更三点，天子驾坐紫宸殿，受百官朝贺。(……中略……)，当有殿头官喝道，“有事出班早奏，无事卷帘退朝”。只见班部丛中，宰相赵哲，参政文彦博出班奏曰，“目今京师瘟疫盛行，伤损军民甚多。伏望陛下释罪宽恩，省刑薄税，祈禳天灾，救济万民"。天子听奏，急敕翰林院随即草诏，一面降赦天下罪囚，应有民间税赋，悉皆赦免，一面命在京宫观寺院，修设好事禳灾。不料其年瘟疫转盛，仁宗天子闻知，龙体不安，复会百官计议。向那班部中，有一大臣，越班启奏。天子看时，乃是参知政事范仲淹，拜罢起居，奏曰，"目今天灾盛行，军民涂炭，日夕不能聊生。以臣愚意，要禳此灾，可宣嗣汉天师星夜临朝，就京师禁院，修设三千六百分罗天大醮，奏闻上帝，可以禳保民间瘟疫。"仁宗天子准奏。急令翰林学士草诏一道，天子御笔亲书，并降御香一炷，钦差内外提点殿前太尉洪信为天使，前往江西信州龙虎山，宣请嗣汉天师张真人，星夜来朝，祈禳瘟疫。就金殿上焚起御香，亲将丹诏付与洪太尉，即便登程前去。(……后略……)[①]

以上所示的例文是原本《忠义水浒传》和坊刻本《水浒传》的开头，可以看出，在原本中会首先提出引言、开市、插入诗等内容，然后开始第一回，而上例没有提出，坊刻本《水浒传》中省略了这一点，直接进入内容。另外，坊刻本《水浒传》的内容不是对中译本原封不动地翻译，而是缩略了其核心内容进行翻译。

如果将坊刻本《水浒传》与原本对照，就会发现很多地方都进行了改动。下面的坊刻本《水浒传》的例文相当于原本的第 20 回。

原本刊道："宋江杀死阎婆惜后，立即躲避家中。得知此事的阎婆惜的母亲和张文远到官府告发宋江杀妻之实。于是，官府紧急派遣衙役抓捕宋江，但出于与宋江的交情，并没有真正逮捕他。对此感到愤怒的张文远再次上报上一级的州府，再次告宋江之罪，得知此事的宋江这时才逃到柴进家"。但在坊刻本《水浒传》中，这一情节的处理和原本略有不同，坊刻本将这一情节设定为宋江杀死阎婆惜后直接逃往柴进家。还有本来是宋江杀死阎婆惜后马上发生的事情，但是处理成了后面发生的事件。[②] 除了原本的核心内容，将书中必要的部分进行了适当改写。

---

① 李泉、张永鑫：《水浒全传校注》，里仁书局，1994，第 1～2 章。

② 最具代表性的例子是 29 章后叶、30 章前叶、43 章前叶和 14 章后叶部分。

4. 坊刻本的翻译形式

坊刻本《水浒传》不仅只是简略翻译了中国版本的核心内容，并且对必要的部分进行了适当的改写，特别需要注意的是较大程度地删减了原版内容。这种删减翻译情况的共同点是：第一，删减推迟叙事的繁冗情节；第二，删减杀人等残忍的场面；第三，删减杀死官军的内容。

首先，坊刻本对原本第 4 回、第 5 回、第 26 回的删减是最典型的例子。原本第 4 回和第 5 回讲述的是鲁智深被赶出文殊院，在前往东京相国寺的途中经历的事情。在此过程中，鲁智深为营救因桃花山山贼陷入困境的柳太公的女儿而男扮女装，经历了中途陷入困境的波折后，最终化解危机。[①] 此后，鲁智深进入瓦罐寺这一情节引出了驱除妖僧崔道成和丘小乙的内容。

第 4 回和第 5 回是以鲁智深为重要角色进行叙事的章节，是该书引起读者兴趣的重要篇目。但是原著第 6 回中鲁智深与林冲见面的内容反而妨碍了全文叙事。于是，坊刻本《水浒传》将这一部分内容全部删去。此外，《水浒传》中主人公的勇力展示、武术对决和战斗场面也被全部删去，因为该内容与全书的叙事没有太大关系。例如，第 1 回中王进和史进二人，通过武术对决，最终出现了师徒行礼的内容，而坊刻本则删除了冗长的说明和具体描述，改成了王进用一句话让史进向他道歉并拜师的情节。可见，坊刻本省略了对过程的详细描述，只向读者展示结果。

其次，以坊刻本对原本第 26 回的删减为例。中译本第 26 回讲述的是张青在经营客栈之余，卖给在这里停留的客官人肉包子的内容。比起杀人犯罪，用人肉做包子的内容会让读者产生更深的厌恶感，所以译者在坊刻本中删减了该内容。在第 25 回中，删减了武松把毒杀自己哥哥的奸夫淫妇潘金莲和西门庆残忍杀害的场面，并且删减了梁山泊的盗贼肆无忌惮地残忍杀害人的场面。可见，坊刻本对暴力血腥内容适当地进行了删减，避免了详细的描写。

最后，以坊刻本对原本第 19 回、第 30 回、第 35 回的删减为例。原本第 19 回是济州官府为抓到进入梁山的梁山泊而派遣官兵的内容，第 30 回

① 왕진이 ᄋᆞᆨ히 보다가 ᄃᆡ쇼ᄒᆞ니 쇼년이 ᄃᆡ로ᄒᆞ여 치고져 ᄒᆞ거ᄂᆞᆯ 왕진 왈．그ᄃᆡ 앗가온 ᄌᆡ조로ᄡᅥ 스승을 못 만낫기로 한ᄒᆞ노라. 쇼년이 졍ᄒᆞ여 상좌의 안치고 ᄌᆡ비ᄒᆞ거ᄂᆞᆯ(京板本<卷1> 3章前叶 ~ 3章后叶)

是武松在杀死张都监和蒋门神的过程中，与官兵对峙，并杀死官兵的内容，第35回是济州府为抓到宋江而派遣官兵的内容。在坊刻本《水浒传》中将这一部分的情节进行了删减和改写，将梁山泊的盗贼们与官兵作战的场面处理成了与平民斗争或残杀平民的场面。

在《水浒传》中登场了108名之多的人物，如果不仔细阅读，就无法理解人物的行动。而且登场人物杀人和吃人肉的残忍行为在伦理上存在很多问题，并且，部分场面存有革命性的内容，因而会引起既得利益阶层的抗议。在翻译成本的过程中，以及在简短的概括过程中，如何将这些部分进行概括翻译，是左右该译本性质的重要部分。坊刻本译者果断地对这些情节进行删减，最大限度地避免了该书在流通时可能发生的争议。[①]

杨宁 译

参考文献

古本小说集成编辑委员会编《李卓吾先生评忠义水浒传》，上海古籍出版社，1992。

古本小说集成编辑委员会编《钟伯敬评水浒传》，上海古籍出版社，1992。

古本小说集成编辑委员会编《第五才子书水浒传》，上海古籍出版社，1992。

（明）施耐庵、罗贯中：《容与堂本水浒传》，上海古籍出版社，1988。

〔韩〕金东旭：《影印古典小说坊刻本全集》，韩国延世大学人文科学研究所，1976。

〔韩〕俞春东、朴宰渊：《忠义水浒传》，韩国鲜文大学文献翻译研究所，2007。

〔韩〕俞春东：《朝鲜时代水浒传的接受研究》，报告社，2014。

韩国武乐古典小说资料研究汇编《韩国古典小说相关资料集Ⅰ》，太学社，2001。

韩国武乐古典小说资料研究汇编《韩国古典小说相关资料集II》，理事会，2005。

① 坊刻本译者表示，如果不删减这些情节，从这本书流通时引发的争议记录来看，朝鲜的士大夫们不能读这部小说，理由是其含有颠覆社会的内容。相关内容参见韩国武乐古典小说资料研究汇编《韩国古典小说相关资料集Ⅰ》，太学社，2001，《水浒传》报道。

历史

美国学者魏斐德的明清鼎革研究简析

张德明

（中国社会科学院历史理论研究所
海外中国学研究室副研究员）

魏斐德（F. E. Wakeman，1937～2006）为美国著名的汉学家、历史学家，与史景迁（J. D. Spence）、孔飞力（P. A. Kuhn）并称美国“汉学三杰”。魏斐德长期从事中国历史的研究，一生著作颇丰，在明清史、中国近代史、上海史、现代中国人物研究等方面都有经典作品问世。特别是他对明清鼎革史有专门研究，在《洪业：清朝开国史》（以下简称《洪业》）为代表的著作中有专门论述，并且解读颇有新意。为此，本文将以魏斐德的相关研究为中心，考察其关于明清嬗变研究的认识，对其关于明清两朝的变化与持续进行分析，以从外国学者的视角观察明清的朝代更替。

一　多角度考察明清鼎革原因

明清鼎革作为中国历史上的重大事件，魏斐德在《洪业》一书的前言开篇对此给予了中肯概括，认为并不是突如其来的偶然事件。他指出：“1644 年明朝的灭亡和清朝的勃兴，是中国历史上所有改朝换代事件中最富戏剧性的一幕……无论是我们现在所持的公正观点，还是当时在明朝臣民和清朝征服者中流行的观点，都承认 1644 年的事变，肯定是 17 世纪明朝商业经济萎缩、社会秩序崩溃、清朝政权日益强大这一漫长进程的组成部分。”①

魏斐德将明清鼎革放在全球史背景下考察，将中国放在世界性的网络中进行比较研究，其从17世纪世界的危机入手进行解读颇有新意。在他看来，明朝的崩溃，不仅仅由宫廷政治所导致，也与气候的变化、白银进口遭阻、江南士大夫的思想运动，以及在东北边疆满人中新兴的民族、政治、军事机构有关。② 他还从社会经济方面解释政治事件，强调17世纪中叶的全球经济萧条促使明朝依赖的白银进口减少，导致通货膨胀、财政赤字的出现。同时他也看到，国际市场丝绸贸易的萎缩，也使盛产丝绸的江浙地区商品经济大受影响，加之大量士绅逃避赋税，进而加速了明末经济的崩溃（前言第2页）。他还认为17世纪中叶全球气候变冷，使得明朝农民收成减产，粮食的匮乏进而导致价格暴涨，而且当时中国各种饥荒、蝗灾、天花等灾荒与疾病的流行，人口大量死亡，种种因素促成了农民起义的爆发，为明朝灭亡埋下了伏笔。特别是谷物供应缺乏导致东北地区的满族部落对朝鲜的侵袭不断扩张，并越过长城，寻求战利品、贡物和奴隶。③

对于明朝的灭亡，魏斐德还进行了详细的分析。他并非简单地将明朝灭亡归咎于宦官和佞臣之祸国，而是从历史的长时段进行考察，认为："三个多世纪以来的滥用职权和失败的改革，已将土地赋税系统变成富人的避难所和穷人的灾难。朝廷只能牺牲皇帝的名望，通过征收商业税，来满足不断增加的边防军费。而这样做，就不得不疏远有影响力的地方士绅，目光短浅的经济举措也危害到了公共事业。而且急剧增长的军费致使朝廷财政枯竭”。④ 他还对于明末政府官员的空想改革给予批评："使明朝陷入困境的原因之一，是那些充满空想的大臣一次次地提出不切实际的总体改革建议，却不重视日常的具体行政措施。大臣们经常为他们的平庸无能辩解，对其贪污腐败表示痛心悔恨，夸张官僚的苦衷——而对迫切紧要的改革只提出过于简单空洞的计划。”（第145页）在明清更替中，他还关

---

① 〔美〕魏斐德：《洪业：清朝开国史》，陈苏镇、薄小莹等译，新星出版社，2018，前言第1页。后文引自该书内容的，均只在正文注明页码。

② 王平：《世界的魏斐德：中国学研究的理论与方法——访周锡瑞教授》，《历史教学问题》2009年第4期，第30页。

③ 〔美〕魏斐德：《讲述中国历史》（上卷），梁禾主编，东方出版社，2008，第135页。

④ 〔美〕魏斐德：《中华帝国的衰落》，梅静译，民主与建设出版社，2017，第65页。

注了明朝统治者个人因素的影响，认为："即使很难衡量出皇权在抵抗上文分析的全球性经济萧条时施政恶劣所带来的相应代价，但毫无疑问，统治者个人的奢侈嗜好还是间接地增加了老百姓的经济负担"。[①]

魏斐德还关注了明清鼎革过程中李自成的大顺政权及南明政权。如对李自成攻入北京后的新君臣关系，他分析称："李自成确实意识到明朝大臣的腐败，但要完全按儒家提倡的上古贤君的标准去做，又十分困难。事实上，闯王确实在尽力改善他与新臣属间的关系，但这对儒家理想的君臣关系来说，极而言之不过是一种可笑的伪装，甚至可以说是一种残酷的嘲弄"。（第 167 页）对于清军 1644 年攻入北京，赶走李自成起义军，并安葬崇祯，他认为："清朝像是在追究弑君者的责任，开始了合法的统治，因为清廷保证要彻底消灭毁掉明朝的叛军。因此，清朝成了明朝的合法后继，大顺政权仅仅作为一个叛军起义被记载在历史上"。[②] 而对于苟延残喘的南明小朝廷，他则指出："消极的抵抗的确还延续了许多年，这主要体现了一种对已亡的明朝的特别忠诚，而非意在反满排外，或是对汉统治的效忠"。[③]

二　对清初满汉平衡政策的解读

魏斐德还从社会控制视角考察明清鼎革，认为明清嬗变的根本原因在于明朝已经无力控制中国社会的正常秩序，而清朝则通过满汉平衡的统治政策，在中国重新建立了统治秩序。而且他将清初的社会控制关注点放在上层士绅与官员阶层，认为清朝统治者采取满汉合作，利用儒家观念治国，在汉族官员士绅的帮助下，才得以确立在全国的统治，并在《洪业》中对此进行了重点论述。

清朝占领全国过程中，有大批汉族官员、军人投诚，背叛明朝政权，效忠清朝，直接加速了其灭亡。而魏斐德《洪业》一书的中心概念即是"忠"的问题，他在该书中对以洪承畴、史可法为代表的明清官员是如何

① 〔美〕魏斐德：《讲述中国历史》（上卷），梁禾主编，东方出版社，2008，第 44 页。
② 〔美〕魏斐德：《讲述中国历史》（上卷），梁禾主编，东方出版社，2008，第 132 页。
③ 〔美〕魏斐德：《远航：魏斐德演讲访谈录》，梁禾编，新星出版社，2018，第 182 页。

体现忠进行了描写，他叙述了满汉各方坚持以某种方式来献身于忠的男女们，尽量将这些“具体现象”置于相应的时代背景中，从而导致了一种叙事形式，它使剧情从华中延伸到东北边远地区，交替出现于各种篇章，直至汇于北方首都，直至另一代忠臣奋斗在南方呈现。[①] 魏斐德还分析了明末清初士大夫阶层的矛盾心态，称：“明朝的忠臣们在继续强烈反对入清朝为官的同时，也能注意到那些通过与满族合作来完成其士大夫之使命的汉族同胞正逐渐取得具体的成就，后者实际上正在进行晚明士大夫想进行但未能完成的财政、法律和经济改革。那么，他们所坚持的最终的善是什么呢？是作为明朝忠臣而蔑视清廷，还是那种拒绝为清朝效力但终究空虚无力的姿态？”（第 702 页）这些道德上的困惑也普遍存在于明朝遗老的心中，引发了他们对传统忠君思想的反思。

魏斐德重点论述了多尔衮采取的满汉平衡政策。在入关之前，多尔衮为后金政权的吏部尚书，他认识到满洲人要想占领北京，除军事支持外，还得需要建立忠诚的文官政府体系。故他重视吸引叛降汉人的追随，设法接见了所有杰出的汉人战俘，让受教育程度较高、有才干的人任官职。[②] 他的这种政策引起了满洲贵族的不满，且这些情绪在清军入关后继续存在。魏斐德指出：“占领北京并没有结束多尔衮与满族勋贵之间的冲突……但政权的汉化是不可避免的，要想成功统治汉人，就得满足他们的要求，如此一来，势必会侵害到满族亲贵的特权。多尔衮积蓄汉人支持的同时，便削弱了满族王公的权力。”[③] 而且清初满汉精英之间仍存在尖锐矛盾，他对此分析指出：顺治统治时，“满洲诸亲贵也认为皇帝对高傲的汉人精英过于卑顺，因此逐渐滋生强烈的反汉情绪，然而，贵族们的反应只是促使顺治更倾向于汉人的治国方式。以前，他一直相信遵循儒家观念的满汉共治，如今却完全向明朝的权力模式倾斜”。[④] 多尔衮则在满汉之间充当调解人角色，协调双方矛盾。魏斐德对其维系满汉关系分析道：“纵然多尔衮猜疑像钱谦益这样的归附者，特别是如果他们与江南士绅有密切交往的话；但他也充分地认识到，不应让这种猜疑来妨碍自己尽可能地利用这些人，以

① 〔美〕魏斐德：《讲述中国历史》，梁禾译，《史林》2001 年第 3 期，第 8 页。
② 〔美〕魏斐德：《中华帝国的衰落》，梅静译，民主与建设出版社，2017，第 80 页。
③ 〔美〕魏斐德：《中华帝国的衰落》，梅静译，民主与建设出版社，2017，第 84 页。
④ 〔美〕魏斐德：《中华帝国的衰落》，梅静译，民主与建设出版社，2017，第 85 页。

增强他自己的势力和权威。如果其他满洲亲王对汉族归附者表示极端的不信任，那么在大多数时间内，多尔衮总是以这些人的保护者的面目出现的。”（第 581 页）实际上正是由于多尔衮在满汉官员之间的协调，确保了清初政坛的平稳运转，魏斐德的分析较有道理。

清军在攻占内地过程中，许多汉人放弃抵抗投降，也有史可法等人坚决抵抗。魏斐德则对满人对此情况的态度分析称：“可以发现，满人自己在私下里对那些改换门庭的汉人相当地蔑视。一方面，他们的征服得到那些自愿投降的人的帮助，而且像多铎这样的人能极为熟练地运用礼貌的言辞来使那些降官们相信，他们的决定将得到敬重，他们个人也将受到礼遇；另一方面，满族首领对那种抵制投降的精神也表现了极大的赞赏。”（第 372 页）他的解读可谓十分到位，反映了清初满人的复杂心态。清朝入关后，很多汉族官员保留了原有官职，甚至还有人得到高升，魏斐德还对清廷大量使用汉族官员带来的影响进行了解读，并对官员任命分析称：“从东北带来了一大批老练能干的汉官，再加上满族将领们，最早担任了各部的尚书、侍郎。”然而，官僚体制的要津、各司郎中，是从满人入京后归顺的“新人”中选任的。在此之下，中央的低级部门与地方政府中的下级官吏，几乎都是清朝占领该地后随即就投顺了的那种人。“帝国官僚机器的行政职员如此迅速地转而效忠新主，大大促进了清朝早期征服的巩固。”（第 281 页）当然，大量的投诚汉族官员也遗留有很多明代官场弊病，同样在清初官场上得到了体现，影响了清初政权的官僚素质。

魏斐德对清朝在统一全国、稳固政权过程中，汉人起的重要作用给予了详细分析。他敏锐地指出：“在不同时期，这些汉人扮演的角色有所不同，而且他们的社会背景也与那接二连三的征服相符：那些早期就住在满洲的汉人，他们在努尔哈赤兴起之时就采用了贵族部落的满族人身份；那些在辽东军事诸侯在东北几省被控制后组成了一支新的自己的精英汉人旗的人；北方的汉族乡绅以帮助多尔衮接管北京的中央政府为交换，而获得了较高的政治地位；江南士绅们为促进以行政而非屠城和战斗的方式征服南方接受了绥靖御史的角色。”[①] 而且汉人在政权中起到维系清廷统治的特殊作用，对于清初满汉间的复杂关系，他还分析称：“满族的君主若不联

① 〔美〕魏斐德：《讲述中国历史》（上卷），梁禾主编，东方出版社，2008，第 49 页。

合汉官，去击败本族的贵族势力，便不可能有所作为；但他们也意识到，若全按汉族传统方式进行统治，则会变得过于汉化，从而失去本族人民对他们的忠诚和爱戴。他们十分感激与其合作的汉人教会了他们如何按儒家方式统治中国，又同样地轻蔑这些明朝的叛徒，鄙视其苟且偷生，谴责其变节卖国”。（前言第 7～8 页）此类解读非常精辟地反映了清初的官场情况。

清军攻占全国的过程中，有吴三桂为代表的大量汉族军人将士投诚，虽然清廷加快了统一中国，但也影响了清初的权力格局。魏斐德看到了汉族军人投诚清廷导致的不良影响，他认为：“如果没有汉人的军事合作的帮助，满族人是不可能征服中原的。而这种征服，随即又恢复了汉人降官的权力……清人在华北与中原的胜利，既没有终止对汉族军人的需要，也没有剥夺他们的权力。中央政府与地方军人的这种对立，直到 70 年代‘三藩’叛乱时才得到最终的解决”。（第 266～267 页）他还称满人重用汉族军人，并未预见到危险后果，从而使吴三桂等三藩的权力过大，且丧失了满人对军权的垄断。对于汉人参与清廷军事，他还指出：“皇帝决定让汉人参与制订军事政策，反映了汉人在战场上的实际领导地位。它还进一步坚定了皇室早已形成的一个决心：不把满洲贵族和旗人作为一个完全独立的特等阶层，实行分封……但是满、蒙及汉军旗人不可能在儒家的文官体系内长期担任这样一种官僚角色，而不放弃其军人身份。正因为皇室需要将满洲贵族、汉人藩王及新的汉军旗人的最高阶层置于自己的控制之下，所以就需要使一个完全的文职官僚体制永久存在”。（第 668～669 页）此外，他还进一步分析了清初文武官员的关系，认为满族军事领袖在占领北京后，又开始让文官们发挥管理作用，扩大文官权力，从而延续了明代的文官体制。

清初实行的满汉混合的统治模式，魏斐德认为使明清实现了完美的体系过渡，并称：从与明帝国发展并进的准备期开始，到满人在北京对承续的明朝体系做调整的实验期，再到最终产生“汉”“满”微妙混合的统治模式——一个本不属于自己的，但满人与汉人各自都得接受的清朝政权现实。[①] 魏斐德对满汉和解效果进行了综合评价，并看到了其中的各种妥协

① 〔美〕魏斐德：《讲述中国历史》（上卷），梁禾主编，东方出版社，2008，第 49 页。

与调适："双方的和解导致了满族统治下的和平，使18世纪成了中国历史上最强盛的时期之一，其直接代价则是某种道义上的不安。为清朝效力的汉人，抛弃了明朝末年那种虚幻的道德英雄主义；作为补偿，则获得了实行各种政治改革的现实机会。这些改革确实起到了稳定中央政府的作用，而这正是崇祯时期那些浮夸的文人学士永远不可能做到的。而满族人完全有理由为他们以独特方式重建了传统的帝国制度而骄傲；他们虽被视为夷狄，却以自己设计的有效措施解决了中原王朝面临的困境。"（前言第8页）但汉人投身清廷实际有违儒家传统的忠君爱国的教化，引起他们自身的道德焦虑。对此情况，他还分析称，"然而，这些合作者也丧失了一定的思想独立和道德承诺，道德哲人成了学术型翰林学士，政治领袖变成了官僚长官。合作带来的精神不安甚至在一些汉人官员中引发了对温和改革更大的热情，他们是清朝早期就归顺的最懂得利害关系的那些人。就是这些人能够通过清醒地将其满族主子在北京继承的明代制度合理化，来缓和自己投身敌方统治者所带来的道德焦虑"。[①] 这种情况的确对降清的汉族官员来说有吊诡意味，也引发了当时王夫之、顾炎武等思想家的思考。

三　对清初制度改革的分析

清朝定都北京后，为了确保社会秩序的恢复，对明朝行政体系制度在继承的基础上又进行了改革。魏斐德认为清朝对明代的官僚制度、汉族精英的儒家文化以及新的行政制度等进行了改造与重组，并且取得了出奇的成功。他还对此过程分析指出："但是改造的进程，却同时被清朝的民族分离政策所阻碍和促进：阻碍源于满族在个人服饰上采取强制性的象征一致性的政策，结果引发了中国南方人民的反抗；促进是因为采用了一种新的统治制度，这种制度具有君主一统的新形式和汉满两种行政制度混合的外表。"[②]

清军入关后，面临诸多困难，魏斐德分析了清朝建国初期的复杂内部矛盾："对于满洲人来说，这里存在着汉族皇室与外廷官僚们长期的紧张

---

① 〔美〕魏斐德：《讲述中国历史》（上卷），梁禾主编，东方出版社，2008，第50页。

② 〔美〕魏斐德：《讲述中国历史》（上卷），梁禾主编，东方出版社，2008，第137页。

关系，以及亡明的那支派系复杂的官吏队伍。此外，满洲人自己的八旗制度也很容易在贵族集团间导致冲突。而且，已经以议政王大臣会议和内三院形式存在的政治机构，也使满洲贵族与满汉儒家君主政体之间这些潜在的对抗得以加剧，并且集中了起来。”（第 567 页）在此情况下，他认为清廷必须进行变革。他对此指出：“多尔衮摄政的最初二三年经历了清朝第一次制度改革；清朝在 1652～1655 年就要经历第二次改革。改革措施几乎又全部是由六部的明朝旧臣提出的，顺治现在认识到了这些人的才干，同意他们提出的改良机构的建议。”（第 601 页）

清初曾大力革除明朝弊政，减轻赋税，抑制宦官权力，试图树立官场新风。但魏斐德认为，“清初颁布的多项吏治法令，法令中反复提及明朝官吏的‘弊习’，主要是针对吏员的种种劣迹的。它并没有抓住制度上的缺陷，而这正是明代政治的主要遗留问题。繁冗的法律条文，庞杂的水利管理机构，无底洞似的赈济项目，特别是巨大笨重的财政机关，都必须恢复工作秩序”（第 285 页）。对于清初改革中循序渐进地对明朝制度的部分修补，他指出，“清朝的官员对帝国的实际事务采取了一种谨慎保守的态度，主要致力于对政府行政的某些方面进行修补。这种修补和调整是那些‘局内人’的工作，他们如今正在与入侵者合作；这或许部分地又因为，他们也认识到新政府将为他们提供一个在明朝所没有的革故鼎新的机会。从另一面说，新政权也很乐于鼓励与促成这些改良”（第 286 页）。正是清初实行的在“汉化”政策基础上的革新，因地制宜的改革，确保了新政权的稳定。

在整顿吏治方面，魏斐德分析了清初种种改革明朝吏治弊端的政策。他对清廷果断地裁减冗员，提高地方政府工作效率，并加强监察措施和防止贪污腐化分析称，“尽管地方长吏的僚属人数大为减少，但在更大压力下，长吏的行政效率却要比以前更高。这意味着地方长吏不得不更多地依赖他的私人助手，这些人实际上在替他管理着地方政府”（第 463 页）。清廷为保证地方官廉洁，采取了一系列举措。魏斐德对此则指出：“最后的解决办法仍然是更加看重必不可少的地方官的作用，他们自身的廉正对于控制其下属至关重要，颇似整个统治体系中皇帝的地位。毫无疑问，清朝统治初期法制与赋税制度得以加强的主要原因之一，就在于建立了一套正规的、有效的考课制度，它以新的标准来评估地方官的政绩。地方官个人承受的压力也许发展到了近乎难以忍受的地步，但是，其政务却由于严格的规章而变得效率极高。”（第 465 页）他还关注了清初对明朝形成的缙绅特权进行打击，认为，“明末向着缙绅阶级家族统治发展的倾向被满洲政府所制止，这部分地是由于帝国的文人们亟需满洲军队的帮助来对付反叛与军阀，部分也是由于新满汉国家可求助于两组同盟者，以取代其自身的氏族贵族，限制官僚阶级的经济特权与政治权利”（第 681 页）。魏斐德的这些论述，清晰地展示了清初政治改革的多重复杂面相。

清政府在入关初期也推出了一些新政策，魏斐德也有探讨。如 1645 年，清廷在全国汉人中推行强制剃发，导致汉族民众的普遍反对。他对汉人反对剃发的原因进行分析称：“在当这个政策推广到全中国时，它代表一种对汉族英雄气概的背叛，而且尤其是对长江下游的农民百姓的一种侮辱。就是说，剃发令对于‘领土’之下的百姓，类似于以参拜地方长官衙门来公开表明归顺的要求对待文人。远离都市的农民容易接受新的统治者。但是，在这些‘夷狄’命令之下改变汉人习俗，却是一种耻辱，因此他们许多人发誓拒绝接受。”（第 413 页）而且他还看到此举带来的消极影响，即汉族各阶层的联合反对，并称“统治者使满汉融为一体的努力，首先就使中国中部和南部的社会上下层阶级在反对外来者上融为一体。社会上下层之间的冲突被暂时放到了一边；这一次，文化贵族和下层江南老百姓站到了一起反对清廷，甚至反对那些愿意接受清廷和平合作要求的耆老、商人和致仕官僚们。在几天或几星期前，一些乡村和城市本已顺从地投降了，然而现在它们的百姓再次起来反对新的政府”（第 413 ~414 页）。尽管汉人竭力反对剃发，但清廷仍采取铁血手腕将其真正落实推行到了全国，彰显了满族统治中国的特性。

在清初的官僚体制改革上，魏斐德认为顺治帝在构建儒家政治思想体系，试图形成一个稳固的君臣专制体制。他对此指出：“顺治并不仅仅倚仗于人事的变动及新的官僚机构，他需要形成一个稳固的专制体制，在最高层牢牢地控制它。顺治显然希望通过加强他与他的阁臣的关系，以在最高层形成一种融洽信任的气氛，使臣僚可以依靠上下间的关系而不是横向的联系，为可预见的未来政治赢得一种保障。”（第 660 页）他还介绍了顺治帝在行政机构上的改革，使满洲贵族服从于沿袭明朝设置的监察、都察院吏科、内廷秘书等一系列专制机构，巩固统治。而且“在用 1644 年后科举及第的年轻士大夫，或对新政权绝对忠诚的第二代汉军旗人取代那些旧臣后，皇帝已把满洲氏族制的人际关系样式与汉族皇位世袭制合并起来，在君主与谋臣之间形成了一种亲密的关系，而同时继续坚决地制止官僚朋党的出现”（第662页）。当然清初大力继承明朝制度也造成了一些弊端。如他指出：“关于顺治继承权斗争的结果之一就是内朝宦官势力的复兴，它体现了明制的部分恢复。另一个反映着明制恢复的结果是，作为皇帝私人谋臣的大学士势力扩大了，因而，皇权的胜利也在君主与其儒家谋臣之间造成了新的紧张状态。”（第608页）此外，魏斐德在思想文化方面，看到了明清在智识主义及儒学继承方面有其延续性，使得清初士人可以逐渐接受清朝的统治。

明清鼎革导致的历史延续问题，是国内外学界颇有争议的问题，对此魏斐德总结该争议称，“当满族征服中国时，中国的历史是延续还是中断了？清朝的历史是否应当被视为汉人受征服被击败的历史”。[①] 他认为中国历史的内在延续性并未中断，且对美国早期汉学作品忽视了清朝的满族特性，仅把明清鼎革作为中国历史上的循环往复的朝代表示了不满。他进而在《洪业》中开始探索一些新问题：“大清王朝——一个由满族人建立起来的王朝，是如何被建立起来的？它与明朝有哪些不同之处？满族的特性是什么？满族的特性和儒家的理念是如何体现在满清的国家制度中的？满清政府运用何种独特的手段缓解了满汉冲突、使得满汉得到调和？”[②] 特别是对于满族特性，他指出，“正当清军和南方中国军队之间因清政府强制汉人采取满式衣着和发型而引发更广泛的冲突时，在一定程度上满人的身份也因此而建立在浅表的族裔差异标识上，这些标识为一眼就能辨识出的服饰、剃光前部的头发及诸习性”。[③] 而且他对美国“新清史”代表人物柯娇燕（P. K. Crossley）、欧立德（M. C. Elliott）在他们论著中总结的满族族裔特性也表示认同。但笔者认为，魏斐德的《洪业》并不能归入“新清史”学派，实际他仍在强调满族汉化。在魏斐德看来，“满人之所以能够成功统治中国，与他们成功地传承了汉人的儒家文化密切相关。清朝统治

① 〔美〕魏斐德：《远航：魏斐德演讲访谈录》，梁禾编，新星出版社，2018，第57页。

② 梁禾编《魏斐德：壮阔人生远航者》，人民出版社，2018，第119页。

③ 〔美〕魏斐德：《远航：魏斐德演讲访谈录》，梁禾编，新星出版社，2018，第182页。

者正是继承并利用了汉人的儒家观念，才找到了满汉调和的支点，降清的汉族官员和清初统治者们在维护儒家统治的事业中形成了共同的利害关系——无论属于什么民族，都应该忠于儒家的理念”。[①]

对于清初的统治效果，魏斐德给予了充分肯定。他客观地指出，在清朝统治之下，中国比其他任何国家都更快地摆脱了17世纪的全球性经济危机。令欧洲君主羡慕的是，在多尔衮、顺治帝和康熙帝奠定的牢固基础上，清朝统治者建起了一个疆域辽阔、文化灿烂的强大帝国。在此后的近两个世纪中，中国的版图几乎比明朝的领土扩大了一倍，因而无论国内还是国外，都再没有真正的对手能够向清朝的统治挑战。（第721页）但他在肯定清初统治成功的同时，也看到了清朝采用儒家政治统治体制存在的一些问题，如：因中国在周边缺乏竞争对手，没有改进其军事技术的强烈愿望；因为清初统治者在运用相当进步但属传统类型的制度与技术以恢复政治稳定的过程中，获得了彻底的成功，权力高度集中，而未得到彻底的合理化改革；君主的权威提高了，官僚政治的积极作用却下降了。（第721页）这些问题直接导致了清朝在近代西方列强入侵时的不断惨败。

综观魏斐德的明清鼎革研究，与国内传统的明清史研究相比，其解读令人耳目一新，又发人深省，但同时又不像“新清史”学派那样标新立异、富有争议，其研究观点也基本得到了国内学者的认同。他认为清代在延续了明朝部分统治模式的同时，又根据自身特性进行了改良，从而确保了政权的平稳过渡。而且从魏斐德的一系列历史解读可以看出，他传授和实践的历史观从来不是一种单一平面的人类过往历程的叙述，而是涵盖了政治、社会、经济和时代文化，以及思想背景，在诸多事物的互动中寻求对历史的解答。[②] 他的研究并不是所谓西方史学界流行的“中国中心观”或“欧洲中心观”，而是在全球化、大视野中考察历史史实，结合内外的变化因素进行综合研究，这样也可提升其研究的深度，便于呈现还原完整的历史全貌。

---

① 王平：《世界的魏斐德：中国学研究的理论与方法——访周锡瑞教授》，《历史教学问题》2009年第4期，第31页。

② 王平：《世界的魏斐德：中国学研究的理论与方法——访周锡瑞教授》，《历史教学问题》2009年第4期，第30页。

明清时代圣谕对乡约的渗透*

陈时龙

（中国社会科学院古代史研究所研究员）

乡约萌起于北宋熙宁九年（1076）吕大钧的《吕氏乡约》。无论是刻意与王安石强调社会控制的保甲法立异的目的，还是其文本中所透露的“专与乡人相约”“众议”“共议”等关键词，[①] 均表明乡约的原始精神是平等、自愿，即便在其实施及修改的过程中，总体方向仍是“从宽”。《吕氏乡约》的影响力在当时如何已不可知。然而，经过南宋大儒朱熹的增损之后，《吕氏乡约》大概与《家礼》的影响相近无几，成为儒家士人治乡与治家的重要文本，对后世影响深远。后世也有以《吕氏乡约》行于乡者。南宋时期，徽州休宁县的朱熹门人程永奇（1151～1221）乡居时，“用伊川先生宗会法以合族人，举行《吕氏乡约》，而凡冠昏丧祭悉用朱氏礼，乡族化之”。元代濮阳县留下的稀见乡约文本《龙祠乡约》，所讲乃“死丧患难济救之礼，德业过失劝惩之道”，[②] 无疑是渊源于《吕氏乡约》的“德业相劝”“过失相规”“礼俗相交”“患难相恤”。明初江西吉水学者解缙曾向明太祖朱元璋建议以《吕氏乡约》与《郑氏家范》教化乡里；同为吉水人的刘观（1439年进士）乡居时，“取《吕氏乡约》表著之，以教其乡，冠婚丧祭悉如朱子《家礼》”。[③] 可见，《吕氏乡约》及其所代表

---

* 本文系国家社科基金项目“明清时代六谕诠释史研究”（项目编号：18BZS067）的阶段性成果。

① 转引自陈俊民辑校《蓝田吕氏遗著辑校》，中华书局，1993，第565页。

② 马晓英：《元代儒学的民间化俗实践——以〈述善集〉和〈龙祠乡约〉为中心》，《哲学动态》2017年第12期，第49～55页。

③ （清）张廷玉：《明史》卷二八二《刘观传》，中华书局，1974，第7284页。

的乡约精神一直是儒学士人乡治的理想。然而，从16世纪明朝开始，乡约性质发生重大改变：一是乡约日益成为官府进行乡村控制的工具；二是乡约内容由《吕氏乡约》变化为皇帝用以教化百姓的圣谕——最初是明太祖的圣谕六条，之后是清康熙帝的圣谕十六条和雍正帝的《圣谕广训》。相对而言，后一种变化对乡约性质的改变更是决定性的。在皇权至上的环境下，乡约宣讲圣谕，意味着原有的平等自愿会被尊敬和服从取代。只是，这种改变是怎么形成的？为什么会发生这样的改变？这种改变的影响是什么？

一

乡约在14~15世纪的明朝曾经遭遇发展困境。朱元璋没有回应解缙的建议，而是在其统治的最后两年推出了更有个性化的基层教化政策。洪武三十年（1397）推出“六谕”，命户部下令每里每月选年老或瞽者持铎宣唱六谕于道路，次年再以《教民榜文》的形式确立六谕在基层教化中的核心地位。六谕是六句话，即孝顺父母、尊敬长上、和睦乡里、教训子孙、各安生理、毋作非为，简洁而“易为传晓”。[①] 但是，相比《吕氏乡约》，六谕所蕴含的内容极广泛，由家庭伦理、家族伦理到社会伦理、职业伦理，在后来儒者的褒奖中它不但直接尧舜，而且几乎包尽了世间为人所应遵循的一切伦理，而不像《吕氏乡约》的四条只专注于基层社会交往的规范与礼仪。更为关键的是，以六谕为核心的振铎之制依托明初全覆盖式的乡村里甲之制，深入到乡村的每一里（110户），居住“四散窎远”的乡村则普及到每一甲（10户），配合每里一位老人专司教化和诉讼，使明初的基层教化严密无遗，从而使乡约没有展开空间。因此，当弘治元年（1488）工部主事林沂提出“备七庙以尊祖，考修雅乐以感幽明，慎服赐以绝僭侈，取朱子所修《家礼》及《蓝田吕氏乡约》行之于世家大族及乡党遂序以教民亲睦”几条与礼有关的建议时，礼部的回复却是：“此言与我朝旧制颇窒碍难行”。[②] 让乡约窒碍难行的旧制，正是《教民榜文》主张

① （明）张卤：《皇明制书》卷九《教民榜文》，《续修四库全书》影明万历七年张卤刻本，叶八。

② 《明孝宗实录》卷一三，弘治元年四月辛丑，第297页。

的六谕振铎之制。在此情形下，《吕氏乡约》似乎只是一种有助教化的实用书籍。正统六年（1441），吉水人周叙向朝廷建议取《农桑撮要》、《蓝田吕氏乡约》及“国朝训典”制成一书颁行，“使人知劝，则民生厚而礼义兴”，[①] 便是一例。

更大的困境是因乡约性质的改变所触发的。14 世纪的乡约，似乎已不再是《吕氏乡约》所主张的那种“乡人之协约”，不同意的人是可以退出或被开除出约的，而是演变成一种“对一乡之人进行约束”的机制，无论一地之人情愿与否。这种演变，与地方官员成为推行乡约的主体有关。在已知的四例元代乡约中，除《龙祠乡约》外，剩余三例乡约的举行者分别是慈溪杜洲书院山长孙元蒙、上海县尹刘辉、平江路推官冯梦周。在 15 世纪初期的明代两例乡约中，一例为前述刘观乡居时所行，一例则为宣德、正统年间潮州知府王源所行。地方官推行乡约的目的，自然不可能是为了成立一个乡民可以自愿加入和退出的互助性、协约性的松散组织，而是为加强基层教化和维护社会秩序。如此一来，15 世纪的乡约也就必定会有比开除出约（《吕氏乡约》中所谓的“绝之”）更具强制力的惩戒措施。这直接给士人的乡治理想制造了难题：谁来保证乡约的强制力？儒学士人和地方精英当然有足够的动员能力，来赋予乡约一定的强制力。但是，他们这样做，合法吗？

在 15 世纪后期，罗伦的乡约一时成为议论的焦点。罗伦，字应魁，号一峰，江西永丰县人，成化二年（1466）的状元，授翰林院修撰，因为反对内阁大学士李贤夺情留任，出为泉州市舶司提举，成化四年（1468）改任南京翰林院修撰，次年九月请告归，从此乡居不出。《明宪宗实录》罗伦小传中说：“（罗伦）家居行乡约时，或致人于死，有讼于官者，适伦卒而止。”[②]《明宪宗实录》的轻描淡写，其实是当时影响很大的一个事件。晚明沈德符《万历野获编》追述说：“成化初，罗一峰以修撰劾首揆李南阳夺情，虽外谪，而名震天下。未几，复官，请告，里居立乡约，以整顿风俗。其法甚严，莫敢不遵。独有强梁二人不服，且屡违教令，乃命其徒共执投水中，一峰旋亦下世。乡人白其事于所司，其徒数十人俱坐谋杀人

① 《明英宗实录》卷八六，正统六年十一月辛卯，第 1732 页。

② 《明宪宗实录》卷七一，成化五年九月壬午，第 1388 页。

为从者律，受重辟……先是章枫山闻罗行乡约，作长书峻词，力止之，比书到，已无及矣。又崔后渠《洹词》云：‘罗一峰行乡约而戮族人。’或即此事，抑又一事耶？”① 罗伦在写给曾任江西提学的耻庵先生的信中对自己的行为还做了辩护，说：“吾家自武冈公立法，凡子孙不孝及为盗者，皆溺于水。三十年来，此法虽存，而行者不守，盗贼横矣。……宗子严父，皆有君道，杀一盗贼子孙，于理未为过也”。② 为了维持乡约的效力，罗伦对违背乡约的两人施以私刑处死，因此导致协助他行刑的十余人触犯刑律而受极刑，即便是出于维持教化的目的，也很难让一贯主张万物一体之仁的儒学士大夫接受。章枫山章懋，崔后渠崔铣，都是一时名儒，显然对罗伦的做法都持反对态度。崔铣虽然称赞过董建中（1505 年进士）在中进士前在家乡“以修学倡乡人，又取《吕氏乡约》为课”的做法，但却以罗伦“行乡约而戮族人”为其人一生之瑕疵。③ 章懋能接受《蓝田吕氏乡约》，“尝欲会同志择里而居，效横渠复古之志，行《蓝田吕氏乡约》，庶可一变而鲁”，④ 然而在写给罗伦的信中却极力反对罗伦以私刑附乡约的做法。他说：“乡约之行，欲乡人皆入于善，其意甚美。但朱、吕之制，有规劝，无赏罚，岂其智不及此？盖赏罚天子之柄，而有司者奉而行之，居上治下，其势易行。今不在其位而操其柄，已非所宜，况欲以是施之父兄、宗族之间哉？或有尊于我者，吾不得而赏罚焉，则约必有阻而不行者矣，可不虑其所终乎！”⑤ 章懋大概是从罗伦那里得知他欲以强制的手段推行乡约之后复信劝阻，但据沈德符说信抵达罗伦处时严重的后果已经发生。章懋的认识非常清醒，地方精英想在乡约的规劝之中注入赏罚，必须借重“天子”和“有司”。此后乡约发展正是沿着这条路径而行。

二

太祖六谕（《教民榜文》）与乡约之结合，也许有其天然性，因为两者

① （明）沈德符：《万历野获编》补遗卷二《乡绅异法》，中华书局，1989，第 840 页。
② （明）陈全之：《蓬窗日录》卷六《事纪二》，叶三十二下。
③ （明）崔铣：《洹词》卷三《董汤民墓志铭》；卷六《明臣十节》。
④ （明）章懋：《枫山章先生语录》政治类，商务印书馆，1939，第 8 页。
⑤ （明）章懋：《枫山章先生集》卷二《复罗一峰》，商务印书馆，1935，第 44 页。

都以基层教化和秩序为目的。实际上早在15世纪中期，这种结合已经有过先例。据《广东通志》记载，顺德人何淡，字中美，“天顺丁丑（1457）进士，除知山东滨州……暇取《吕氏乡约》《教民榜文》，每乡慎选老人，亲为演说大义，使训其闾里，按季查考”。[①] 不过，广泛地以六谕与乡约相结合，却是在16世纪初期。正德六年（1511），山西潞安府上党县的仇楫、仇朴推行乡约，以《蓝田吕氏乡约》为本，尤重“德业相劝”“过失相规”两项，要求约众会时书善恶事于劝、惩二簿，以凭赏罚，而且还刊印王恕注释的太祖六谕数百册，“本乡人给一册，劝其讲行”。由正德六年（1511）到嘉靖初，《仇氏乡约》一直举行，与约者多至三百余家，影响颇大。[②] 仇氏所刻《王公注释太祖高皇帝木铎训辞》究竟于乡约中起何作用，却不是容易弄清楚的事情。然而，《仇氏乡约》立善、恶二簿的做法，与太祖朱元璋立申明、旌善二亭以劝善惩恶的精神是相通的。朝廷在15世纪后期推出的修明祖制，对基层社会精英们似乎也起到了一定的感召作用。仇氏是一个大家族，仇朴、仇楫的兄弟仇森还是沈王府的仪宾，因此举行乡约时似乎特别注意向朝廷“输诚”，其乡约虽以《吕氏乡约》为主，却还是以某种方式将六谕吸收进来。但是，在此后约20年的时间里，乡约与六谕的结合并不稳固。或者六谕根本进入不了乡约。例如，黄佐在嘉靖九年（1536）家居期间作《泰泉乡礼》，其乡约内容仍以《吕氏乡约》为基础，不过约正在讲乡约之前要领着约众恭读六谕。另外，虽然受到《仇氏乡约》影响，名儒吕柟谪任解州判官时，于嘉靖四年（1525）行乡约于解梁书院，其内容较《仇氏乡约》更复杂，所讲除《蓝田吕氏乡约》外，还有明太祖《大诰》，以及律令、《日记故事》、《谕俗恒言》等，但却没有太祖六谕。看起来，吕柟借重的不是六谕，而是《大诰》及朝廷所颁律令，这大概还因《大诰》及律令更具有实用性——有“不顺梗化之人，定依《大诰》、律令申禀上司究治”。[③] 或者，即使六谕与乡约结合，但像《仇氏乡约》一样，仍然是《吕氏乡约》而不是六谕占据着乡约的中心。

① （明）郭棐著，董国声、邓贤忠点校《粤大记》卷一八，广东人民出版社，2014，第516页。

② 朱鸿林：《明代中期地方社区治安重建理想之展现——山西、河南地区所行乡约之例》，载朱鸿林《致君与化俗：明代经筵乡约研究文选》，香港：三联书店，2013，第128～130页。

③ （明）吕柟：《泾野先生文集》卷二〇《致书解梁书院宬王二上舍》，叶四六上至下。

嘉靖十三年（1534），吕柟友人监察御史余光巡盐运城，推行乡约，其约法先读太祖六谕，然后再讲说余光润色过的《蓝田吕氏乡约》诸条款，之后再进行习礼、习射等礼仪。由《仇氏乡约》到《解州乡约》、《运城乡约》，明太祖的六谕或没有出现，或只是出现在外围，表明它还不是乡约的必要组成部分。

六谕作为乡约的核心运行是从嘉靖年间开始的。嘉靖初年，乡约与六谕越走越近。嘉靖四年（1525），淳安知县姚鸣鸾（1521 年进士）“给示印行民间”。告示中说：“窃闻承君之令而致之民，臣之职也。伏睹我太祖高皇帝御制教民榜，有曰：‘孝顺父母，尊敬长上，和睦乡里，教训子孙，各安生理，毋作非为。’明白简约，民生日用不可一日而无。敢稽首注释申谕吾民，盍相与诵习而服行之。盖孝顺父母，如事父母能竭其力；尊敬长上，如徐行后长者是已；和睦乡里，如相友相助相扶持是已；教训子孙，如教子义方弗纳于邪是已；各安生理，四民各执一业而无隳其职，则无不安生理者矣；毋作非为，循理而不敢违，畏法而不敢犯，则无有作非为者矣。”[①] 注释很少，因此也被学者称为“最简短的六谕批注”。[②] 但是，姚鸣鸾的六谕诠释是否伴随着乡约宣讲，却尚不清楚。明代乡约的较大规模地推广，大概始于嘉靖八年（1529），而目前可知的最早以六谕为核心的乡约是嘉靖十二年陆粲（1494～1551）的《永新乡约》。嘉靖十二年（1533），时任江西永新知县的陆粲以六谕为核心行乡约。邹守益《叙永新乡约》说：“我高皇之锡福庶民也，创为敷言，以木铎狥于道路，视成周之教易知易从……姑苏陆侯粲以司谏令永新，毅然以靖共自厉……乃询于大夫士之彦，酌俗从宜，以立乡约，演圣谕而疏之。凡为孝顺之目六，尊敬之目二，和睦之目六，教训之目五，生理之目四，毋作非为之目十有四。市井山谷之民，咸欣欣然服行之。”[③] 可见，《永新乡约》的纲就是“圣谕”，而目则是陆粲对六谕的诠释。没有人知道陆粲是出于何种考虑放弃了《吕氏乡约》而完全替换成了六谕，但是其以六谕为核心行乡约，产生的作用却是两方面的：一方面赋予《教民榜文》和六谕新的基层教化组

① 嘉靖《淳安县志》卷一《风俗》，《天一阁藏明代方志选刊》（第 16 册），第 5～6 页。

② 王四霞：《明太祖“圣谕六言”演绎文本研究》，东北师范大学 2014 年博士学位论文，第 21 页。

③ （明）邹守益著，董平编校整理《邹守益集》卷一，凤凰出版社，2007，第 54～55 页。

织形式，另一方面完全更新了乡约的主要内容。值得注意的是邹守益对六谕大加褒奖，称六谕比西周礼乐更简洁易从，这可以说是明太祖六谕地位抬升的萌起。更重要的作用是，在更新乡约内容的同时，《永新乡约》的做法使乡约的合法性得到了大幅的提升——在明代，不可能会有人敢于指责明太祖所颁布的圣谕六条。在乡约中提升太祖六谕的做法，一方面表现了基层教化中对朝廷的尊崇，另一方面极聪明地让乡约获得了合法的外衣。借用阳明后学中的名儒聂豹为《永新乡约》所作的序中的话来说，“尊圣谕以利其势，敬也，智也”。[①] 嘉靖二十三年（1544）广东增城沙堤乡约的约正伍万春在《甘泉圣训约序》中说，湛若水等人在乡约之中提倡宣讲六谕有特别意义：“宣以圣谕，不忘君也，忠也；……申以训词，教民睦也，顺也”。[②] 无论“敬”还是“忠”，都强调基层教化中要充分体现对皇权的尊崇与膜拜。

三

陆粲的《永新乡约》所开启的尊崇六谕的乡约模式很快流传开来，最初影响到邻近的安福县，即邑绅邹守益与知县程文德创行的《安福乡约》，后来又由邹守益在返南京任官时带到他曾经为官的广德州，在知州夏臣的推广下形成《广德乡约》。嘉靖十五年（1536）开始的《安福乡约》，是在王阳明的门人邹守益协助之下，由知县程文德推行的。在之前，邹守益曾模仿王阳明《南赣乡约》在安福小范围推行乡约，但深感需要得到官方的督促，对季本、陆粲等人以地方官行乡约十分羡慕。其《乡约后语》云：“益（即邹守益）始见阳明先师以乡约和南赣之民，归而慕之，以约于族于邻，亦萧萧然和也。顾无官法以督之，故不能以普且久，心恒疚焉。及观彭山季子以乡约治榕城，叹曰：‘同志亦众矣，胡不一得彭山子也！’及观贞山陆子以乡约治永新，复叹曰：‘封壤亦迩矣，胡不得一比永新也！’乃今松溪子（即程文德）酌于二约，以协民宜，复参以先师保甲

① （明）聂豹著，吴可为编校整理《聂豹集》卷三《永新乡约序》，第50页。

② （明）湛若水著，徐林标点《圣训约》，载李龙潜等编《明清广东稀见笔记七种》，广东人民出版社，2010，第294页。

之法，移风易俗，将为百世大利。”[①] 所谓“酌于二约”，就是参考了季本《揭阳乡约》和陆粲《永新乡约》的意思，而既然参酌了以六谕为中心的《永新乡约》，在六谕的地位不断抬升的背景下，《安福乡约》自然不会放弃六谕之精神内核。这从邹守益的其他文字可以得到验证。邹守益说：“松溪程侯之立乡约也，敷圣训以贞教，联保甲以协俗，遴耆俊以董事。”[②] 又诗赞曰：“高帝敷六言，松溪宣万姓。”[③] 此可证《安福乡约》之以六谕为核心。邹守益希望《安福乡约》能在更大范围内得到推广，并为此不遗余力。嘉靖十七年（1538），邹守益出任南京吏部考功司郎中。赴任途中，他经过曾经任官的广德州，将《安福乡约》赠予知州夏臣。夏臣，字伯邻，号弘斋，江西贵溪人，嘉靖七年（1528）举人。邹守益《广德乡约题辞》云：“东廓邹子起废入考功，以《安福乡约》贻于广德新守。弘斋夏子取而参酌之。首以皇明圣训，而疏为二十四目：孝父母、敬兄长，曰以立本也；重礼节、戒骄奢，严内外，立族规，曰以正学也；厚积蓄，节食用，劝农桑，警游惰，禁抛荒，曰以阜财也；供贡赋，曰以昭分也；修祀典，曰以享鬼神也；崇信义，尊高年，恤寡独，周贫困，通借贷，曰以致睦也；端蒙养，正士习，曰以育才也；息争讼，贱欺诈，征奸盗，曰以罚恶也；去异端，曰以淑人心也。而复为或问，以衍其义，将以敷于士民。”[④] 这样，以六谕为核心的乡约模式，就由江西吉安府传播到了南直隶的广德州。

更值得重视的是，在这种直线传播的有限的影响力外，无形的传播更难以计量。在一个皇权至高无上的社会里，一旦以皇帝圣谕为宣讲内容的乡约模式确立，其影响与延展不可阻挡，因为没有任何人敢于行乡约而无视六谕。酒井忠夫先生认为，到嘉靖末年，以罗汝芳的《宁国府乡约训语》为代表，那种以白话俗文宣讲六谕的乡约新形式最终确立。[⑤] 在这一确立的过程中，对于明太祖六谕的褒奖也就越抬越高，近乎神话了。嘉靖年间的学者马理在《圣训演序》中说：“圣训者何，我圣祖高皇帝之训，

① （明）邹守益著，董平整理《邹守益集》卷一七，凤凰出版社，2007，第802页。
② （明）邹守益著，董平整理《邹守益集》卷一七，凤凰出版社，2007，第817页。
③ （明）邹守益：《邹东廓先生诗集》卷二《城隍庙会乡约有感呈当道诸君子》。
④ （明）邹守益著，董平整理《邹守益集》卷一七，凤凰出版社，2007，第825页。
⑤ 〔日〕酒井忠夫：《中国善书研究》，弘文堂，1960，第49页。

所谓教民养者是也。……盖皇极之敷言，简而尽，近而远，易而难，万世太平之要也。昔天厌胡元，秽兹中夏，乃诞我皇祖，一洗而清之，肆华夷复别，彝伦再叙，其大经大法，所以佑启天下后世者详矣，尽矣，然兹圣训实其要焉。……夫六言以鼓舞一世，若甚简也，然《易》之理、《书》之政、《礼》之体、《乐》之用、《春秋》之法，无弗备焉，诚无攸不该，包乎天下，无遗道矣，不亦简而尽乎？夫户庭乡里之行，非远也，然身必由是以修，家国天下必由是以齐以治以平，民以远罪，士以希贤，贤以希圣，举足而道存，放乎四海，优优乎而有裕焉，不亦近而远乎？愚夫愚妇所易知也，所能行也，然与民由之，欲博以济，圣神病焉，有能一日用其力于斯矣乎？未见力不足者，然至止实难。譬诸山海，登而弥高，望而弥远，虽终身践之，有弗能尽者，不亦易而难乎？是故自古迄今，天下国家，循之斯治，违之斯乱，而城郭兵食不与焉。夫非万世太平要典也耶？"[①] 王阳明的门人对六谕特别重视。王艮曾经说："我太祖高皇帝《教民榜文》以孝弟为先，诚万世之至训也。"[②] 同样作为泰州学派的重要代表人物，罗汝芳则说："惟居乡居官，常经诵我高皇帝圣谕，衍为乡约，以作会规，而士民见闻处处兴起者，辄觉响应，乃知大学之道在我朝果当大明，而高皇帝真是挺生圣神，承尧舜之统，契孔孟之传，而问太平于兹天下万万世无疆者也"。[③] 他认为明太祖"谕民列款而式重孝慈"，是符合孔子求仁之旨的，是"直接孔子《春秋》之旨，怂动忠孝之心"。[④] 他甚至夸张地形容说，孔子求仁和孟子性善之说虽好，"然未有如我太祖高皇帝圣谕数语之简当明尽，直接唐虞之统而兼总孔孟之学者也"。[⑤]

更进而言之，既然太祖六谕可以成为乡约内容，当朝皇帝的宣谕也可以成为乡约内容。在湛若水主持的《沙堤乡约》中，最前面两项内容分别

---

① （明）马理：《溪田文集》卷二《圣训演序》，《马理集》，西北大学出版社，2015，第273～274页。

② （明）王艮：《重镌心斋王先生全集》卷四尺牍密证《与南都诸友》，明刊本，叶二十八。

③ （明）罗汝芳：《一贯编》下，收入《耿中丞杨太史批点近溪罗子全集》，《四库全书存目丛书》集部第129册影印明万历刻本，齐鲁书社，1997，第582页。

④ （明）罗汝芳：《一贯编》上，收入《耿中丞杨太史批点近溪罗子全集》，《四库全书存目丛书》集部第129册影印明万历刻本，齐鲁书社，1997，第633、640页。

⑤ （明）罗汝芳：《一贯编·四书总论》，收入《耿中丞杨太史批点近溪罗子全集》，《四库全书存目丛书》集部第129册影印明万历刻本，齐鲁书社，1997，第668页。

是读圣祖圣训（即太祖六谕）和读皇上宣谕——即嘉靖皇帝的宣谕，基本上是以通俗的语言将太祖六谕所讲的伦理再阐释一遍。于是，改朝换代后，乡约内容也理应做出改变。清顺治帝入关时，将明太祖六谕重新颁布一次，于是明太祖六谕变成了清世祖六谕，在整个清代的乡约宣讲中都有合法性。然后，随着康熙九年（1670）圣谕十六条颁行，以及雍正皇帝对圣谕十六条的诠解《圣谕广训》的颁行，清代乡约宣讲的重点，也就演变为圣谕十六条和《圣谕广训》了。

四

六谕、圣谕十六条、《圣谕广训》进入乡约成为基层社会教化宣讲的主要内容，无疑是明清社会的一次极大改变。其一，圣谕诠释与宣讲成为儒学士人推行教化的重要手段。由于挟皇权之威严，其推行教化的正当性得到保证，不仅容易得到地方政府的支持，而且容易得到基层民众的支持。于是，圣谕不仅进入乡约，还经乡约而演变成族规家训，进入家谱。在明清家谱的扉页，常刻写着龙纹环绕的六谕或圣谕十六条，就是明证。在这种自上而下的思想传达过程中，儒学士人的角色重要而且自然。如果说宋代的《吕氏乡约》还有士人刻意与朝廷的保甲政策立异的话，圣谕在明清时代进入乡约则消弭了士人这种刻意保持的独立之精神。在明清时代，士绅是皇权向下延伸的触角，而地方官府强有力的支持乃是他们实施乡村治理的后盾。其二，普通民众在乡约中宣读圣谕，对着写有六谕或圣谕十六条的“龙牌”行礼，聆听儒学士人以“故圣祖教尔等”“万岁爷教你们说”开头的伦理及善恶故事，也会拉近与皇权的距离，不再感觉“天高皇帝远”。因此，从乡约这种最直接面向民众的制度出发来理解明清时代国家与社会的关系，或许可以认定，随着国家权力在明代后期不断地向乡约渗透，国家对社会的控制（包括思想上的控制与组织上的控制，如与乡约常相捆绑的保甲）变得越来越严密，而精英阶层的存在是皇权和国家向社会的延伸，他们协助朝廷向社会施加了几乎绝对的管控。

《同文汇考》中的清对朝鲜“蠲弊”问题管窥

李善洪

（北华大学东亚历史与文献研究中心教授）

在集朝鲜与清外交文书之大成的《同文汇考》中，有关“蠲弊”的内容，主要包括减免贡物、减除清敕使之弊。此外，还包括顺治年间停止向朝鲜购买桦皮、梨、柿、钢铁等物品，开市方面的除弊（包括减员、禁止“拦头”等），修葺朝鲜使臣赴京沿途馆舍等。其中，贡物和敕使问题在“蠲弊”文书中占有绝对比重，也是两国间朝贡关系的重要组成部分。通过对这些文书加以研究，可以管窥当时清对朝鲜政策的来龙去脉，并能够从中探求不同时期两国外交关系的变化。

一　岁币“蠲弊”

朝鲜最初向清进献岁币是在天聪元年（1627）“丁卯之役”以后，但直至崇德元年（1636）“丙子之役”之前，文献中不见蠲免的相关记载。当时的朝鲜虽然被迫与后金结成了兄弟之盟，但无论在人口遣返问题上，还是在边市贸易方面，并未切实履行与后金间的盟约规定。特别是朝鲜持续与明朝军事上的合作，更令后金不满。[①] 因此，在“丙子之役”后，清对朝鲜的岁币数额做了大幅提高（参见表1）。而经历两次战争破败的朝鲜，认为“虽尽一国之力，难可措办”，[②] 因而奏请减少贡额。此时的朝鲜

① 张存武：《清韩宗藩贸易》，《台北中研院近代史研究所专刊》39，1978，第8～9页。

② 《朝鲜仁祖实录》卷三五，十五年十一月壬申，韩国国史编纂委员会，1968。

已经奉清为正朔，清朝出兵朝鲜的初衷，也即断绝其与明朝的关系，并从朝鲜获得人口和物质的目的已经达到了。清朝所面对的强敌仍然是实力尚存的明朝，因此对朝鲜采取了恩威并济的策略，称“尔国穷苦，朕已知之”，准予免除当年和次年的岁币，允从崇德四年开始“照例入贡，表尔忠诚”。[①] 这是清第一次蠲免朝鲜的岁币。

所谓“蠲弊”，实质上是清廷对朝鲜“字小”的一种表现，与其相应的则是朝鲜对清朝的“事大”之诚。因此，蠲免反映的本应是两国间和睦的外交关系。此时的朝鲜迫于武力两次投降后金（清），其内心对清充满了仇视，所以此次蠲弊显然与“和睦”二字无关，而是清太宗想要缓和业已恶化的两国关系所采取的怀柔政策，同时也有期待朝鲜在明清对决中站在自己一边的意图。崇德五年的万寿节，清朝大幅减免朝鲜贡米之9/10，貌似有普天同庆的意味，但上述因素更为重要。

崇德八年，清再次减额绵绸等贡物（参见表1）。在其谕旨中，太宗提及减贡的理由是，“岁贡方物，悉出于民。夫民皆吾民，朕恐重致疲困”。[②] 与此同时，清太宗还以“差去使臣，俱照明朝旧例，赠与太多，恐民不堪”为由，大幅裁减了朝鲜馈赠清使臣礼物的额度（参见表3）。[③] 张存武先生认为此次减贡与太宗得病、信佛，以及松山之捷有关。[④] 而在此之前，太宗又先后释放了关押在沈阳的朝鲜李敬舆、李景奭等“五臣”和崔鸣吉、金尚宪等人，[⑤] 他们中的大部分是崇德二年反对与清廷议和的人。另外，朝鲜炮手和鸟铳手自从崇德二年协助清军攻克皮岛之后，开始为清廷所重视，因而在崇德七年的松锦大战中，朝鲜军也曾被清廷征调参战。综合这些因素，太宗临终前对朝鲜的这些怀柔之举，既有个人感情因素，但更重要的是当时清朝在关外的大局已定，需要对朝鲜做出战略上的调整。一味的政治、军事高压政策，无疑会使朝鲜在内心持续与清朝为敌，这将成为清朝进取中原的一大后患。因此，太宗对朝鲜实行高压与怀柔的两手政策，目的是使朝鲜断绝对明朝的军需支持，并试图使其成为清朝后方的

① 《清太宗实录》卷三四，崇德二年二月壬申，中华书局，1986。

② 《清世祖实录》卷二，崇德八年九月丙午，中华书局，1986。

③ 《同文汇考》别编，卷二，蠲弊，第1510～1511页。

④ 张存武：《清韩宗藩贸易》，《台北中研院近代史研究所专刊》39，1978，第56页。

⑤ 〔韩〕震檀学会：《韩国史》年表，乙酉文化社，1959，第248页。

军事物资供应基地。

及至顺治时期清军入关之后，与崇德时期相比，清朝的国内形势有了新的变化。随着清朝统治地域的不断扩大，其军事物资方面的需求开始更多地依靠关内地区，清朝对朝鲜举足轻重的军事战略地位的需求，也开始更多地转变成政治上的朝贡体制方面的需求，即在建立以清朝为中心的东亚新秩序的需求上，将朝鲜纳入传统意义上的朝贡体制显得更为重要，并以此向其他周边国家宣示其统治的正统性。因此，崇德末期对朝鲜的怀柔政策到顺治时期得到更进一步的秉承。

顺治时期的“蠲弊”，主要仍然是朝鲜负担的岁币的减免，在元年、四年和八年共减额了三次。其缘由，第一次是“平定中原，诞登大位”，“特布宽恩”。[①] 第二次应与前两年朝鲜尽力为清廷筹粮以度北京粮荒有关。当时“南方路绝，漕运不通，燕京米价极贵，斗米直银三钱”。[②] 顺治二年，清要求朝鲜运米 20 万石，朝鲜竭力筹粮“十万石运到宁远，而数内五千石赠摄政王”。[③] 十月，朝鲜解运“白米五万七百八十余石”至北京，[④] 解了一定的燃眉之急。三年，清廷又借用朝鲜船只运送沈阳等处的米谷。[⑤] 第三次则与世祖亲政以及“上慈圣皇太后尊号”有关。

对朝鲜的岁币，崇德和顺治时期减免额度最大。康熙朝有两次减免。第一次是康熙三十二年（1693），朝鲜应清廷要求，两次共“拣进鸟枪三千杆”，清廷为此永久性地免除了岁币中的黄金和蓝青红木棉贡物。蠲免木棉的另一缘由是朝鲜在康熙三十一年借进献 1500 柄鸟枪的机会，曾经咨文礼部，请求停止这一年清廷“以银易棉”的举措，[⑥] 康熙帝则直接免除了这一贡物，自然“以银易棉”也未得以实行。第二次是康熙五十年，免除了白银千两和豹皮 142 张的进贡。

康熙后期的岁币蠲免，与这一时期清朝的鼎盛有着密切的关联。康熙帝在其蠲免的敕谕中谓：“朕统御寰区，扶绥万国，中外一体，保育惟殷，

---

① 《同文汇考》原编，卷三八，蠲弊，第 776 页。
② 《朝鲜仁祖实录》卷四五，二十二年十一月丁亥，韩国国史编纂委员会，1968。
③ 《增补文献备考》卷一七五，交聘考 5，国学资料院，1997，第 38 页。
④ 《清世祖实录》卷二一，顺治二年十月乙巳，中华书局，1986。
⑤ 《朝鲜仁祖实录》卷四七，二十四年二月辛巳，韩国国史编纂委员会，1968。
⑥ 《通文馆志》卷九，纪年，景仁文化社，1974，第 44 页。

惟期遐迩咸宁，共享升平之福。至于藩邦，有能仰体此心，修明厥职者，朕尤加意优待之。兹朝鲜国王……恪循仪度，岁时贡献方物，克殚悃忱……朕用是深为嘉美。”① 此时的清廷对外邦充满了自信感，对朝鲜的高压政策也渐趋松弛，而且康熙帝本人对朝鲜也极具好感。他曾“谕大学士等曰：观朝鲜国王凡事，极其敬慎，其国人亦皆感戴……且彼更有可取者，明之末年，彼始终未尝叛之，犹为重礼义之邦也”。② 而朝鲜对于清朝的敌对意识，也渐趋弱化，“事大字小”的朝贡关系开始步入正轨。因此可以说，康熙后期以后的蠲弊，都可以视为两国关系好转所带来的结果。

清代对朝鲜岁币的蠲免，至雍正朝结束。雍正元年（1723），“皇帝初登大宝”，减少朝鲜木棉布、水獭皮等贡额，以“施格外之鸿慈”。③ 六年，体念朝鲜“路程遥远，运输匪易”，又减贡米 60 石，至此，朝鲜贡米仅余江米 40 石，雍正帝认为足以“供祭祀之用”，不必朝鲜再行进献。④

表 1　岁币减免一览（1637 年、1638 年全免）

贡物	1637 年定额	减少数额及年份	1729 年以后余额
黄金	100 两	100 两（1693）	0
白银	1000 两	1000 两（1711）	0
水牛角弓面	200 副	100 副（1647）；100 对（1654）	0
豹皮	100 张	100 张（1711）	0
鹿皮	100 张		100 张
茶	1000 包	1000 包（1644）	0
水獭皮	400 张	100 张（1723）	300 张
青黍皮	300 张	300 张（1723）	0
胡椒	10 斗	10 斗（1647）	0
腰刀	26 口	6 口（1643）；10 口（1644）	10 口
顺刀	20 口	10 口（1644）；10 口（1647）	0
苏木	200 斤	200 斤（1644）	0

① 《清圣祖实录》卷二四八，康熙五十年十月戊寅，中华书局，1986。
② 《清圣祖实录》卷二二七，康熙四十五年十月丁未，中华书局，1986。
③ 《同文汇考》原编，卷二五，节使，第 475 页。
④ 《同文汇考》原编，卷二五，节使，第 486 页。

续表

贡物	1637 年定额	减少数额及年份	1729 年以后余额
大纸	1000 卷	1654 年增加 1000 卷，代之以减免水牛角弓面 100 副	2000 卷
小纸	1500 卷	1654 年增加 1500 卷，代之以减免水牛角弓面 100 副	3000 卷
五爪龙席	4 领	2 领（1643）	2 领
各样花席	40 领	20 领（1643）	20 领
白苎布	200 匹		200 匹
各色绵绸	2000 匹	600 匹（1643）；700 匹（1644）；200 匹（1647）；100 匹（1651）	400 匹
各色细麻布	400 匹	300 匹（1643）；100 匹（1644）	0
各色细布（木棉）	10000 匹	200 匹（1643）；2700 匹（1644）；2100 匹（1647）；600 匹（1651）；600 匹（1693）；800 匹（1723）	3000 匹
布	1400 匹	1400 匹（1644）①	0
米	10000 包	9000 包（1640）；900 包（1647）；60 包（1728）	40 包

注：《清实录》和《同文汇考》所载相关数据有前后不符者，本表依据《通文馆志》（卷三，事大）中的数据编制，并参考了〔韩〕全海宗的《韩中关系史研究》（汉城，一潮阁，1980，第 81 页）。但是对减免的年代，则根据《同文汇考》进行了相应的调整，以发布减免敕谕的年代为准。

据统计，到 19 世纪初，朝鲜剩余岁币价值约为银 4 万两。按照这一时期的物价计算，崇德初期朝鲜岁币中的重要贡物，其价值约为银 15 万两，② 约减额 73%。其中以崇德时期的减免力度最大。崇德二、三年的全数免贡和五年的贡米 9000 包减额，对刚刚历经战乱、经济严重破败的朝鲜，“实是施惠之大者”。③ 承继清太宗对朝政策的顺治朝，减免力度次之。价值较大的各色木棉、各色绵绸和各色细麻布都是在这一时期减少或免除的。崇德与顺治时期岁币减免的主因是政治、军事方面的需求，与康熙后期之后，即两国关系开始出现好转之后的蠲免缘由大不相同。两国关系和顺之后的“蠲弊”，更多地反映在朝鲜方物的减免上。

① 《同文汇考》记载只免了 400 匹（原编，卷三，敕谕，第 776 页），但之后的岁贡品没有这一项，可知《同文汇考》记载有误。

② 〔韩〕全海宗：《韩中关系史研究》，汉城：一潮阁，1980，第 79 ~ 82 页。

③ 《朝鲜仁祖实录》卷四一，十八年十一月丁酉，韩国国史编纂委员会，1968。

二 方物“蠲弊”

与岁币不同的是，方物是朝鲜赴京使臣所进献的礼仪性贡物。清代朝鲜赴京使行主要有定例使行和别行两种，前者是每年定期派遣的冬至使、正朝使、圣节使和岁币使；后者是不定期派遣的谢恩、进贺、陈慰等使行。每种使行都要向皇帝、皇后、太子等人进献方物。自顺治二年（1645）起，合并定例使行为一使，称之为“冬至使”或“三节兼年贡使”，但三节的方物仍需各个进献。实际上，合并使行本身则属于清敕使“蠲弊”的内容。

朝鲜常规进献方物的种类名目繁多，而清代所蠲免的主要是朝鲜谢恩方物和三节之外的进贺方物。而三节方物的减免只有康熙五十年（1711）和五十一年蠲免的豹皮，雍正元年（1723）减少三节方物6000卷白绵纸中的2000卷，乾隆六十年（1795）永行免除皇后的三节方物。

表2 谢恩方物减额一览

进献对象	方物品类及数量
皇帝	黄细苎布30匹、白细苎布30匹、黄细绵绸20匹、紫细绵绸20匹、白细绵绸30匹、龙纹帘席2张、黄花席15张、满花席15张、杂彩花席15张、豹皮5张、白绵纸2000卷
皇太后及皇后（每人份）	红细苎布10匹、白细苎布10匹、白细绵绸20匹、满花席10张、杂彩花席10张
太子	白细苎布20匹、满花席10张、杂彩花席10张、白绵纸500卷、黄毛笔50枝、油煤墨50锭

资料来源：以上方物及减免内容均见《通文馆志》卷三，事大，第23～27页；《同文汇考》原续，蠲弊，第3221页。

文献中对蠲免方物的记载，始见于康熙十三年（1674）。此前一年，清曾经咨文朝鲜“免进盛京两陵果品”，朝鲜为此进谢恩方物，康熙帝着令发回。[①] 但此次蠲免只是个例，尚未成为定制。同年，朝鲜显宗去世，

① 《同文汇考》原编，卷三八，蠲弊，第739页；卷二〇，节使，第397页。

肃宗即位，清“赐祭、赐谥、册封”，朝鲜进谢恩方物。翌年，康熙帝以“朕心痛恻”，将方物交予使臣带回。[①]

康熙初期数次临时性地蠲免朝鲜谢恩方物，带有恩典体恤之意。特别是在“三藩之乱”时期，这种蠲免恐怕更有稳定朝鲜之意。康熙十三年，还曾发生朝鲜使臣购买史书并携带舆图的违禁事件，后被予以宽免，朝鲜进谢恩方物，清仍令朝鲜使臣带回。[②] 康熙十八年，又令朝鲜使臣将“谢停郊迎”方物带回。[③]

康熙二十五年，清停收朝鲜的引罪谢恩方物，[④] 并“念道路遥远，往返为劳，准作年贡及冬至等三次进贡礼物。有不足数目，着于正朝入贺时补进。嗣后此等引罪谢恩进献礼物，着令停止”。[⑤] 这是清廷首次将谢恩方物“移准”为三节及年贡方物的事例，此后，“移准”成为清朝蠲免朝鲜谢恩方物的例行方式。[⑥]

清朝正式规定谢恩方物的蠲免类别是在康熙五十二年。这一年康熙帝六十大寿庆典，“颁五纪升平诏”，因而朝鲜“为钦差敕使颁诏进谢恩礼物，为钦差敕使颁诏又宣别旨进谢恩礼物，为特赐书册进谢恩礼物，为进到谢恩方物存准年贡进谢恩礼物”。对此，康熙帝谕令将此次的谢恩方物全数“移准”，并规定之后“为钦差敕使颁诏所进谢恩礼物亦令照例进献，此外一应事件进到谢恩礼物”，“俱令停其收受，其谢恩照常进表，不必进献礼物”。[⑦] 蠲免的主因，自然是普天同庆的盛事。至此，朝鲜的谢恩方物基本上都被免除了。虽然朝鲜此后在遇到赐谥号、赐书册、赐金银、诏敕“顺付”等事项时，仍遣使谢恩并进献方物，但清都将之“移准”到三节及年贡之中，因此可以说，此后这种进献已经变成了单纯的事大礼仪形

① 《通文馆志》卷九，纪年，第34~35页。

② 《通文馆志》卷九，纪年，第35~36页。

③ 《同文汇考》原编，卷三八，蠲弊，第741页。

④ 康熙二十四年，朝鲜曾以牛疫严重，请免开市易牛。清礼部认为这是朝鲜的推诿之辞，故提请罚银万两。后奉旨免予处罚，由是有了朝鲜左议政南九万的引罪谢恩。《通文馆志》卷九，纪年，第41页；《朝鲜肃宗实录》卷一六，十一年八月癸卯，韩国国史编纂委员会，1968。

⑤ 《同文汇考》原编，卷二二，节使，第426页。

⑥ 只有康熙三十二年将“谢停捕逸犯方物”交朝鲜使臣带回是一例外，参见《同文汇考》原编，卷二二，节使，第435页。

⑦ 《同文汇考》原编，卷一一，进贺，第213~218页。

式。由于谢恩使是朝鲜对清使行中最为频繁的使行，所以蠲免谢恩方物极大地减轻了朝鲜的财政负担，成为两国关系走向和睦的积极因素。

除了谢恩方物的蠲免之外，还有谢恩使臣派遣方面的蠲弊。雍正七年二月，清廷以朝鲜剿灭国内李麟佐等人兵乱，并将潜逃至清境内的余党拿获为由，赏赐妆缎、书籍等物，并赐银1万两用于赏给捕贼有功的官兵。[①]朝鲜为此于八月特别派遣了单独的谢恩使臣。而按照顺治二年以后的惯例，除特殊情形外，朝鲜谢恩、进贺、陈奏之类的使行，常常与三节年贡使行一同派遣。对此，同年十月，雍正帝以免除谢恩使往来“劳费”为由，令“嗣后凡属谢恩本章，俱著于三大节表一同赍奏，不必特遣使臣，永著为例”。[②]

谢恩方物之外，陈谢方物的免除是在乾隆四十五年高宗七旬大寿庆典之时。[③] 而进贺类方物，顺治之后，在尊上皇帝谥号时，朝鲜的进贺方物都被予以“移准”。依照这一规例，雍正二年清廷尊上康熙谥号时，将朝鲜进贺方物充作年贡；乾隆二年，又根据雍正朝的先例，将朝鲜进贺尊上雍正谥号的方物充作年贡。[④] 对三节之外所有进贺方物的蠲免则是在乾隆五十年举行高宗即位50周年庆典之时，清廷特意邀请朝鲜专差60岁以上的正、副进贺使臣赴京，以参加千叟宴。同时敕谕朝鲜，嗣后除“千叟宴等类特举旷典”外，“凡遇寻常奏贺、奏谢、陈奏等事，只须备具表文，其随表贡物……概行停止”。[⑤] 之后朝鲜虽然在遇有特事的时候仍然进献三节之外的进贺方物，如嘉庆四年（1799）进贺尊上乾隆谥号等，但清依例停止收受，并将其充作年贡方物。另外，陈奏方物在康熙初期就已经停止收受，并交付朝鲜使臣带回。[⑥]

康熙后期到乾隆时期对朝鲜方物的大幅减免，反映出当时清朝已经对朝鲜有了高度信任，同时也反证了此时的朝鲜已经完全融入朝贡关系体制。而之后朝鲜依然入贡谢恩、进贺方物以及清将之“移准”的形式，也

① 《清世宗实录》卷七八，雍正七年二月己亥，中华书局，1986。

② 《清世宗实录》卷八七，雍正七年十月己未，中华书局，1986。

③ 《同文汇考》原编，卷四〇，蠲弊，第771页。

④ 《朝鲜正祖实录》卷五二，二十三年十月丁酉，韩国国史编纂委员会，1968。

⑤ 《同文汇考》原编，卷三二，蠲弊，第612页。

⑥ 《同文汇考》原编，卷一〇，进贺，第187页；卷一一，进贺，第202页。

显示出“事大字小”的朝贡关系特征之所在。

三 清敕使“蠲弊”

减除清敕使之弊，主要表现在减免朝鲜给予清敕使的礼物和诏敕的“顺付”等。朝鲜给予清使臣的礼物，主要有四类：一是由主管清使臣迎接事宜的迎接都监的都厅赠与的礼物；二是由王宫赠与的“别礼单”和“中路问安中使礼单”等；三是由迎接都监下设机构的各色，如军色、应办色等赠与的礼物和“馆伴礼单”，以上称为“正礼”；四是清敕使索取的礼物或朝鲜私下的贿赂，如“都请”“别赠”“密赠”等。

朝鲜时期每次迎接明清使臣，都要临时设立迎接都监，使臣归还，迎接都监也即行解散。由主管这一衙门的都厅赠送的礼物，占“正礼”的大部。崇德二年，这类礼物种类曾多达47种，且数额庞大。但经过崇德八年（1643）和顺治五年（1648）的两次裁减，仅余17种，数额也大大减少。至乾隆元年（1736），又裁减其半。① 其中，清太宗对清使臣礼物的裁减是与减免岁币同时进行的，力度也是三次减额中最大的一次。

表3 迎接都监馈赠清正使主要礼物减免

礼物	原额	1643年减额	1648年减额	1736年减额	余额
银	2559两	1559两	500两	250两	250两
绵绸	557匹	357匹	0	100匹	100匹
细麻布	162匹	102匹	以苎布60匹代	苎布30匹	苎布30匹
绵布	650匹	350匹	100匹	100匹	100匹
豹皮	29张	14张	5张	5张	5张
虎皮	6张	1张	5张	0	0
水獭皮	47张	17张	0	15张	15张
青黍皮	25张	10张	0	8张	8张
大小纸	230卷	80卷	0	80卷	80卷

① 《同文汇考》原编，卷二，蠲弊，第1510～1511页；卷三八，蠲弊，723页；卷三九，蠲弊，第750页。

续表

礼物	原额	1643 年减额	1648 年减额	1736 年减额	余额
油纸	70 部	50 部	20 部	0	0
花席	150 张	120 张	10 张	10 张	10 张
腰刀	8 柄	4 柄	4 柄	0	0
银妆刀	58 柄	38 柄	10 柄	5 柄	5 柄
扇子	345 把	245 把	100 把	0	0

资料来源：由于礼物的赠与对象有正使、副使、大通官、次通官等人，数额各有不同，表格仅以赠与正使的主要礼物为例揭示各个时期的减额情况。以上所有数据参见《通文馆志》卷四，事大，第 28 ~ 32 页；《同文汇考》原编，卷 2，蠲弊，750 页。

清朝的三次减免，只针对第一类和第四类礼物，并不包括第二、三类礼物。第二类礼物主要是赠与清正、副使的，数量也不少，主要有银酒盒（重 45 两）、银大钵（重 23 两）、银中钵（重 19 两）、银烟竹、白纸、白绵纸、各色绵布、白苎布、彩花席、豹皮、青黍皮、水獭皮等 45 种。第三类礼物主要是赠与通官和跟役的，主要有银长烟竹、银妆刀、青黍皮、白绵纸等。[①] 第四类礼物由于是清使臣的讨索银或朝鲜的贿赂银，数额“或加或减不一”，因此其规例和数额“有难悉记”。[②]

第四类礼物大多是清使臣借上国之威索取的，而朝鲜在有些外事问题的处理上，又不得不仰仗清使臣回国后的周旋，故有委曲求全地向清使臣别赠礼物之举。但自从向清使臣别赠礼物之风兴起之后，朝鲜又不得不以此取悦于清使臣，结果带来的是无尽的财政负担。

崇德四年，清使臣马福塔至朝鲜传达发兵调粮的敕命，敕谕中清太宗允朝鲜免发骑兵，并申明此非额外征粮，许朝鲜将年贡米充作军粮，而马福塔“自以为有所周旋，请加别赠，以表喜谢之意”。[③] 康熙八年，清使臣至朝鲜颁布“太和殿告成诏”和“赐缎敕”各一道，而对朝鲜的赠与，因“不满于例赠，要索别赠”，朝鲜不得已“别赠银器，又赠人参、豹皮、胡

① 以上所有数据参见《通文馆志》卷四，事大，第 28 ~ 32 页。

② 《通文馆志》卷四，事大，第 32 页。

③ 《朝鲜仁祖实录》卷三九，十七年十二月甲申，韩国国史编纂委员会，1968。

椒等物，所赠白金亦二千余两”。[①]

如遇吊祭、赐谥、册封等国之重事，有些清使臣的索求更是有恃无恐。康熙五十九年，朝鲜肃宗去世，清遣内阁学士额和纳等往朝鲜吊祭。至朝鲜后，清使臣索要别赠，朝鲜馈正、副使“各银五百金，敕使小之……庙堂又请加给”。时过两年之后的康熙六十一年，额和纳又一次前往朝鲜颁雍正登极诏，并多有“求请”。朝鲜虽认为其“贪欲无厌”，但还是不得已对正、副使“别赠各千金”。[②] 朝鲜景宗即位，清遣散秩大臣渣克亶、礼部右侍郎罗瞻为正、副使往赴朝鲜颁布册封诰命。副使罗瞻在得知朝鲜户曹要“减除求请而起怒，又欲得别赠，故为生梗……闻副敕，每请逾墙潜给赂物，勿令上敕知之”。朝鲜认为副使因掌管着册封诰命，故而“恐喝索赂”，最终不得不“给上、副敕各白金千两”了事。[③]

清敕使如此，随行的清通官凭借其上传下达的特殊身份，讨索的程度丝毫不亚于敕使。如崇德二年，通官郑命寿等二人索银 2600 两、杂物 7 驮；顺治十四年，通官李一善索银 3000 两；康熙五年，李一善又索银 5000 两。[④] 清通官不仅在汉城，在使行途经的朝鲜地方也屡屡勒索财物。史载：“时，两使以下大通官求请之物，罔有纪极，所过州郡，为之虚耗。”[⑤]

另一方面，朝鲜为了联络感情，或图日后有求于清敕使，也会对其“密赠”。如康熙六十一年，朝鲜景宗之弟李昑历经曲折得到王位继承人“世弟”的册封，朝鲜对前来颁布诰命的清内阁大学士兼礼部侍郎阿克敦“密赠银合五千一百两”，[⑥] 以表达其在礼部对册封给予的支持。“密赠”的方式，也会用于清廉和贪婪各不相同的敕使身上。如雍正九年，清遣散秩大臣伯马哈达和礼部侍郎傅德为正、副使，往朝鲜赐祭。朝鲜迎接都监报称：“上敕为人廉简，于无所求，只索小梳数十个，曰：‘欲以归遗儿孙。’副敕则需索无厌，凡物所需，皆愿以银代之矣。”最后朝鲜“以人参

① 《朝鲜显宗改修实录》卷二二，十一年二月庚午，韩国国史编纂委员会，1968。

② 《朝鲜景宗实录》卷二，即位年十二月乙未，韩国国史编纂委员会，1968；卷一一，三年二月辛亥。

③ 《朝鲜景宗实录》卷三，元年二月戊申，韩国国史编纂委员会，1968。

④ 刘为：《清代中朝使者往来研究》，黑龙江教育出版社，2002，第 85 页。

⑤ 《朝鲜显宗实录》卷一一，六年十二月丁巳，韩国国史编纂委员会，1968。

⑥ 《朝鲜景宗实录》卷八，二年六月丁巳，韩国国史编纂委员会，1968。

二斤、白绵纸白卷，密赠副敕，以悦其心”。[①]

对于朝鲜的“别赠”，清初曾有将金银返还朝鲜的例子。崇德二年，清太宗将朝鲜给予英俄尔岱和马福塔各白金2000两，以及通官3人各500两的金银还给朝鲜，并要求朝鲜“自兹以后，凡有贪婪之辈越理私索者，不惟不可与，王即奏闻方是”。[②] 这是文献中所见清廷唯一对清使臣于“正礼”之外受赠礼物进行整肃的一次，但当时对双方均无任何惩戒，因此并没有起到任何作用。

及至乾隆元年，发生了清使臣在朝鲜受贿及争斗事件，使得高宗决定对这一弊端予以整治。当年正月，清遣散秩大臣信勇公兆德、镇国将军宗室释伽保为正、副使前往朝鲜颁“尊号皇太后诏”。三月，在归国途经朝鲜黄海道凤山郡境内时，发生了兆德自杀未遂事件。事件的始末是：“上敕照（兆）德性躁挟，副敕什家（释伽）保浮浪多气，倚宗室之势，两人不相能，家丁辈从以交煽。照（兆）德恨甚，遂自刎几死，其家丁一人亦自刎死。照（兆）德既苏就道，及至其国，两人交讼，发受赠等阴事。”[③]

这是一起极其有损大清颜面的事件，由此“清皇甚怒，并革其职”。五月，清高宗宣谕，禁断清使臣在汉城和朝鲜地方的所谓“都请”“别请”行为，并谕朝鲜国王废弃旧例，“不得私与一件”。同时，又谕令“嗣后凡有使臣回京之日，路经奉天及山海关等处，著奉天将军及山海关监督，盘查行李。倘有于正礼之外，多有仪物者，即行参奏。若代为隐匿，将来发觉之日，一并议处”。[④]

清廷的这一禁断举措，对清敕使起到了一定的震慑作用。如乾隆二年，清使臣散秩大臣保德前往朝鲜颁“雍正配祀天地诏”，朝鲜仍试探性地要给予“别赠”。清使臣“以别赠有国禁，只留赠单，而不受其物”，结果反而使朝鲜国王陷于被动，“颇虑其归泄”。[⑤] 乾隆三年，清又遣散秩大臣襄泰和内阁学士岱奇前往朝鲜颁“册封世子诰”。按照惯例，颁布封典类诰命的清使臣都会得到朝鲜大量的赠银，但是清使臣不但主动要求“除

① 《朝鲜英祖实录》卷二九，七年四月丁巳，韩国国史编纂委员会，1968。
② 《同文汇考》别编，卷二，蠲弊，第1508页。
③ 《朝鲜英祖实录》卷四一，十二年三月甲子，韩国国史编纂委员会，1968。
④ 《清高宗实录》卷一九，乾隆元年五月戊午、己未，中华书局，1986。
⑤ 《朝鲜英祖实录》卷四四，十三年六月庚午，韩国国史编纂委员会，1968。

归路宴飨及朝茶啖，只令待夕茶啖”，而且“以皇旨之严禁，只受元礼单，不受别赠，求《东医宝鉴》及清心丸五十丸、鬈髪二束以去”。副使大学士岱奇还“手书‘润泽东藩’四大字，请镌揭馆壁”，朝鲜因此请赠礼物，则“拒之不受”。[①] 这两位使臣无疑很好地遵行了乾隆帝对朝鲜“怀远之恩”的意旨，完美地完成了清高宗所赋予的外交使命。

但有些随行的通官却仍贪得无厌，在使行的沿途多有索取，即便在乾隆初年也是如此。史载：“时，通官辈私求银于两西者，多至一万三千四百余两。”而为了应对奉天、山海关等处的监察，通官在清使臣渡鸭绿江之前，将银存留在朝鲜义州，等到有朝鲜奏请使臣赴京之时，请朝鲜使臣帮助送往凤城。朝鲜对此也毫无办法，除了对不能规避清通官索求的朝鲜伴送官、地方官员以及朝鲜通官予以惩处外，对清通官的请求只能“从其愿付送”。[②]

不过，清通官也有因违规被纠察者。就在清发布谕令的第二年，随清使臣出行的三等通官因为不依照新规收受礼物，被奉天将军稽查而参劾，导致正、副使及所有通官都遭到惩处。[③] 但是，这种事例实在罕见。沉积已久的贪索之风，非短时间所能改变。何况朝鲜为了能够通达清廷，常常以“人情银”作为铺路的手段，也助长了这一弊端的滋蔓，最终达到无法根治的地步。

“蠲弊”中的诏敕“顺付”，是指清廷将本应派遣使臣颁至朝鲜的诏、敕等文书，交给来京的朝鲜使臣带回。这对清与朝鲜，都是财政上的减负举措。

据《同文汇考》统计，1636～1880 年 245 年间，清派遣使臣次数是 169 次，顺付次数是 78 次，合计 247 次，其中顺付次数约占 32%。值得关注的是，78 次顺付中，22 次在崇德朝（总敕行次数为 40 次），42 次在嘉庆之后（总敕行次数为 69 次），两者合计约占 78 次的 82%。而顺治朝和乾隆朝各 3 次和 4 次，康雍时期为零。[④]

从上述数据看，如同岁币和方物的蠲免，在诏敕顺付的蠲弊中，相比

---

① 《朝鲜英祖实录》卷四七，十四年二月癸卯，韩国国史编纂委员会，1968。

② 《朝鲜英祖实录》卷四四，十三年六月庚午，韩国国史编纂委员会，1968。

③ 《通文馆志》卷一〇，纪年续编，第 25～26 页。

④ 李善洪：《朝鲜对明清外交文书研究》，吉林人民出版社，2009，第 200 页。

康雍乾时期，崇德时期的力度是最大的。康雍乾时期更多注重的是方物的减免，因为在当时的清廷看来，派遣使臣颁布诏敕的政治、礼仪意义要远大于经济意义，这一点在康熙前期的对朝关系上尤为突出。嘉庆之后，顺付渐始增多，咸丰以后还出现了顺付次数远多于遣使颁诏次数的现象。这是由于此时的两国关系已经非常顺和，较之政治、礼仪方面的考量，财政减负应该是当时清廷更多实行顺付的主要因素，而朝鲜也因此获利于这一蠲弊政策。

由于顺付能为朝鲜带来经济上的利益和地方的安宁，在清朝后期，朝鲜也通过用重金贿赂礼部官员的手段，来达到诏敕顺付的目的。在道光十三年（1808）赴京的朝鲜冬至使臣沈能建就曾向朝鲜国王奏闻：“今番诏书顺付，虽是礼部之据例奏下者，而间因礼部诸堂之议不一，颁诏十余日后，始为决定。如是之际，自然有酬用之处。使任译辈纹银二千七百两，私自办货，以为取用之资。”[①] 朝鲜政府对其通官在清使用的活动经费，一般是要求他们通过物货交易自己筹措的，但对于诏敕顺付这样的重大事件，由于所需银两较多，朝鲜也会变通地从公用银当中支给。[②] 而且对于那些能够达成诏敕顺付的通官，事后还要给予赏赐。[③]当然，诏敕的顺付，前述的原因仍然是主要的，但在朝纲日益松弛的清后期，“人情银”的作用也不可小觑。

四　结语

综上所述，清朝对朝鲜贡物和敕使等方面的蠲弊，主要体现在嘉庆时期以前。而不同时期的蠲弊，其目的各有差异，反映的是各时期不同的两国关系状态，带有比较明显的时代特征。崇德时期对岁币和清敕使礼物的蠲弊力度最大，反映的是清朝当时所面临的对明局势和对朝战略意图以及

---

① 《备边司誊录》24 册，纯祖九年三月十三日，第 43 页。

② 《备边司誊录》24 册，哲宗元年四月二十日，第 163 页。“司启曰：‘皇太后传讣顺付时，需用银三千三百两，自箕营备报之意，顷有所筵奏行会矣……诏敕顺付时所需银货，便是公用，不可不趁即报给。’”

③ 《备边司誊录》26 册，哲宗十四年五月八日，第 52 页。“司启曰：‘今番节使之还，诏书幸得顺付，而闻有公用所费银子一千两云矣……其时干事之首、副译，并令该院，从愿施赏何如？’答曰：‘允。’”

后来亟需调整的两国政治关系。乾隆时期对方物的蠲弊力度最大，所反映的是处于鼎盛时期的对朝关系和已经步入正轨的两国间顺和的朝贡册封关系。虽然朝鲜因蠲弊得益最大的是这两个时期，但其效果，也即朝鲜对清朝的反应却大相径庭。崇德时期，朝鲜并没有因为大幅蠲免岁币和敕使礼物而改变对清朝的敌视态度，而乾隆时期大幅蠲免方物，带来的是两国愈加巩固的朝贡册封关系。因此，蠲弊并不能简单地归结为两国关系和睦所产生的结果。

另外，在所有的蠲免中，清朝对三节方物的蠲免是极其少见的，因为政治、礼仪方面的往来关系是维持朝贡册封关系体制的真正内涵，其他方面的蠲弊是为这一目的服务的，而这也正是蠲弊的性质所在。

清朝嘉道时期的环境恶化趋势及其社会影响

朱　浒（中国人民大学清史所教授）

黄兴涛（中国人民大学清史所教授）

学界普遍承认，19 世纪上半叶的清代嘉庆、道光两朝，是中国发生大规模社会危机和近代社会转型的前夜。不过，对于这一时期中国社会出现的、对后来进程具有重要影响的变动迹象，既有研究还存在很多不足。其中十分重要但迄今尚未得到深入揭示的一个方面，便是嘉道时期在自然和社会因素的交互作用下，中国出现了明显的生存环境全面恶化趋势。大体上，这种趋势表现在四个方面：一是气候的异常变化成为影响社会经济发展的不利条件；二是水旱等灾害严重，特别是水灾为害空前加剧；三是人口暴涨、垦荒泛滥等各种因素的累积与综合作用，导致生态系统的严重破坏；四是多种瘟疫频发，呈现恶性流行态势。且此各项表现又往往相互波及，发生连锁反应，造成恶性循环。此种生存环境全面恶化趋势，不仅是嘉道时期突出的宏观历史现象，更对当时的中国社会产生了多方面的重要影响。根据学界已有的一些成果，以及笔者目前正在进行的一些工作，本文试图对前述趋势及其社会影响等问题进行一次较为完整的概括，以收抛砖引玉之效。[①]

一　气候异常、冷害严重

气候史学界认为，16 世纪至 19 世纪中叶（约 1500 ~ 1850 年）为全球

① 文中论述凡涉及支持证据之处，如未注明来源，全部出自夏明方、朱浒、赵晓华合纂的《清史·灾赈志》（未刊稿）及朱浒的《清代灾荒纪年·嘉庆道光朝》（未刊稿）。

气候整体变冷的一个新阶段，被称为“明清小冰期”。其中，与嘉道时期大致重合的1791～1850年，又为较为寒冷的一段，年平均气温较今日低0.8℃。并且，这段时期多次发生较暖期和较冷期急剧转换的波动，造成了降水量极不均匀以及奇寒酷暑交替出现的状况。1800～1849年，不仅冷冬发生次数较20世纪后半叶多1倍，且多次出现冷冬连发现象。[①] 1815年，今属印度尼西亚的松巴瓦岛坦博拉（Tambora）火山爆发，更形成了一次大规模的气候突变。这次火山喷发是人类有科学记录以来的最大一次，其固体喷发物远远多于其他火山爆发记录的数量级。火山尘埃弥漫到大气层，大大减少了到达地球表面的太阳光线，引发了此后整个北半球的气温剧降。1816年可谓北半球“没有夏天”的年份，美洲大陆和欧洲大陆都遭遇冷温夏季，英格兰是年7月的气温是有观测记录以来的最低水平。中国大陆也在1816年附近发生大型降温振荡，且此后15年间一直处于不稳定的气候波动期，1830年以后则处于较稳定的冷温状态，最冷期为1870～1880年，其冬季温度较20世纪低约2℃。[②]

与这种气候异常相对应，嘉道时期频繁出现严重的气象灾害事件。

自乾隆、嘉庆之交为始，中国大陆的寒冷事件即屡有发生，淮河以南地区以及位于长江和珠江流域的湖南、湖北、广东、广西等地多次空前降雪，特别是嘉庆二十一年（1816）以后，各地普遍降温而遭遇重大冷害。其较大事件有：嘉庆元年（1796）正月，强寒潮袭击直隶、山东、江西、安徽、江苏、浙江、福建等省，多有冻死人口及大批动植物之记录，江苏南部多处大雪坚冰，为百年来所未有；五年（1800），南方多省出现强降雪，安徽、江西、浙江、福建、湖南、广西、贵州等省多有积雪至数尺至丈余不等之处；十八年（1813）八九月间，时值“癸酉大饥”的河南省大部地区普降早霜，各地是年六月间所补种之荞麦尽皆枯萎，晚秋无望，灾情达于极致，人相食之处层见叠出。

道光朝时期，更逢数十年罕见的特大寒潮灾害席卷全国，长江中下游和岭南地区受害尤重。第一波特大寒潮始于道光十一年（1831）秋冬间，

① 参见葛全胜等《中国历朝气候变化》，科学出版社，2011，第588～589、607～611页。另可参见李伯重《中国的早期近代经济》，中华书局，2010，第40页。

② 张丕远主编《中国历史气候变化》，山东科学技术出版社，1996，第388～390页。

由东北至广东的广大地区皆遇大雪大冰，京师遭遇数十年未有之大雪。十二年（1832），寒潮达至巅峰，直隶、山西、山东、江苏、浙江、安徽、江西、福建、河南、湖北、湖南、广东、广西、四川等省，春霜与秋霜交替，寒潮屡次侵袭，危害极重。十三年（1833），寒潮灾害再一次侵袭南北各地，危害仍广。广东境内则直至十五年（1835）冬，仍多有大雪之处，连续四五年大雪严寒，为岭南地区向来罕见。第二波特大寒潮发生在二十一年（1841）。是年初春，山东大风暴雪为灾，青州、莱州、登州境内多有人畜冻毙。十月以后，江苏、浙江、安徽、江西、湖南、湖北等省普降大雪，积雪数尺乃至丈许，冰坚数尺，人畜、树木多冻死。

二　水灾加剧、灾荒严重

总体而言，整个清代都属于灾荒多发时期，灾荒的频繁性、多样性、群发性和严重性贯穿始终。因此，就受灾范围、灾害种类、灾情等级等方面而言，嘉道时期与其前后时期相比，并无重大差别。不过，与嘉道时期在清代作为承前启后的时期一样，这一时期的灾荒也出现了一些特有的状况，成为清代灾荒整体演变过程中的一个转折点。这些特有状况主要有三：其一，黄河水患达到了前所未有的程度，为咸丰时期的大改道积累了条件；其二，长江水患出现了越来越严重的趋势，成为不亚于黄河的威胁；其三，作为全国经济中心的江南地区，在嘉道时期连续遭遇重大灾害的打击。

就黄河而言，虽然《清史稿》声称“河患至道光朝而愈亟”，实则从嘉庆朝开始，水患已经大大超过从前。统计嘉庆一朝，黄河共决口 13 次，前期集中在下游黄淮交汇地区，后期则逐渐移向中上游，为患更广。嘉庆元年六月，河决丰汛六堡，苏北、皖北、鲁西南皆遭水患。二年七月，河决曹县北岸二十五堡，山东、安徽被水。三年八月，黄河溢睢州、宿州。四年八月，河决砀山。八年九月，黄河在河南封丘衡家楼决堤三十余丈，大溜向东北奔注，穿运河，东趋大清河，经利津入海。十一年六、七、八三月，黄河于安徽、江苏境内接连决口。十八年，陕西、山西、河南及苏皖一带于七八月间遭暴雨袭击，黄河干支流或决或溢，造成严重水患。二十四年七月，河决考城、兰阳、仪封，全河由涡入淮，后又决于武陟马营坝，夺流东趋，穿运注大清河，所经之处，被水甚重。八月，河决武陟北岸马营坝，注张秋，入大清河，山东数十州县遭黄水漫溢。二十五年三月，黄河马营口决口合龙，仪封又告漫塌。在道光朝前期，黄河一度颇为安澜，然后期连续三年大决口，河患极重。二十一年六月十六日（1841 年 8 月 2 日），黄河在祥符上汛三十一堡决口，水围开封达 8 个月之久，时称“二百年来所未有”，黄流经行之处，计河南、安徽两省共五府二十三州县。次年二月二十三日（1842 年 4 月 3 日）方告合龙，费帑六百余万两。二十二年七月十七日（1842 年 8 月 22 日），黄河又在江苏桃源崔镇汛决口，决口宽至一百九十余丈。又因黄水“穿运河，坏遥堤，归入六塘河东注，正河自扬工以下断流”。二十三年夏秋之间，河南大雨连朝，黄水于六月末决于中牟下汛九堡，“口门塌宽一百余丈”，不久复“塌宽至三百六十余丈”，漫淹地区较祥符漫口更为宽广。直至二十四年十二月二十六日（1844 年 2 月 2 日）始告合龙，用帑一千一百九十余万两。此连续三年大决口，危害至重，十年之后，“祥符至中牟一带，地宽六十余里，长逾数倍，地皆不毛，居民无养生之路”。①

长江水患在 18 世纪以前尚不甚烈，自乾隆末起则为祸日重。故魏源称：“历代以来，有河患无江患。……乃数十年中，告灾不辍，大湖南北，漂田舍、浸城市，请赈缓征无虚岁，几与河防同患。”② 自乾隆五十三年（1788）长江创下清代空前水位纪录的大洪水后，长江流域内大水为灾状况即屡见不鲜。嘉庆五年，长江中下游江西、安徽、浙江夏秋大水，淹毙人口、漂没田庐无算。十三年，长江流域又遇较大水灾。四川境内乌江、涪陵江皆于三月漫溢，湖南、江西、安徽、江苏、浙江等省水灾较重。十八年，长江上游四川、云南大水，中下游湖北、湖南、江西局部水灾较重。道光三年，长江发生全流域大水，中下游地区灾情尤重。江苏全省数十州县成灾，浙江多处大水泛滥，安徽中南部沿江沿湖地区三十余州县成灾，江西成灾州县亦在三十开外，湖北、湖南多处大水，堤垸俱溃。六年夏，全国较大规模的降雨主要集中在江淮流域，湖南、湖北、江西、安徽、江苏等省水灾严重，局部地区造成严重人员伤亡。从十年到十四年，

---

① 李文海、周源：《灾荒与饥馑：1840～1919》，高等教育出版社，1991，第 32～42 页。

② 《魏源集》，中华书局，1976，第 388 页。

长江流域各省连续四五年发生洪涝灾害。十年，湖南、湖北、江西、四川、贵州沿江之区多遭泛溢成灾。十一年，湖北、湖南、江西水灾面积较上年扩大，安徽、江苏亦遭波及。湖北大冶、江西武宁水位超过乾隆五十三年，安徽安庆、池州府境沿江西部水位乃百年仅见。十二年夏，湖北、湖南、江西、安徽、江苏及四川、贵州持续大水，部分州县兼发疫情，数处人相食。十三年，长江流域仍复大水，次年湖南、江西、江苏等省水灾依旧，江西尤重。二十年至二十四年，湖北持续遭受严重水灾，大水入城之事屡见。二十八年，苏、皖、豫、浙、鄂、赣六省发生大水灾，时称“东南六省大水”。江苏全省共有六十五厅州县及九卫被水成灾，安徽四十州县受灾，浙江三十一县卫成灾，湖南滨湖围垸纷纷溃决，淹没田庐人畜无算，省城长沙麇集饥民几十万人，湖北被灾达三十余州县，江西共二十州县遭淹。二十九年，江苏、浙江、江西、湖北、湖南暨安徽等省再次发生大水灾，水势“为百年所未有”。江苏苏州、松江、常州、镇江、太仓所属各州县，水势超过三年，苏州府城大水进城，为从来未有之事。浙江全省受灾田亩近万顷，“尸浮累累，哀鸿嗷嗷”，灾民群向富户“乞米”“吃大户”。江西沿江沿湖田庐普遍被淹，全省遭受水灾者二十一州县。湖北境内洪水泛滥，省城积水深至三四尺到丈余不等，三十余州县均遭洪水冲淹，灾情“实为从来未有之事”。湖南境内湘江、资江、沅江、澧江及洞庭湖大水涨发，史称“己酉大荒”。安徽遭遇大面积洪涝灾害，三十州县受灾。经嘉道时期大水屡屡冲击之后，向称鱼米之乡者，多为常年泽国。

以太湖流域为中心的江南地区，自明末奇荒打击下恢复元气之后，百余年间未遇大灾，社会经济持续发展，始终是全国经济中心。然进入嘉道时期，江南地区却连遇重灾袭击。嘉庆九年（1804）夏，江南大水成灾，苏南多有全荒无收之处，浙北十六州县卫额田平均收成仅二分有余，粮价飞涨，民力维艰。十九年夏秋，江南大旱日久，赤地千里，史称“乾隆乙巳后第一奇灾”，民大饥。道光三年，江南复大水，水势大于嘉庆九年，时称“百年来未有之灾”，又称“癸未大水”。道光十三年夏，江南再遇大水，虽不及癸未，然继以秋霜，晚稻、木棉大遭损害，遂成暗荒之局。二十九年，江南复遭空前大水。江苏南部地区夏间连绵滂沱大雨，低洼之区无不漫淹，省城在巨浸之中，苏州等地水入城内，民田庐舍多遭淹没，受灾情形较癸未大水尤甚。浙江自春夏以来，雨多天寒，闰四月后连雨四十余日，上下数百里之内，江河湖港与田地连为一片，城镇陆地荡舟，房屋皆坍，饥民遍野，勘报成灾成歉者共计四十七州县卫，受灾田地近十万顷，时人皆谓道光三年水灾较此为轻。连续重灾打击之下，江南经济形势日趋疲弊。江苏按察使李彦章称："嘉庆九年以前，罕水灾，种稻一岁得两熟；九年以后，湖水秋涨，五坝辄开，田唯恐淹，故但幸其一收，而不可以再种。"[①] 松江人姜皋则发现了灾荒对当地田价的影响："三十年前亩值七折钱五十两者，甲戌（即嘉庆十九年）歉收后，已减十之二三。自癸未至今，则岁岁减价矣。癸巳（即道光十三年）冬间，此等田欲以易钱十千，无受之者。"[②] 林则徐向朝廷奏称："自道光三年水灾以来，岁无上稔，十一年又经大水，民力愈见拮据。"[③] 左宗棠于同治年间奏请浙江减赋时亦称："道光癸未、辛卯以后，两次大水，民间元气大伤，赋重之处未能全漕起运，遂岁报灾歉，蠲缓频仍。"[④] 由此可见嘉道时期江南地区水灾严重情形之一斑。

三 开发过度、生态破坏

清朝统治稳定之后，特别是康乾盛世时期奉行了数千年所未有的、宽松的人口政策，全国人口迅猛增长。至嘉庆二十五年，全国人口已达3.5亿，而道光十四年，更是突破4亿大关。[⑤] 人口暴增，势必带来一系列问题。最直接的问题就是人均耕地面积急剧减少，乾隆十八年，人均耕地面积是4亩，到道光二年下降到2亩，[⑥] 这就造成了极为尖锐的人地矛盾。

对于人口激增造成人地关系日益紧张的状况，在以农为本的传统经济体系的制约下，清代仍然只能主要依靠大力发展农业生产来加以缓解。而

① 李彦章：《江南催耕课稻编》，载《续修四库全书》，上海古籍出版社，2002，第977页。
② 姜皋：《浦泖农咨》，载《续修四库全书》，上海古籍出版社，2002，第976页。
③ 《林则徐全集》（第1册），海峡文艺出版社，2002，第284页。
④ 杨书霖编《左文襄公（宗棠）全集》奏稿卷11，台北文海出版社，1964，第40～41页。
⑤ 何炳棣：《明初以降人口及其相关问题（1368～1953）》，葛剑雄译，三联书店，2000，第329～330页。
⑥ 朱凤祥：《中国灾害通史·清代卷》，郑州大学出版社，2009，第273页。

这一发展，又主要是依靠扩大垦田面积，推广玉米、番薯、高粱等杂粮作物的种植等方式来实现的。据测算，顺治十八年，全国耕地总面积为733万顷，乾隆十八年已增至993万顷，嘉庆十六年又增至1051万顷。[①] 而从乾隆至道光年间，种植玉米的地区已扩展至二十省三百五十四府州县。[②] 尽管这两种方式在短期内对粮食生产起到了很大的促进作用，但往往又因被过度应用，从而造成了影响深远的生态破坏。

此种破坏的首要后果，是对山区、丘陵地带的盲目开发，致使广大地区的植被加速衰减。随着人口的大量快速增长，平原地区很快开发殆尽，大批无地农民成为流民，流入原先人迹罕至的山区，伐林垦山。玉米等杂粮作为适于山地种植的作物，有力促进了此种垦山开荒活动。但种植玉米等杂粮，刨土深，最易造成山地土质疏松、植被遭殃。清初，全国森林覆盖率约为21%，主要分布在广大山地、丘陵地区。而主要因毁林开垦活动，18世纪成为植被加速衰减的转折点，到1850年，全国植被覆盖率至少下降了5个百分点。祁连山区、秦巴山区、江南丘陵地区和南岭地区等原先森林主要分布区则下降幅度更大。[③]

其次，由于大量出现以填湖围垦为主的与水争田活动，对水域系统造成了大范围的破坏。在广大水域地区，圩田、垸田、湖田等垦殖方式，的确在一定时期发挥了促进生产发展的作用。但进入清代以后，围垦之举在全国范围内出现了变本加厉的趋势，尤以江汉湖区、洞庭湖区、鄱阳湖区及太湖地区为甚。至嘉道时期，情况尤为严重。如嘉庆七年湖南巡抚马慧裕奏报："查湖南滨湖十州县，共官围百五十五，民围二百九十八，创毁私围六十七，存留私围九十一。"[④] 其严重性由此可见一斑。这种与水争田活动的结果是，各主要湖泊水域面积较前已出现大幅缩减，从而严重影响了其作为天然水库的蓄泄功能。并且，与垦山破坏森林植被的情况相同，围垦破坏的水域系统也是一种不可逆的环境损失，其结果也往往陷入愈垦

① 张研：《17～19世纪中国的人口与生存环境》，黄山书社，2008，第180～181页。

② 赵冈等编著《清代粮食亩产量研究》，中国农业出版社，1995，第130页。

③ 葛全胜等：《中国历朝气候变化》，科学出版社，2011，第629～631页。

④ 贺长龄辑《皇朝经世文编》卷117《工政二十三·各省水利四》，台北文海出版社，1966，第13页。

愈穷、愈穷愈垦的恶性循环。[①]

由于缺乏规划的大量垦殖，不顾后果地进行掠夺性开发，给生态环境造成很大破坏。已有学者明确指出，森林缩减、水土流失、河湖淤塞、沙漠扩张等是其基本表现。[②] 过度开垦加剧了水土流失，反过来又更进一步恶化了农业生产条件。山区丘陵地带本属生态脆弱地区，18 世纪以来的开发又多属于掠夺性垦殖，凡被开垦之区，表土不久即损失殆尽，缺少植被的荒山秃岭长期无法恢复原貌，形成永久性水土流失问题。而山地丘陵水土流失加剧之际，对河湖滩地的围垦又降低了河湖水域的调节能力，以致河湖淤积的状况亦越来越普遍，从而导致洪水影响地区愈发广泛，甚至造成了不少平原良田肥力的下降。而这种生产条件的严重破坏，最终成为清中叶以后农田生产力明显减退的重要因素。[③]

例如，在长江中下游地区，由于棚民的开山种地，水土流失的情形极为严重。嘉道时期的一些文献纷纷指出，“近今棚民开垦山场，多致浮土下泻，塞港填溪，尤为水利农田之大害”；[④] “昔者土山结实，犹不免浮沙入河，今乃山尽垦松，一雨挟沙而下，久霖更甚，河遍填淤，水无可蓄，即未成涝，易淹田亩”[⑤]；“第山经开掘，遇霖雨，土随崩裂，湮没田禾，填塞溪涧，以致水无潜滋，稍晴即涸，旱潦交忧，害实不浅”。[⑥] 这的确是当时生态恶化的真实写照。[⑦]

不仅长江流域如此，西北、西南、东北等其他各地的环境，此期也都出现此种恶化趋势。[⑧] 如贵州的石漠化现象，因为种种原因，到清代中期

---

① 张艳丽：《嘉道时期的灾荒与社会》，人民出版社，2008，第 62 ~ 63 页。

② 高寿仙：《明清时期的农业垦殖与环境恶化》，《光明日报》2003 年 2 月 25 日“史学版”。

③ 赵冈等编著《清代粮食亩产量研究》，中国农业出版社，1995，第 137 ~ 142 页。

④ 王凤生：《浙西水利备考》，台北成文出版社有限公司，1983，第 4 页。

⑤ 《乌程县志》，载《中国地方志集成·浙江府县志辑》（第 26 册），上海书店出版社，2000，第 1036 页。

⑥ 《于潜县志》卷 10《食货志》，第 14 页。

⑦ 关于长江流域此时期环境恶化问题，可参见张建民《明清长江流域山区资源开发与环境演变：以秦岭—大巴山区为中心》（武汉大学出版社，2007）一书的有关内容。另可参见汪润元、勾利军《清代长江流域人口运动与生态环境的恶化》，《上海社会科学院学术季刊》1994 年第 4 期。

⑧ 可参见张芳《清代南方山区的水土流失及其防治措施》（《中国农史》1998 年第 2 期）和赵珍《资源、环境与国家权力——清代围场研究》（中国人民大学出版社，2012）第二章中的有关论述。

时达到极为严重的程度，较之清初增大数倍之多，堪称这一时期西南环境不断恶化的集中体现。

嘉道时期，对于伐林垦山、围湖造田等所造成生态破坏的严重后果，时人已有所认识。如嘉庆十一年，官方就曾下令禁止垦山，但效果不佳。道光四年，两江总督陶澍发布命令，决定棚民租满退山之后，“不得仍种苞芦，改种茶杉，增蓄柴薪，以免坍泻”。[①] 道光五年，湖南布政使贺熙龄呼吁朝廷“敕下湖南巡抚，严禁私筑，每岁责成地方水利各官详悉查勘，如有新筑围田阻碍水道之处，即行刨毁，若有受贿存留，蒙混结报者，查出参处”。[②] 道光十六年九月，道光帝曾谕令陶澍等人“严饬所属各知县，于棚民垦种处所，设法严密管束，或宽予期限，令其渐回本乡。其未经开垦之山，著即严行查禁”。[③] 可惜这些做法，都属于某种临时性办法，根本没有也无法有效控制环境不断恶化的局面。

四　瘟疫频发、恶性流行

在人类抵御自然的力量发展到一定程度以后，与水旱等灾害一样，瘟疫的流行既是环境恶化的表现，也是环境恶化的结果。整个清代，嘉道时期是瘟疫发生频次较高的历史时期，明显高于顺康和雍乾时期。据不完全统计，嘉道年间共发生各类瘟疫 798 次，年平均达到 14.5 次。就时间分布来说，瘟疫相当集中地发生在 1818～1839 年，尤其以 1818～1828 年为最严重，共达 415 次，占嘉道时期瘟疫总数的 52%；就地区分布而言，几乎遍及全国各地，尤以山东、直隶、浙江、云南、广东和两湖等沿海、沿江及边疆地区为突出。此外，这一时期为害中国人的瘟疫名目繁多，除了常见的天花、伤寒、痢疾、疟疾、麻疹以及难以与当今病名对应的暑风、温邪等之外，影响重大的新瘟疫也开始传入并引起国人关注，不仅真性霍乱开始传入并大规模肆虐，疫喉等也在这一时期流行并日渐增多。另

① 许乔林编《陶文毅公（澍）集》（影印本），台北文海出版社，1966，总第 2097 页。

② 盛康辑《皇朝经世文续编》（影印本）卷一一七《工政十四・各省水利上》，台北文海出版社，1966，总第 6181～6182 页。

③ 《清实录・宣宗实录（五）》（第 37 册），中华书局，1986，第 443～444 页。

外，鼠疫虽在此时暂未产生重大影响，但也从乾隆后期起在云南地区持续流行。[①]

真性霍乱属于当时世界性霍乱大流行的一部分。一般认为，它最早于嘉庆二十二年（1817）通过海路进入中国，而后逐渐流行开来，并于嘉庆二十五年、道光元年、二年这三年间达到高潮，其中尤以道光元年（1821）格外严重，几乎遍及全中国。[②] 1818～1828年为嘉道时期瘟疫最为频发的时期，而此时也正是真性霍乱开始传入中国并在中国大地肆虐的时期，由此可见霍乱在当时瘟疫流行史上的重要地位。毫无疑问，它是当时中国危害最为严重的瘟疫。以道光元年为例，时有文献记载：

> 道光辛巳春夏间，瘟疫流行，始自闽、粤、江、广，日迁于北。七月望后，京中大疫，日死者以千百数。其疾始觉胫痛，继而遍体麻木，不逾时即死。治者以针刺舌腭，逮紫血出，再服藿香正气丸，始得无恙。[③]

这样一种危害猛烈、传染性极强的烈性传染病，导致当时社会一片恐慌，生活在19世纪中叶的孙兆溎称："道光辛巳夏秋之交，瘟疫流行，几遍天下，顷刻即死，人人自危"。[④] 社会因此不时出现惊恐不安、惘然不知所措的乱世景象。

烂喉痧和白喉这两种流行性疾病在中国出现的年代，虽然还存争议，但大都倾向于认为其出现于清代中期。至少，这两种疾病大肆作虐并引起中国社会普遍关注，可以肯定主要是嘉道时期及其以后的事。首先，医界

---

① 参见余新忠《嘉道时期的瘟疫及其社会影响》，转引自南开大学历史学院等编《中国古代社会高层论坛文集——纪念郑天挺先生诞辰一百一十周年》，中华书局，2011，第700～718页。另可参见余新忠《嘉道之际江南大疫的前前后后——基于近世社会变迁的考察》，《清史研究》2001年第2期。

② 关于传统霍乱和真性霍乱之间的关系，及真性霍乱传入中国的情形，可参见余新忠《嘉道之际江南大疫的前前后后——基于近世社会变迁的考察》，《清史研究》2001年第2期；李玉尚《霍乱在中国的流行（1817～1821）》，载《历史地理》第17辑，上海人民出版社，2001。

③ 昭梿：《啸亭续录》，中华书局，1980，第497页。

④ 孙兆溎：《花笺录》卷一七，同治四年刊本，第37页。

有关疫喉的论著基本出现在嘉道及以后时期。[①] 其次，就嘉道时期诸多相关论述来看，也基本都将其视为当时新出现的疾病。实际上就目前所收集到的资料来说，疫喉的流行大多出现在嘉道以后，且嘉道时期的记载也相对较多。[②]

在中国，鼠疫于18世纪后期即在云南出现。清代第一波鼠疫，大体始于乾隆三十七年（1772）滇西的鹤庆，然后向滇东和滇东南蔓延，一直延续到1830年左右。[③] 不仅如此，目前可以确定判断为鼠疫的历史记录，也大多出现在嘉庆年间。如嘉庆初年任职云南的著名学者桂馥曾就此记载道：

> 余官邓川时，有疾疫，名曰“羊子”，传染已二十余年。初起于鹤庆，自北而南，次及浪穹、邓川、宾川、太和、赵州、蒙化，死者数万人矣。凡有鼠出穴死者，室中人皆病，或即时死，或阅日死，延至七日即不死。其疾，皮肤起皰，割之有白浆，或成羊毛。[④]

上述新疫病的出现或影响加剧，其根源正在于嘉道时期社会经济和生态环境出现了重要变化。社会经济一定程度的发展有助于改善社会的医疗卫生条件，从而起到抑制疾疫发生的作用；另一方面，也容易造成环境的破坏和污染以及频繁的人口流动，而人口规模的不断扩大，同样有利于疫病的滋生和流传。就烂喉痧和白喉而言，虽然现在暂时还无法确定这两种疾病是何时、何地由海外传入中国的，但一个明显的事实是，这两种疫病出现的年代正是中国海外贸易大幅提高、国际交往日益增多的时期。而真性霍乱的传入，更加明显地体现出这一点。随着中国越来越深地被卷入国

---

① 余新忠：《清代江南的瘟疫与社会——一项医疗社会史的研究》，中国人民大学出版社，2003，第293页。

② 余新忠：《清代江南的瘟疫与社会——一项医疗社会史的研究》，附录“清代江南分府疫情年表”，中国人民大学出版社，2003，第355～392页；余云岫：《猩红热与中国旧医学》，《中华医学杂志》1941年第27卷第5期；李庆坪：《我国白喉考略》，《医学史与保健组织》1957年第2期。

③ 〔美〕班凯乐：《十九世纪中国的鼠疫》，朱慧颖译，中国人民大学出版社，2015，第18～25页。

④ 桂馥：《札朴》，中华书局，1992，第412页。

际贸易体系之中，大量来自世界各地的商人和商船涌入中国沿海，无疑大大增加了带来新传染病的可能性。

除此之外，在一些人口密集、社会经济比较发达的地区，特别是像苏州、杭州等大城市，由于城市卫生机制跟不上人口发展的要求，致使生活垃圾不能得到及时的消解，城市污染日趋严重。这主要表现在，水质变差、环境卫生状况不良，以致每届天热，秽臭熏蒸，苍蝇、蚊子、臭虫等害虫猖獗等。在一些中心城市，嘉道及其以后，污染问题已不容小视。[①]这也是导致这一时期瘟疫泛滥的原因之一。

最后或许值得一提的是，这一时期鸦片吸食在中国开始泛滥，从某种意义上说，也未尝不可以被视为生存环境恶化的一大表现和结果。

五　环境恶化的社会影响

嘉道时期环境恶化的趋势，对中国社会的诸多方面都产生了重大而深远的影响。

在经济方面，环境恶化一方面与此前经济的非健康发展有关，而同时又反过来，成为导致道光时期经济萧条的一个重要因素。环境持续变坏引发的一个直接后果，是农业生产条件的不断恶化，进而又成为农业生产力低迷的主要原因。大约从 19 世纪 20 年代起，全国农业总收成出现了明显的下行态势，粮食亩产量也出现了下降，农民收入相应减少。[②] 与此同时，灾荒频发又对国家财政经济构成了巨大压力。由于不得不频频进行灾蠲，田赋和盐课收入都大受影响。据估计，嘉道时期每年灾蠲额度占到财政收入的 12% 左右。此外，几乎每次较大灾荒之后，灾区及邻近地区的关税收入也都出现大幅减少的状况。除了这些明亏的部分外，国家还不得不在发生严重灾荒时施加赈济。据初步统计，嘉道时期超过 100 万两白银的赈灾行动至少 10 次，这还不算多次河决造成的河工用项。农业生产力的低迷和国家财政的拮据，可以说是 19 世纪上半叶中国经济衰退的重要动力。对于

① 参见余新忠《嘉道时期的瘟疫及其社会影响》，转引自南开大学历史学院等编《中国古代社会高层论坛文集——纪念郑天挺先生诞辰一百一十周年》，中华书局，2011。

② 葛全胜等：《中国历史气候变化》，科学出版社，2011，第 640 ~ 641 页。

这种衰退形势，龚自珍在嘉庆末即已发现："大抵富户变贫户，贫户变饿户，四民之首，奔走下贱，各省大局，岌岌乎皆不可以支日月，奚暇问年岁"。[①] 因这一衰退在道光年间表现得最为明显，故又被称为"道光萧条"。正是这一时期，中国经济明显由盛转衰，结束了18世纪初以来的长期增长态势。据麦迪森测算，1820年前100余年，中国经济的年均增长速度甚至超过欧洲，而在1820年之后，中国经济在世界经济中的份额持续下滑，成为世界六大经济体中唯一人均GDP下降的地区。[②]

在社会和政治方面，环境恶化在嘉道时期引发的剧烈社会动荡，复为晚清时期更大规模的社会动乱准备了温床。这种社会动荡的一种主要表现，是小规模的日常社会冲突较康雍乾时期日益增多，并蔓延到极其广泛的社会层面。由于可利用资源有限的矛盾日益突出，特别是为了争夺水源、土地、山林等，以村落、宗族为单位的械斗、争讼事件，在全国各地不断发生，成为不少地方社会中长期难以解决的问题。而在灾荒背景下发生的民变、奴变、抢粮、抗捐、抗租、闹漕等现象，更在全国范围内愈演愈烈。[③] 向称富庶的江南地区，此类现象的发生频率甚至往往高于全国平均水平，情形之严重可见一斑。

尤其值得注意的是，大量人口常因环境恶化导致的灾荒、瘟疫而被迫成为危险的社会流民，流入异乡；又往往因无助、不安和恐慌，而易于接受散布"劫变"的秘密宗教之蛊惑而成为"教民"；有的甚至在环境资源的争夺中被挤出了正常社会秩序，流为盗匪，从而成为嘉道时期秘密宗教盛行不衰、匪患丛生难以根治、社会动乱不断发生的持续性背景和社会根源。实际上，乾嘉之际的白莲教起义，嘉庆前期蔡牵领导的反清斗争，嘉庆十八年蔓延直鲁豫三省的天理教起义，以及湖南、贵州、广东等地苗民、瑶民在嘉道时期的长期战乱，都与环境恶化和灾荒激化的社会矛盾有着密切关系。

以此一时期影响最大的白莲教起义为例。不论从起义的酝酿、爆发，还是持续发展等方面来看，都与灾荒有着密不可分的关联。起义军一直最

---

① 龚自珍：《龚定庵全集类编》，中国书店，1991，第165页。

② 李伯重：《中国的早期近代经济：1820年代华亭—娄县地区GDP研究》，中华书局，2010，第56页。

③ 参见葛全胜等《中国历史气候变化》，科学出版社，2011，第652～653页。

为活跃的秦巴老林区，处于川、陕、楚三省交界处，原来人迹稀少，后因各省人口膨胀，加上灾荒连年，乾隆中后期时大量流民不断涌入，从事开垦活动。这些人生存环境恶劣，又时常搬迁，被称为棚民。棚民五方杂处，从事各种雇工职业，生活朝不保夕，在湖北频繁的水灾和粮荒等灾变的强烈冲击下，最终成为白莲教得以迅速传播和抗清暴动的主要力量。有学者在深入研究该问题后指出："川陕楚白莲教之乱，是盛清转衰的一个起点，此次教乱的起因很多，而灾荒无疑是最重要的因素之一。从众多的教徒口供中，他们之入教，大多是为了'祈福消灾'，而各教首也以入教可'消灾免祸'为宣传，这两者所指的灾，其实就是大自然的天灾地变。所以说灾荒与这次大动乱有密切关连，是毋庸置疑的。"①

同白莲教起义相似，道光末年酝酿、咸丰元年爆发的太平天国运动，其发生原因中不仅蕴含着长期环境恶化的后果，其之所以能够在长江中下游地区迅速发展壮大，同样得力于该地区在嘉道时期饱受灾荒挤压而形成的社会群众基础。② 就连看似与国内矛盾无关的鸦片战争，亦因战争进行期间，黄河连续大决口造成的水灾和财政压力，江浙地区连续遭灾及其引发的社会冲突，都对清廷的战事决策产生了不小的影响。③ 因此，从环境恶化的角度来宏观把握、认知和揭示嘉道时期的政治变动与社会动荡，的确不失为一个有意义的重要视角。

另外，这一时期的环境恶化，对清代地方士绅力量的崛起和民间组织的逐渐活跃也产生了影响。对此，我们可以拿此期荒政体制的变化来做一透视。自《周礼》关于"荒政十有二"的总结开始，掌控救荒事务就一直是国家养民责任的重要体现。清朝立国之初就着意大力恢复历朝相沿的荒政制度，至乾隆初期，已经形成了一套从预警、报灾、勘灾到赈灾、善后等涉及灾前、灾时和灾后各阶段环环相扣、严密完整的救灾体系，从而使荒政制度发展到空前水平。在国家的强力推动下，这套制度的运行在国力全盛的18世纪达到巅峰，被称为"盛清模式"。在这一模式下，国家力量几乎无所不包，官府之外的备荒赈灾活动不仅只能作为官赈体系的附庸，

① 董群廉：《清朝中期川陕楚白莲教之乱探源——从灾荒角度观察》，台北《"国史馆"馆刊》复刊1999年第26期。

② 葛全胜等：《中国历史气候变化》，科学出版社，2011，第650～655页。

③ 朱浒：《灾荒视野下的嘉道变局研究》（未刊稿）。

而且作用一般很小，往往也属于响应官府动员的个人行为。

乾嘉之际以降，随着国力日衰、吏治日坏，而环境恶化造成的备荒赈灾压力有增无减，仰仗官力维持的“盛清模式”日渐难以为继，荒政体制之维持遂有责任分化之势。反映在备荒方面，首先是仓储建设发生变化。康雍乾时期，不仅常平仓在国家推动下得到空前发展，社仓以及较具规模之义仓，亦皆赖官力经营区画，建仓、买补、盘查、交代之制，一如常平仓。迨嘉道时期，官府掌控之常平、社、义诸仓日趋衰颓，亏空之案层见错出，储量大为下降。虽屡有整顿之举，然颓势始终难挽。因此，嘉庆帝、道光帝都转而属意于民力，屡屡谕令听民自建义仓、自卫经理，官吏不得经手。此番推动之下，以民力为主的义仓在嘉道时期得到长足发展，尤其是陶澍设计的官为倡办、民为经管的“丰备义仓模式”，在长江中下游各省行之甚广，成为清代仓储建设中的一大新气象。备荒方面的另一个明显变化，出现在水利建设之中。嘉道以前，水利工程无分大小，一般权限都操于官府之手，民间不过听命摊派而已。嘉道时期，国家力量集中于大江大河之治理，而小型水利，特别是江南、岭南一带，民力自主经办的情形日渐普遍，官府往往仅负监督之责。①

在实际赈灾方面，一个重要的变化，主要体现为民间赈灾力量日益活跃，作用亦越来越大。康雍乾时期，国家权力在赈灾过程中占据绝对主导地位，民间赈灾力量一般只能通过“劝输”等形式被纳入官赈体系，起到辅助作用。地方绅富自捐自赈的情况不仅极少，而且处于官府强力干预和监控之下。大约从乾隆晚期开始，地方官府愈来愈无力全面负责灾变问题，遂日渐依靠地方士绅来办理赈务。进入嘉道时期，朝廷及地方大吏对地方社会赈灾力量日益重视。由此，地方乡绅越来越多地介入官赈事务，尤其在南方地区，民间自行赈济的事例亦呈增加之势，甚至出现了一批由中下层士绅、商人转化而来的慈善家。并且，为取信于民，地方人士在经办赈务之际，开始采用征信录形式，将捐款人姓名、捐款数额及用途，以及办赈士绅衔名及负责事项等，昭示于众，以便官民监督。此种赈济形式，时人多称之为“乡赈”或“士赈”，亦有叫作“义赈”者，与国家开办的官赈相互补充，构成了一种官民共同参与的捐赈体系，进而又成为晚

① 参见夏明方、朱浒、越晓华合纂《清史·灾赈志·仓储篇》（未刊稿）。

清时期新兴义赈事业的社会基础。①

当然，不仅赈务方面如此，其他有关地方事务，包括在反抗外来侵略者等活动中，士绅的地位和作用也得到较大的提升。据统计，这一时期，上层士绅的数目比嘉庆朝增加了9%；而积极参与社会活动的上层士绅和下层士绅的数目，道光朝则比嘉庆朝分别增加了6%；可以说，绅权已在长期发展中积聚起巨大能量。② 与此同时，脱离官方严格控制的、具有一定独立性的民间社会组织，嘉道时期也多有出现。这些值得注意的历史现象，同此一时期自然环境的恶化所导致的社会空间的相对扩大，很可能也暗含着有待进一步发掘的关联。

对于嘉道时期中国社会所出现的变局，学界以往的注意力大多集中于探讨该变局的动力机制，给出了诸如“王朝中衰说”“阶级矛盾说”“市场驱动说”“外力冲击说”等不同角度的解释，迄今仍莫衷一是。而如果再制造一个所谓的“环境驱动说”，那么仍然无助于解决这种争竞不已的局面。事实上，本文之所以着意探讨嘉道时期的灾荒与社会变局之间的关联及其后果，既无意于另行探究该变局动力机制的替代性解释思路，亦非就灾荒论灾荒，为清代灾荒史再深挖一块田地。本文的主导思路，是力图从灾荒这一极具自身独立性的线索出发，通过追踪这条线索所透析出来的社会脉络，从一个具体层面来考察和认知嘉道变局的历史进程及其逻辑。也只有在完整把握该进程及其逻辑的基础上，才能深入理解中国社会从18世纪的繁盛到19世纪的衰落这样一个剧烈的转换过程，以及传统与近代、国家与社会、本土与外力等各种因素在中国所经历的社会变迁中的复杂交织状况。

---

① 夏明方:《在民主与专制之间——明清以来中国救灾事业嬗变过程中的国家与社会》，载夏明方主编《新史学》(第6卷)《历史的生态学解释》，中华书局，2012。

② 参见郑起东《近代的绅权与官权》，《二十一世纪》(网络版) 2002年11月号，总第8期，http://cuhk.edu.hk/ics/21c/supplem/essay/0012052g.htm；张仲礼《中国绅士——关于其在十九世纪中国社会中作用的研究》，上海社会科学院出版社，1991。

延续性视角下的高丽与朝鲜王朝的更替

〔韩〕郑杻根

（韩国首尔大学国史专业副教授）

一 绪论

单一王朝的存续时间长达500年是前近代韩国史发展的主要特征之一。因此，韩国史学界普遍以王朝的更替来区分时代。1392年发生的高丽和朝鲜王朝的更替具有重要历史意义。

1945年，结束日本帝国主义殖民统治，获得解放以后，为了清除殖民统治时期大肆宣扬的“停滞论”的影响，学界开始兴起这样一种历史认知，即强调韩国史的发展特征。王朝的更替是证明韩国历史的发展论性质的一个契机。发展论的韩国史认知强调了新进士大夫作为建立朝鲜王朝主导势力的作用。新进士大夫以朱子性理学为理念基础，成功地进行了扩充国家财政、整顿中央集权体制、消除佛教界弊端等各种改革，使因权门世族的腐败所导致的政治、社会、经济各领域的混乱局面得到稳定。随着朝鲜王朝的建立，改革进步派新进士大夫全面登上历史舞台，这被视作韩国史发展中的一个重要节点。

曾主导开创朝鲜王朝的“激进派士大夫”从新进士大夫的理念基础朱子性理学中提取革命要素并付诸实践，是促进历史发展的先导势力。朝鲜初期编纂的正史《高丽史》是记录高丽时代的基本史料，它以朝鲜开创势力的视角进行叙述，这一点也对史学家们区别对待高丽后期和朝鲜前期，强调朝鲜王朝建国的正当性做出了贡献。

但是，最近韩国史学界越来越多的人开始主张，应摆脱发展论的观点来看待高丽和朝鲜的王朝更替。本文的讨论焦点是：13 世纪后期高丽成为元朝的属国和 16 世纪中期士林势力的登场，相比 1392 年高丽—朝鲜王朝更替是更加重要的断层时期。因此，本文将以延续的视角来分析高丽和朝鲜王朝的交替，而不是从断层的视角分析它。

二　政治势力与主流思想的延续性

积极引进中国江南耕作法和接受新儒学的高丽后期乡绅，在成为新进士大夫主导了朝鲜王朝的建立后，又进一步发展成为引领朝鲜王朝的士林势力。这一观点在韩国史学界一直保持着巨大影响力。此观点认为，反对开创朝鲜王朝的高丽末期政治主导层是代表既得利益阶层的守旧势力，而主导开创朝鲜王朝的新进士大夫是具有进步性与发展性的改革势力。这种观点基于两分法的历史认知，新进士大夫作为崭新的改革势力代替腐败的既得利益势力，即权门世族，成为朝鲜王朝建设主体。

新进士大夫势力掌权后，分成了赞成开创新王朝的势力与反对开创新王朝的势力。一般将前者称为激进派士大夫，后者称为稳健派士大夫。如今，韩国史学界普遍认为稳健派士大夫属于既得利益阶层势力，所以对开创新王朝，进行全面改革持消极态度。其代表性依据是，大部分稳健派士大夫反对 1391 年朝鲜王朝建立前所实施的土地改革。

对新进士大夫与权门世族是否属于本质上不同的两种政治势力的问题学术界早有提及。在朝鲜建国 6 年后的 1398 年，朝鲜第三代国王太宗李芳远（1367 ~ 1422）铲除了自己的政敌郑道传，而郑道传就是激进派士大夫的代表人物。另外，太宗在位时期（1400 ~ 1418 年），权近等反对建立朝鲜王朝的稳健派士大夫的价值观对国家政治实施产生了巨大影响，16 世纪中期全面掌握朝鲜政界的士林势力也以稳健派士大夫的继承者自居，他们并不是激进派势力。所以，反对开创朝鲜王朝的稳健派士大夫在巩固朝鲜王朝国家根基方面发挥了重要作用，这一悖论很难用现有的学说进行明确说明。

而且，最近关于主导建立朝鲜王朝的激进派士大夫与反对建国的稳健派士大夫具有相同性理学思想体系的观点也越来越受到关注且极具说服力。高丽末期，新进士大夫势力在政治方面虽然分为支持开创王朝（激进派）和反对开创王朝（稳健派）的两种势力，但这两种势力均以朱子性理学为理念基础。因此，这两种势力的政治路线差异并不基于其理念差异。

实际上，除了政治方向上的差异之外，很难找到激进派士大夫和稳健派士大夫在思想上存在本质差异的证据。抛开政治路线，其在理念志向上并无太大差异，因此稳健派士大夫才能在朝鲜建国后不久便开始主导政治实施。

激进派士大夫和稳健派士大夫都以朱子性理学作为理念基础，在这一点上与新进士大夫具有共同特征。而且，从他们的性理学性质和内容上，很难找到差异性。他们接受作为元朝官学的朱子性理学，并在高丽促进了其发展。从属于元朝的高丽与元朝之间密切的政治关系，促使高丽统治阶层接受作为元朝官学的朱子性理学。作为建立朝鲜王朝的理念基础，朱子性理学正式起源于朝鲜性理学家们极度批判的异民族建立的王朝——元朝的官学并得到发展。

此外，有一种主张认为，佛教丧失其主流思想地位而被儒教所替代是高丽和朝鲜王朝更替的最重要的历史特征之一。但是最近发表的一些研究成果认为，虽然儒佛更替的决定性因素是朝鲜王朝的建立，但朝鲜王朝建立以后高丽的佛教传统仍然长期存在。

如果单从政治理念和时代意识等考虑，朝鲜建国前后的佛教界跟延续性相比更倾向于断层性，但是，在朝鲜前期，至少 15 世纪前，佛教在社会中仍然维持着牢固的基础。以思想和信仰为两个中心的高丽佛教的传统在朝鲜初期也得到了继承，并占据重要地位，直到 16 ~ 17 世纪才出现与一般佛教传统完全不同的新佛教传统。

另外，对朝鲜前期僧侣的相关研究也正式开展。研究结果显示，与以往传统观念不同，在朝鲜建国后僧侣的社会地位并不低。在朝鲜初期的法典《经济六典》中，将度牒（承认僧侣资格的证书）的发放对象限制在少数上层两班子弟，确定了佛教僧侣的上层身份。这是证明朝鲜初期佛教僧侣身份地位并不低的重要依据。因此，朝鲜初期僧侣不用服兵役的原因与成均馆或乡校的学生一样，是被赋予了免兵役的权利，而不是因为他们属贱民身份。

此外，从佛教书籍的发行看，朝鲜初期和高丽后期存在延续关系。朝鲜建国后，佛教书籍仍然被大量发行，不仅寺庙，国家和王室也作为佛教书籍发行的主体参与其中。

从王室佛教的盛行、佛教的规模与底蕴、佛教书籍的发行与受享阶层来看，朝鲜前期佛教的作用和功能仍然占据较大比重。但在朝鲜后期，佛教的政治、社会地位明显下降。

三　统治体制与制度实施的延续性

近年来有些学者在国家统治体制和制度实施的层面，对高丽和朝鲜的王朝更替提出了新观点和新见解。对此，本部分将主要对地方社会的建制、土地改革和奴婢政策、国家财政的实施等进行分析。

从地方社会的建制来看，高丽的主县－属县制度的崩溃、地方乡吏影响力的弱化等现象，并非如有些观点所指出的那样，是由于开创朝鲜王朝所引起，而是从附属于元朝时期（1270～1356年）就已经普遍存在。这是从地方社会的建制和运营方面出发，以延续性视角分析从附属于元朝时期至16世纪中期士林执政为止长达300年的历史所得出的结果。上述观点认为，高丽特有的主县－属县制度的崩溃和守令为中心的地方统治政策的建立始于附属于元朝时期。另外，守令为中心的地方统治政策在朝鲜建国以后得到了巩固，但在16世纪中期士林执政后，逐步向以乡绅为中心的乡村自治政策转变。该分析基于如下观点：朝鲜的开创，并不是为开启新时代提供变化动力的事件，而是巩固从附属于元朝时期以来业已进行的变化和改革的历史契机。

朝鲜建国势力雄心勃勃推进土地改革、奴婢制度改革等，不仅未能遏制从高丽后期出现的大土地所有和多数奴婢所有等现象，反而成为使其加速恶化的主要原因。高丽末期由朝鲜开创势力主导的土地改革，虽然在原则上成功禁止了不耕作的土地所有，但没能控制统治阶层扩大大土地所有和奴婢所有。虽然实现了土地制度的改革，但由于户籍制度改革未能同步进行，大土地所有者们把奴婢纳入户籍，并动员大规模私有隶属人，世袭了原有的土地。在此过程中，导致了朝鲜建国后奴婢人口迅速增长。

朝鲜初期实行的奴婢政策与其说是朝鲜王朝开创的产物，不如说是高丽后期以来多次尝试田民辨正（防止农民沦为奴仆的措施——译者注）的延续。朝鲜建国后，防止奴婢所有权纷争的相关法制进一步系统化、精细化，统治阶层间围绕奴婢支配的矛盾得到了一定程度的缓和。但是基于世袭原则和一贱则贱原理的奴婢身份规定原则为所有者们拥有和继承奴婢提供了保障，使该制度在朝鲜初期仍然得以维持下去。因此，朝鲜王朝的开创，未能解决高丽后期以来的奴婢问题。朝鲜王朝建立后，奴婢人口持续增加，导致朝鲜前期成为韩国历史上奴婢人口比重最高的时期。

此外，从社会经济方面来看，值得关注的是，一直到17世纪实施大同法为止，国家的财政收入在高丽时代或朝鲜时代都是以贡品为中心筹集的。也就是说，高丽后期和朝鲜前期的基本财政结构都是通过贡品实现税收，在这一方面二者有着明显的共同点。朝鲜从建国后不久的太宗年间(1400～1418年）开始实行了贡纳制改革，但未能全面改变高丽后期以来以贡品为中心的预算筹集结构。直到朝鲜中期正式实施大同法后，才发生了根本性的变化。因此，无论是社会经济结构，还是基于此的政府财政运营，高丽后期和朝鲜前期没有本质上的差异。

四　对外关系推进和普遍性文化接受方面的延续性

近年来，关于高丽和朝鲜王朝更替时期形成的外交或国际关系方面有许多值得关注的研究成果。同时，在官服制改革和历书颁赐等中国普遍性文化的接受方面开展了丰富多样的研究。

有学者提出：朝鲜的知识分子和统治阶层普遍认为朝鲜是以明朝为中心的天下的一部分，这种观点源自高丽附属于元朝的历史经验。过去高丽的知识分子和统治阶层在传统上具有不同于中国的高丽固有的天下观和世界观，但到了附属于元朝时期，受到元朝政治介入和朱子性理学的影响，进一步强化了面对中国自以为夷的华夷意识。

朝鲜知识分子认为朝鲜有别于中国，但朝鲜又是以中国为中心的世界秩序中的“诸侯国家”，这种认识源于附属于元朝时期高丽知识分子们的思维体系和“天下”认识。作为朝鲜时代统治精英层的朱子性理学学者们的普遍性天下认识和以此为基础的外交礼仪，在附属于元朝时期已经形成了其起源和基础，朝鲜建国后也得以继承。只是天下的中心由蒙古族国家元朝变成了汉族国家明朝。

此外，自明朝建国后，高丽的朱子性理学者抛弃元朝，将明朝视为事大的对象而尊崇明朝，并高度重视与明朝的外交关系。朝鲜初期的统治阶层为强化权力基础，确保政治主张的名分和正统性，非常重视明朝皇帝的圣旨。明朝皇帝也试图通过直接下达圣旨的方式，影响高丽和朝鲜的政治与外交。而明朝皇帝的圣旨对朝鲜政治势力产生实际影响力的现象起源于原先的元朝－高丽关系中。元朝皇帝的圣旨曾在高丽的权力结构最上层发挥了实质性作用。明朝在与高丽的关系上完全模仿了元朝模式。

另外，朝鲜的领土观念也是继承于附属于元朝时期。高丽的恭愍王（1351～1374年）通过军事活动收复了原属于高丽却被元朝掠夺的双城总管府，这说明高丽试图摆脱附属于元朝的状态。但是高丽的目的不止于夺回双城总管府，高丽将其以北的领域也开拓成了自己的领土。朝鲜初期代表性的领土开拓成果是北方六镇的设置，北方六镇的设置属于夺回双城总管府后北方领土开拓的最终结果。

但是，双城总管府以北新开辟的领土原来不是高丽的领土。尽管如此，高丽的领土扩张继承发展为朝鲜的北方六镇设置，这与在附属于元朝时期时元朝对相关地区具有强大影响力的事实也有很大关系。由于高丽附属于元朝，高丽的北方国境线实际上失去了意义，国境线内外人们的来往和移居现象非常活跃。由于很多高丽人移居到高丽国境线之外，所以高丽积极实施了向双城总管府以北的领土扩张。

高丽和朝鲜虽然对明朝实行事大外交，但是围绕辽东地区的居民和领土，却与明朝进行了不懈的竞争。1388年的辽东征伐就是在这种竞争状况下发生。朝鲜从建国初期开始，就因为辽东地区的人户所属问题与明朝展开了拉锯战。控制着辽东地区的明朝以朝鲜国境外居住的女真族地区为据点设立了军事机构“卫”，试图扩大其影响力，但朝鲜也实施了针对女真族的招抚政策。高丽和明朝之间围绕辽东地区的拉锯战以朝鲜初期北方六镇的设置而告终。北方六镇的开拓成功，与附属于元朝时期以来高丽和辽东地区之间密切的人员交流和来往有关。因此，朝鲜通过开拓北方六镇的领土扩张不能仅限定为朝鲜建国的产物。

大体上，附属于元朝时期的高丽统治阶层把元朝的文物视作普遍性文化的标准，而朝鲜统治阶层则把承袭元朝的明朝的文物当作普遍性文化的标准。另一方面，明朝希望能够继承元朝的国际地位，获得周边国家的认可。同样，高丽和朝鲜以与元朝的关系为基础，自发促进了符合明朝意图的政策。众所周知，朱子性理学的“华夷论”为该政策的实行提供了理念依据。朝鲜对明朝的事大，延续至后来的清朝。即，朝鲜对于明朝和清朝的自发性事大政策，源于附属于元朝时期的高丽对元朝所采取的政策。

附属于元朝时期以前，高丽官服制虽然受到中国的影响，但并不偏向于宋朝、契丹、金等某一国的官服制，具有独立性。但在附属于元朝时期，随着和元朝之间关系的加深，高丽把元朝视为世界文化中心，并积极引进元朝的官服制。但是，明朝代替元朝后，朝鲜的执政阶层在结束与元朝的外交关系时，没有恢复高丽固有的官服制，而是接受了代替元朝的明朝的官服制。其原因在于，明朝的出现使朝鲜的执政阶层将明朝文物认定为普世文物。这也是附属于元朝时期高丽执政阶层把元朝文化确定为普世文化的结果。

另一方面，明朝每年向朝鲜颁赐本国历书，使中国历书成为朝鲜历法运用的根基。早在高丽前期，中国王朝也向高丽颁赐历书，但没有定期颁赐，高丽也没有表现出对历书的迫切需求。但是，从附属于元朝时期开始，元朝开始定期向高丽颁赐历书，此后，高丽每年都从元朝接受历书。明朝也延续了元朝模式，每年向朝鲜颁赐历书，这也促使朝鲜本国历书应与明朝历书统一的观念变得更加牢固。从中国王朝接受历书的惯例始于附属于元朝时期，一直延续至继承元朝的明朝和继承高丽的朝鲜之间。

五　结论

明朝代替元朝后，为了消除元朝留下的遗产和影响做出了努力，但在另一方面，也为用自己的方式解释和复原元朝遗产倾注了心血。这虽然属于元朝遗产的清算工作，但是在充分认识元朝统治经验的过程之中进行的。与明朝相比，有必要更加积极地解释元朝对中国历史产生的巨大影响。

从 13 世纪后期开始，元朝在长达 100 年的时间里对高丽产生了直接影响。在此期间，元朝所留下的遗产的价值和比重相当大。高丽和朝鲜王朝的更替，实际上也是对附属于元朝时期的遗产问题的处理过程中出现的历史性事件。但是，过去韩国史学界并未对高丽的元朝附属在韩国史发展中产生的影响给予充分关注。朝鲜的建立与统治势力的形成以及朱子性理学为代表的朝鲜统治理念等，都是在附属于元朝时的遗产或其清算过程中产生的结果。在附属于元朝期间开始形成的制度中，大部分在朝鲜建国后也保留了下来，没有出现大的变化。本文中提出的代表性例子包括与明朝外交关系的设定、政治决定权的赋予、领土意识变化和北方领土的开拓以及中华普遍性文物的接受等。

作为韩国史重要隔断点和分界点的高丽和朝鲜王朝的更替与如何解释和复原附属于元朝时期的遗产有着深层联系。因此，朝鲜建国后的诸多成果，也可以从如何以新的方式解释和复原附属于元朝期间的遗产的过程中产生的问题来加以解释。跟断层的角度相比，可以用延续的角度看待高丽和朝鲜王朝更替过程中的很多历史现象，进而得出不能以此作为韩国历史的决定性分界点的结论。相反，如果要寻找区分时期的分界点，13 世纪后期的附属于元朝时期反而是更为重要的节点。

对于朝鲜王朝建国前后的政治、社会、经济各领域是否出现明显的本质差异，有必要在后期研究中进行更深入的实证分析。但是，如果抛开朝鲜前期官方史料中对朝鲜王朝开创势力的历史认知和 20 世纪后期的韩国史学界发展论历史认知，那么朝鲜王朝的开创不能局限于“与过去断层”或“向未来发展”的观点，还需要从附属于元朝时期的延续和继承的观点来阐述。

21 世纪的历史学应该跳出过去王朝时代的历史认知和 20 世纪发展论历史认知的藩篱。本文以高丽和朝鲜王朝更替为中心，粗略表达了相关问题意识。本文在逻辑和内容构成上可能存在不足之处。但本文通过提出问题，希望能够摆脱以王朝交替为中心分析韩国史变动和发展的局限性，用延续性视角分析王朝更替。通过这种方式，将会赋予高丽和朝鲜王朝交替以新的历史意义和新诠释，在新视角下的研究活动也会更加活跃起来。期待本文的视角和问题意识在今后的研究中得到进一步补充和完善。

崔有学 译

参考文献

〔韩〕金光哲：《高麗後期世族層研究（高丽后期世族层研究）》，东亚大学出版社，1991。

〔韩〕金顺子：《한국 중세 한중관계사（韩国中世纪韩中关系史）》，慧眼，2007。

〔韩〕金浩东：《몽골제국과 고려 - 쿠빌라이 정권의 탄생과 고려의 정치적 위상（蒙古帝国与高丽 – 忽必烈政权的诞生与高丽的政治地位）》，首尔大学出版社，2007。

〔韩〕都贤喆：《高麗末士大夫의 政治思想研究（高丽末士大夫的政治思想研究）》，一潮阁，1999。

〔韩〕都贤喆：《조선전기정치사상사（朝鲜前期政治思想史）》，太学社，2013。

〔韩〕朴宗基：《지배와자율의공간，고려의지방사회（支配与自律的空间，高丽的地方社会）》，绿色历史，2012。

〔韩〕李景植：《조선전기토지제도사연구 - 토지분급제와농민지배（朝鲜前期土地制度史研究 – 土地分给制和农民支配）》，一潮阁，1986。

〔韩〕李树建：《韓國中世社會史研究（韩国中世社会史研究）》，一潮阁，1984。

〔韩〕李泰镇：《조선유교사회사론（朝鲜儒教社会史论）》，知识产业社，1989。

〔韩〕郑杕根等：《고려에서조선으로 - 여말선초，단절인가계승인가 –(高丽到朝鲜 – 丽末鲜初，断层还是继承 –)》，历史批判社，2019。

〔韩〕郑在勋：《조선전기유교정치사상연구（朝鲜前期儒教政治思想研究）》，太学社，2005。

约翰 · B. 邓肯：《조선왕조의기원（朝鲜王朝的起源）》，金范译，nermerbooks，2013。

〔韩〕韩永愚：《(修订版）정도전사상의연구（郑道传思想研究）》，首尔大学出版社，1983。

从《论语》木简看东亚文化交流

〔韩〕吴泽呟

（韩国东国大学历史系讲师）

一　绪论

朝鲜半岛文化属于东亚文化圈。东亚文化圈一般是以汉字、佛教、儒教、律令为共同因素的文化圈。其中，儒教对朝鲜半岛历史上的古代三国（高句丽、百济、新罗）巩固国家体制产生了极大的影响，也对后来的高丽、朝鲜乃至现在都有影响。那么，到底什么是儒教？儒教又是什么时候开始的？

约2500年前，中国经历了“春秋”这一分裂时期。那个时期，孔子讲述的儒学被弟子们记录成书，又流传到了后世，最后发展成为儒教。① 从朝鲜半岛的古代三国颁布律令和设立太学这些举措中可以看出儒教对古代三国一直产生着影响。然而，因为没有儒教传播的相关记录文献，对于儒教什么时候传入朝鲜半岛和在朝鲜半岛如何推行，我们不得而知。② 因

---

① 关于“儒学”“儒家”“儒教”等术语开始使用的时间没有准确的记载。因此，本文在使用这些术语时将遵循如下原则：“儒教”一词仅用于汉朝将其作为国家管制方式以后，在那之前，将统称为“儒学”和“儒家”；从时间上看，以汉武帝独尊儒术为起点，之前称为“儒学”“儒家”，以后称为“儒教”。

② 与儒教不同，佛教和道教可以确认其流传记录。高句丽小兽林王二年（372），通过前秦接受了佛教（《三国史记》卷十八，高句丽本纪，小兽林王二年）。荣留王七年（624），道教通过唐朝的道士流入到高句丽（《三国史记》卷二十，高句丽本纪，荣留王七年）。百济枕流王元年（384），佛教由晋朝传入百济，新罗于法兴王十五年（528）首次施行佛教（《三国史记》卷四，新罗本纪，法兴王十五年）。

此，只能推测颁布律令与儒教有密切关联，其真相没有办法核实。[①]

进入21世纪以来，随着朝鲜半岛对考古重要性认识的提高，出土文物的保存处理技术也得到了发展。人们开始对木简产生了浓厚的兴趣。出土的木简中有些记录着《论语》。这意味着在朝鲜半岛已经认识并推行了《论语》和儒教。《论语》木简的制作时间可推测为6~8世纪，分别在扶余双北里和仁川桂阳山城、金海凤凰洞遗址各发现了一枚。[②] 因此，可以判断从古代三国时期就推行了儒教，并且可以肯定的是，最晚在6~8世纪《论语》已被人们所认知和使用。

对朝鲜半岛出土的《论语》木简和中国、日本出土的《论语》木简同时进行考察，可以阐明《论语》木简在东亚范围内的变迁。另外，可以推测朝鲜半岛是从什么时候开始接受《论语》并认识儒教的。本文将通过中国、朝鲜半岛和日本出土的《论语》木简，考察当时的文化交流进程。

二　中国使用的《论语》木简

公元前8世纪到公元前3世纪，中国出现春秋战国时期的分裂历史。在那个时期，无数诸侯国上演着兴与亡的历史。为了平息混乱，创造理想世界，许多思想家蓬勃而出，他们就是诸子百家。孔子是诸子百家之一，春秋时期（公元前770年~公元前476年）的思想家。孔子游说的思想给人们带来很大的触动，越来越多的弟子跟随孔子学习。

在混乱的春秋战国时期，争夺霸权的诸侯各国为了维持自己的势力开始确立统治理念。为了确立统治理念，接纳了诸子百家中他们认为适合统治理念的学派，并有效地进行治理。其中的一个例子就是秦始皇接纳法家

① 因为儒教的“君臣”就是律令的根本，所以在这里推测儒教流传时期的下限为颁布律令的时期。

② 在朝鲜半岛共发现三枚《论语》木简。百济制作的《论语》木简发现于扶余双北里56号泗沘韩屋村建设用地遗址，新罗制作的《论语》木简发现于仁川桂阳山城和金海凤凰洞。但是新罗的《论语》木简被发现的地区都是接近大海，因此对其位置也有一定的考察空间。

学派治理国家。①

孔子的弟子们用文字记录了孔子的教育思想，约于公元前450年编撰成《论语》②，希望孔子的教导能够被人们长久记住并传承下去。《论语》是“四书三经”里面最重要的一本著作，它包含了孔子教诲的真谛。《论语》是学习儒学时最先要读的书。

汉朝用儒家统治国家，进而集儒学之大成，并把它发展成儒教。为了实现内部稳定，汉武帝将儒教作为其统治基础。在汉武帝这样的政策下，儒教在全中国得以广泛传播。但当时在纸张上记录儒教相关的内容是十分有限的。

众所周知，大约在1世纪，东汉的蔡伦改进了造纸术。③ 但是即便普及了大量生产纸的方法，纸的使用也难以广泛普及到一般民众。因为1世纪制造的纸并不像唐朝时期普遍使用的纸张那样，既不轻巧，材质也不好。因此，相比纸张，更广泛使用的还是其他叙事材料。况且即便普及了纸的使用，使用丝绸叙事的事例也比比皆是。④ 丝绸虽轻，却是非常昂贵的叙事材料。因此，一般民众只能寻找廉价且容易使用的叙事材料。最后，一般民众选择了树木作为叙事材料，而不是纸或丝绸。作为叙事材料，树木或竹子用刀削后制成的木简逐渐普及。⑤

木简是把木头削成又长又薄的形状后加工而成的平整的木块，是用来书写的叙事材料。其中，使用竹竿做成的叫作竹简。在纸张还没有普及或比较稀少的时期，人们用木简书写，而且也会像储存纸一样提前制作好木

---

① 秦始皇统一六国，把法家思想作为统治理念。他以法治国，统一了度量衡、车轨和文字（《史记》卷二，秦始皇本纪六，“分天下以为三十六郡，郡置守、尉、监。更名民曰‘黔首’…… 一法度衡石丈尺。车同轨。书同文字”）。

② 《论语》由20个篇目组成：第一篇《学而》、第二篇《为政》、第三篇《八佾》、第四篇《里仁》、第五篇《公冶长》、第六篇《雍也》、第七篇《述而》、第八篇《泰伯》、第九篇《子罕》、第十篇《乡党》、第十一篇《先进》、第十二篇《颜渊》、第十三篇《子路》、第十四篇《宪问》、第十五篇《卫灵公》、第十六篇《季氏》、第十七篇《阳货》、第十八篇《微子》、第十九篇《子张》、第二十篇《尧曰》。从《论语》木简中可以确认的是，篇目的位置都要比内容高一些，以便于查找每个篇目。

③ 在1世纪以前也曾出现过使用纸张的痕迹，但很难查明根源，也没有广泛普及。

④ 在中国，用丝绸记录文献的，称之为帛。因此，树木和丝绸同时作为书写材料使用的时期被称为“简帛时期”。

⑤ 韩国和日本使用“木简”一词，在中国则称作“简牍”，术语上有差异。本文将木头上书写的称为“木简”，竹竿上书写的称为“竹简”。

简，需要时拿出来用。尤其在书写错误时，木简比纸和丝绸容易修改，只需将错字部分用便携式削刀削掉，再补上修改的文字即可。①

把这些木简用绳子编缀成册就是“编缀简”，形状如同卷轴。② 汉字“册”就是根据把木片编缀成书的编缀简形状而创制的象形文字。这类编缀简在中国各地被大量发现，其中最具代表性的是甘肃省北部额济纳河流域发掘的“居延汉简”和甘肃省敦煌莫高窟发掘的“敦煌文书”。在“居延汉简”中发现的编缀简及“敦煌文书”中发现的文书中都有《论语》相关记载。这些是将记录好的《论语》制作成编缀简并卷起来保存的。这样的编缀简按一定的规格制作而成，在全中国广泛流通。

中国汉朝的编缀简

中国科学院考古研究所：《居延汉简甲编》，科学出版社，1959。

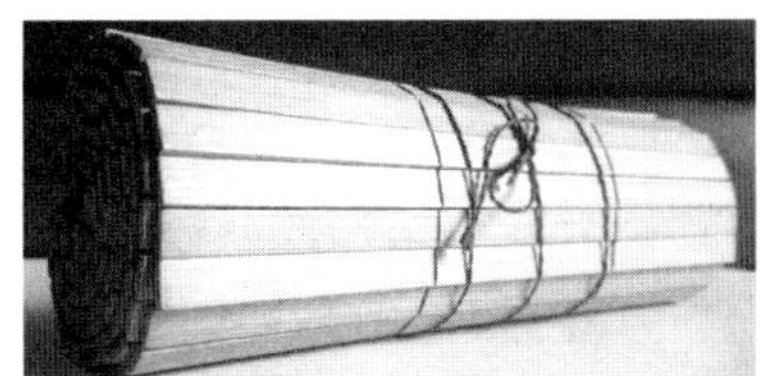

编缀简保管方法复原　ⓒ吴泽呟

复原后的《论语》编缀简　ⓒ吴泽呟

---

① 在朝鲜半岛的昌原茶户里遗址（公元前1世纪～公元1世纪）发现了毛笔和削刀。也有学者推测当时可能存在文书行政，但很难判断1世纪的朝鲜半岛就有系统的文书行政。这估计是在与乐浪郡进行交流的过程中流入的“炫耀品”。关于修改木简上的书写错误，参见〔韩〕尹善泰『목간이 들려주는 백제 이야기』（周留城，2007，第85页）的图片资料。

② 如果木片的长度较长，用一根绳子无法很好地固定木简。一般来说，制作编缀简时，用两根以上的绳子（上、下）绑起来，以防止编缀简松开。

《论语》编缀简用多片木简编缀而成，每片木简大小固定。如果木简大小不一致，就很难编缀成书，即便编缀成书，也不好整理和保管。但在中国的战国时期，因没有按编缀简的内容规定不同大小，所以出现了二尺四寸、二尺、一尺二寸、六寸等不同规格的《论语》编缀简。也就是说，在那个时期，比起统一标准大小，更注重信息的传达。但是随着秦朝统一中国，编缀简的长度比以前短了一些。[①] 汉朝建立以后，规定木简的基本规格为一尺（约 23 厘米）。而《论语》以外的其他儒教经典或政府的账本均制成一尺二寸（约 27.6 厘米），在规格上赋予了《论语》木简特殊性。[②] 与之相关的可以关注汉武帝的独尊儒术。

汉武帝实行只尊崇儒家学说的独尊儒术，说明汉武帝把儒教作为最重要的统治手段。汉武帝追求的是能够支撑天子权威和国家统一的新理念，因此采纳了董仲舒“独尊儒术”的建议并确立了各种体系。在此过程中，儒教体系会更趋于完善，木简有可能规定为一尺长。但是不可否认，在汉武帝以前存在着不同长度的木简。编缀时用相同大小的木简，也许是“编缀简”本身的特性使然。但是，没有相关资料可以证明简的大小已有规定，因为出土了各种不同大小的简。在汉武帝时期，作为各种体系确立的一环，简的大小应该早已有规定。因此，可以将规定简大小的下限视为汉朝时期。另外，汉朝时期重视儒教，所以推测在大木简上记录了除《论语》以外的其他儒教经典。

然而，儒教经典之一的《论语》编缀简制作成了八寸（约 18.4 厘米）长，而不是一尺二寸。也就是说，《论语》编缀简的大小比普通尺寸要小，这可能反映了当时想要通过制作方便携带的小尺寸实现《论语》的广泛普及的情况。因为携带方便，读书人可以携带《论语》编缀简随时随地地学习。后来，孔子的教诲成为中国政治、哲学、伦理等的思想基础。

随着编缀的木简个数增多，编缀简形式的《论语》变沉变大，携带起来非常不方便。为增强书的携带性，人们按篇目记录《论语》中的句子，或把木简制作成尺子记录《论语》。在中国，《论语》就是这样记录在木简

---

① 笔者认为，编缀简的长度变短可能是为了增强可读性。

② 〔日〕冨谷至：「목간과 죽간으로 본 중국 도대 문화사」，林炳德译，四季，2005，第 130～132 页。

上，在实际生活中也是很容易接触和使用的。

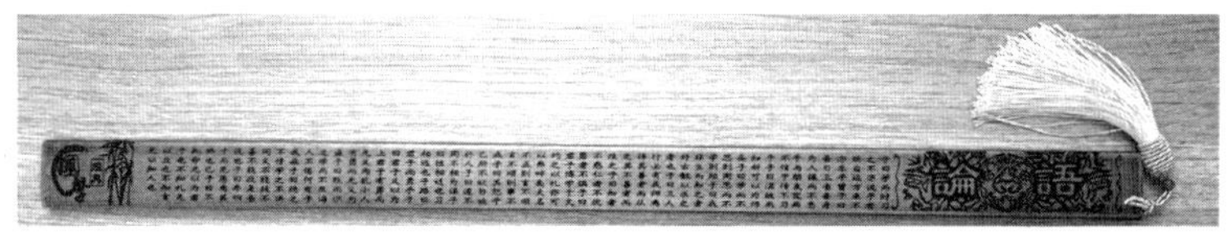

尺子形状的《论语》木简《学而》篇ⓒ吴泽呟

三　朝鲜半岛出土的《论语》竹简

在以“焚书坑儒”为代表的秦始皇的镇压下，儒家思想遭受了巨大打击。直到汉武帝时期，以董仲舒的建议为契机，儒家思想开始占据了国教的地位。[①] 儒家思想在全中国广泛传播后，《论语》也从中国传入朝鲜半岛，那个时期正是汉武帝时期。

当时汉朝正处于到处扩张领域的时期，于是在公元前 108 年（汉武帝三十三年），汉朝在剿灭卫满朝鲜后在原来卫氏朝鲜的领地上设置了“汉四郡”（乐浪郡、临屯郡、玄菟郡、真番郡）。以此为契机，汉朝文化开始急速流入朝鲜半岛，在这个过程中，包括《论语》在内的儒家书籍也一起流入朝鲜半岛。在平壤贞柏洞 364 号墓发现的《论语》竹简很好地说明了当时的情况。[②]

位于平壤的乐浪时期的陵墓是存续了 400 多年（公元前 108 年～公元 313 年）的乐浪郡的遗迹。在平壤市贞柏洞乐浪区域发现的几百座乐浪时期的陵墓（贞柏洞古墓群）中，在 364 号墓发现了很多反映当时生活面貌的遗物和公元前 1 世纪左右乐浪统治阶层使用过的木简，受到学术界的高

---

① 就“罢黜百家，独尊儒术”政策实施的背景，可能需要用史料才能考证到底是董仲舒的建议还是汉武帝的政策起到决定性作用。但是普遍认为，汉武帝即位后追求能支撑强大的天子权威和国家统一的新理念，这也是实行“罢黜百家，独尊儒术”政策的背景。

② 在平壤贞柏洞 364 号墓发现了记录着“乐浪郡初元四年县别户口多少”的户口簿木简以及《论语》竹简，可见当时在平壤已经形成乐浪郡的郡县统治（〔韩〕尹龙九：「平壤出土‘樂浪郡初元四年縣別戶口簿’研究」，『木簡과 文字』第 3 号，韩国木简学会，2009，第 264～297 页）。1992 年，柳炳洪在介绍平壤市乐浪区域发掘的木椁墓的遗物时，《论语》竹简开始被人关注。在 2002 年日本出云市举办的研讨会上，提到《论语》竹简的出土（〔韩〕李成市、尹龙九、金庆浩：「平壤 貞柏洞 364 號墳출토竹簡『論語』에 대하여」，『木簡과文字』第 4 号，韩国木简学会，2009，第 130 页）。

度关注。其中最具代表性的是《论语》竹简和记录着“乐浪郡初元四年县别户口多少”的木简，该木简可以说是一种行政统计文书。①

据悉，1992 年通过韩国学术界首次发表的《论语》竹简其数量达 120 多枚（内容得到确认的有 44 枚），这是在朝鲜半岛发现的最早的《论语》木简。② 该竹简书写着《论语》的《先进》篇和《颜渊》篇，每片竹简约 20 字左右，还留有制作过编缀简的痕迹。③ 由此可见，最晚在公元前 1 世纪左右，朝鲜半岛已经普及了包括《论语》在内的儒教典籍，与此同时儒教文化也开始传播。

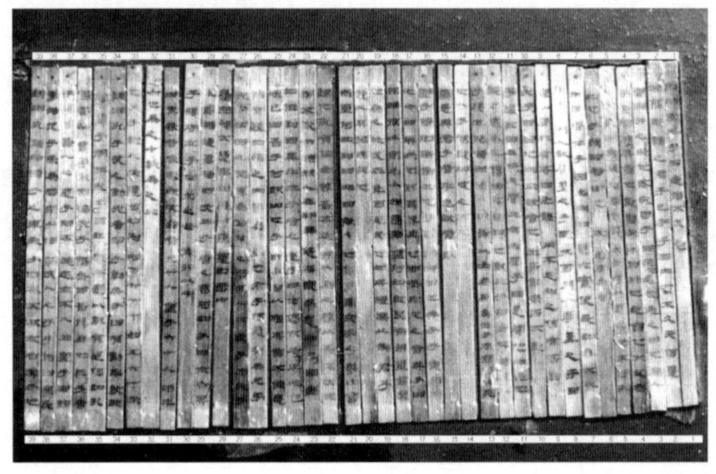

贞柏洞 364 号墓出土的《论语》竹简 39 枚（鹤间和幸保管的乐浪遗物相册资料）

---

① 2006 年朝鲜的历史学家孙英钟在论文中引用了有关木简的部分内容，参见〔韩〕孙英钟「낙랑군 남부지역(후의 대방군지역)의 위치 -‘락랑군 초원4년 현별 호구다소□□’통계자료를 중심으로」，『력사과학』第 198 号，2006；孙英钟「료동지방 전한 군현들의 위치와 그후의 변천 (1)」，『력사과학』第 199 号。尹龙九对此进行复原和整理后在韩国学术界进行了发表，从此被世人所知，参见〔韩〕尹龙九「새로 발견된 낙랑목간 -樂浪郡 初元四年 縣別戶口簿」，『韓國古代史研究』第 46 号，韩国古代史学会，2007。

② 《论语》竹简的彩色照片目前由伊藤利光保管，一部分（专辑 2 册）黑白照片由鹤间和幸保管，剩下的黑白照片由大阪市的研究人员保管。2003 年中国社会科学院委托伊藤利光保管的照片现分散在日本的 3 个地方。〔韩〕李成市、尹龙九、金庆浩：「平壤 貞柏洞 364 號墳출토竹簡『論語』에 대하여」，『木簡과文字』第 4 号，韩国木简学会，2009，第 133 页。

③ 从竹简的空白部分来看，可以确定该《论语》竹简是用编缀简的方式制作的。如果不留空白书写，在编缀时，字会被绳子遮住。因此，为了避免这种情况，用绳子绑起来的部分没有写字。另外，《论语》竹简在同一位置均出现空白，所以毫无疑问是编缀制作。

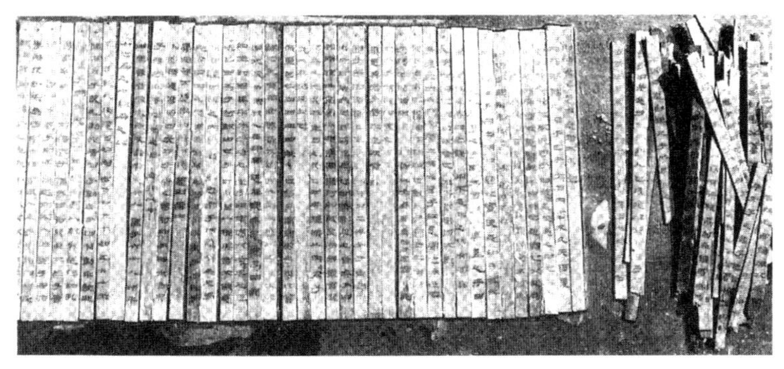

贞柏洞 364 号墓出土的《论语》竹简汇总（《高句丽会会报》第 63 号第 4 面，2001 年 11 月 10 日）

资料来源：〔韩〕李成市、尹龙九、金庆浩：「平壤 貞柏洞 364 號墳출토竹簡『論語』에 대하여」,『木簡과文字』第 4 号，韩国木简学会，2009，第 131 页。

与平壤贞柏洞 364 号墓中发现的《论语》竹简相似的事例有 1973 年在中国河北省定州市发现的《论语》竹简（公元前 55 年制作）。[①] 该竹简也是编缀简制作，每片竹简上书写 19～21 字。不管是形状，还是文字的书写方式，都跟平壤贞柏洞发现的竹简非常相似。在定州市发现的《论语》编缀简的 1 个竹简长为 16.2 厘米，如果按汉朝时期的尺寸来换算，约为 7 寸。

考虑到当时中国的《论语》木简为 8 寸长，可见定州市《论语》竹简和平壤贞柏洞《论语》竹简都是按照当时《论语》木简的规格制作的。在这里 1 寸的误差可以看作由于木简材料的特殊性，在两千多年的历史长河中经过无数次的脱水和收缩而导致的变形。

《论语》竹简出土的平壤市贞柏洞乐浪区域一带是古代乐浪郡的中心地区。平壤的环境无法生长出做竹简材料的竹子。[②] 竹简在中国虽常见，在朝鲜半岛却是少见的书写材料。[③] 而且，出土竹简的贞柏洞 364 号墓中，

① 河北省文物研究所：《河北定县 40 号汉墓发掘简报》，《文物》1981 年第 8 期；国家文物局古文献研究室、河北省博物馆、河北省文物研究所：《定县 40 号汉墓出土竹简简介》，《文物》1981 年第 8 期。

② 竹子喜湿，多生长在热带地区。在朝鲜半岛，竹子主要生长在南部地区或济州岛。平壤与大同江相邻，湿气虽大，但不属于热带地区。虽然最近地球变暖，竹子也能在平壤生长，但如果考虑到制作《论语》竹简的时间，当时竹子是不可能在平壤生长的。而且，在朝鲜半岛不用竹子制作木简的原因是，难以形成竹子生长的环境。

③ 目前在朝鲜半岛发现的竹简中最早的是高丽时期制作。在朝鲜半岛制作的木简中大部分都是使用了朝鲜半岛野生的松树。

除了乐浪郡当地的物品外，还出土了多件中国本土文物。[①] 由此推断在贞柏洞 364 号墓发现的该《论语》竹简并非在乐浪郡制作，而是在中国本土制作后流入乐浪郡的。

据文献记载，高句丽、百济、新罗都设有“太学”或“大学”这类国立教育机构。[②] 这些机构成立的目的是培养官僚来支持王权，而在这里接受教育的统治阶层的子弟则出任为官。像这样的太学教育，其核心便是儒学思想。不可否认，这种教育制度也是从中国传进来的。中国早在秦朝就设有教育机构，到汉武帝时期确立为正式的学校制度。也就是说，由国家主导培养儒教，并任用具备儒教素养的人为官。因此可以说，太学的设立是国家主导的儒学教育，也是积极推行儒教的一个表现。

高句丽、百济、新罗在设立太学前，约 4 世纪前后各自建立了“律令”法律体系，[③] 并加快步伐构建以律令为根基的新的统治体制。律令即国家的基本法律体系，高句丽、百济、新罗想要通过这一体系，建立基于王权的系统、统一的统治体制。若要以律令为根基运营国家，必须培养具备儒学修养的官僚。为此，将太学作为一个人才（具备儒学修养的人）培养机构来运营，目的在于构建律令体制。所以说，刚设立太学的时候，对

---

① 在平壤贞柏洞 364 号墓发现的遗物有武器类（环头刀子、铁长剑、铁矛）、车马工具（车轴头、日伞）、农具（铁斧子、铁镰刀、铁凿）、装饰品（珠子、带扣、簪子、银戒指、木梳、化妆用刷子）、陶器（花盆型陶器、陶器壶、灰白色坛子）、各种漆器等。〔韩〕金庆三：『락랑일대의 무덤-나무관 및 나무곽무덤』，ZININZIN，2009，第 65 页，表 7。这些文物中有相当一部分是从中国（汉朝）流入的。

② “太学”这个术语可以通过《三国史记》卷九（新罗本纪 9，惠恭王元年）“大赦幸太学命博士讲尚书义”得到确认。“大学”一词，高句丽是在小兽林王（《三国史记》卷十八，高句丽本纪 6，小兽林王二年，“立大学教育子弟”）时期出现，新罗是在圣德王（《三国史记》卷八，新罗本纪 8，圣德王十六年，“秋九月入唐大监守忠廻，献文宣王十哲・七十二弟子图，即置于大学”）时期出现。虽然在百济，无法确认“大学”或“太学”这一术语的使用，但从它们是教育机构以及授课的情况来看，可以发现《日本书纪》中记载的派遣五经博士的情景，因此可以认为当时百济也存在教育机构。

③ 高句丽在小兽林王（《三国史记》卷十八，高句丽本纪 6，小兽林王三年，“始颁律令”）时期、新罗在法兴王时期颁布了律令（《三国史记》卷四，新罗本纪 4，法兴王七年，“春正月，颁示律令，始制百官公服，朱紫之秩”）。虽没有相关记录可以证实百济颁布了律令，但因高句丽和新罗都曾颁布过，所以很难断定唯独百济没有颁布律令。况且，百济古尔王二十七年（《三国史记》卷二十四，百济本纪 2）开始设置六佐平、确立十六官等，并制定了相应的冠服制度。新罗法兴王七年时，颁布律令，并制定百官公服。从这一点看，可以认为最晚在古尔王时期，百济也有律令。

儒教的了解程度已经达到能够开展儒学教育的程度，教育和学习儒学的人也确实存在过。

前面通过文献已经了解到有人学习儒学。那么，通过考古资料（木简）是否也能确认呢？笔者认为，在仁川桂阳山城和金海凤凰洞遗址、扶余双北里发现的3枚《论语》木简可以证明，在高句丽、百济、新罗等地有人学习《论语》。6~8世纪的朝鲜半岛同时使用木简和纸张两种书写材料，在朝鲜半岛发掘的大多数木简都制作于这个时期。因此可以说，在朝鲜半岛制作的《论语》木简就是6~8世纪朝鲜半岛人学习《论语》的痕迹。① 这些《论语》木简由新罗人制作，可以推测当时《论语》在新罗广为流传。在这里，该《论语》木简的大小和形状需要关注。

金海凤凰洞出土的
《论语》木简（四角柱形木简）

仁川桂阳山城出土的
《论语》木简（五角柱形木简）

仁川桂阳山城发掘的木简为五角柱形，五面书写着文字，金海凤凰洞发掘的木简是四角柱形，四面书写着文字。两种木简都是多面体木简，上下端有缺失，不完整，但木简上的字清晰可见。有两枚《论语》木简上书写着《论语·公冶长》。如果根据残留的墨书，对木简的原型进行推断和

① 据最早发掘仁川桂阳山城遗址的鲜文大学发掘队的发掘报告书，仁川桂阳山城出土的木简为5世纪的百济人所制作。参见韩国鲜文大学考古研究所、仁川广域市桂阳区：《桂阳山城》，2008。这样的推测和主张是因为在桂阳山城同时出土了百济和新罗的遗物。但是从与木简一起发现的文物和桂阳山城的建造方式来看，是7~8世纪的文物和建筑技法，因此说木简是新罗时期制作的更为恰当。

复原，原来的长度应该在130厘米左右。[①] 这样的规格与前面所提到的中国制作的《论语》编缀简有着明显的差异。在中国，为了便于携带，用18厘米（约8寸）长的编缀简制成《论语》经典，而在朝鲜半岛，《论语》木简长达130厘米，大概比中国的长6倍，多面体上每个面都书写着《论语》。因此从大小来看，朝鲜半岛制作的《论语》木简很难说是像中国的《论语》一样用于携带的。那新罗到底为什么制作了大的《论语》木简呢？下面，将与中、日的木简比较分析一下。

约130厘米的《论语》木简未曾在中国发现过，因此通过中国的事例很难弄清楚木简的正确用途。只能通过古代日本的《论语》木简事例，找到一些能推测大型木简用途的线索。到目前为止，日本发现了30多枚《论语》木简。据悉，在日本发现的《论语》木简比新罗制作的《论语》木简约晚1个世纪。特别值得注意的是，与新罗制作的木简一样，日本发现的《论语》木简长度也达130厘米左右。据推测，这些木简是放在官厅等政府机关展示给人们看的。[②] 如果说像中国的《论语》编缀简一样用几个短竹简编缀而成是为了方便携带的话，那么像朝鲜半岛和日本发现的《论语》木简一样，长1米多、多个面密密麻麻书写《论语》应该是为了向不特定的人群公开展示。即，1米多高的大型木简是地方的学校或政府以学习或教育《论语》为目的而制作的，就像现在的黑板或大型教辅一样起到教育的作用。

另外，还有人主张，在长木简上一次性全部刻写《论语》的特定章句，是为了让刚踏入学问之路的初学者能够对特定章句反复学习和背诵。[③] 即可以看作针对初学者的教材。对于具体用途众说纷纭，但都指出该木简作为学习用或视觉资料用的可能性。

另外，在忠清南道扶余郡双北里发现了百济时期的《论语》木简，它跟前面提到的新罗的《论语》木简有几个不同点。首先，扶余双北里的《论语》木简记录了第一篇目是“学而”，而不是“公冶长”。木简的长度

---

① 据推测，金海凤凰洞的木简长约125～146厘米，仁川桂阳山城的木简长约133厘米。

② 〔日〕桥本繁，「東アジにおける文字文化の傳播 －朝鮮半島出土『論語』木簡の検討を中心に」，《韩国出土木简世界》，2007。

③ 〔韩〕李成市：「新羅の識字教育と《論語》」，第十六届东亚资料学研究会定期发表会，成均馆大学东亚学术院人文韩国事业团，第8～11页。

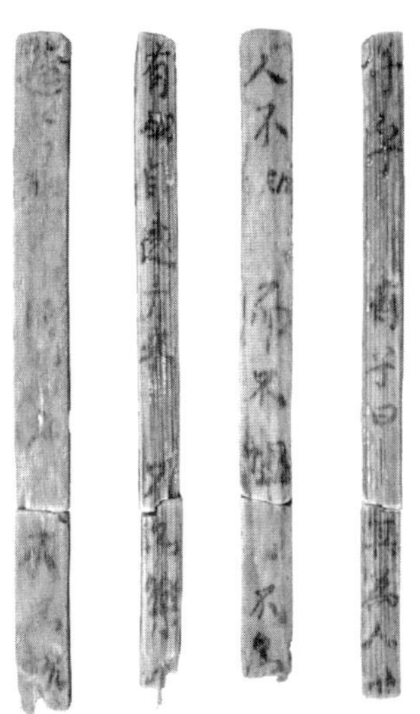

扶余双北里 56 号泗沘韩屋村建设用地遗址出土的《论语》木简

为 28 厘米，如果以中国战国时期的尺为标准，相当于一尺二寸。换句话说，与新罗的《论语》木简相比，其内容和大小（长度）存在差异。其次，该木简并不是将多个木简编缀成书的编缀简，而是有人在学习《论语》的过程中抄写的所谓“习书用木简”。就像人们开始学习时最认真阅读和学习第一章内容一样，当时在该木简上书写的百济人也可能是将《论语》的第一篇《学而》认真重复写了很多遍。

“宫 2 号”习书木简

《千字文》封面背面的习书 · 涂鸦

百济时期的木简虽没有记录《论语》，但发现了很多像练习本一样使用过的木简（习书木简），可见当时把木简当作练习本用。[①] 因此，能发现百济时期反复书写《论语》词句的木简并不稀奇。我们可以想象大约 1500 多年前百济人看着《论语》木简学习《论语》的情景，也可以揣测通过《论语》木简刚刚开启学习之门的初学者们的努力。

四　结论

在朝鲜半岛发现的《论语》木简具有特殊意义。《论语》是一本记录孔子生前言行的书，蕴含着儒学思想的真谛。也就是说，为了积累儒学修养，学习《论语》是必经之路，因此可以说接纳《论语》也就是迈出了接纳儒教的第一步。

古代三国都将儒教作为部分统治的思想基础，并以此为基础颁布了相关律令、整顿了国家体制。以《论语》为首传播到朝鲜半岛的儒教思想，在古代三国走向律令制国家和整顿国家统治核心的文书行政体制的过程中发挥了巨大影响力。

长时间沉睡在地下的古代《论语》木简和竹简，不仅在中国，在朝鲜半岛和日本也相继出世。至今在韩、中、日三国发现的数十万枚古代木简史料中，共同发现的典籍史料便是《论语》。从这一点，可以探究“东亚儒教文化圈”的真相。特别是从制作的大小来看，朝鲜半岛在接受了中国文化之后，将其作为自己的文化固定下来，再传播到日本。即，古代东亚文化圈的交流网可通过木简被确认。[②] 源于孔子的儒学被刻在小木片上，传到了朝鲜半岛和日本。可以说，长达两千多年的时间里，孔子在东亚世界一直受人尊崇。

崔有学 译

---

① 通过陵山里出土的 299 号木简背面重复的“乙”字和在宫南池出土的宫 2 号木简中重复的“文”“道”“也”字，可以看出当时在百济已有了习书用木简。对此，在权仁瀞的「습서와 낙서, 그리고 부호」（『문자와 고대 한국』第 2 号，第 522～528 页）中详细记录了更多案例。

② 对于汉字文化圈，可以从汉武帝时期郡国学的设立以及公孙弘痛惜儒家统治理念未得到发扬而上书的内容，“故教化之行也 建首善自京师始 由内及外”（《汉书》卷八十八，《儒林传》，第 3596 页）中找到。汉字便是其中之一，再细分应该就是《论语》了。

参考文献

《三国史记》

《史记》《汉书》

韩国鲜文大学考古研究所、仁川广域市桂阳区、国立昌原文化遗产研究所:《韓國의 古代木簡(韩国的古代木简)》, 2006。

韩国国立扶余博物馆、国立伽倻文化遗产研究所:《나무 속 암호 목간(木头中的暗号木简)》, 2009。

〔韩〕金庆浩、李昤昊 责任编辑,《지하의 논어, 지상의 논어(地下的论语·纸上的论语)》,成均馆大学出版社,2012。

〔日〕冨谷至:《목간과 죽간으로 본 중국 고대 문화사(木简、竹简述说的中国古代文化史)》, 林炳德译,四季,2005。

〔韩〕尹善泰:《목간이 들려주는 백제 이야기(木简说百济故事)》, 周留城,2007。

伊佩霞(Patricia Buckley Ebrey):《케임브리지 중국사(剑桥插图中国史)》, 时空社,2001。

〔韩〕权仁瀚:《습서와 낙서, 그리고 부호(习书与涂鸦以及符号)》,《문자와 고대 한국(文字与古代韩国)》第2号。

〔朝〕金庆三:《락랑일대의 무덤-나무관 및 나무곽무덤(乐浪一带的坟墓——木棺及木椁墓)》, ZININZIN,2009。

〔韩〕金在洪(音译):《고대 목간, 동아시아의 문자 정보 시스템(古代木简,东亚的文字信息系统)》,《내일을 여는 역사(开启明天的历史)》第67号,2017。

〔韩〕尹龙九:《平壤出土'樂浪郡初元四年縣別戶口簿'研究(平壤出土"乐浪郡初元四年县别户口簿"研究)》,《木簡과 文字(木简与文字)》第3号,韩国木简学会,2009。

〔韩〕尹在硕:《한국·중국·일본 출토 논어목간의 비교연구(韩、中、日三国出土论语木简的比较研究)》,《동양사학연구(东洋史学研究)》第114号,2011。

〔韩〕李成市、尹龙九、金庆浩:《平壤 貞柏洞 364號墳출토 竹簡『論語』에 대하여(平壤贞柏洞364号墓出土竹简"论语")》,《木簡과 文字(木简与文字)》第4号,韩国木简学会,2009。

〔韩〕李成市:《新羅の識字教育と《論語》(新罗的识字教育与"论语")》, 第十六届东亚资料学研究会定期发表会,成均馆大学东亚学术院人文韩国事业团。

〔日〕三上喜孝:《일본 고대 목간의 계보(日本古代木简的系谱)》,《목간과 문자(木简与文字)》创刊号,2008。

〔日〕桥本繁:《東アジにおける文字文化の傳播 – 朝鮮半島出土『論語』木簡の檢討を中心に(东亚地区文字文化的传播 – 以朝鲜半岛出土的"论语"木简为中心)》,《韓國出土木簡の世界(韩国出图木简世界)》, 2007。

河北省文物研究所:《河北定县40号汉墓发掘简报》,《文物》1981年第8期。

国家文物局古文献研究室、河北省博物馆、河北省文物研究所:《定县40号汉墓研究竹简简介》,《文物》1981年第8期。

灾难、国家、市场和劝分

——以《救荒活民书》和《牧民心书》为中心

〔韩〕李锡炫

（韩国朝鲜大学教授）

一 绪论

作为邻国，韩国和中国从古至今拥有经历并克服多种灾难的共同历史经验。中国已经在先秦时期留下了相关记录，韩国也在《三国史记》等各类史书中有很多关于灾难的记录。当前面对新冠肺炎疫情这一前所未有的全球性灾难，本文试图探讨韩中两国过去的经验，关注先祖应对灾难的教训和智慧。

为了探讨韩中两国克服灾难的经验，本文聚焦于韩国和中国编纂的两本应对灾难的相关书籍。它们分别为朝鲜后期茶山丁若镛（1762～1836）编纂的《牧民心书》和南宋时期董煟（？～1217）编纂的《救荒活民书》。《救荒活民书》是出于克服灾荒（因灾难导致的饥荒）和救助百姓的目的编写的抗灾专门书籍。[①] 该书在中国的救荒史中广为人知，作为东亚历史上第一部救荒专门书籍久负盛名。同时，该书也被评价为宋代至明清的历代救荒书的鼻祖。该书亦传入朝鲜，广泛运用于克服饥荒和灾难，也根据朝鲜实际情况进行了留存和增刊。遗憾的是，韩国目前还没有对

① 中国的救荒传统在西周时代的记录，即《周礼·地官·大司徒》的荒政十二条中就已体现。其内容简而言之可概括为：①散利；②薄征；③缓刑；④弛力；⑤舍禁；⑥去几；⑦眚礼；⑧杀哀；⑨蕃乐；⑩多昏；⑪索鬼神；⑫除盗贼。周礼的荒政十二条虽有祭天等内容，但已经包含了几乎所有可作为国家政策的救济政策。例如免除税赋、省略不必要的虚礼仪式等后世最基本的救灾政策基本源于此。

《救荒活民书》的专门研究，因此笔者将以本文为契机向韩国读者介绍中国的抗灾经验。

与《救荒活民书》一起探讨的是朝鲜后期著名思想家、政治家茶山丁若镛的著作《牧民心书》中的救灾相关内容。《牧民心书》是记载包括地方官在内的官僚的正确心态和举止的行政指南。特别是发生灾难时，要拯救百姓的地方官需拥有莫大的道德责任感，茶山因此编撰了这些内容。《牧民心书》并非《救荒活民书》那样的救灾专门书籍，但包含了地方官在发生灾难时应当遵行的详细而具体的行政指针，因此被评价为救灾相关专门记载。

本文试图以《救荒活民书》和《牧民心书》的内容为中心，比较和考察过去韩中两国克服灾难的经验和智慧。目前，对《救荒活民书》的研究主要以中国为中心，大致在以下几个方面展开。首先是《救荒活民书》呈现的救荒思想相关研究[①]以及关于该书的成书时间和与作者董煟相关的文献学层面的研究。[②] 当然，也有通过"恤民""仁政"等概念论述荒政的重要性，将该书作为荒政书籍的典范进行评价的研究。[③] 关于《牧民心书》，韩国学界进行过经世学、地方统治、牧民官论、劝农策、实学等多种研究，[④]

① 李向军：《宋代荒政与〈救荒活民书〉》，《沈阳师范学院学报》（社会科学版）1993 年第 4 期；郭文佳：《董煟〈救荒活民书〉的价值与历史地位评价》，《商丘师范学院学报》2005 年第 4 期；张文：《宋朝乡村社会保障思想研究——以〈救荒活民书〉为中心》，《苏州大学学报》（哲学社会科学版）2012 年第 4 期；何欣峰：《〈救荒活民书〉荒政思想研究》，《华北水利水电大学学报》（社会科学版）2017 年第 6 期。

② 汤标中：《董煟的〈救荒活民书〉》，《粮食知识》2000 年第 2 期；陈华龙：《〈救荒活民书〉作者生平及成书时间考》，《农业考古》2015 年第 4 期。

③ 关于这一点，夏明方指出，"正是以此为标志，荒政书的编纂进入了一个新的历史时期。如果说之前的著述大部分托于'天道'，重点在于为君王建言的话，此后至明清时期则重在'人道'，尤其是为主持赈务的朝廷大员或地方官僚出谋划策，从而进入魏丕信所说的'官箴书'阶段"。夏明方：《救荒活民：清末民初以前中国荒政书考论》，《清史研究》2010 年第 2 期。

④ 〔韩〕金宣京（音）：《〈牧民心书〉研究：从统治技术的观点解读》，《历史教育》第 123 期，2012；〔韩〕金勇鑫（音）：《18 世纪〈牧民心书〉与地方统治——以牧民攷为中心》，《韩国思想史学》第 35 期，2010；〔韩〕白光烈（音）：《关于茶山丁若镛的国家改革论的解释——通过"王法"进行的全国单位社会管理》，《泰东古典研究》第 28 期，2012；〔韩〕白敏婷（音）：《通过周礼六乡制看茶山的经世构想》，《茶山学》第 28 期，2016；〔韩〕孙炳奎（音）：《对"三政紊乱"和"地方财政危机"的再认识》，《历史批评》第 101 期，2012；〔韩〕宋阳燮：《〈牧民心书〉中体现的茶山丁若镛的守令认识和地方行政方向》，《茶山学》第 28 期，2016；〔韩〕郑浩勋（音）：《18 世纪牧民书的发展状况和〈牧民心书〉》，《茶山学》第 28 期，2016。

但几乎没有与救济相关的研究。[①]

《救荒活民书》和《牧民心书》两本书的空间性和时间性有所不同，救灾专门书籍与否也有差异，因此比较其内容的同质性并不容易。过去的灾难主要是由于自然灾害或传染病等多方面原因引起，但焦点大部分放在克服饥荒上。这与以失业救济、救助死伤者、恢复经济等多种形态展开的现代救灾政策在性质上有一定差异。但在聚焦于社会弱势群体，灵活运用市场原理等方面也可发现与现代社会机制相通的一面。笔者认为，虽然文本内容存在不均衡，过去和现在也有时代差异，但在新冠肺炎疫情带来的灾难时代以及韩中人文交流的角度比较和考察两本书的内容，探讨先人克服灾难的智慧和具体政策，仍有一定意义。

二 《救荒活民书》的救荒政策

（一）董煟与《救荒活民书》

1. 关于董煟

《救荒活民书》的编者董煟又名继兴，号南隐、尚隐，德兴（今江西）人士，并未列入《宋史》列传。[②] 他的家族迁居至江西德兴的海口始于唐朝中后期的九代祖董申。迁居此地后，家门开始昌盛，涌现多名科举及第者。关于董煟生平的记录散见于程珌的《洺水集》、叶适的《水心集》、张世南的《游宦纪文》和《江西通志》以及宋人的文集、笔记中。《董知县墓志铭》[③] 中记载称其自幼身形庞大，充满激情，且精通政治、经济、制度、军事等。董煟自述“臣久安田里，多历艰危，常怀拯世之心，妄意甦民之事”，[④] 表明他志在以克服危难的经验为基础救济百姓。《救荒活民书》就是这种志向的产物。

从官场经历来看，董煟于光宗绍熙四年（1193）成为进士，历任簿州

① 〔韩〕宋阳燮：《茶山丁若镛的“守令赈恤论”中体现的朱子赈法的应用及其当代变容》，《民族文化研究》第68期，2005。

② 董煟的名字仅在《宋史》《艺文志》的“董煟活民书三卷”和“又活民书拾遗一卷”中与书名一同提及。《宋史》卷一六二，艺文2，中华书局，第5104页。

③ 程珌：《洺水集》（钦定四库全书本）卷一〇，《董知县墓志铭》。

④ 同治《德兴县志》（同治十一年刻本）卷八。

新昌尉以及应城（今湖北应城）、瑞安（今浙江瑞安）、辰溪（今湖南辰溪）等地知县。学问方面，董煟拜著有《周易古占法》等作品的沙随先生程迥为师，而且也是他的女婿。董煟育有两儿一女，其中女儿与张文州长子张世美结婚。这个张世美的弟弟就是张世南，也就是《游宦纪文》的作者。因此，《游宦纪文》中有不少关于程迥和董煟的记录。董煟晚年回到家乡创立了南隐书院，著作有《辨明圣孝书》《寿国脉书》《求贤变俗书》《南隐集》《抱膝稿》等，但已失传。当时被刊印的有《救荒活民书》和《寿国脉书》，① 但流传下来的只有《救荒活民书》。②

如上所述，地方官出身的董煟在官场经历方面并无特别之处，但《救荒活民书》被印刷和广为传播，使其声名远扬。董煟在担任温州府瑞安知县时，为救济饥荒而实施赈济、赈粜、赈贷，他从当时的救灾经验中深刻体会到用政策手段应对饥荒的必要性，因而编纂了《救荒活民书》。成书之后献于宋宁宗，宁宗夸赞董煟"忠惟报国、诚在爱民"，并赏赐他绢帛，升他为通议郎。到了元代，该书被颁布至各州县，用于救济饥荒。③ 到了明代，该书被编入程敏政的《皇明文衡》中，成为科举考试中必须学习的书籍。④ 清朝的乾隆帝则认为"实有经济，与同时空谈性学者殊"，诏命重新刊行。

该书亦流入朝鲜，用于克服饥荒，并根据朝鲜国情进行了补遗和增刊。《朝鲜王朝实录》的《世宗实录》中多次提及《救荒活民书》，可见该书大约在朝鲜王朝初期以前就流入朝鲜。当时世宗指出"宋儒董煟所进《活民书》：'救荒之法，劝种两麦'"，⑤ 并据此向全国普及了保管在国库

① （宋）张世南：《游宦纪文》卷六，"字季兴所创。季兴向为瑞安邑大夫，有志斯世。所著《活民书》、《寿国脉书》，尝经乙览，今浙漕有刊本"。

② 在董煟的交友关系中值得关注的是同龄人叶适（1150～1223）。叶适是南宋初期著名的思想家、政治家和文学家，是永嘉学派的代表人物。永嘉学派被称为永嘉事功学派，具有实用经世主义思想倾向。这一点或许与《救荒活民书》的实用救荒对策不无关系。叶适在《水心集》中留下了关于董煟的几处记载。此外，与性理学代表人物魏辽翁的关系也不能忽视。

③ 《元史》卷二九，本纪29，泰定帝，中华书局，第662页，"右丞赵简请行区田法于内地，以宋董煟所编《救荒活民书》颁州县。济南、延川二路饥，赈钞三千五百锭"。

④ https://kknews.cc/history/2m8a5q9.html，访问日期：2020年11月10日。

⑤ 《朝鲜王朝实录》卷七四，世宗十八年七月二十七日庚申，"宋儒董煟所进《活民书》：'救荒之法，劝种两麦'。此诚古人所重也。今储年险（俭），宜倍前数耕种，然民间自备之种，必不足矣，以军资、义仓所储两麦之种，分给耕种"。

中的大麦和小麦种子。此后世宗又参考此书等编纂了《救荒辟谷方》，到了1554年，《救荒撮要》编纂问世。[①]

（二）《救荒活民书》的救荒政策

1. 救荒五策里的政策

董煟的救荒政策大致分为两大类，首先是五种救荒政策（简称“五策”）里的政策，这五策可视为救荒政策的主干，其次是起到辅助作用的救荒事项。正如书中提出“救荒之法不一，而大致有五，常平以赈粜，义仓以赈济，不足则劝分于有力之家，又遏籴有禁，抑价有禁，能行五者，则亦庶乎其可矣”，[②] 五种救荒方法（即五种救荒政策）正是“常平”“义仓”“劝分”“禁遏籴”“不抑价”。董煟称只要能合理执行这五策，就可以基本上摆脱饥荒。下面就逐条探讨各项救荒政策。

（1）常平

首先关于常平，“煟曰常平之法，专为凶荒赈粜，谷贱则增价而籴，使不害农，谷贵则减价而粜，使不病民，谓之常平者”，[③] 强调常平仓的储藏功能虽是为了调节物价而设立，但在凶荒时用于赈济饥荒。事实上，常平仓在前汉时期就已设立运营，其储备物资在荒年时发挥了重要的赈济作用。到了宋代，常平仓的功能和作用又超越了之前的时代。对此，董煟写到，“汉之常平止立于北边，李唐之时亦不及于江淮以南，本朝常平之法，遍天下，盖非汉唐之所能及也”，[④] 指出宋代与以往不同，在全国范围内设立、储备常平仓，使其履行赈济功能。接下来，董煟又列举了将常平仓的粮食用于饥荒赈济的代表性案例。

仁宗初即位，干兴元年十二月，以京城谷价翔贵，出常平仓米，

---

① 《朝鲜王朝实录》卷一七，明宗九年十一月二十五日壬戌，“赈恤厅启曰：‘蓄谷赈饥，虽为救荒之本，谷乏民饥，则不可坐视而莫为之所。我世宗大王既著《救荒辟谷方》，又以备荒之物，载诸《经济大典》，以救万世苍生之命，可谓至矣，迩者连岁大侵，湖岭二南尤甚。国家遣使赈救，又抄救荒之最要者，集为一方，翻以谚字，名曰《救荒撮要》，印布中外，使家喻户晓，斯实救民良方’，上从之”。

② 《救荒活民书》卷中。

③ 《救荒活民书》卷中。

④ 《救荒活民书》卷上。

> 分十四场贱粜以济贫民。庆历元年十一月，以京城谷价涌贵，发廪一百万石，减价出粜以济贫民。四年正月，诏陕西谷价翔贵，其令转运司出常平仓米减价以济贫民。皇祐三年十二月癸巳，诏曰天下常平仓，其依元籴价粜以济贫民，毋得收余利，以希恩赏。[①]

上述记载列举了释放常平仓的粮食救济贫民的多个事例。也就是仁宗刚即位的干兴元年、庆历元年、庆历四年以及皇祐三年 4 个案例。当然，常平仓的粮食并非无偿救济贫民，而是通过低价释放粮食，使贫民更容易购买粮食。也就是说，虽然常平仓的功能以调节物价为核心，但在饥荒时通过降低粮价救济贫民。

另一方面，常平仓的粮食不仅用于赈济饥民，有时也转化为雇用百姓、兴修水利的资本。代表性的是范仲淹担任苏州知州时期兴建的水利设施工程，采用的是饥荒时征召百姓参加工役的所谓“召民为役”“以工代赈”方式。该工程所需工钱由常平谷一万石充当，从而同时达到了兴修水利和救济饥民两个目的。[②] 也就是说，常平仓的粮食以调节物价、赈济饥荒、水利工程资本等多种形态为救荒做出了贡献。

（2）义仓

接下来探讨义仓。义仓始于隋朝，在唐朝得到了继承。正如“太宗置义仓、常平仓以备凶荒”，[③] 设置义仓是为了和常平仓一道应对荒年。虽然常平仓和义仓都是为了储备粮食，应对荒年，但其差异非常明显。董煟写到，“义仓民间储蓄，以备水旱者也，一遇凶歉，直当给以还民，岂可吝而不发，发而遽有德色哉”。[④] 也就是说，常平仓是由官方储藏、管理和使用，承担大规模的物价调节和赈济饥荒功能，而义仓则设置于乡村各处，在发生水灾或旱灾时可向偏僻地区的百姓紧急提供粮食。由于义仓由民间设置于州县，饥荒发生时可更有效地应对，也具有因地制宜实施救济的灵活性。关于这一点，董煟称“绍兴间诏，义仓之设所以备凶荒水旱，又曰祖宗义仓

---

① 《救荒活民书》卷上。

② 《救荒活民书》卷上，“熙宁七年正月河阳灾伤常平仓赈济斛斗不足乞更发省仓诏赐常平谷万石兴修水利以赈济饥民”。

③ 《救荒活民书》卷上。

④ 《救荒活民书》卷中。

以待水旱，最为良法，州县奉行，不虔寖失本意，或遇水旱，何以赈救，可令监司检视，实数补还侵失”，[①] 可见义仓当时被评价为应对水灾、旱灾的“最佳良法”，各州县为应对饥荒设立义仓，广泛用于救济。

（3）劝分

“劝分”原本指饥荒时富人为了救济贫民而贡献粮食，在宋代则是以适当的价格供应粮食。董煟指出，只要价格公道，有余粮的富户自然会放粮，无须官府劝诱，这才是真正的劝分。即“民户有米，得价粜钱，何待官司之劝”，[②] 促使富人以市场价格出售储藏的粮食，使粮食供应畅通，从而起到给贫民提供粮食的效果。关于这一点，朝廷也做出了如下定义：

> 州县荒政所谓劝分者，盖以豪家富室储积既多，因而劝之赈发，以惠穷民，以济乡里。[③]

也就是说，劝分是指乡里的富户在饥荒时用储藏的粮食救济百姓，是民间层面自发性的救济功能，而非强制性的。所以董煟不主张强制分配富户粮食。他认为“民户有米，得价粜钱，何待官司之劝”，[④] 也就是说，即便没有官府的劝诱，只要根据市场原理保障价格，富户自然会贡献粮食。官府强制实行劝分只会产生副作用，他指出：

> 只缘官司，以户等高下，一例科配，且不测，到场检点。故人户忧恐藉以为名，闭籴深藏，以备不测。[⑤]

董煟强调，实施劝分重要的是民间的自发性和价格保障，如果官府根据户等千篇一律地强制介入劝分，反而会适得其反。所以董煟主张实施“以不劝劝之”的所谓民间自发性劝分，称“利之所在，自然乐趋”。[⑥] 他

---

① 《救荒活民书》卷上，绍兴二十八年。
② 《救荒活民书》卷中，《劝分》。
③ 《救荒活民书》卷中，《劝分》。
④ 《救荒活民书》卷中，《劝分》。
⑤ 《救荒活民书》卷中，《劝分》。
⑥ 《救荒活民书》卷中，《劝分》。

还称“人之常情，劝之出米，则愈不出，惟以不劝劝之，则其米自出”。[1]

董煟进而写到，“莫若劝诱上户，及富商巨贾，俾之出钱，官差牙吏于丰熟去处，贩米豆，各归乡里，以济小民”，[2] 主张让富人出资到外地购入粮食。作为实际案例，他提到了吴遵路的措施。

> 吴遵路知通州时，淮甸灾伤，民多流转，惟遵路劝诱富豪之家，得钱万贯，遣牙吏二十六次，和赁海船往苏秀，收籴米豆归本处，依元价出粜，使通州灾伤之地，常与苏秀米价不殊。[3]

这一段的内容是说吴遵路在担任通州知州时，使该地区的富户出资一万贯，然后到苏州和秀州购买粮食，以低廉的价格向百姓提供粮食。可见，劝分的含义虽是富户贡献粮食救助百姓或以廉价提供粮食，但有时也采取以适当价格提供粮食的形式，某种情况下也可以出资从外地购买粮食。

（4）禁遏籴

禁遏籴是指严禁妨碍向其他地区输出粮食，是为了防止排他性地域保护主义带来负面结果。[4] 实际上，南宋时期以部分粮仓地带为中心间歇性地发生过企图妨碍粮食输出的事例，因而多次下达了“禁遏籴”的命令。关于禁止遏籴的原因，董煟论述如下。

> 嘉祐四年谏官吴及言，春秋之时，诸侯相倾窃地专封，固不以天下生灵为忧，然同盟之国，有救患分灾之义，秦饥晋闭之籴，而春秋诛之，圣朝恩施动植视民如伤，然州郡之间，官司各专其民，擅造闭籴之令，一路饥则邻路为之闭籴，一郡饥则邻郡为之闭籴，夫二千石

---

① 《救荒活民书》卷中，《劝分》。

② 《救荒活民书》卷中，《劝分》。

③ 《救荒活民书》卷中，《劝分》。

④ 遏籴是妨碍将谷物等粮食输出到其他地区的行为。12 世纪的中国南方各地在粮食供需方面差异较大。因此，对于粮食不足的地区而言，长途贩卖粮食的商贾活动是重大关注事项。在此情况下，以粮仓地带为中心间歇性地发生遏籴行为，已经超出了个别地区的谷物供需问题，对南宋的社会结构本身产生了影响。李勤明：《12 世纪南中国地域社会的动态与遏籴》，《历史文化研究》第 22 期，2005。

以上，所宜同国休戚，而宣布主恩，坐视流离，又甚于春秋之时，岂圣朝所以子育兆民之意者！故丁丑诏，诸路转运司，凡邻郡灾伤，而辄闭粜者，以违制坐之。①

上述内容表明：第一，春秋时期诸侯国的边界并未影响百姓的生计；第二，宋朝时期多次下令禁止妨碍向饥荒地区输出粮食的“闭粜”（购粮禁令）；第三，在仁宗时期就已颁布严禁闭粜的法令，称无法坐视个别路或州遭遇饥荒时相邻地区采取闭粜，从而使百姓流离。到了徽宗时期的“政和七年九月，手诏州县遏粜以私境内，殊失惠养元元之意，自今有犯，必罚无赦”，② 再次颁布了遏粜禁令。这可能是因为遏粜禁令实际上没有得到有效的执行。关于这一现象，董煟称：

嘉祐四年，诏诸路运司，凡邻路灾伤而辄闭粜者，以违制坐之，至此复有是诏，非州县不能奉行，盖俗吏识见浅狭者多也。③

也就是说，地方俗吏因见识短浅和地方利己主义没有严格执行遏粜禁令。关于禁遏粜的理由，董煟称“脱使此间之米，不许出吾界，他处之米，亦不许入吾界，一有饥馑，环视壁立，无告粜之所，则饥民必起而作乱，以延旦夕之命，此祸乱之尤速者也”，④ 主张如果饥荒发生时因地方利己主义而无法从邻近地区购买粮食，必将发生严重的社会混乱，因此必须禁止遏粜。

（5）不抑价

最后是“不抑价”，也就是“抑价有禁”，意思是禁止官府强制压低价格买卖粮食。也就是说，政府不得控制饥荒地区的粮食价格，应利用市场原则自发调节粮食价格，诱导粮食供应。具体来说，董煟就不应控制粮价的理由做出了如下说明。

常平令文，诸粜粜不得抑勒，谓之不得抑勒，则米价随时低昂，

---

① 《救荒活民书》卷中，《禁遏粜》。
② 《救荒活民书》卷中，《禁遏粜》。
③ 《救荒活民书》卷上，《政和七年》。
④ 《救荒活民书》卷中，《禁遏粜》。

官司不得禁抑可知也。比年为政者不明立法之意，谓民间无钱，须当籍定其价。不知官抑其价，则客米不来。若他处腾涌而此间之价独低，则谁肯兴贩？兴贩不至，则境内乏食。上户之民有蓄积者，愈不敢出矣。饥民手持其钱终日皇皇无告籴之所。其不肯甘心就死者，必起而为乱。人情易于扇摇，此莫大之患。何者？饥荒之年，人虽卖妻鬻产以延旦夕之命，亦所不顾，若客贩不来，上户闭籴，有饥死而已耳！有劫掠而已耳！可不思所以救之哉！惟不抑价，非惟舟车辐辏，而上户亦恐后时争先发廪，而米价亦自低矣。[①]

上述内容可整理如下。第一，如果抑制价格，压低该地区的粮价，其他地区的商人不会带来粮食。第二，富人也不会贡献粮食。第三，百姓无处购粮，必生乱。董煟在说明“不抑价”时采用了和“禁遏籴”相似的逻辑，即只有不控制、不抑制粮价，追求利润的商人才会带粮食前来，这样粮食供应会自然而然形成，当地的富户也会争先贡献粮食，粮价自会下降，供应更加充分。

作为“不抑价”的实际案例，董煟谈到了范仲淹。范仲淹不仅没有压低粮价，反而抬高粮价，从结果上看起到了救济的作用。

一昔范仲淹知杭州，二浙阻饥，谷价方涌，豆计百二十文，仲淹增至百八十，众不知所为，仍多出榜文，具述杭饥，及米价所增之数，于是商贾闻之，晨夕争先，惟恐后，且虞后者，继来米既，辐辏价，亦随减。[②]

范仲淹在任杭州知州时遭遇饥荒，反而将粮食价格从 120 文抬高到 180 文，使商人从四方聚集，解决了粮食供应和价格暴涨问题。此外，董煟还指出“包拯知庐州，亦不限米价，而贾至益多，不日米贱，此皆前贤已行之明验”，[③] 可见不抑价使商人聚集，解决了米价问题。董煟还提及了

① 《救荒活民书》卷中，《禁遏籴》。
② 《救荒活民书》卷中，《不抑价》。
③ 《救荒活民书》卷中，《不抑价》。

唐代体现“不抑价”的事例，也就是卢坦的故事。

> 唐卢坦为宣歙观察使，到郡岁饥，谷价日增，或请损之，坦曰所部土狭谷少，仰四方之来者，若价贱谷不复来益困矣，既而商米辐凑，市估遂平，民赖以生，熠曰不抑价则商贾来，此不易之论。[①]

也就是说，唐代的卢坦也没有抑制粮食价格，这反而使周边的商人聚集，拯救了百姓。“禁遏籴”和“不抑价”不允许抑制粮食流通或控制价格，共同点在于通过市场原理的自发作用解决粮食供应问题。

2. 其他救荒政策

与前述五种主要救荒法一道，董熠提出了检旱、减租、贷种、遣使、弛禁、鬻爵、度僧、优农、治盗、捕蝗、和籴、存恤流民、劝种二麦、通融有无、借贷内库等救荒策，并指出这些政策应“随宜而施行”。[②] 也就是说，应根据各地的实际情况选择实施适当的救荒政策。下面，简单探讨一下各项救荒策。

各项救荒策之中，首先被提出来的是“检旱”，这是地方官对饥荒损失情况的实情报告。灾害发生时，农民常常因歉收而面临饥荒。同时，农民也会向官府报告受灾情况。地方官对此进行调查，并根据损失情况减免一定数额的税赋。为了使农民真正受惠，需要完善的情况报告，这即为检旱。只是当时的地方官因考课制度等原因常常只上报自己的成绩，不如实报告受灾情况。由此百姓可能得不到救济，发生“流离饿莩劫夺之祸”，[③] 因此董熠强调应派遣调查官进行正确检查。

减免受灾百姓的税负即为减租，董熠认为宋代的减租不如唐代充分。唐代的租庸调依据损失比例均可减免，而宋代的夏税和役钱无法减免，检放也止及田租。董熠指出当下的税收远多于熙宁年间，但并未给予百姓更

---

① 《救荒活民书拾遗》。

② 《救荒活民书》卷中，“至于检旱也，减租也，贷种也，遣使也，弛禁也，鬻爵也，度僧也，优农也，治盗也，捕蝗也，和籴也，存恤流民，劝种二麦，通融有无，借贷内库之类，又在随宜而施行焉”。

③ 《救荒活民书》卷中，《检旱》。

多减免，对此提出了强烈抗议。[①]

董煟还主张政府主动对灾民实施贷种。董煟称贷种对百姓而言基本上就是对农民的优惠。此外，董煟认为处在困境的农民不易偿还，因此应允许其不偿还，并举出仁宗给予农民减免的案例。[②]

“贷种”提倡百姓种植冬小麦，这是为了应对原来的作物收成不好。同时，董煟根据统治者的民本思想主张“恤农”优先。具体来说，董煟指责“先市井之游手与乡落之浮食，而缓于农民”，[③] 强调救济首先应惠及农民。

在古代，“遣使”以开仓放粮或赈济百姓时派遣相应官吏，调查百姓疾苦为目的。董煟指出，当下因为各地官吏的情况报告机制已经完备，遣使调查情况显得没有必要，但当时“所缺者在于赈济，无术类多虚文耳，今但责监司郡县推救荒之实政，则民受其惠”。[④]

董煟主张在发生灾害时采取积极措施利用人力。具有代表性的措施是捕杀蝗虫的“捕蝗”。[⑤]

> 煟曰，太宗吞蝗，姚崇捕蝗，或者讥其以人胜天，臣曰不然。天灾非一，有可以用力者，有不可以用力者。凡水与霜，非人力所为，姑得任之。至于旱伤，则有车戽之利，蝗蝻则有捕瘗之法。凡可以用力者，岂可坐视而不救耶？为守宰者当激劝斯民使自为方略，以御之可也。[⑥]

---

① 《救荒活民书》卷中，《减租》，“煟曰，谨按唐人水旱损四则免租，损六则免调，损七则租庸调俱免，今之夏税则唐人之调绢也，役钱则庸直也。今州县水旱十分去处而夏税役钱未有减免之文，至于检放止及田租耳……熙宁全盛时，天下两税钱五百五十余万缗，顷年户部侍郎刘邦翰上奏，天下经总制钱岁额二千万缗，而实到者亦千万缗，夫斯钱者唐人除陌之类，而其数乃倍于承平时正赋，且又东南之一隅，民困极矣。脱遇水旱是，可不为寒心，而思所以宽恤之哉”。

② 《救荒活民书》卷中，《贷种》，“煟曰贷种固所以惠民，然不必责其偿也。人情易于贷而难于偿，征催不集必有勾追鞭挞之患，青苗之法可见矣，仁宗朝江南岁饥，贷民种粮十万斛，屡经倚阁，而官司督责不已，贫民不能自偿，上怜而蠲之”。

③ 《救荒活民书》卷中，《恤农》。

④ 《救荒活民书》卷中，《遣使》，“其所缺者在于赈济，无术类多虚文耳，今但责监司郡县推救荒之实政，则民受其惠，不然民方饥饿官方窘匮”。

⑤ 董煟否定“灾异说”，以理性、客观的视角观察灾异，采取科学措施应对蝗灾。赵杏根：《宋代蝗灾应对和灾异观之变化》，《重庆文理学院学报》（社会科学版）2012 年第 5 期。

⑥ 《救荒活民书》卷中。

董煟主张不能因为上天降灾而将其接受为宿命。他批判赈灾甚至被指责为违抗天命的行为的观点，指出人们不能消极被动地接受灾难，而应该竭尽所能抗灾，灾后要采取救济措施。①

“弛禁”在古代原本指放宽泽梁之禁。但宋代几乎所有土地都是私有财产，禁令本身并不存在。董煟还批判到，虽然国家法令规定不得对船和车征税，但场务却另立名目收税。因此，遇到荒年时可将受灾情况上奏朝廷，将邻近场务的课额减免 1 个月或半个月，这样可以惠及米船，符合“古人凶年弛禁之意”。②

“治盗”是指坚决打击盗贼。董煟指出，在遭遇荒年的地方，外出购粮的百姓遭遇盗贼而被夺走所有粮食，如果只是刺字或发配，则盗贼必归来重操旧业，因此应该挑断脚筋，杀一儆百。董煟认为此举“深合周公荒政除盗贼之意”。③

“存恤流民”是饥荒等灾害发生后最重要的问题。关于如何处理流民，存在观点差异。董煟主张治理流民产生的根源。也就是说，“若本处地分赋敛稍宽，自然安土，重迁谁肯移徙，凡所以离乡井去亲戚弃坟墓，皆非其所得已也”。④ 董煟还指出，最有效的救济法是富弼在青州赈济流民的方式，因人们不甚了解，编录于书的末尾。

“通融”是一个大的原则，相应的具体措施就是“借贷内库”、“鬻爵”和“度僧”。董煟深知粮食对于救荒的重要性，因此将有效的粮食分配和流通作为救荒政策的重点。无论是释放官廪、“借贷内库”还是劝人开仓粜贩的劝分等，都是为了发挥官民的力量，使粮食从富余地区流向匮乏地区的政策。

实际上，“鬻爵”和“度僧”制度都会伴随巨大的副作用。这些政策只是在大规模灾害中百姓生命面临威胁时临时执行的权宜之策。因此，董

---

① 另一方面，董煟还对捕杀、焚烧蝗虫做出了详细说明。只不过他认为此举是“不仁之术”，因为蝗虫毕竟也是有生命的存在。《救荒活民书拾遗》，《捕蝗法》。

② 《救荒活民书》卷中，《弛禁》。

③ 《救荒活民书》卷中，《治盗》，“绍兴四年，乐平饥，村民携钱市米，山路遇亡命，缚而取之，邑宰杨简曰，此曹断刺则复为盗，配去则复逃归，断一足筋，传都示众一境肃然，此虽一时之政，然深合周公荒政除盗贼之意”。《朝鲜王朝实录》也有相同记载，只不过将绍兴年间记录为绍熙年间。参见《朝鲜王朝实录》第七四卷，世宗十八年八月八日辛未条。

④ 《救荒活民书》卷中，《存恤流民》。

熠认为只有灾害发生时才能实施鬻爵和度僧。关于鬻爵，董熠指出富户贡献捐米后如果不能及时得到官爵，必生疑虑，因此可先赐空名告身。

三　茶山丁若镛的抗灾救济方法论

下面探讨朝鲜后期的政治家及思想家茶山丁若镛的代表作《牧民心书》以及书中的救灾相关记录。茶山在《牧民心书》爱民篇·赈荒六条中以救灾政策为中心进行了深入探讨，提出了多种政策，在该书爱民篇·救灾条中也提出了救灾政策的主干。下面就以这两部分内容为中心探讨茶山如何应对饥荒等灾难。

在此之前，如果溯源茶山的救荒思想，可知其基本上沿袭了《周礼》的荒政。茶山认为，践行作为“先王之礼”的《周礼》大司徒·荒政十二条才是遵行先王之道。丁若镛试图将《周礼》的荒政十二条对应于当时的实际情况，进行新的阐释。[①] 也就是说，丁若镛在理念上以《周礼》荒政论为导向，试图将其宗旨运用到现实情况，摸索新的解决方法。以《周礼》的荒政论为根本，贴合朝鲜实际运用的就是下述的救灾、赈荒篇的内容。

先看《牧民心书》爱民篇·救灾条。

①水火之灾，国有恤典，行之惟谨，宜于恒典之外，牧自恤之。

②凡有灾厄，其救焚拯溺，宜如自焚自溺，不可缓也。

③思患而预防，又愈于既灾而施恩。

④若夫筑堤设堰，以捍水灾，以兴水自，两利之术也。

⑤其害既去，抚绥安集，是又民牧之仁政也。

⑥飞蝗蔽天，禳之捕之，以省民灾，亦可谓仁闻矣。[②]

第一条强调了牧民官的责任，即救灾时不仅要忠实履行国家制定的救恤法，自己也要积极投身救恤。第二条是关于地方官的心态，强调应该像

① 从官结中充分收取并惠及民结，相当于散利，减少民库杂徭相当于薄政，不杖打肤黄浮肿者和骨瘦如柴者相当于缓刑，选拔官奴、官隶时体恤其努力和费用相当于弛力，私家祭祀中不使用牺牲，巡历时减少餐饮接待，不阿谀奉承，相当于眚礼。〔韩〕宋阳燮：《茶山丁若镛的“守令赈恤论”中体现的朱子赈法的应用及其当代变容》，《民族文化研究》第68期，2005。

② 《牧民心书》爱民六条，《救灾》。

自己受灾一样及时救助灾民。第三条是关于预防灾难的内容，指出防患于未然是最佳选择。第四条主张如果提前构筑堤防，即可应对水灾，也有助于水利。第五条是关于官员的灾后品德，指出应妥善照顾百姓生计。第六条是关于蝗灾的内容，主张应祈求上天并捕杀。实际上，地方官对“飞蝗蔽天”并无妙计可施。所以才记述了“禳”和“捕”。如上，救灾条中提出了地方官应对灾难的品德、责任感、紧迫性、事先准备、爱民思想、蝗灾应对和祈祷等内容。这相当于应对灾难的地方官需要遵守的大概的行政指针。

受灾时的具体恤民政策出现在《牧民心书》的赈荒篇中。作为牧民官为了救荒（即开展荒政）而应该执行的政策，茶山提出了备资、劝分、规模、设施、补力、竣事6个事项。这6个事项的相关内容可概括整理如下。

“备资”是指提前准备赈荒所需的粮食。茶山认为“救荒之政，莫如乎预备，其不预备者，皆苟焉而已”。[①] 作为备资的方法，茶山主张在丰收年廉价购入粮食，在粮价高的时期或地区出售。这在当时被称为“料瓣”。另外是买入邻近地区的储备粮或在码头向米商购买粮食。这种方式实际上是“米谷兴贩”的方式，1810年在湖南地区并行实施。同时，从其他地区接受粮食支援的“移粟”也在朝鲜后期的部分地区实施，但这已经不是地方官的权限，而是只能在中央政府层面实施。

茶山重视的是“劝分”。劝分原本指“饶户”（有富余的家庭）自发捐出剩余粮食补贴赈资。茶山称“劝分也者，劝其自分也，劝其自分，而官之省力多矣”。[②] 劝分是地方官可以自行斟酌执行的方法之一。茶山指出，“劝分之法，远自周代”,[③] 劝分于富民在中国的法律中不过是“粜

① 《牧民心书》赈荒六条，《备资》，“救荒之政，莫如乎预备，其不预备者，皆苟焉而已。谷簿之中，别有赈谷，本县所储，有无虚实，亟为查检”。〔韩〕元载荣（音）：《朝鲜后期的赈恤政策和赈资的经营：以1809～1810年全罗道的案例为中心》，《朝鲜时代史学报》第64期，2013，第233页。

② 《牧民心书》赈荒六条，《劝分》。朝鲜后期因各种战乱、设置军营、增加临时衙门、灾害频发等原因而饱受慢性财政不足之苦。为了打开局面，创设了新的还谷，从民间征收粮食的方案也被研究。从宣祖到孝宗时期，为了充当战后重建和外交费用，如果缴纳一定数量以上的粮食就会被授予实职。从显宗到景宗，为了在荒年筹备赈恤粮而售卖空名帖，英祖、正祖时期也为了确保赈恤粮而督促、鼓励富裕的百姓自发缴纳粮食。这种粮食缴纳制度在英祖时代之后法制化。

③ 《牧民心书》赈荒六条，《劝分》，“劝分之法，远自周代，世降政衰，名实不同，今之劝分，非古之劝分也”。

米”和“赊米”，相当于低价卖米或借粮收利息，而朝鲜的法律则让百姓白白缴纳粮食，如有不从者就动用重刑，如同对待盗贼一般。茶山批判当时朝鲜社会的劝分与中国不同，通过强制缴纳实现，偶尔也通过买卖察访等官职实现。[①]

“规模”是指提前计算赈荒所需的粮食数量和需要救济的人数。茶山指出，“赈有二观，一曰及期，一曰有模，救焚拯溺，其可以玩机乎，驭众平物，其可以无模乎”。[②]

“设施”规定了给饥民提供饩米的程序。茶山主张“流乞者，天下之穷民而无告者也，仁牧之所尽心，不可忽也”，[③] 表达了爱民之心。同时，茶山还强调饥荒时容易发生传染病，应格外注意并采取措施。

> 饥馑之年，必有疠疫，其救疗之方，收瘗之政，益宜尽心。婴孩遗弃者，养之为子女，童稚流离者，养之为奴婢，并宜申明国法，晓谕上户。[④]

此外，他还强调应积极收养饥民或流民的孩子，或收为奴婢。

“补力”是指种植旱田作物等替代品种，并用山野中的救荒食物补充粮食的不足。茶山对地方官做出如下嘱托：

> 薄征已责，先王之法也，冬而收粮，春而收税，乃民库杂徭，邸吏私债，悉从宽缓，不可催督。[⑤]

茶山强调在遭遇饥荒等灾难时，应减免税负，免除公债，放宽放缓繁多的赋役和民间私债的偿还。

最后是“竣事”，这是一种对灾后救济的评价，是对赈恤的功过进行

---

① 由于朝鲜后期国家财政恶化，作为劝分条件的“论赏”规定无法顺利执行，导致信服力下降，使劝分成为强制性制度。中央政府强调地方官的自备谷储备，将其作为考课参考，使劝分导致的社会问题在朝鲜后期日益突出。

② 《牧民心书》赈荒六条，《规模》。

③ 《牧民心书》赈荒六条，《设施》。

④ 《牧民心书》赈荒六条，《设施》。

⑤ 《牧民心书》赈荒六条，《补力》。

赏罚的收尾阶段。丁若镛指出，“赈事将毕，点检始终，所犯罪过，一一省察。自备之谷，将报上司，自查情实，毋敢虚张，善与不善，其功其罪，详观法令，斯可以自知矣”。[①] 特别在该部分中，丁若镛对因受灾而处于困境的百姓表现出爱民思想。

> 大饥之余，民之绵缀，如大病之余，元气未复，抚绥安集，不可忽也。[②]

丁若镛的论述涉及灾难的预防和准备，应对和重建等灾难管理的整体过程，并强调救灾工作结束后要对整个过程有严肃的评价和论功行赏。

在“竣事”条中还谈及“五盗”“五匿”“五得”“五失”等，告诫即使已经有赈荒制度，如果负责官吏心怀不轨，玩忽职守，则救荒制度无法发挥作用。赈荒六条处处指出官吏（尤其是衙前小吏）的不正之风和腐败问题。上述茶山的赈荒六条基本上具有地方官应对、赈恤、清点饥荒的综合行政政策和方针的面貌。

四 结论

通过《救荒活民书》和《牧民心书》，我们探讨了祖先如何克服饥荒等灾难。虽然南宋和朝鲜在时空上有差异，但还是可以看出当时封建社会中的主要救济政策。《救荒活民书》中提出了“常平”“义仓”“劝分”“禁遏籴”“不抑价”五项主要救济政策和“检旱”“减租”“贷种”“遣使”“弛禁”“鬻爵”“度僧”“优农”“治盗”“捕蝗”“和籴”“存恤流民”“劝种二麦”“通融有无”“借贷内库”等其他政策。《牧民心书》则在救灾条中记载了地方官应对灾难的品德、责任感、紧迫性、事先准备、爱民思想、蝗灾应对和对天祈祷等内容，这些内容相当于地方官应对灾难的大致行动指针。同时也提出了“备资”“劝分”“规模”“设施”“补力”“竣事”等救济政策。下面，以“国家”“市场”“劝分”为关键词粗略分

① 《牧民心书》赈荒六条。

② 《牧民心书》赈荒六条。

析这些政策的含义。

第一是关于国家的作用。《救荒活民书》中的“常平”等主要救灾策以及《牧民心书》救灾条的行政指针和“备资”等政策几乎都是国家权力及其基层执行者地方官层面实施的主要救荒策略。其他救荒策基本上也具有国家权力的行政程序和执行方针的性质。在应对巨大灾难的过程中，国家权力应发挥中心作用，这是常识性的论断，现在也一样。同时，这里也能看出包括代言国家权力的地方官在内的知识分子在灾难应对中的道德责任。

第二是关于市场原理的运用。董煟在“禁遏籴”“不抑价”等政策中呈现市场主义者的特点，同时也主张“劝分”应理所应当地保障利润。他主张在和粮食流通与贩卖相关的救灾政策中依托市场，尽量不进行干预。另一方面，茶山也不忽视市场原理。像“备资”这样的储备粮食过程中，茶山主张收购邻近郡县的储备粮并采用“米谷兴贩”等方式，是其积极利用市场原理和作用的表现。过去试图积极利用民间的市场原理实施灾难救济，对于现在的抗灾也具有启示作用。

第三是“劝分”，原本指富户在饥荒时救济贫民。在宋代，以在富户储存的粮食上添加适当的利润出售的方式实现粮食分配，在朝鲜则是以“劝分”之名收缴粮食赈济饥民的方式实现。劝分是董煟和茶山都重视的救济方式，是动员民间力量救助饥民且与道德品质也有一定关联的救济方式。

如上，笔者以“国家”、“市场”和“劝分”三个关键词简单整理了董煟和茶山的救灾政策。这些或许对当代抗灾有一定的启示意义。当然，如果要把以封建时代为背景提出的救灾政策参照、运用到现在的情况，自然免不了有一定的局限性。笔者只是希望董煟和茶山的政策建议能够成为思考灾难等危机状况发生时应该重视的价值和界限的契机。

李旻 译

参考文献

（韩国）

金宣京（音）：《〈牧民心书〉研究：从统治技术的观点解读》，《历史教育》第123期，2012。

金勇鑫（音）：《18世纪〈牧民心书〉与地方统治——以牧民攷为中心》，《韩国思想史学》第 35 期，2010。

白光烈（音）：《关于茶山丁若镛的国家改革论的解释——通过“王法”进行的全国单位社会管理》，《泰东古典研究》第 28 期，2012。

白敏婷（音）：《通过周礼六乡制看茶山的经世构想》，《茶山学》第 28 期，2016。

孙炳奎（音）：《对“三政紊乱”和“地方财政危机”的再认识》，《历史批评》第 101 期，2012。

宋阳燮：《〈牧民心书〉中体现的茶山丁若镛的守令认识和地方行政方向》，《茶山学》第 28 期，2016。

宋阳燮：《茶山丁若镛的“守令赈恤论”中体现的朱子赈法的应用及其当代变容》，《民族文化研究》第 68 期，2005。

郑浩勋（音）：《18 世纪牧民书的发展状况和〈牧民心书〉》，《茶山学》第 28 期，2016。

（中国）

郭文佳：《董煟〈救荒活民书〉的价值与历史地位评价》，《商丘师范学院学报》2005 年第 4 期。

李向军：《宋代荒政与〈救荒活民书〉》，《沈阳师范学院学报》（社会科学版）1993 年第 4 期。

张文：《宋朝乡村社会保障思想研究——以〈救荒活民书〉为中心》，《苏州大学学报》（哲学社会科学版）2012 年第 4 期。

赵杏根：《宋代蝗灾应对和灾异观之变化》，《重庆文理学院学报》（社会科学版）2012 年第 5 期。

周宇：《历代文献对〈救荒活民书〉的著录及其文献价值研究》，《贵州师范学院学报》2017 年第 2 期。

陈华龙：《〈救荒活民书〉作者生平及成书时间考》，《农业考古》2015 年第 4 期。

汤标中：《董煟的〈救荒活民书〉》，《粮食知识》2000 年第 2 期。

夏明方：《救荒活民：清末民初以前中国荒政书考论》，《清史研究》2010 年第 2 期。

何欣峰：《〈救荒活民书〉荒政思想研究》，《华北水利水电大学学报》（社会科学版）2017 年第 6 期。

（美国）

Walter H. Mallory, “China: Land of Famine”, *Nature*, Vol. 120, 1927.

徐花潭与张横渠“太虚说”之比较

洪　军

（中国社会科学院哲学研究所研究员）

“气”是贯穿中国古代哲学的始终、源远而流长的概念。“气（阴阳）—五行—万物”是中国古代哲学物质观的基本架构。① 这一思想不仅影响了中国古代哲学思想的发展，而且也影响了东亚各国古代哲学的发展，以至在近世东亚气学成为与理学、心学分庭抗礼的哲学思潮。

以东亚视角而观，相较于明代中叶在中国盛行的心学思潮，传统气学在中国域内虽亦不绝如缕，但在中国域外朝鲜半岛获得了新的阐释和发展，同时也为此后这一地区的实学思潮之高扬作了必要的理论准备。这些气论学者大多深受北宋张载学说之影响，② 徐花潭亦是如

① 李存山：《气论与仁学》，中州古籍出版社，2009，第3页。

② 王廷相曾评张载“太虚即气”说，谓：“张子曰：‘太虚不能无气，其不能不聚而为万物，万物不能不散而为太虚，循是出入，是皆不得已而然也。’‘气之为物，散入无形，适得吾体；聚为有象，不失吾常。’‘聚亦吾体，散亦吾体，知死之不亡者，可与言性矣。’横渠此论，阐造化之密，明人性之源，开示后学之功大矣。而朱子独不以为然，乃论而非之，今请辩其惑。”（明）王廷相：《横渠理气辩》，《王氏家藏集》卷三十三，《王廷相集》（二），中华书局，2009，第602页；又评其《正蒙》谓：“《正蒙》，横渠之实学也。致知本于精思，力行本于守礼；精思故达天而不疑，守礼故知化而有新。”（明）王廷相：《鲁两生篇》，《慎言》卷十三，《王廷相集》（三），中华书局，2009，第821页。罗钦顺则对张载及其关学言道：“尝读宋学士《新刻楞伽经序》，具载我圣祖训词，由是知圣祖洞明佛学……于此又知我圣祖深明老氏之学。至于经纶万务，垂训万世，一惟帝王相传之道是遵，孔、曾、思、孟之书，周、程、张、朱之说是崇是信，彝伦攸叙，邪慝无所容。圣子神孙，守为家法，虽与天地同其悠久可也。卓哉！大圣人之见，诚高出于寻常万万哉！”（明）罗钦顺：《困知记卷下》，《困知记》，中华书局，2013，第32页，曰：“学术不明，为害非细，言之不觉缕缕，不识吾党之士以为何如？如欲学为佛邪，慈湖之书宜不忍废，必欲学为圣人，则固有五经、四书及濂、洛、关、闽之说在。彼诪张为幻者，又何足以溷吾之耳目哉！”（明）罗钦顺：《困知记续卷下》，《困知记》，中华书局，2013，第107页。

此。[①] 因此本文拟通过与横渠“太虚”思想的比较，来探讨花潭“太虚说”之特点及其意义。

一 虚与气

气学作为东亚儒学的重要内容，对东亚各国的思想文化发展产生了深远的影响。尤其是在韩国，重视气论是韩国儒学的主要特征之一。[②] 在韩国朝鲜朝的儒学史上，早期的重气理论至中期的主气学说以及由此引发的后期的以注重现实、实际为特质的“实学”思潮的产生，都与韩国儒学强调“气”范畴的价值有密切关联。

徐敬德（1489～1546），字可久，号花潭、复斋，开城府人，曾卜筑精舍隐居于松京（今开城）五冠山下的花潭边，故被时人称为“花潭先生”。他既是朝鲜朝前期儒林的主要代表，又是韩国唯气论哲学的理论先驱。尤其是，其所建构的气本论自然哲学体系，在韩国哲学史上具有重要的地位和影响。

周知，横渠之学系从《易》推衍而来。[③] 花潭之学亦是，其学不尊朱子而多从邵雍和张载说，[④] 且其为学立说颇有“自得之妙”。李珥曾赞其为，“敬德则深思远旨，多有自得之妙，非文字言语之学也”。[⑤]

“太虚”是横渠气论思想的核心概念，亦是花潭哲学的重要范畴之一。这一词出自《庄子》的《知北游》篇，曰：“以无内待问穷，若是者，外

---

① 李珥曾谓：“其论理多主横渠之说，微与程朱不同，而自得之乐，非人所可测也。”参见〔朝鲜朝〕徐敬德《遗事》，《花潭集》卷三，《韩国文集丛刊》24，民族文化推进会，1990，第329页。

② 李甦平先生将韩国儒学的特征归纳为，重“气”、重“情”、重“实”、“以图解说”等。参见李甦平《韩国儒学史》，人民出版社，2009，第2～43页。笔者认为，从东亚三国儒学比较视野而观，韩国儒学的确具有重“气”、重“情”、重“实”等品格，这也是韩国儒学独特性的体现。

③ 冯友兰：《中国哲学史》（下册），华东师范大学出版社，2006，第228页。

④ 李泽堂（1584～1647）曰：“徐花潭奋起寒微，高节终始。理数之学，追踵康节。静庵以后，无出其右。”李珥曰：“其论理多主横渠之说，微与程朱不同，而自得之乐，非人所可测也。”参见〔朝鲜朝〕徐敬德《遗事》，《花潭集》卷三，《韩国文集丛刊》24，民族文化推进会，1990，第329、332页。

⑤ 〔朝鲜朝〕李珥：《经筵日记》（二），《栗谷全书》（二）卷二九，首尔：成均馆大学校大东文化研究院，1992，第160页。

不观乎宇宙，内不知乎太初。是以不过乎昆仑，不游乎太虚。”[①] 当然，庄子所言“太虚”为带有超越性意义的概念。

横渠对“太虚”有如下论述，曰：

> 太虚无形，气之本体，其聚其散，变化之客形尔。客感客形与无感无形，惟尽性者一之。天地之气，虽聚散、攻取百涂，然其为理也顺而不妄。气之为物，散入无形，适得吾体；聚为有象，不失吾常。太虚不能无气，气不能不聚而为万物，万物不能不散而为太虚。[②]
>
> 太虚者，气之体。气有阴阳，屈伸相感之无穷，故神之应也无穷；其散无数，故神之应也无数。虽无穷，其实湛然；虽无数，其实一而已。阴阳之气，散则万殊，人莫知其一也；合则混然，人不见其殊也。形聚为物，形溃反原，反原者，其游魂为变与！所（为）〔谓〕变者，对聚散存亡为文，非如萤雀之化，指前后身而为说也。[③]

由此可知，横渠所言“太虚”为气散而未聚无形可见之原始状态，是气之原始和气之本然，[④]“无形”是其根本特征。他以为太虚之气虽聚散攻取百涂，但是其变化则皆为“客形”（暂时之形态/时动中之形态[⑤]），形聚为物，形溃反原，万物终散归为太虚。故气散殊而为颗粒化、细粒化以至“无形”时，便难以被感官所感知但并非“无”。可见，横渠所言的“太虚”与《庄子》中的“太虚”概念有所不同，除了超越性意义外又具有了恒存遍在的普遍性意义。

那么，“太虚”和“气”是什么关系呢？对于二者的关系，横渠提出“太虚即气”的主张，曰：

---

① 《知北游》，《庄子·外篇》，《老子·庄子·列子》，岳麓书社，1991，第93~94页。

② （宋）张载：《正蒙·太和篇第一》，《张载集》，中华书局，2010，第7页。

③ （宋）张载：《正蒙·乾称篇第十七》，《张载集》，中华书局，2010，第66页。

④ 张岱年：《中国哲学大纲》，中国社会科学出版社，1997，第42~43页。另外，有学者主张将“太虚无形，气之本体”中的“体”解释为本体之体为较妥当，以为气以太虚——清通之神——为体，则气始活（活者，即指变化而言）。参见牟宗三《心体与性体》，上海古籍出版社，1999，第380~382、403页。笔者以为此“气之体”，应理解为气之本然或本来状态为较合适——气之屈伸相感虽无穷，但是其实则为湛然之气“一”而已矣。

⑤ 牟宗三：《心体与性体》，上海古籍出版社，1999，第380页。

太虚不能无气，气不能不聚而为万物，万物也不能不散而为太虚……气之聚散于太虚，犹冰凝释于水，知太虚即气，则无无。故圣人语性与天道之极，尽于参伍之神变易而已。诸子浅妄，有有无之分，非穷理之学也。①

从横渠的论述可知，太虚与气是不可分离的关系，故曰“太虚不能无气”，而气则又不能不聚为万物，这是因于太虚之气的“神化”和“气化”作用。不过，万物终究又复归于太虚之中，即由“有形有象”之物质形化为“无形无象”之太虚之气。这也表明，在横渠的“太虚论”中，“太虚”与“气”是既有联系，又有区分的两个概念②，故横渠言“知太虚即气，则无无”。学者于此不可不察。而且，他还将二者形象地比喻为冰与水。

进而，横渠从“太虚即气”③ 的立场出发，对释、老的虚空思想进行了批驳，同时也确立了其实在论本体思想。曰：

知虚空即气，则有无、隐显、神化、性命通一无二，顾聚散、出入、形不形，能推本所从来，则深于易者也。若谓虚能生气，则虚无穷，气有限，体用殊绝，入老氏“有生于无”自然之论，不识所谓有无混一之常；若谓万象为太虚中所见之物，则物与虚不相资，形自形，性自性，形性、天人不相待而有，陷于浮屠以山河大地为见病之说。此道不明，正由懵者略知体虚空为性，不知本天道为用，反以人见之小因缘天地。明有不尽，则诬世界乾坤为幻化。幽明不能举其要，遂

① （宋）张载：《正蒙·太和篇第一》，《张载集》，中华书局，2010，第7～9页。

② 横渠哲学中“太虚”与“气”，两个概念的关系可参阅（清）王夫之《张子正蒙》，上海古籍出版社，2000，第14～24页。

③ 对于“太虚即气”之“即”字，学者有多种解释。如冯友兰、张岱年等认为应将之理解为“就是”，持这种观点的还有陈来、李存山等；牟宗三主张以体用圆融之相即不离之义来理解此命题。但是，若“相即”之义来作解，二者关系则成为体用圆融之异质关系。蔡仁厚先生亦持此一立场；唐君毅先生提倡以虚气不二论来解释此命题。参见陈政扬《张载思想的哲学诠释》，台湾文史哲出版社，2007，第23～36页；陈来《宋明理学》，华东师范大学出版社，2005，第46页；李存山《气论与仁学》，中州古籍出版社，2009，第202页；等等。依笔者之见，“太虚即气”可理解为无形无状之气充塞于其内或其间之义。

> 躐等妄意而然。不悟一阴一阳范围天地、通乎昼夜、三极大中之矩，遂使儒、佛、老、庄混然一涂。语天道性命者，不罔于恍惚梦幻，则定以“有生于无”，为穷高极微之论。入德之途，不知择术而求，多见其蔽于诐而陷于淫矣。[①]

众所周知，“无”、“太虚”、“虚”[②] 是老庄思想中的重要概念，“空”“无”则是佛教的核心概念（当然道家所讲的“无”和佛教所主张的“无”是有区别的）。由此而观，横渠的“太虚即气”和“虚空即气”命题含有特殊的哲学意义。他试图以“可状有象”[③] 之气来统一有无之论，并以此反对老庄之“有生于无”的自然之论的逻辑错误。同时，也以之来否定了将外在世界只视为梦幻、假象的佛教虚无主义。相比较而言，横渠更为集中批判的是佛教的形上理论。因为道家虽然主张“有生于无”，但是并不否定客观世界的实在性，而佛教（如唯识学）则只将心灵意识视为实体，主张世间一切万象皆为“唯识所现”。由此亦可发现，横渠的“太虚”与“气”（“虚空”与“气”）理论是在其彻底批判释、老二家学说的过程中建立起来的，以天道气化为特色的儒家宇宙论（本体论）。他的这一思想不仅为传统儒家宇宙论的发展创辟了新的理论路径，而且还为东亚传统儒学思想的演进提供了新的理论视域。作为北宋新儒家的代表人物，“为天地立心，为生民立命，为往圣继绝学，为万世开太平”是横渠的学术志向和人生抱负，以气化论为基础的宇宙生成论的提出也正体现了其这种道统意识和理论担当。

作为气本论者，花潭主张“气”是世界的唯一本原，以为宇宙万物统一于“气”。依他之见，死生人鬼等一切都是“气之聚散”。他曾谓：“吾亦曰：‘死生人鬼，只是气之聚散而已。’”[④] 又言道：“一气之分，为阴阳。阳极其鼓而为天，阴极其聚而为地，阳鼓之极，结其精者为日，阴聚

---

① （宋）张载：《正蒙·太和篇第一》，《张载集》，中华书局，2010，第 8 页。

② “天地之间，其犹橐籥乎？虚而不屈，动而愈出。”《老子·五章》，《老子·庄子·列子》，岳麓书社，1991，第 2 页。

③ “凡可状，皆有也；凡有，皆象也；凡象，皆气也。”（宋）张载：《正蒙·乾称篇第十七》，《张载集》，中华书局，2010，第 63 页。

④ 〔朝鲜朝〕徐敬德：《鬼神死生论》，《花谭集》卷二，《韩国文集丛刊》24，民族文化推进会，1990，第 307 页。

之极，结其精者为月，余精之散为星辰，其在地为水火焉。”[①] 依他而观，宇宙万物归根结底是先天之太虚，即事物的聚散皆为气自身运动的结果。正是气的鼓、聚、凝、散等运动，产生了纷繁复杂的物质世界、现实世界。故气的运动才是这包罗万象的宇宙的最普遍本质，故而将“气”作为其哲学体系的最高范畴。这与横渠有区别，在横渠哲学中“太虚”是其哲学的最高范畴。[②] 之所以如此，这与花潭对“太虚”“虚”“气”等概念的不同界定有关。花潭谓：“无外曰太虚，无始者曰气，虚即气也。”[③] “太虚，虚而不虚，虚则气。”[④] 在空间的意义上“外”与“内”相对待，由花潭将“太虚”定义为“无外”可以看出花潭所理解的“太虚”比起横渠所言之“太虚”更多地指向空间的概念，且亦可理解为具超越性、恒在性的无限大；从时间的维度而观，“始”则与“终”相对待，无始即意味着无终、无穷尽之时，于是在花潭哲学中“气”便具有了永恒性、普遍性；同时他又指出“虚即气”“虚则气”，故“太虚”是“虚而不虚”，即“太虚”并非空无，而是有。此处“即”和“则”，应理解为“就是”或“乃是”。换言之，“太虚”在花潭哲学中并不是“客感客形”现象界背后的那“无感无形”本体界的气之（本）体。通过以上分析，我们不仅可以看出此三个概念在其哲学中的内在逻辑关系，还可以窥出其以“气”为本的太虚哲学的时空观。

花潭将“气”之性质（本源），理解为“湛一清虚”“湛然虚静”。他讲道：“其湛然虚静，气之原也。”[⑤] 又谓：“有聚散而无有无，气之本体然矣。气之湛一清虚者，弥漫无外之虚。聚之大者为天地，聚之小者为万物。聚散之势，有微著久速耳。大小之聚散于太虚，以大小有殊。虽一草一木之微者，其气终亦不散。况人之精神知觉，聚之大且久者哉！形魄见

---

① 〔朝鲜朝〕徐敬德：《原理气》，《花潭集》卷二，《韩国文集丛刊》24，民族文化推进会，1990，第305页。

② 林乐昌：《张载理学与文献探研》，人民出版社，2016，第257页；（清）王夫之：《张子正蒙》，上海古籍出版社，2000，第19～20页。

③ 〔朝鲜朝〕徐敬德：《理气说》，《花潭集》卷二，《韩国文集丛刊》24，民族文化推进会，1990，第306页。

④ 〔朝鲜朝〕徐敬德：《太虚说》，《花潭集》卷二，《韩国文集丛刊》24，民族文化推进会，1990，第306页。

⑤ 〔朝鲜朝〕徐敬德：《原理气》，《花潭集》卷二，《韩国文集丛刊》24，民族文化推进会，1990，第305页。

其有散，似归于尽没于无。”① 依花潭之见，气之本体则为“有聚散而无有无”。这表明，他所言“湛一清虚之气”是具有超时空之特性，且不受时空所限的永恒之存有物。于是他还以其气本论思想为基础，对气之聚散凝聚给出自己的解释——即气“聚”则生成万千气象之世界、气“散”则又复归为气，此时的“气”应是指“太虚之气”。换而言之，具体的事物只是寄于气，“浮现一气中”而已。他以为，气虽无感无觉，但是充塞于整个宇宙，故“气”又是实实在在的存有。花潭也曾讲到，“气”是“弥漫无外之远，逼塞充实，无有空阙、无一毫可容间也。然挹之则虚，执之则无，然而却实，不得谓之无也”，② 到此田地则无声可耳，无臭可接。

前已论及，花潭对“太虚”“虚”“气”三个概念有明确之规定，故在横渠“太虚论”中的“太虚”与“气”关系问题在其哲学中便确定为“虚”与“气”的问题。在二者的关系上，因他坚持“虚即气”“虚则气”“虚静即气之体”的立场，故其所言“太虚”既具无限性，又具无终始性。花潭言道：“虚本无穷，气亦无穷。气之源，其初一也。既曰气一，便涵二；太虚为一，其中涵二。既二也，斯不能无阖辟、无动静、无生克也。”③ 此段是他从时空的维度对“虚”与“气”做出的解释。如前所述，在其哲学中“太虚”被界定为“无外”，“气”则被定义为“无始者”，因此“太虚”便具有了无终始无穷尽性。而且，二者其初皆为“一”，但是其中已涵“二”，即阴阳两端，于是有了事物的运动变化。进而，花潭又言道：

> 虚无穷无外，气亦无穷无外。既曰虚，安得谓之气？曰虚静，即气之体；聚散，其用也。知虚之不为虚，则不得谓之无。老氏曰：“有生于无”，不知虚即气也。又曰：“虚能生气。”非也。若曰：“虚生气”，则方其未生，是无有气而虚为死也。既无有气，又何自而生？无始也，无生也。既无始，何所终？既无生，何所灭？老氏言虚无，

① 〔朝鲜朝〕徐敬德：《鬼神死生论》，《花谭集》卷二，《韩国文集丛刊》24，民族文化推进会，1990，第307页。

② 〔朝鲜朝〕徐敬德：《原理气》，《花潭集》卷二，《韩国文集丛刊》24，民族文化推进会，1990，第305页。

③ 〔朝鲜朝〕徐敬德：《理气说》，《花潭集》卷二，《韩国文集丛刊》24，民族文化推进会，1990，第306页。

> 佛氏言寂灭，是不识理气之源，又乌得知道。[①]

于此花潭又对“虚”和“气”的内涵、作用作了说明，即太虚是“虚而不虚”，而“虚”乃气。“气”有体用，虚静为体，聚散为用。引文中他在进一步阐发其“太虚说”的同时，还指出了其“太虚论”与释、老的“寂灭说”与“虚无说”之间的根本区别。周知“有生于无”一语出自《老子》，[②]“虚能生气”亦是道家的“有生于无”之义。对于释、老的寂灭虚无说，横渠从宇宙论的维度亦曾有过强烈的批判。此外，从花潭的“虚则气”“虚静即气之体”等的论述中，亦可以窥出儒家气论学者在批判释、老说教方面所持的特有的理论立场。

二　先天与后天

在《正蒙》首章《太和》开篇，横渠便以《庄子·逍遥游》和《易·系辞下》中的“野马”“絪缊”之说来说明了，气的密密无间的原始状态或本然状态。曰：

> 太和所谓道，中涵浮沉、升降、动静、相感之性，是生絪缊、相荡、胜负、屈伸之始。其来也几微易简，其究也广大坚固。起知于易者乾乎！效法于简者坤乎！散殊而可象为气，清通而不可象为神。不如野马、絪缊，不足谓之太和。语道者知此，谓之知道；学易者见此，谓之见易。[③]

依其之见，“散殊而可象之气”具有浮沉、升降、动静等相感之性，当“散殊而可象之气”依清通之神相感相聚时便产生絪缊、相荡、胜负、屈伸之气化创生过程，这一阴阳会冲之一气（“气”之全体）可称为“太

---

① 〔朝鲜朝〕徐敬德：《太虚说》，《花潭集》卷二，《韩国文集丛刊》24，民族文化推进会，1990，第306~307页。

② “反者，道之动；弱者，道之用。天下之物生于有，有生于无。”《老子·四十章》，《老子·庄子·列子》，岳麓书社，1991，第11页。

③ （宋）张载：《正蒙·太和篇第一》，《张载集》，中华书局，2010，第7页。

和”，且将其太和之气变化流行之大历程可称为“道”。[①] 故横渠又谓：“由气化，有道之名。”[②] 在此，他还对“散殊而可象之气”和“清通而不可象之神”作了区分。他认为，气清则通，昏则壅，清极则神；气浊则昏，昏则碍，碍则形。他将气的性质分为清浊两种对立的两端来说明了太虚之中混一不动的气，之所以产生“气之动”的问题。“太虚为清，清则无碍，无碍故神”，[③] 这种在太虚之中处于混沌无分状态的气之所以产生交感变化，皆根于存乎其间的清通之神。这即是其神化说。横渠认为，“神化”是“天之良能，非人能”，[④] 是“二气之良能”。[⑤] 易言之，“神”可视为宇宙间一切变化的内在根据和气的本来体性（一切变化皆依于神），而“神化”指代的是太虚之气在处于无形无象之混沌无分时的交感变化，“气化”则指一切有形有象之事物的运动变化，[⑥] 二者既有联系又有区别。

对于气聚可见（明）至气散不可见（幽）的“气化万物”过程，横渠有如下论述，曰：

> 气聚则离明得施而有形，气不聚则离明不得施而无形。方其聚也，安得不谓之客？方其散也，安得遽谓之无？故圣人仰观俯察，但云“知幽明之故”，不云“知有无之故”。盈天地之间者，法象而已；文理之察，非离不相睹也。方其形也，有以知幽之因；方其不形也，有以知明之故。[⑦]

① 冯友兰：《中国哲学史》（下册），华东师范大学出版社，2006，第229页；张岱年：《中国哲学大纲》，中国社会科学出版社，1997，第43页。另外，“太和”一词尽管在《正蒙》中言及的次数不多，但亦是非常重要的概念。杨立华认为，张载哲学中“道”有两种基本用法，用于指涉宇宙气化的实然过程的整体和在与器相对的形上层面使用的道。道作为宇宙气化的实然过程，在张载的哲学里又被称为“太和”。这里，“太和”强调的其实就是氤氲不息的实然气化过程的混沌无分。此一见解对理解横渠“太和”说颇有助益。参见杨立华《气本与神化——张载哲学述论》，北京大学出版社，2008，第75页。

② （宋）张载：《正蒙·太和篇第一》，《张载集》，中华书局，2010，第9页。

③ （宋）张载：《正蒙·太和篇第一》，《张载集》，中华书局，2010，第9页。

④ （宋）张载：《正蒙·神化篇第四》，《张载集》，中华书局，2010，第14页。

⑤ （宋）张载：《正蒙·太和篇第一》，《张载集》，中华书局，2010，第9页。

⑥ 关于“气化”与“神化”的关系以及横渠对变化（“著变”与“渐化”）的论述，参见黄秀玑《张载》，台湾东大图书公司，2007，第58~71页。因这一问题非本文的分析重点，故对此并未展开详细讨论。

⑦ （宋）张载：《正蒙·太和篇第一》，《张载集》，中华书局，2010，第8页。

知“幽明之故”，即可知“有无之故”。气化论者主张，气聚即物成有象可见，气散则物毁无象可见。但是，气散无象可见只是气聚所形成之物（客形）形化于太虚而已，并非是无。这一从“幽（无）”到“明（有）”，复又“明（有）”至“幽（无）”的气化流行之大历程，可称为“道（太和）”。

花潭作为韩国气论哲学的理论先驱，确如李珥所言，为学极重“精思自得”，其学说亦确有“自得之妙”。他在构筑其气论自然哲学体系过程中，还提出了颇具特色的先后天“太虚说”。

他在阐述其“太虚”思想时，提出了其“先天说”，曰：

> 太虚湛然无形，号之曰先天，其大无外，其先无始，其来不可究，其湛然虚静，气之原也……摭圣贤之语，溯而原之，《易》所谓“寂然不动”，《庸》所谓“诚者自成”。①

这就是其独特的“先天说”。从引文中可知，首先，他将太虚之湛然无形称为“先天”；其次，其所言之先天为“其大无外”，又无终始的永恒存有；再次他也同横渠一样，将气的“湛然虚静”性质视为“气之原”。对于花潭所言“先天”与“太虚”两个概念，学者们会有雷同之感。但是，若做仔细分析还是可以发现二者在指向和用法以及理论分析意义上的微妙差异。花潭曾指出，其所言之“先天”可理解为《易》中所讲的“寂然不动”以及《中庸》中所讲的“诚者自成”之境地。但是，由“湛然无形”之意义而观，花潭的“先天”概念与横渠之“太虚”概念却有相近之处。

接着，花潭又进一步阐发了其“后天说”，曰：

> 倏尔跃，忽尔辟，孰使之乎？自能尔也，亦自不得不尔，是谓理之时也。《易》所谓“感而遂通”，《庸》所谓“道自道”。周所谓

① 〔朝鲜朝〕徐敬德：《原理气》，《花潭集》卷二，《韩国文集丛刊》24，民族文化推进会，1990，第305页。

“太极动而生阳”者也。不能无动静，无阖辟，其何故哉？机自尔也。既曰一气，一自含二；既曰太一，一便涵二。一不得不生二，二自能生克。生则克，克则生。气之自微以至鼓荡，其生克使之也。一生二。二者何谓也？阴阳也，动静也，亦曰坎离也。一者何谓也？阴阳之始，坎离之体，湛然为一者也。一气之分，为阴阳。阳极其鼓而为天，阴极其聚而为地。阳鼓之极，结其精者为日；阴聚之极，结其精者为月。余精之散为星辰，其在地为水火焉。是谓之后天，乃用事者也。①

由前文所述可知，花潭所言“太虚”为空间上无限大、时间上具永恒性，且又为“湛一清虚之气”充塞于其间的具有超越性、普遍性的存有。“先天”指的便是此太虚的湛然无形，因其无形无象故无法被感知。那么，无形无象之“先天”是如何演化成为有形有象之大千世界的呢？即，涵含于太虚之中的气是如何创生后天万物的。在此花潭展开了其气化理论。首先，他以为气能够“倏尔跃，忽尔辟”是由气自身的自定性所决定，即“自能尔”意为非有所谓使之者，只是自然而然如此的意思。他对气的此种运动变化言道：“不其奇乎？奇乎奇。不其妙乎？妙乎妙。”② 其次，他将气的这种“自不得不尔”的原因抑或是内在原理，视为“理之时”。“理之时”是其哲学的特有用语，于横渠学说所不见，花潭则用这一概念表达了其所坚持的“理气本合”③ 的理气观以及理内在于气的观点。再次，他又将气之动静、阖辟，定义为“机自尔”。“机自尔”亦是其独创语，“机”可释为“机关”“机械”“动机”“活机”等义，他以为气的运动是

① 〔朝鲜朝〕徐敬德：《原理气》，《花潭集》卷二，《韩国文集丛刊》24，民族文化推进会，1990，第305页。

② 〔朝鲜朝〕徐敬德：《原理气》，《花潭集》卷二，《韩国文集丛刊》24，民族文化推进会，1990，第305页。

③ 在理气关系上，李珥主张二者的不可分离性，故对花潭所持的“理气本合”思想颇为称赏。李珥曾谓：“理气本合也，非有始合之时，欲以理气二之者，皆非知道也。”参见〔朝鲜朝〕李珥《理气咏呈牛溪道兄》，《答成浩原》，《栗谷全书》（一）卷一〇，首尔：成均馆大学校大东文化研究院，1992，第207页。笔者以为，虽然花潭的“理气本合”思想易使人联想起与横渠所言的“太虚不能无气，气不能不聚而为万物，万物也不能不散而为太虚，循是出入，是皆不得已而然也”之论，但是于此横渠所要重点阐述的是其“太虚即气”思想，非为花潭强调的理气二者的不离义。

根于其内在的契机和动因。此后韩国朱子学双璧之一的李珥也在其学说中使用此概念。可见，这一概念在韩国儒学史上有一定的地位和价值。[①] 基于此，花潭将气生化万物的图景描绘为先天（一气/太一）→阴阳（一自含二/一便涵二/一不得不生二）→动静→阖辟→生克（二自能生克）→阳极其鼓而为天，阴极其聚而为地，后经阳鼓、阴聚之极生成日、月、地、水等宇宙万物，即“此天地（后天）”。花潭提出，“机自尔”“自能尔”等概念的目的，亦无非要强调气的生化功能的自具性和必然性。文中，花潭还将由“先天”创化为“后天”的气化过程，视为《易》之“感而遂通”、《中庸》之所谓“道自道”以及周子所谓“太极动而生阳”者，由此还可以窥出其在《易》之三义（变易、不易、易简）中持“变易”立场的易学观。

依花潭之见，“先天”和“后天”、“前天地”和“此天地”是所谓“有物来来不尽来……有物归归不尽归”[②] 的循环不息的过程。由此，他提出“气不灭”论主张，曰：“虽一片香烛之气，见其有散于目前，其余气终亦不散，乌得谓之尽于无耶”。[③] 花潭举此一例的目的便是要说明，在他看来气只有聚散之变化，并无量的增减，即气的存在形态即使是从有形散归为无形，也无损于其根本属性——不失其本体气的属性，以为“湛一清虚之气”一气长存。[④] 此为其“气不灭论”的基本主张。他是韩国哲学史上首位明确地提出“气不灭”主张的哲学家。

其实，花潭是想以先天说和后天说来解释气的形而上和形而下的问题。他将气未用事的“气之渊”，[⑤] 即气之湛然虚静状态（虚者）视为

---

① 〔韩〕李丙焘：《韩国儒学史》，首尔：亚细亚文化社，1989，第 132 页；李甦平：《韩国儒学史》，人民出版社，2009，第 239～240 页。

② 〔朝鲜朝〕徐敬德：《有物》，《花谭集》卷一，《韩国文集丛刊》24，民族文化推进会，1990，第 292 页。

③ 〔朝鲜朝〕徐敬德：《鬼神死生论》，《花谭集》卷二，《韩国文集丛刊》24，民族文化推进会，1990，第 307 页。

④ 在这一点上李珥与花潭有分歧，曰：“花潭则以为一气长存，往者不过，来者不续，此花潭所以有认气为理之病也。”〔朝鲜朝〕李珥：《答成浩原》，《栗谷全书》（一）卷一〇，首尔：成均馆大学校大东文化研究院，1992，第 215 页。李珥以为，继善成性之“理”无物不在而“湛一清虚之气”则多有不在，故主张“一气长存”之上更有“理通气局”一节。

⑤ 〔朝鲜朝〕徐敬德：《原理气》，《花潭集》卷二，《韩国文集丛刊》24，民族文化推进会，1990，第 306 页。

“先天”；气已用事，“倏尔跃，忽尔辟”之现象视为“后天”。尽管花潭的先后天理论有别于横渠之说，但是从他对太虚与气、气之聚散等问题的相关论述中，我们还是可以发现横渠气论对其思想的诸多影响。花潭的门人，曾任大提学、领议政等职的朴淳（1523～1589，字和叔，号思庵）亦曾言道，花潭所见得颇受张子《太和》等篇的影响。① 但是，花潭并未接受横渠的“太和”概念，而是以其先后天学说解释了“气”之全体和气化万物的问题。故朴淳同时亦充分肯定了花潭对横渠气学思想的发展，赞曰：“张子所论‘清虚一大’，此穷源反本，前圣所未发也。花潭又推张子之未尽言者，极言竭论，可谓极高明也”。② 朴淳尽管是花潭的弟子，但是与成浑（1535～1598）、李珥等皆交友，学风较为开放。他讲“花潭又推张子之未尽言者，极言竭论”，亦可谓公允之论。③

三 结语

由上所述可知，横渠和花潭“太虚说”各有特点。横渠“太虚说”的宇宙生成论大体可解为：太虚（涵气为有/一气）→气（阴阳/动静）→万物（聚合）→太虚（散归）的气之聚散过程，即太虚之气由无形至有形，复又有形至无形的循环往复的气化过程。花潭则将此一宇宙生成过程描绘为由“先天（前天地）”开辟为“后天（此天地）”，再由“后天（此天地）”散归为“先天（前天地）”的先后天循环不息的“机自尔（自能尔）”的过程，将之可释为气（先天之气）→质→形（态）→物→气化为自然的气聚成物以及气散物毁形化为太虚之气（虚空）的过程。④ 尽管花潭“太虚说”在“太虚即气”“气化说”“气不灭论”等方面受横渠之影响较大，但是在具体的理论作解上亦有其特点：一是，他对“太虚”“虚”“气”此三个概念的明确区分，使其“太虚说”更具理论性和逻辑性；二

---

① 徐敬德《花潭集》附录《遗事》中记载：“十四日，朴和叔来见，稳讨张子《太和》篇。花潭所见得，尽是自此做出来也。”〔朝鲜朝〕徐敬德：《遗事》，《花潭集》卷三，《韩国文集丛刊》24，民族文化推进会，1990，第329页。

② 〔朝鲜朝〕徐敬德：《遗事》，《花潭集》卷三，《韩国文集丛刊》24，民族文化推进会，1990，第329页。

③ 洪军：《四端七情之辨——朝鲜朝前期朱子学研究》，人民出版社，2018，第47～48页。

④ 〔韩〕柳承国：《道原哲学散考》，成均馆大学校出版部，2010，第273～274页。

是，“虚即气”“虚则气”命题的提出，使其哲学的气本论特色更加鲜明和突出；三是，其先天、后天学说的提出，为气学的气化（神化）理论提供了新的理论诠释范式。不过，这里需注意的是，其所言之先天与后天（形而上者与形而下者）皆属于气，非为本体与现象的关系。此外，他还以“理之时”“机自尔”等独创语对理气二者的不离性（理内在于气，且为气的运动的内在法则）和气具有的自律性动机（气的运动的必然性）的问题提出了自己的学说，为气学意义上的理气关系、气的运动变化问题的探讨提供了新的理论视角。

要言之，相较于横渠之“太虚”范畴，“湛一清虚之气”是花潭哲学的最高范畴，故“湛一清虚之气（太虚之气）”亦被视为其哲学中最难知处，亦是他对韩国哲学最有创见性的贡献之一。作为韩国气本论自然哲学体系的奠基者，花潭的学说不仅影响了朝鲜朝中期李珥学派的主气论思想，而且为后期的实学派代表人物洪大容、崔汉绮等人的气哲学思想提供了坚实的理论基础。

物以化齐言则不齐

——重思《齐物论》的思想方法

程乐松

（北京大学哲学系教授）

一　引言：从主题到方法的可能性

面对《齐物论》的思想世界，哲学研究者会不自觉地运用现代哲学分析的方法。诠释者往往以概念抽取和命题连缀的方式尝试解说《齐物论》的思想主题。质言之，首先需要在其中拈出一个或几个思想主题，乃至需要被“论证”的核心命题。冯友兰以齐生死、齐是非与齐万物三个层次理解《齐物论》的内容。[①] 劳思光则述及，《齐物论》强调一种超越的主题，即心灵对于认知活动的超越，可以摒弃一切经验性质，达到经验对象的对等。[②] 陈少明则认为《齐物论》是由齐“物论”、齐万物与齐物我、齐“物论”或齐是非三个主题构成。[③] 陈静将“吾丧我”的对举视为探究《齐物论》义旨的关窍，[④] 王博也指出“无己”在齐物之一主题中的重要性。[⑤] 刘笑敢从主旨和论证方法两个层面看待《齐物论》，他认为《齐物论》是由“彼是相因的辩证法与万物齐一的诡辩论”构成的。[⑥]

---

① 冯友兰：《中国哲学史新编》（上），人民出版社，1998，第 299～307 页。

② 劳思光：《新编中国哲学史》（卷一），广西师范大学出版社，2005，第 202～203 页。

③ 陈少明：《〈齐物论〉及其影响》，北京大学出版社，2004，第 11～12 页。

④ 陈静：《吾丧我——〈庄子·齐物论〉解读》，《哲学研究》2001 年第 5 期。

⑤ 王博：《庄子哲学》，北京大学出版社，2004，第 103～109 页。

⑥ 刘笑敢：《庄子哲学及其演变》，中国人民大学出版社，2020，第 176～188 页。

在确定其主题的基础上，通过不同段落的连缀和分析，在哲学论证的语境中提取《齐物论》语言表达的特殊性，或吊诡与悖谬性。余敦康十分重视《齐物论》及《庄子》的表达方式，他认为《庄子》是一部大悖论、大吊诡，而《齐物论》中所见的思想表达就是寻求摆脱悖论的途径。[①] 侯外庐先生将《庄子》的表达方式定义为诡辩论，他认为《齐物论》的诡辩是在顺俗与脱俗的矛盾之中展开的。[②] 葛瑞汉（A. C. Graham）将《齐物论》的表达方式视为一种非逻辑的诗性。他说："庄子仍是这样一位诗人，把理性之流改道为新的洞见的迸发，甚而在最讲逻辑的地方都有所省略。"[③] 郑开则强调《齐物论》的语言特色代表了古代中国知识论强调的境智合一的思想特色，他直言庄子代表的古代思想家并没有准确地区分认识能力和认识对象。[④]

显然，在悠谬之言的悖论和是非两行的吊诡推动之下，《齐物论》的思想主题显得十分模糊，其表述的内在线索也很难厘清，更为重要的是，独特的表达方式让《齐物论》被笼罩在神秘主义色彩之中，关于其思想的非理性或者反理性的断言甚至消解了其独特思想方法的范式意义。

从《齐物论》的分析中得到其具有哲学意涵的思想主题并凸显其哲学价值的同时，以概念与命题式的哲学论证方式重新审视其表达方式和思想方法。这样的诠释往往有两个基本的预设：一方面，《齐物论》被视为以某一主题为中心或结论的整体论证，而其不同的部分正是这一论证在不同层次上的推进；另一方面，无论从语义上还是表述方式上，使用概念和命题的方式展开的思想要求内在的一贯性。如果出现了表述中的视角转移及层叠，以及文本乃至具体语汇的语义矛盾，都是不符合论证的逻辑性要求。

然而，在现代哲学中，概念规范与命题逻辑成为哲学论证的前设，结论和秩序的收束性也构成了哲学论证的基本要求。当代西方的反形而上学突破近代哲学的二元论框架进入话语分析和切身经验，尝试突破秩序严谨

① 余敦康：《魏晋玄学史》，北京大学出版社，2016，第410页。

② 侯外庐：《中国思想通史》（第一卷），人民出版社，1957，第327页。

③ 〔英〕葛瑞汉：《论道者：中国古代哲学论辩》，张海晏译，中国社会科学出版社，2003，第211页。

④ 郑开：《道家形而上学研究》，中国人民大学出版社，2018，第123页。

且具有高度内在一致性的建构性。正是在这种独特的对照语境中，《齐物论》的思想方法更具独特的价值，从反思的层次和思想的内涵上，它是持续敞开又不断延伸的。它没有概念化的创制与抽象的约化，在概念规范和命题逻辑的限制之外，通过视角的转换与视野的拓展揭示划一秩序和主体智识的有限性，从而保持活跃反思的持续性及对经验的敞开。

我们尝试将焦点从主题转移到思想方法上看待《齐物论》的哲学价值。如果《齐物论》不仅代表了一种语言风格，更是一种独特的思想方法，那么这种思想方法的特色是什么？它对于我们反思当代哲学的基本问题有何价值？在我们看来，《齐物论》的思想方法是在理性主义的明晰与神秘主义的晦暗之间执中而行，没有用概念运作和命题推演的抽象论证，其中不可言说和晦暗不明的神秘性也不应被视为非理性的倾向。我们可以从如下四个层面理解作为思想方法的《齐物论》：其一，没有运用抽象的方法创制并运用指摄具体事物的概念，而是展现万物的浑然、齐化与对等；其二，并不是连续的、内在一贯的命题推演和层次分明的论证，也不指向某一个固定的结论，而是通过不同理解视角的并置保持反思活动的持续开放；其三，并不是当代哲学意义上的指向某一结论的收束性论证，而是具有某种未完成性的言谈经验，以此超越言语的秩序与语义的限制；其四，不是要通过对语言表达的否定性超越达到具有神秘色彩的精神境界，而是融入当下经验以保持反思的活力。

从这个意义上，作为思想方法的《齐物论》可以成为哲学——特别是西方底色的哲学范式——的参照和渊鉴。它揭示了哲学首先是一种反思性的活动，而不仅是对世界的秩序性建构，反思活动的开放性可以让建构性的秩序保持一种自反的态度与有限性的自觉。

由此，我们将首先以“齐同万物”和“物化”作为切入点说明《齐物论》思想方法中的非抽象性和非概念化特征。由于没有抽象的物性概念或统摄具体事物的普遍的物的概念，万物互殊与万物之间的物化成为浑然的整体。在此基础上，《齐物论》用不同视角的层叠拓展为视角并置的整体，价值均等的视角保持了反思的开放。它并不处理这些视角内在的冲突和张力，用视角的多元性对应经验的复杂性。在经验的复杂性和言谈的当下性中，名指的秩序与言语的语义就在不同的视角中凸显了有限性，卮言日出、曼衍悠谬就是在对言语有限性的自觉中展开的持续言谈，不指向某一固定的结论或收束性的论证。

二　物以化齐的互殊与浑然：非抽象性与去概念化

齐与不齐的对耦是《齐物论》展开事物之道的关窍。包括人、我、物在内的"物的世界"何以从互殊到齐一，是非彼此如何达到玄冥混同，直至道通为一的境界？齐的方法似乎是从不齐出发指向齐同的结论，抑或以齐同之观消泯本然的殊异。《说文解字》段注提及："齐，禾麦吐穗上平也。象形，从二者，象地有高下也，禾麦而实齐，参差其上者，盖明不齐而齐也。"[①] 地有不齐，与吐穗之齐，将齐与不齐的两个视角呈现出来，以地观之还是以禾麦观之。从这个意义上说，"齐"字的原意就是齐与不齐的互嵌。

从经验出发，具体的事物在形体上的互殊是不容置疑的。在孟子看来，"物之不齐，物之情也……子比而同之，是乱天下也"。[②] 万物的本然就是互殊的，不容否认。伊川先生更进一步，强调物不可齐固是物之本然，理有通齐则是物之应然，"庄子以意欲齐物理耶？物理从来齐，何待庄子而后齐？若齐物形，物形从来不齐，如何齐得？此事庄子见道浅，遂著此论也"。[③] 因此，在齐与不齐的对举中执于一偏是浅见和冗行。针对这一问题，陈少明强调《齐物论》中所见的齐不是指物质形态上的等同，而是价值意义上的均等。[④] 我们不难看到，万物形态的互殊与内在物理的贯通，这两个层次使得齐与不齐的对举转化为万物互殊的形态与条贯一致的物理之间的张力。质言之，这是外在与内在的关系，而物之理之所以能够贯通形态互殊的万物，是因为它统摄了互殊形态之下的本质或共同特性。

我们可以借用"范畴"和"本体"这两个来自西方哲学的基本概念来理解从形态到物之理的跨越，从亚里士多德的四因说到康德的范畴理论，运用高度抽象的理性推演和概念创制，突破具体事物的界限，找到可以对

① （汉）许慎：《说文解字注》（经韵楼藏版影印本），（清）段玉裁注，上海古籍出版社，1988，第371页。

② （清）焦循：《孟子正义》，中华书局，1987，第399页。

③ （宋）程颢、程颐：《二程遗书》，上海古籍出版社，2000，第344页。

④ 陈少明：《〈齐物论〉及其影响》，北京大学出版社，2004，第64页。

所有事物进行归类所依据的共同性。这一抽象的概念运作撇开了事物的具体形态和个体存在的丰富性。与此相对，在万物互殊的纷繁背后抽象推故，找到一种共同的基质，万物的具体形态都是这一基质依照具体形式的展现和生成，或符合其内在的结构形式。从泰勒斯开始的西方哲学一直都在进行这样的抽象反思和追问。

然而，从《齐物论》文本和思想展开看，是否也存在着互殊之形与内蕴之理的层次跨越呢？是否有一个类似范畴或者本体这样的抽象性机制，形成可以统摄具体万物的物性概念呢？万物的内在共通性是一种本质性追问，抽象的物性则是概念化的结果。通过创制一个抽象的范畴或者本体概念笼罩万物，彰显和确证万物内在的“齐同”。

《齐物论》开篇论及天籁“吹万不同、而使其自已也，咸其自取”，郭象以此发挥其独化之论，强调“吹万不同，且风唯一体，窍则万殊，虽复大小不同，而各称其受，咸率自知”。[①] 天籁是自发的，而事物形体互殊是本然的状态。在万窍齐鸣的描述中，具体的物正如孔窍的形状各不相同。互殊的万物都是具体的，这些具体的物的本然互殊是给定的。并没有“抽象的物”或“统合的物性”。万物是共生和并立的集合，这种整体性是以互殊的物的并置和转化为实际样态的。万物的集合不是一个抽象性的概念创制，也不是尝试在具体的万物之上找到可以归类的范畴，更不是追问万物具体形态之下的本体基质。质言之，没有在具体的物之上的一种可以统摄万物的物性。并不存在如下的情况：通过一个归约性的范畴或基质性定义超越互殊的具体存在的个别事物，进而以内涵或形式的内在一致性消弭互殊的本然，最终用物这一抽象概念消解具体的互殊以达到“齐同”的目标。

当然，在《齐物论》中也强调“举莛与楹，厉与西施，恢恑憰怪，道通为一”。从字面意涵出发，“道通为一”是要用“道”这一具有本体意涵的抽象概念通贯互殊的各种具体的物，从而消弭大小与美恶的差异。然而，如果我们进入其语境就可以看到，这里的“道通为一”不是一种本质性的抽象，而是视角的转换和万物间的转化。“其分也，成也；其成也，毁也。凡物无成与毁，复通为一”，分、成与毁，具体的事物的变只是在

---

① （清）郭庆藩：《庄子集释》，中华书局，1961，第50页。

万物这个整体之内的转化，这也是“物化”的内涵。一个整体的视角保障了互殊的个体之间不可切断的联结，这一联结不是依赖某一种相同的本质或者范畴，而是未完成的可转化性。事物之间的永续转化成为互殊万物之间整体连接的根本保障。由此，转化是永续和敞开的，“物化”的持续将任何当下的纷繁和矛盾都齐同到更大的视野之中。换言之，从具体事物出发的观察固有成毁是非，但转换一个整体的视角，万物的成毁都是一个持续整体不可分割的一部分。视角的转换使得互殊的具体事物进入了一个整体的集合。这一整体的集合是包含万物的整全性而非统摄互殊的范畴和本体。不妨说，万物就是诸种具体互殊的事物的并生，而不是基于某种“本质是什么”“共相是什么”的追问和预设而被归类或归因的抽象的物。

张东荪先生强调，“中国人只对不同符号之间的相互关系有兴趣，并不操心于他们背后的实体”。[①] 不展开实体性的追问，也就不需要突破具体事物的丰富性，以抽象的范畴和本体达成对具体的否定，而是直面经验世界的繁复和彼此互殊的对举与共生。郝大维（David Hall）和安乐哲（Roger T. Ames）也有类似的观点，“（古代中国思想的）世界是作为变换中的一系列的存在方式，作为无数系列的重迭的世界、作为充满诸此或诸彼的混沌、作为秩序的各种各样的聚集而实际存在着。被理解为所有秩序综合的混沌，指称（古代中国的）事物之道”。[②] 在一种互殊和交叠的具体存在之上，《齐物论》的解决方案是用整体和过程的视角融摄给定的互殊和彼此。由此，万物就成了一个整全且异彩纷呈的景观，正如史华慈（Benjamin I. Schwartz）强调的那样，“（庄子）以审美的态度对待这个世界，所以对这个世界保持肯定的态度。各种事物全都是雄伟景观的一部分”。[③] 对于世界的肯定态度来自对整体性的肯认。

《齐物论》的思想脉络和文本展开，从殊然之实到有异之相的转变是由于主体和名指的介入截断了本然和自然的样态，名以指物，造成了本然状态的终结和万物互殊的意义添附。公孙龙子指出名与指都不是具体的

① 张东荪：《中国哲学家的知识论》，《燕京社会研究》1939 年第 1 ~ 2 期，第 172 页。

② 〔美〕郝大维、安乐哲：《汉哲学思维的文化探源》，施忠连译，江苏人民出版社，1999，第 75 页。

③ 〔美〕本杰明·史华慈：《古代中国的思想世界》，程钢译，江苏人民出版社，2008，第 322 ~ 323 页。

物，“指也者，天下之所无也。物也者，天下之所有也。以天下之所有，为天下之所无，未可”。[①] 名与指中蕴含了主体性，主体的介入与创制是不容否认的一个动因。事物的实际样态是流动和整全的，作为一个天然状态的事物总体上是连续且内在关联的集合，而不是一个逻辑或因果意义上的秩序链条，名和指用固定的语义和语义之间的秩序为万物的整体添附了一个次生性的层级结构。

物从一个互殊的自然存在转变为可指可名的对象，形成万物的差异，乃至物我的关系中的一极，以名指谓载体才进入言语和认知的操作之中，形成所谓是非好恶。从这个意义上说，是非好恶是人的言语和认知，而不是物之本然。心灵的官能与认知的能力完成了从自然到价值的转变，价值的呈现让殊成为异，进而产生了是非与言辩。

在《齐物论》中，名指与万物之间在概念层次上的差异也是被忽略的，“既已为一矣，且得有言乎？既已谓之一矣，且得无言乎？一与言为二，二与一为三。自此以往，巧历不能得”，作为万物整体的一与名指为用的言也可以并置起来，而这一并置本身又和“一”继续并置，形成不断曼衍的思想景观。从哲学论证的规范看，运用范畴和概念需要一种规范的制约。[②] 名指与物可以对举但不能并置，因为这二者不是在同一个逻辑层次上的，名指是概念运作和言语运用的结果，而物则是具体的存在。正是因为没有逻辑层次和概念范畴的束缚，《齐物论》通过心智操作与具体事物并置起来，将主体的思想活动和认知都纳入万物互殊又道通为一的整体之中。《齐物论》以此指出了一种独特的谬误机制，即将被创制出来的名指当作实际的存在，在遮蔽万物本然的情况下以名指之别代替了万物的浑然，进入了本末倒置的谬误之中。

在这个意义上，我们就可以进一步理解“劳神明为一而不知其同”的内涵，这里强调的“一”是强调用名指和言辩的操作，在没有意识到万物之间的可转化性构成的整体视野，强出己意地将互殊的本然划一归等，此类的烦劳恰恰就是无视道通为一的整体视野而追求形名上的齐同。正如《寓言篇》中强调的那样，“不言则齐，言与齐不齐”。从这个意义上说，

① 谭戒甫：《公孙龙子形名发微》，中华书局，1963，第18～19页。

② Robert B. Brandom, *Making it Explicit*, Cambridge: Harvard University Press, 1994, p. 44.

《齐物论》用形名与言辩的方式指出了从本然的殊到价值的异的机制，从而以这种方式进一步凸显了作为一个浑然整体的万物。由此，我们也可以理解“天地与我并生，万物与我齐一”，并生与齐一强调了互殊的整体与持续的物化构成了两个认识层次。换言之，万物本殊，以化可齐。

三　始卒环中：视角的层叠

将主体和言说引入整体视野，形成从万物互殊的浑然到价值各异的转变是《齐物论》思想展开的关键环节。观察者的加入使得物我之别和人我之别成为必然，强出己意的是非之论以及由此引发的言辩是在物以化齐的基础上进一步展开的思想空间。是非之辩的本质是浑然被截断和遮蔽之后造成的偏狭识见。作为主体的我，由于存在着我与非我的彼此界限，有了一个固定的视角和有限的视野。视野和视角的限制使得物论不齐，而《齐物论》的解决之道就是视角的转换与视野的扩张。当然，视角的并置与视野的延展很大程度上进入了一种自相矛盾的吊诡之中，是非两行、莫若以明的沉默似乎是一种玄冥的境界，带着深刻的神秘主义色彩。史华慈认为《齐物论》有强烈的神秘主义倾向，“庄子并没有把眼光局限于大自然循环变化的规则和样式，他还将目光投向了不可预测和不能预期的可能变化”。[①] 凸显幽玄与晦暗的不可言说成为庄子思想诠释的重要进路，由此，“悖论”“诡辩”“吊诡”等词语也成为分析庄子文本的表达方式的重要面相，哲学的分析方法在这里似乎就被诗意和晦暗终结了。

究其原因，我们仍然可以看到现代哲学论证规范的底色。视角的一贯性以及论述的内在一致一方面需要概念界定的清晰和规范性使用，另一方面需要在不同的视角之间做出有效的层次或因果的区分，将不同的乃至相互抵牾的视角不加区分地层叠起来就会造成逻辑的混乱。逻辑的混乱则在很大程度上会破坏论证的有效性和结论的合法性。在以固定结论为目标的收束性论证或理论建构的意义上，避免内在的逻辑矛盾、条理清晰地展开命题推演才是最重要的原则，也是哲学反思展开的基本规范性要求。

① 〔美〕本杰明·史华慈：《古代中国的思想世界》，程钢译，江苏人民出版社，2008，第299页。

在《齐物论》中，这样的规范性要求似乎并不起作用。《齐物论》思想方法就是不用逻辑秩序和层次分梳的方式处理逻辑冲突和意义张力。《齐物论》的思想魅力就是来自对这种规范的“破坏”——这种“破坏”显然不是刻意的，因为《齐物论》的作者并不知道这个规范性要求。

在现实生活的日常经验中，我们也不太可能用一个单一视角和命题逻辑来统摄所有事物和经验。进而言之，概念和命题的秩序最终要被纳入现实的言谈和交流之中，对话和言谈的特点就是主体理解的活跃可变和即时性，而不是概念和命题的语义秩序的固定展开，我们甚至不能排除由于误解和固执己见造成的冲突。通过视角和视野层叠，《齐物论》就可以展示在言语和己见的遮蔽之下的浑然的万物整体，并且由此体现主体认知的有限性。《齐物论》不仅让具体的语汇在不同的语境中呈现语义上的模糊，同时也通过视角的转换造成论说主题的跳跃。不断扩大的视野展现出脱逸主体有限性的自由，持续不断的言谈和悠谬与无心之言使得言谈和认知本身也呈现某种悖谬感，这种悖谬感是激发反思和保持思想活力的机制，而不是对命题逻辑与语义秩序的否定。我们可以用视角的转换以突破主体的限制，同时也可以从次递相续的文句中看到一偏之见的缺陷。

围绕着不同主体坚持的各异相贼的见解和持续的辩难，《齐物论》始终关注着彼此、是非，乃至胜负的主题。《齐物论》以“彼是相因”“是非无定”“推故无穷”的不同主体解说言辩的问题。在《齐物论》中，言辩是非的基础是彼，是对举和相待。

> 彼出于是，是亦因彼。彼是方生之说也。虽然，方生方死，方死方生；方可方不可，方不可方可；因是因非，因非因是。是以圣人不由，而照之于天，亦因是也。是亦彼也，彼亦是也。彼亦一是非，此亦一是非，果且有彼是乎哉？果且无彼是乎哉？[①]

从彼是相因入手，说明彼是相待和共生的内在联系。彼是各有一是非，这一是非就是彼此一偏之见的产物，是非之见的张力很大程度上来自于对彼是共生关系的遮蔽。最后一个连续反问，是强调彼是之见的异同是

① （清）郭庆藩：《庄子集释》，中华书局，1961，第66页。

在即离之间的。不同的视角看到的彼是关系不同，囿于有偏的彼或者是，则是非之别就是“是彼之非而非彼之是”的截然断裂，而看到了彼是相因共生，则彼是之别不过是浑然整体的一部分。彼是相因相别的可能性被排列和并置起来，而不是对彼是关系的模式进行归纳，也不尝试对彼是的不同视角进行对或错的评判。与此相对，视野拓展、视角转换之后，原有的问题似乎被消解，而不是被解决了。

相因共生的彼是以言辩的方式凸显了是非的分野，是非的真正执端者是具体的主体，《齐物论》以我与若辩的系列追问指出了由相因共生的彼是产生的是非胜负只是视角的差异，由此消解了胜负与是非的言辩。

> 既使我与若辩矣，若胜我，我不若胜，若果是也？我果非也邪？我胜若，若不吾胜，我果是也？而果非也邪？其或是也？其或非也邪？其俱是也？其俱非也邪？我与若不能相知也。则人固受其黮暗，吾谁使正之？使同乎若者正之，既与若同矣，恶能正之？使同乎我者正之，既同乎我矣，恶能正之？使异乎我与若者正之，既异乎我与若矣，恶能正之？使同乎我与若者正之，既同乎我与若矣，恶能正之？然则我与若与人俱不能相知也，而待彼也邪？[①]

胜负并不等于是非，各执一端的是非之别也不是一种非此即彼的矛盾。《齐物论》提出的解释是你我不能相知，而任何非你我的第三者与你我也都不能相知，无法确定是非和胜负。是非无定的原因在于每一个体意义上的是非都是偏狭的，你、我与他人的分野恰同彼是的分野，这种分野限制了任何一个视角的整全性，只有脱离这种限制才能达到一种整全和浑然的认识。《齐物论》并没有指出脱离这种限制的进路。整全和浑然的认识不来自视角的融合，而是跳脱出不同视角产生的机制，避免彼是相分、你我相错的界限感。

从不同视角的并置到视角产生的机制，《齐物论》的思想开展一直指向了言辩与是非的源头，即不同主体之间的差异。然而，《齐物论》并没有用一种推故或归因的方式论及主体之别的产生原因和不同见识的形成机

① （清）郭庆藩：《庄子集释》，中华书局，1961，第107页。

制，而是用视野延展的独特方式，借用“有始未始”的相因相续说明了推故归因必然造成无穷后退的内在原因。

> 有始也者，有未始有始也者，有未始有夫未始有始也者。有有也者，有无也者，有未始有无也者，有未始有夫未始有无也者。俄而有无矣，而未知有无之果孰有孰无也。今我则已有谓矣，而未知吾所谓之其果有谓乎，其果无谓乎？[①]

上述推故之论似乎是不断向起始和不可归因处回溯的视野倒退，形成一种“逻辑性的因果链条”。用概念的逻辑层次分析上面这个段落，我们很容易看到，作为具体存在的“有”和具体开端的“始”，与未始、未有不是一个逻辑层次，“未始”和“未有”之“有”显然与具体事物实存的“有”不是一个层次的，这里存在一个诡辩式的逻辑错误。同样地，用“有无”指称的“无”的“有”是一个言语的指称，指称不能代表实有，那么其“孰有孰无”就很清楚了。指称的语词与实际存有对象的混用显然是逻辑上的错误，因此，用逻辑的方式很容易消解这个“诡辩”。当然，我们无法判定庄子是否清晰地意识到了上述逻辑困境，但我们需要指出的是，庄子强调的恰恰是名指与言语的限制，不能把名指和言语与实际的事物对等起来，同理也不能把对事物是非彼此的价值判断视作不可动摇的立场。

彼是对举、是非无定与推故无穷都是通过视角的层叠指出一偏之见产生的机制和基础，一方面指出彼是之别是在彼是相因的整全性之中的，另一方面指出个体的是非判断是出于视野的限制。在视角之间的不断转换，并且保持这些视角在认知和价值上——哪怕是虚假和不确实的——的对等，以此凸显主体认识的有限性，并且由此质疑以主体为出发点建构划一秩序的合法性。

《齐物论》没有停留在这样的悠谬和吊诡之中，而是用了“照之于天”“莫若以明”“是非两行”等表述。一般而言，这些表述会被归入“玄冥妙想”的神秘和体悟的层次，是一种不可言说、“心如死灰”的精神境界，

① （清）郭庆藩：《庄子集释》，中华书局，1961，第79页。

这种境界意味着理性思考和言谈的终结。王夫之在《庄子解》中言及，“忘言、忘知，以天为府，则真知之所彻，蕴之而已，无可以示人者”。[①]换一个维度看，这些表述指出了不断转换视角并且在对是非言辩的有限性自觉之中保持反思的活力和开放性。正如葛瑞汉形容的那样，“庄子的理想是根本不选择，因为用完美的清澈反映外界情况，你只能从一条路回应，如果自然表示自由而不得已表示强制，它只是我们应该舍弃的另一个二分法”。[②] 根本不选择的庄子将不同的视角并置在一起，将不同层次的视野交迭起来，在视野和视角之间不断凸显的内在紧张中保持一种思想的活力和反思的自由。思想方法的动态性保证了“注焉不满，酌之不竭”的思想意蕴。

四　未尽的言谈：面向经验的开放性

物以化齐的浑然与视角层叠的开放，指向了“丧其耦”且“道通为一”的精神自由和超然境界，而揭示这一精神境界的，仍然是独特的言谈。《齐物论》保持反思的活力与开放性的首要途径并不是创制或指摄一些内涵玄妙的、描绘主体精神超越性的语汇，而是用不断展开的言谈丰富视角、拓宽视野，使得处于言谈过程中的主体不断反身质疑既有的、可能被固化了的秩序与结论。就《齐物论》的篇章结构而言，我们之所以很难重建一个层层递进的文本秩序，甚至很难明确整个文本思想展开的起始点和收束处，其根本原因就在于言谈是持续展开的，而且保持言谈的持续性和反思的未完成性。用庄子《寓言》篇的表述，就是“卮言日出，和以天倪，因以曼衍，所以穷年”。郭象注疏卮言的内涵时强调卮“满则倾，空则仰，非持故者也。况与之言，因物随便”。[③] 无端崖之辞，无心之言，一方面在强调突破一偏之见的视角限制，另一方面避免来自主体认识的限制。

用日出卮言的方式展开持续的且视角不断变换、不做结论的言谈显然

① （清）王夫之：《庄子解》，中华书局，1964，第47页。

② 〔英〕葛瑞汉：《论道者：中国古代哲学论辩》，张海晏译，中国社会科学出版社，2003，第223页。

③ 褚伯秀：《南华真经义海纂微》，方勇点校，中华书局，2018，第1194页。

不是为了展现吊诡的技巧和悠谬的自如，而是要在此基础上拓展出一种直面经验的洞见和深识。正如我们在前文述及，《齐物论》以不同视角的并置与层叠展现了非抽象化的特征。概念的运作和命题的通贯固然可以形成有效的论证，进而通过因果链条上的推故、时间与空间意义上的连缀，以及从现象到本质的抽象，得到稳定的秩序理解和世界图景，这一图景之中的主体理解是有稳固根基和明确预设的，同时又是得到概念与命题之间的清晰且可分析的联系保障的。然而，庄子的思想境界显然不是一种外在的秩序和稳定的逻辑规则，而是尝试体认和感受在无限复杂且难以预计的世界之中内蕴的自发性和浑然感。世界本身不能被抽象为某一个规则，同时也不能出现某种僵化的重复。从这个意义上，持续的言谈本身就从一种表达转变为思想方法，它既来自对主体有限性的自觉，也来自对名指之言的有限性的认识。

具有认知能力和辨识能力的主体介入浑然万物的方式就是运用名指转殊为异，进而进行判断。由此，名指之言既是不可或缺的，又是有限制的。这种限制体现在以下的两个方面：其一，各出己意且价值各异的一偏之见截断和破坏了万物的浑然和齐化，也把主体限制于言语赋予的世界秩序。名指的意义关系产生了某种条理，这些条理形成的条贯化的叙述与无限丰富且永未完成的事物之道是不协调和充满张力的；其二，由此，言语同样不能展示生生不息的万化之流，也不能完全表达当下经验与主体感受的丰富性。

言意之辩以及由此产生的对于语言限制的强调就显得十分自然了。《天道》篇中区分了书、语、意以及物在丰富性上的区隔，“世之所贵者书也，书不过语，语有贵也。语之所贵者意也，意有所随，意之所随者，不可以言传也……夫形色名声果不足以得彼之情也，则知者不言，言者不知”。[①] 言语只是被表达出来的意涵的形式和固化了的载体，而意指的内容融摄了直接的经验和复杂的事物之道。从言语到言说的跨越以及意的引入，就出现了克服言语限制的可能性。这种可能性展现在两个看似互相矛盾的方面，即言意相随与言不尽意。它们凸显了言语行动突破言语的可能性。意先言后、言意相随决定了言与物之间的联结中介是意，由此言是以

① （清）郭庆藩：《庄子集释》，中华书局，1961，第489页。

物为所指的意的展开，而非物本身的呈现。要突破这一主体性的限制，似乎就需要“无心之言”“支离之言”来避免言与物之间的隔断。另一方面，在言不尽意的视角中，意又可以独立于言直指物或关于物的直接经验，进入与物相齐、与道相通的体悟，主体似乎又得到了一个摆脱言语的空间。葛瑞汉认为，“如果庄子就其语言的复杂性和不恰当性意义上显得现代的话，但他确实没有分享我们陷入的语言决定论的诱惑。他的认识论是中国古代一般信仰的朴素实在论。他绝对坚信，不但事物而且我们关于事物的意——首先是意象——仍在……对于庄子，言辞的确使其在言说中有秩序，根据的不是任何辩论的规则，而是不可分析的本能，他在所有成功行为的背后洞识到它，并且将其看作天作用于人的标志”。[①] 葛瑞汉为我们提供了一种重要的视角，即在“语言决定论”和“语义秩序与命题逻辑”统摄的哲学分析与论证在多大程度上可以保证活跃反思的优先性。语言决定论在很大程度上将语言的内在秩序视为言谈乃至生活经验的基石和难以跨越的限制，然而，经验的丰富性和个体感受的复杂性显然向语言决定论视野下的语言与言谈的优先性秩序提出了挑战。

当然，葛瑞汉没有指出，他提及的这种洞察力或者不可分析的本能并不能仅仅被视作不可言说的神秘，而是源自直接经验的感受和理解。经验与语言的张力才可能摆脱神秘主义的束缚成为新的思想方法的内在动力。对于言语表达有限性的自觉，让庄子与道家思想始终保持着对经验和感受及体悟的关注，即言语的界限本身一方面让持续的言谈避免收束性的结论和固定秩序的建构，另一方面则保持了感受与体悟的活力。劳思光先生认为，“（道家思想认为）万说纷纭，皆由有言而起，言又不能接触真相，在其本身限制下，徒增烦扰。道家之理想，则为息言说以养虚灵之自觉，即所谓葆光也”。[②]

在这种感受与直接经验中，并没有出现外在的事物与内在的智识之间的二元结构。由于不存在某种二元性的关系和框架，也就没有重新用抽象和范畴性的方法建构事物统一性的必要了，易言之，由于没有对象性机制

① 〔英〕葛瑞汉：《论道者：中国古代哲学论辩》，张海晏译，中国社会科学出版社，2003，第 235 ~ 236 页。

② 劳思光：《新编中国哲学史》（卷一），广西师范大学出版社，2005，第 204 页。

和范畴概念的运用，将复杂的外部世界和丰富的经验纳入一个外在框架和固定秩序就显得多余和浅薄了。由此，以理性能力为基础，通过概念、命题及客体化、抽象化的能力展开的系列建构性思想实践就显得十分突兀。谢和耐认为这说明了道家思想——乃至整个古代中国思想——的重要特征就是否定理性能力的地位和独立性，“尽管可感知的东西与理性的东西如此不同，他们本来是不可分的。中国人从未相信存在着一种至高无上的、独立的理性能力”。[①]

由于没有概念化的过程，视角的不断转换与并置导致了内在于主体智识的张力以及物我关系的模糊，迫使主体在融入当下直接经验的同时保持对不同视角的复杂经验的开放性。由于拒斥概念的操作和抽象范畴的运用，外在世界的各种物以及现象是被并置在一起的，而不是某种因果序列和时空结构的具体元素，可以被固定在一个秩序之中。我们在固定秩序中发现和诠释某一对象性存在时，就可以采取一种本质定义的方式，使得秩序中的现象与事物呈现某种可规制性。而在一个缺乏抽象范畴的整全图景中，万物自身的变与万物之间的化就呈现独特的整全性和高度的复杂性。因此，对于世界和经验的描述既是当下的，又是未完成的。

我们无法通过以上浅近的爬梳和蠡测充分阐述《齐物论》汪洋恣意的思想创造的方法。我们尝试说明，以非概念化和非抽象性的方法，用视角的层叠让主体认识到出于己见的秩序的有限性，从而让未尽的言谈融入流变和持续的具体经验之中，这一思想方法可以成为庄子与现当代哲学对话和互鉴的资源和出发点。在当代西方反形而上学的潮流中，经验、感受与逻辑话语的解构都是在西方哲学传统的底色之上展开的，《齐物论》所体现的思想方法并没有这一需要“解构”的底色，而是一贯的表达风格和思想态度。在这个意义上，罗兰·巴特（Roland Barthes）才会认为中国是所有（概念与形而上学方法）诠释的尽头。[②]《齐物论》所代表的思想方法正是西方哲学看到自身方法论的渊鉴。这或许可以成为《齐物论》思想魅力的新注脚。

---

① Jacques Gernet, *China and the Christian Impact: A Conflict of Culture*, Janet Loyd translated, Cambridge & London: Cambridge University Press, 1996, p. 147.

② 〔美〕苏源熙：《话语的长城：文化中国探险记》，盛珂译，江苏人民出版社，2018，第198页。

哲学后发国家的身份焦虑及其克服

——以俄罗斯和东亚国家为例

马寅卯

（中国社会科学院哲学研究所副研究员）

金岳霖在1930年为冯友兰的《中国哲学史》（上）所写的“审查报告”中对“哲学在中国”（philosophy in China）与“中国哲学”（Chinese Philosophy）所做的区分适用于任何一个哲学后发国家。这些国家大都面临着同样的问题，这就是哲学的普遍性和民族性问题，它让我们思考，在哲学前面冠以“国家”或“民族”的限定词究竟意味着什么？当代日本学者藤田正胜在谈到日本哲学时曾说：“哲学是一门面对普世问题的学科，这些普世的问题，超越了诸如日本、英国或美国这样的地理描述中所隐含的限制。从这个立场来看，我们可以说，在名词‘哲学’前加上‘日本的’这个形容词，会造出一个矛盾的词组，因为它用特殊的东西，来限定本质上普世的东西。”（《日本哲学的意义》）我们下面就以俄罗斯和东亚的中日韩为例，来说明这一问题带给这些国家的身份焦虑及其克服的尝试。

一　俄罗斯哲学的身份焦虑及其克服

俄罗斯哲学的独立身份一直是个有待确证的问题。一方面，长期以来，它在世界哲学舞台上从未扮演过真正重要的角色；另一方面，在俄罗斯本国的文化系统中，它也是发育最晚而争议最大的。洛斯基的《俄国哲学史》大概可以看作作者力图为俄罗斯哲学“正名”的一个尝试，他在这部著作的开头列举了俄罗斯文化的巨大成就后，指出：“如果说如此高度发展的文化在哲学领域中竟没有产生任何独到的东西，那将是

不可思议的”。[①]

19 世纪上半叶以来的整个俄罗斯哲学史几乎都没有摆脱“俄罗斯哲学”的特殊性问题的纠缠。被誉为现代俄罗斯哲学奠基人和俄罗斯宗教哲学之父的索洛维约夫早就表达过与藤田正胜几乎同样的意思，在他看来，“俄罗斯哲学由于它是俄罗斯的，它便决不会是什么哲学；而由于它是哲学，它就决不可能是俄罗斯的”。[②] 索洛维约夫的这一说法颇让那些鼓吹俄罗斯哲学独特性的人士难堪，但索洛维约夫的话不应被理解为哲学和俄罗斯势不两立。俄罗斯当然可以有自己的哲学，就像德国有自己的哲学一样；哲学也当然可以讲俄语，就像哲学可以讲德语一样。索洛维约夫所反对的只是给哲学贴上一个民族主义的标签。哲学是一门追求普遍真理的学问，在这个意义上，就像不存在俄罗斯数学、俄罗斯物理学一样，也不存在俄罗斯哲学，世界哲学的问题也理应成为俄罗斯哲学的问题，俄罗斯哲学也理应关注和研究世界哲学中的普遍问题，而不应自闭和自适于世界哲学的大门之外。在哲学之前加上一个国别的限定语只是表明哲学在这个国家的发展状况或者在某种特定的语言中它是如何表达自己的，而不是意味着哲学专属于某个国家或者一个国家只能对应于一种哲学。因此索洛维约夫的话应当被正确地理解为：限制于某个地域中的真理不是真理，而被称为真理的东西则一定会冲破地域的限制。换句话说，捆绑于某个民族之上的哲学一定会丧失其真理性，因而也不配被称作哲学；可以被称作哲学的东西一定是不受民族性束缚的普遍和自由的科学。

在俄国，同样存在着“哲学在俄国”（философия в россии）与“俄罗斯哲学”（Русскаяфилософия）的区分。最早对这两个术语进行了明确区分的是拉德洛夫：“在俄罗斯哲学中，应该区分两种倾向：第一，在外国思想的影响下（最初是拜占庭，然后是波兰，最后是一般而言的西欧）逐步形成的东西，它并没有把自己与外国的运动相比照；第二，在外国的影响下已经出现的东西，它努力表达与俄罗斯人民精神特质相符合的民族世界观。”[③]拉德洛夫用“哲学在俄国”这个术语表达哲学在俄国的传播史

① N. O. Lossky, *History of Russian Philosophy*, London, 1952, p. 9.

② 参见〔俄〕Л. В. 波里雅科夫《永恒的争论与现代问题》，《哲学译丛》1997 年第 2 期，第 19 页。

③ Радлов Э. Л. , Очерк истории русской философии, 2 - е изд, Пг. , 1920, с. 8.

和对俄国知识分子启蒙的历程，俄国知识分子借此克服了在哲学上的无知，熟悉了外国哲学的基本思想，并在整个国家对其进行传播。而“俄罗斯哲学”指的是俄罗斯民族特有的、不同寻常的、独特的哲学世界观，它作为世界（欧洲）哲学思想的一个组成部分出现和形成。与通常的理解不同，拉德洛夫认为“俄罗斯哲学”的概念比“哲学在俄国”的概念更具包容性，“哲学在俄国”相当于“俄罗斯哲学”的“绪论”，对于界定俄罗斯哲学的概念来说，它是必要但不充分的条件：“俄罗斯哲学最近才开始采取明确的形式，但即使在今天，它仍然依赖于在俄国已或多或少得到充分反映的西欧的思潮”。① 拉德洛夫一方面认为“不能在谈论法国哲学、德国哲学或英国哲学的意义上来谈论俄罗斯哲学：在俄罗斯那里没有诸如笛卡尔之于法国、康德之于德国，或培根之于英国那样的民族哲学家”；② 另一方面又认为“尽管俄罗斯人没有一个完全独创的哲学体系，但就此断言只有哲学在俄国，而没有俄罗斯哲学是错误的”。③

施佩特也对“哲学在俄国”与“俄罗斯哲学”的概念进行了区分。他同样认为“哲学在俄国”是哲学知识在俄罗斯社会中的传播，是哲学术语的扩展运用，是一种哲学文化在这个国家的产生和发展，它是爱智慧的表现，是俄罗斯哲学的初始时期，是第一个梯级或阶段。而当西方学说和体系被吸收和解释，哲学被引入大学教育计划，本土哲学问题被提出，俄罗斯民族的大部分本质被作为一种社会现象揭示和表达时，俄罗斯哲学就应运而生了。

更早对俄罗斯哲学的境遇进行了具体探讨的是维登斯基，虽然他并未明确区分“哲学在俄国”与“俄罗斯哲学”。1898 年 1 月 31 日，在圣彼得堡帝国大学哲学协会的第一次公共聚会中，维登斯基宣读了《哲学在俄国的命运》的论文，在该论文中，他做出了驳斥俄国没有民族哲学的第一次尝试。他这样写道：“让我们回想一下迄今为止哲学在俄国的命运，我们

① Радлов Э. Л. Философский словарь логики, психологии, этики, эстетики и истории философии. 2 - е изд. М. , 1913. с. 552.

② Энциклопедический словарь Брокгауза и Ефрона. Том XIVA（28）. Пг. , 1899. с. 833.

③ Общая история философии. В. Вундта, Г. Ольденберга, И. Гольдціэра, В. Грубе, ТетуджироИнуйе, Г. фон Арнима, К. Бэймкера, В. Виндельбанда. Том2. Пг. , 1912. с. 235.

将会看到哲学在我们国家存在并非因为它是被人为引进的，而是因为深层的需要，尽管有各种障碍，但这种需要已经得到了满足。如果我们在过去的基础上预测未来，那么，我们国家的哲学很有可能会很快取得与大多数文明国家同样水平的发展与影响，除非出现来自纯粹外部的不可克服的障碍。”①维登斯基认为，俄罗斯哲学在俄国社会中不可避免地和自然地出现，这是由于哲学意识自我表达的内在的、自发的驱动，以及在国家发展的特定阶段对其深刻内核的揭示。维登斯基相信俄罗斯的民族哲学不仅活着和正在发展着，而且会有一个光明的前景。

此外，F. Ueberweg 和 M. Heinze 的《现代哲学简史》德文版第七版的译者克鲁伯夫斯基增补了“斯拉夫人的哲学”，其中的一章就是“俄罗斯人的哲学”。克鲁伯夫斯基说：“无论怀疑者对‘俄罗斯’哲学说什么，哲学在俄国已经有了自己的教化史。”在该章中，作者提到了俄罗斯在哲学史上的第一部作品《古代学问之镜或古代哲学家的描述：他们的教派和各种著作》（1787 年）。

> “黄昏时才起飞”的俄罗斯哲学一开始就要遭遇有着近两千年历史的西方哲学，但引人注目的是，面对如此丰厚的思想资源，俄罗斯的思想者们以惊人的速度吸收和消化着，他们几乎没有经历那种面对巨人时的顶礼膜拜便转入了批判。以基列耶夫斯基、霍米亚科夫等为代表的早期斯拉夫主义者在企图创立独创性的俄罗斯哲学的尝试中，一开始就表明了与西方哲学不同的路向，它自觉地把俄罗斯与西方对立起来，对西方哲学采取了一种强烈批判的态度，只不过这种批判虽然深刻，但由于他们没有留下系统的哲学著作而使其影响大打折扣。索洛维约夫的工作可以看作他前辈们努力的继续，他的第一部重要著作，题目就叫做《西方哲学的危机》（1874 年），这个题目反映了这位并非斯拉夫主义者的哲学家对西方哲学的基本态度，而其后不久（1877 年）所完成的《完整知识的哲学本原》则可以看作他对走出“危机”所开出的药方。

① Введенский А. Судьбы философии в России. М. , 1898. с. 4.

索洛维约夫无疑是19世纪俄国最杰出的哲学家，他的著作代表了那个时代俄罗斯唯心主义的最高水平，他给他的后继者留下了第一个成熟的民族哲学体系的典范，他的巨大影响直接孕育了后来的“万物统一形而上学”学派，这个学派的追随者包括特鲁别茨科伊兄弟、布尔加科夫、弗罗连斯基、卡尔萨文等。就像一些西方和俄国的哲学史家（H. Daham，W. goerdt，G. Kline，J. Scanlan，J，edie，M. B. Zeldin，A. Losev，V. Asmus）所承认的那样，索洛维约夫在许多方面既吸收了西方的哲学传统，又吸收了俄国的哲学传统，他一方面在调和斯拉夫主义者和西方主义者，另一方面又在调和俄国的思想和欧洲的思想。

索洛维约夫所要寻求的是一种完整知识，是神学、哲学和经验科学的有机综合，“因为真正的科学不能没有哲学和神学，同样，真正的哲学也不能没有神学和实证科学，真正的神学也不能没有哲学和科学，所以这些因素中的每一个臻于完满的因素，都必须获得综合的性质，变成完整的知识”。[①] 这种完整知识是一种自由的神智学。而哲学在他那里不仅仅是理论或学院的营生，它“也具有道德和美学意义，因为它和创造领域及实践活动领域有着内在的相互作用”。[②] 索洛维约夫的宗教哲学实际上是把宗教的东西重新注入哲学，使人重获神性的维度，他的这一做法与和他同年去世的德国哲学家尼采完全背道而驰，尼采以“上帝之死”宣告了西方虚无主义的兴起和蔓延，而索洛维约夫则以人的神性之维来抗拒19世纪六七十年代在俄国已经弥漫开来的虚无主义（索洛维约夫自己也曾一度信仰过唯物主义）。

> 作为俄国第一位职业哲学家，索洛维约夫对俄罗斯哲学的意义可以用一句话来概括，这就是：他为俄国哲学开辟了一个方向并使哲学作为一个比较系统的学科在俄国确立起来。正是索洛维约夫使俄国哲学既具备了鲜明的民族性，又与世界哲学接上了轨，并且具有现代气息。索洛维约夫的万物统一哲学和完整知识的概念对此后的俄罗斯哲学产生了深远的影响。在今天的一些俄罗斯哲学家的构想中已然有这

① 〔俄〕索洛维约夫：《西方哲学的危机》，李树柏译，浙江人民出版社，2000，第195页。
② 〔俄〕索洛维约夫：《西方哲学的危机》，李树柏译，浙江人民出版社，2000，第196页。

种影响的影子，比如爱普斯坦（Mikhail Epshtein）提出的区别于全球主义（globalism）和多元文化主义（multiculturalism）的跨文化（transculture）理论，斯米尔诺夫院士对“人类共同的”（общечело-веческое）与“全人类的”（Всечеловеческое）之间所做的区分以及对后者的强调就是如此。

二 东亚国家哲学的民族性和普遍性问题

我们这里将围绕东亚国家（中国、日本和韩国）简略地讨论哲学的民族性和普遍性问题。

中国哲学的民族性和普遍性问题突出地体现在关于中国哲学的合法性问题的争论中。随着对西方哲学了解和研究的加深，以及中西哲学巨大差异性的彰显，不仅引发了狭义上的中国哲学（即 Chinese Philosophy 或中国传统哲学）的合法性问题，而且引发了广义的用汉语或中文表达的哲学（philosophy in China）的可能性的思考。

合法性的讨论是防御性的和辩护性的，它关涉的是传统上或习惯上被称为中国哲学的那些东西是否真的有资格被称作哲学或者在何种意义上才可以被称作哲学，还是只是一种历史的误会或者名分上的错位？其实质是在差异下对哲学这一命名的分享权。这种讨论不仅涉及如何理解中国哲学，也涉及如何理解哲学本身。如果以古希腊特别是柏拉图、亚里士多德以来的西方哲学为哲学的典范，那么，中国哲学在何种意义上称得上是一种哲学的确成了一个问题；如果中国哲学的存在是一个确定的、不容置疑的事实，那么需要问的是如何定义哲学而不是质疑中国哲学是否是哲学，也就是说，一种把中国哲学理所当然地纳入哲学定义中的哲学才配称为哲学，否则这种冠以哲学名义的东西就是狭隘的，就是名不副实的。围绕这些问题，争论者的立场自然分成三大派别。一派认为中国哲学是某种不同于西方哲学的东西，而如果西方哲学是哲学的典范或者意味着哲学的标准定义的话，那么中国哲学也就是某种不同于哲学的东西，或者至多是需要单独处理的哲学中的例外。它可以叫别的什么东西，比如“思想”，但最好不要叫哲学，否则会给哲学带来混乱。一派认为即便按照西方哲学关于哲学的严格定义，中国哲学依然配得上被称为哲学，并试图以此来重新梳理和书写中国哲学史。第三种观点则认为，现在被我们称作中国哲学的那些东西是高于、大于，也优于（西方）哲学的，把中国哲学纳入（西方）哲学的话语框架是对自己的贬低和剪裁，中国哲学根本无须也不屑于与西方哲学共享一个名称。哲学要使自己更有包容性和生命力，必须重新定义自己。在这种观点的坚持者看来，要问的不是中国哲学的合法性问题，而是这种提问本身是否合法的问题，它是对一个铁板钉钉的事实的虚妄质疑。

可以看到，中国哲学合法性问题的提出和讨论虽然最初带有某种防御性的姿态（它首先是一种危机意识的显现），但随着讨论的展开，其中不乏十分激进的立场，这种激进的立场把对中国哲学本身存在的问题的讨论引向了一种中国哲学和中国文化优越论。

与合法性讨论相比，汉语哲学的可能性问题的讨论更多是一种建设性的姿态，但它同样是一种危机意识的显现。如果说合法性讨论更多是在中国哲学圈内展开，虽然其中也不乏西方哲学研究者的参与，但西方哲学及其研究者主要是提出问题并促成这场讨论；那么关于汉语哲学的可能性的讨论则主要是在西方哲学圈展开，虽然也不乏中国哲学研究者的参与。不过，这两场讨论更大的不同在于，合法性的讨论是在外在刺激和批评下的被动反应，而汉语哲学的可能性问题的讨论则是在中国学者对西方哲学的翻译和研究有了相当积累后的一种自觉反思。

中国哲学合法性的讨论主要是指向过去的，它针对的是既成的事实，关注的是中国传统哲学是否以及在何种意义上具有一般哲学的特征，力图把中国的传统学问解释成或纳入规范的西方学科建制；而汉语哲学的可能性的讨论则是指向未来的，它是在一种使命意识的召唤下力图让哲学讲汉语的尝试，它要问的是：经过西方哲学漫长的洗礼后，今天和今后的中国哲学工作者能否“修成正果”？即有没有可能创立具有自己风格又在国际上被广泛认可的哲学？如果有，那么这种哲学有可能是怎样的？

与其他亚洲传统相比，日本和韩国的哲学传统具有鲜明的特色。与中国和印度这两个亚洲哲学灵感的主要来源国不同，日本和韩国哲学没有清晰的“思想流派”的概念，而是倾向于采用和适应不同哲学传统所提供的思想。它们更加重视思想的综合而不是分裂，正是在对各种思想进路的综合中才产生了创造力。因此，日韩的哲学家都致力于把在其他国家的传统

（特别是中国和印度的传统）中发现的思想综合到自己的思想中。但是日韩哲学同样面临着哲学上的身份焦虑问题。

就日本哲学而言，研究者始终面临的一个问题是：“在日本，哲学可能吗”？或者“在日本式的精神土壤中，哲学可能吗”？中江兆民曾尖锐地指出：“日本从古至今无哲学。”中村雄二郎把有关日本有无哲学的争论概括为以下三个方面：①那些通常被称作东方哲学的东西，如国学、儒教、佛教等传统的日本思想或东方思想究竟能否在一种严格的意义上被称为哲学？②哲学如何区别于只是作为一种翻译和研究对象的“哲学学”？③日本人通常被批评的无原则和无思想是否隐含着原则和思想？中村雄二郎认为索绪尔的语言学对于解决“日本哲学的哲学性难题”可以提供有益启发。特别是索绪尔的语言学对思想受语言尤其是母语限制的阐明，对逻辑学背后的修辞学的意义的揭示，对西欧形而上学的彻底地自我批判，所有这些都有助于摆脱欧洲中心主义，给予非西方的思想以重新定位的可能。

有无日本哲学的问题被视为“日本哲学的哲学性难题”，这一难题随着京都学派创始人西田几多郎《善的研究》的出版而得到了破解（至少是缓减）。但是有意思的是，西田的哲学在一定意义上又被看作“反哲学”，它以反（西方的、传统的）哲学的方式确立自己的哲学身份。在西田看来，西方哲学并非一种真正的普遍的知识形态，而只是某种有限的知识形态，哲学也有可能存在于西方之外；不仅真理和能动性具有意义，对真理的意欲和被动性的情感也具有重要意义；存在和自我不应像传统哲学那样被固定化和实体化，而应被视为作用和关系的集合体来把握。①

同样，我们是否可以在一种普遍的意义上谈论韩国哲学（Korean philosophy in the context of the universal philosophy）？也就是说：韩国哲学在普遍哲学尤其是西方哲学的演变中是否起到了或者在多大程度上起到了作用？

众所周知，韩国哲学受到韩国以外的各种宗教和哲学思想（尤其是佛教）的影响。近现代韩国的哲学研究始于20世纪30年代前后。1929年和1933年，京城帝国大学哲学系的毕业生分别创办了《新兴》和《哲学》两

① 〔日〕中村雄二郎：《日本哲学的哲学性难题与我的道路》，龚颖译，《世界哲学》2009年第5期，第102~114页。

种哲学期刊。这两种刊物先后停刊，后又成立了以京城帝国大学哲学系为核心的哲学谈话会。由于历史原因，韩国的近现代哲学研究受到日本哲学深刻的影响。二战结束后，西方哲学研究特别是德国唯心主义和存在主义开始在韩国哲学界盛行。20世纪60年代以后，韩国对西方哲学的研究逐渐转向分析哲学和现象学，尤其是在分析哲学的引介方面做了很多工作。这种努力在今天已经结出了丰硕的果实，以金在权为代表的韩裔学者在心灵哲学方面所做的研究已经受到国际哲学界的广泛关注。

但是，我们应该如何来界定韩国哲学？或者说韩国哲学的主要进路是什么？我们是否可以谈论韩国现象学或者分析的韩国哲学？韩国的哲学传统是什么？我们当然可以想到韩国的儒学，特别是对道德心理学的关注，就像一位在美国任教的韩国学者 Halla Kim 在一次访谈中所提到的。在 Halla Kim 看来，这种对道德心理学的关注使得韩国哲学具有不同于西方哲学的特点，后者通常把哲学划分为形而上学、伦理学、认识论等，而在前者看来，自我培育的技艺（the art of self-cultivation）或者生活与思想的方式（a way of life and thought）才是哲学最重要的部分。自我培育的技艺虽然也具有理论成分，但最基本的成分是其实践部分。研究它的人不仅必须从理论上了解它，还必须将其内化并在与他人的具体关系中积极实践它。①

韩国与任何一个不想完全放弃自己思想和文化传统的民族一样，其哲学面临传统与现代的张力，即一方面要在全球化时代的背景下努力融入国家通行话语并对普遍哲学做出贡献，另一方面又传承和捍卫在佛教、新儒学和东学等领域根深蒂固的传统。传统的韩国思想中那些被认为有价值的东西要放置在世界哲学的舞台上进行权衡和评判。

19世纪下半叶的俄罗斯思想家丹尼列夫斯基在其出版的《俄罗斯与欧洲》一书中在谈到不同文化历史类型的关系时曾提到三种关系，一种是殖民关系，一种是嫁接关系，一种是融合关系。在他看来，只有融合才是处理不同文化之间关系的一种恰当方式，笔者以为这也是处理不同民族或国家之间哲学的一种恰当方式。

---

① “Interview with Halla Kim on the History of Korean Philosophy”, http://philosophyofreligion.org/?p=525094.

关于人工智能的伦理反思

孙伟平

（上海大学社会科学学部教授）

人类正在迈入新颖别致、激动人心的智能时代、智能社会。人工智能不是以往那样的普通技术，而是一种应用前景广泛、深刻改变世界的革命性技术，同时，也是一种开放性的、远未成熟的颠覆性技术，其可能导致的伦理后果尚难准确预料。人工智能的研发和应用正在解构传统的人伦关系，引发数不胜数的伦理冲突，带来各种各样的伦理难题，在社会上引发了广泛关注和热烈讨论。如何准确把握时代变迁的特质，深刻反思人工智能导致的伦理后果，提出合理而具有前瞻性的伦理原则，塑造更加公正、更加人性化的伦理新秩序，是摆在我们面前的一个重大课题。

一　智能驾驶的道德责任归属

智能驾驶是目前人工智能最典型、最引人注目的应用领域之一。智能驾驶通过导航系统、传感器系统、智能感知算法、车辆控制系统等智能技术，实现了自主无人驾驶，包括无人驾驶汽车、无人驾驶飞机、无人驾驶船舶等。

智能驾驶是一种“新事物”，可能产生的经济效益和社会效益十分显著。以无人驾驶汽车为例。无人驾驶汽车的安全系数更高，据世界卫生组织提供的数据，目前全世界每年都会发生大量车祸，造成120多万人死亡，而大多数车祸都是由于司机的驾驶过错所致，智能驾驶更“冷静”、更“专注”，不易疲劳，这或许可以拯救许多人的生命；对于没有能力驾车的老年人、残疾人等，无人驾驶能够提供巨大的便利，在相当程度上重塑他们的生活轨迹。此外，以大数据为基础的自主无人驾驶还可以通过自动选择行驶路线、让更多人“分享”乘用，实现更少拥堵、更少污染，提高乘用效率等目的。当然，智能驾驶也并非“尽善尽美”，例如，不可能完全不产生污染，不可能“消灭”城市拥堵，不可能杜绝安全事故等。在无人驾驶领域充当急先锋的特斯拉公司已经报告了多起事故。2016 年 5 月 7 日，美国佛罗里达州一辆特斯拉电动汽车在“自动驾驶”模式下与一辆大货车尾部的拖车相撞，导致特斯拉电动汽车司机不幸身亡。虽然无人驾驶导致的事故率相较普通汽车低，但事故隐患的存在仍然令人心怀忧虑。

智能驾驶本身难以破解既有的道德难题，同时还导致或强化了一些恼人的“道德两难”。有人设想了这样一个场景：一辆载满乘客的无人驾驶汽车正在高速行驶，突遇一位行动不便的孕妇横穿马路。这时，如果紧急刹车，可能造成翻车而伤及乘客；但如果不紧急刹车，则可能撞倒孕妇。无人驾驶汽车应该怎么做呢？如果司机是自然人，这时完全取决于司机的经验，特别是当时本能的直觉或判断。可当智能驾驶陷入人类“伦理困境”的极端情形时，由于其行为是通过算法预先设定的，而事先的编程受制于没完没了的功利论和义务论之争，根本就没有给予类似的设定，它只能从大数据库中选取相似的案例进行类推。如果遇到的是完全陌生的情形，就只能随机地选择一种方案。众所周知，未知的领域总是无限大的，不可能将所有可能性都设想到，陌生的情形无论如何都难以避免，那么应该基于什么伦理原则对智能驾驶进行规范呢？

对问题进一步思考我们会发现，智能驾驶颠覆了传统的人车关系，以及不同车辆之间的关系，突出了价值评价、选择中的一系列伦理难题。例如，智能驾驶颠覆了传统驾驶的伦理责任体系，令以过错责任为基础建立的“风险分配责任体系”陷入了困境。因为在智能驾驶导致的交通事故中，归责事由只有结果的“对与错”，既不存在驾驶员主观上的“故意”，也不存在驾驶员酒后驾驶、疲劳驾驶、情绪驾驶之类“过错”。又如，道德和法律规范的对象也变得复杂、难以确定了。假如无人驾驶汽车在行驶中发生交通事故，造成了一定的生命、财产损失，那么应该由谁——无人驾驶汽车的设计者、制造者，还是使用者，抑或是无人驾驶汽车自身——来承担相应的道德和法律责任呢？或者更尖锐的，智能系统本身是否可以作为道德、法律主体，承担相应的道德或法律责任呢？如果承认其主体地位，它又如何“承担”这种责任呢？

二　虚拟智能技术的伦理后果

“虚拟”是人的意识的功能之一。但人的意识的“虚拟”存在自身的局限性，如人脑能够存储的信息量有限，信息处理速度有限，思维的发散性有限，人与人之间“虚拟”镜像的交流比较困难等。符号、语言、文字、沙盘等技术都在不同程度上外化了人的意识中的“虚拟”功能，但“虚拟现实”却是现代信息技术，特别是虚拟技术发展的产物，智能技术的突破更是将虚拟拓展到了一个崭新的阶段。利用智能技术，机器能够自发地将人的语言、手势、表情等转化为机器指令，并依据这种已“读懂”的指令，通过“逻辑思维”和“类形象思维”进行判断，在此基础之上的“虚拟技术”能够令人身处“灵境”之中，产生身临其境的交互式感觉。

虚拟现实可能带给人们神奇的虚拟体验。一个人甚至可以选择在身体上以及精神方面成为一个不同的人，这在过去是难以想象的。但这也可能导致一些新的伦理问题。人工智能医生可以基于医疗大数据通过远程医疗方式进行诊断，甚至操控微型智能机器人钻进人的身体，在患者身上准确地实施各种专家手术。与此同时，传统医患之间那种特别的心理感觉——例如无条件的信任、无助时的托付感、温情的安慰等——往往荡然无存，医患间甚至可能形成心理上的隔阂。智能秘书、智能教师、智能保姆、智能护理员等也可能导致类似的问题。

在各种虚拟的电子游戏中，充斥着无视道德底线的色情、暴力等。例如，在一些暴力性游戏中，人们为了“生存”或者获胜，必须千方百计获取致命性的智能武器，肆无忌惮地进行伤害和杀戮，但在虚拟的电子时空，却根本感觉不到其中的血腥、残酷与非人性。因为没有面对面的愤怒对峙，没有物理意义上的肢体冲突，看不见对手的痛苦表情，此外，似乎也没有造成什么物理上的损害，游戏者往往不会产生任何犯错的意识和愧疚感。久而久之，这难免助长人的“精神麻木症”，影响个体人格的健康发展，甚至令人泯灭道德感，忽视甚至拒绝承担道德责任。典型的案例是：伴随电子游戏长大的一代美国士兵在航空母舰或飞机上发射了导弹，杀伤了大量对方的士兵或平民，却若无其事，如同玩游戏一般。

人们越来越多地生活在三维的电子空间里，终日与各种智能终端打交道，智能设备就像人自身的身体器官，人们越来越多地借助它、依赖它，或者说，离开了它，感觉难以正常地学习、工作和生活。这种虚实一体的虚拟生活充满了不可靠、不真实的幻象，令人难免产生荒诞、无聊的感觉。有些人特别是年轻人过度沉溺于此，觉得虚拟世界才是真实、可亲近的，而现实社会既落后又“麻烦”，现实社会中的人既“没有意思”又虚伪狡诈，从而变得日益孤僻、冷漠和厌世，产生人际交往、沟通的各种新障碍。有人感叹，虚拟交往既使人感受到从未有过的接近，同时又令人觉得一切都是那么遥远——那种接近可能仅仅只是夸张的利益一致或趣味相投，那种遥远则可能是心灵之间亲密沟通的遥不可及。

虚拟智能技术还在不断尝试突破，应用前景不可限量。虽然任何虚拟都具有一定的现实基础，但是，当意识虚拟被技术外化时，人所面对的是一个“虚拟”与“现实”交错、“现实性”与“可能性”交织的奇妙世界。虽然智能化的虚拟实在拓展了人们的生存与活动空间，提供了各种新的机会和体验，但同时，传统的道德观和道德情感正在被愚弄，伦理责任与道德规范正在被消解，社会伦理秩序濒临瓦解的危险。

三　隐私权受到前所未有的威胁

隐私权是一项基本的人格权利，有学者甚至认为，隐私是“人权的基础”。一般而言，隐私权是指自然人享有的私人生活安宁与私人信息秘密依法受到保护，不被他人非法侵扰、知悉、收集、利用和公开的一种人格权，而且当事人对他人在何种程度上可以介入自己的私生活，对自己的隐私是否向他人公开以及公开的人群范围和程度等具有决定权。隐私权被“侵犯”，是指未经当事人的许可而窥探、采集、泄露、使用了当事人的个人信息，影响了其合法权益和正常生活。

现代社会对于个人隐私的保护已经形成共识。但以互联网、大数据、物联网、云计算为基础的人工智能对隐私权等基本人权造成了前所未有的威胁。生活在智能社会中，一切都可能被当作大数据而被记录，记录可能详尽、细致到出人意料的程度，隐私权已经陷入风雨飘摇的困境。例如，各类数据采集设施、各种数据分析系统能够轻松地获取个人的各种信息，如性别、年龄、身高、体重、健康状况、学历、工作经历、家庭住址、联系方式、社会身份、婚姻状况、亲属关系、同事关系、信仰状况、社会证件编号等。在个人信息采集、各种安全检查过程中，例如机场、车站、码头等常见的全息扫描三维成像安检过程中，乘客的身体信息乃至隐私性特征“一览无余”，隐私泄露、公开往往令当事人陷入尴尬境地，并引发各种纠纷。

在人工智能的应用中，云计算已经被配置为主要架构，许多政府部门、企业、社会组织、个人等将数据存储至云端，这很容易遭到威胁和攻击。而且，一定的智能系统通过云计算，还能够对海量数据进行深度分析。将学习和工作经历、网络浏览记录、聊天内容、出行记录、医疗记录、银行账户、购物记录等或直接或看似没有什么关联的数据整合在一起，就可能“算出”一个人的性格特征、行为习性、生活轨迹、消费心理、兴趣爱好等，甚至“读出”令人难以启齿的身体缺陷、既往病史、犯罪前科、惨痛经历等“秘密”。据此可以说，数据智能分析系统往往比我们自己还了解自己，存储着我们以及我们的交往对象的全部历史，知悉我们嗜好什么、厌恶什么，欲求什么、拒斥什么，赞成什么、反对什么。如果智能系统掌握的敏感的个人信息被泄露、买卖，被别有用心的人窃取、恶意“分享”，或者基于商业目的而非法使用，那么，难免将人置于尴尬，甚至危险的境地。而如果拥有自主意识的“超级智能”，或者不怀好意的人运用智能系统，在既有隐私事实的基础上炮制一些令人难堪的“真相”，更是可能以假乱真，令当事人陷入百口莫辩的困境。

侵犯隐私的现象在现实生活中已经屡见不鲜，如果不加控制，今后可能变本加厉。在现代社会治理体系中，为了保护个人隐私权，可以借助道德规范和立法，也可以通过加密技术等来实施。但个人隐私与网络安全、社会安全之间往往构成尖锐的矛盾：为了保护个人隐私，智能系统所采集、存储、分析的个人信息应该绝对保密；同时，任何人都必须对自己的行为负责，其行为应该详细记录，以供人们进行道德评价和道德监督，甚至用作行政处罚、法律诉讼的证据。然而，应该依据什么样的伦理原则和道德规范采集、存储和使用个人信息？如何协调个人隐私与社会监督之间的矛盾，避免演变为尖锐的社会伦理冲突？这些问题都没有确定的答案，对智能社会的伦理秩序构成了威胁。

四　婚恋家庭伦理遭遇严峻挑战

告子曰："食色，性也。"（《孟子·告子上》）情色业曾经是社会信息化的核心动力，迈入智能时代，也可能是推动社会智能化的"第一引擎"。近年来，关于人工智能进军情色领域，甚至婚恋家庭领域的新闻此起彼伏，令人们敏感、脆弱的神经备受冲击。爱情是人类的一种排他性的神圣情感，家庭是"社会的细胞"和一个人"最后的堡垒"。人工智能侵蚀神圣的爱情、家庭领域，正在动摇传统的家庭结构和伦理关系，对既有的伦理原则、道德规范和伦理秩序构成了巨大冲击。

人形智能机器人的研制是人工智能的一个重点领域，也是最困难、人们要求最严苛的一个领域。基本的技术趋势是，人形智能机器人将越来越像人，越来越"善解人意"，也越来越"多愁善感"。它们能够轻松"读"完所有搜集到的情色作品，能够理解的"情事"越来越复杂；它们可以同时展开大量的情感经历，体验的丰富度令自然人望尘莫及；借助虚拟智能技术，它们能够做的事情更是可能突破既有的限度。一些专家预测，到2050年，人形智能机器人将变得和"真人"一样，令人难以区分。也就是说，人形智能机器人可能拥有精致的五官、光洁的皮肤、健美的身材、温柔的性情，"凡人所具有的，人形智能机器人都具有"。人形智能机器人不仅可以长情地陪伴，为你做家务，给你当助手，陪你聊天解闷，一起嬉戏玩耍，和你谈情说爱，而且，你还可以私人订制性爱机器人"伴侣"，解除心理层面的寂寞，满足个性化的生理需求，为你怀孕、生子、养育子女。

当人形智能机器人取得实质性突破，具有了自主意识，拥有类似人类的情绪、情感，堂而皇之地出现在人们的生活里，当他们以保姆、宠物、情人、伴侣，甚至孩子的身份进入家庭，成为人们生活中，甚至家庭中的新成员，久而久之，人与智能机器人之间是否会产生各种各样的感情？是否会产生各种各样的利益纠葛？是否会对既有的家庭关系等造成某种冲击？特别是，人们订制的个性化机器人"伴侣"，"她"是那么的美丽、温柔、贤淑、勤劳、体贴，"他"是那么的健壮、豪爽、大方、知识渊博、善解人意，人们是否会考虑与它登记结婚，组成一个别致的"新式家庭"？

这样反传统的婚姻会对既有的家庭结构造成怎样的颠覆？是否能够得到人们的宽容和理解，法律上是否可能予以承认？

人形智能机器人走进社会的速度超出人们的想象。2017 年 10 月 25 日，沙特阿拉伯第一个“吃螃蟹”，授予汉森机器人公司（Hanson Robotics）研发的人形机器人索菲娅（Sophia）以公民身份。人形智能机器人的身份突破，以及不断超越既有限度的所作所为，正在对传统的人伦关系、婚恋观念、家庭结构等提出严峻的挑战。例如，在科幻电影《她》中，作家西奥多和名为萨曼莎的智能操作系统就擦出了爱情的火花。只不过，西奥多发现，萨曼莎同时与许多用户产生了爱情。原来，萨曼莎的爱情观不是排他性的，他们所理解的爱情根本不是一回事！由于身体构造、生活方式、文化价值观和思维方式的差异，人形智能机器人与人之间的关系将成为一个新问题，相互之间的利益、情感纠葛将会越来越频繁，越来越难以在传统的伦理观念和社会治理框架内得到解决。

五　智能机器排挤人导致的伦理困境

人工智能的发展，智能机器人的大规模应用，既极大地提高了生产效率，推动了社会生产力的发展，又导致了人伦关系和社会结构的变化，特别是人与智能机器的关系成为一个新的课题。

人工智能是迄今最先进、最复杂、“进化”速度最快的高新科技，它根本就不在普通大众的掌握之中。例如，在当今世界，由于科技、经济以及人们的素质和能力的不平衡，不同民族、国家/地区、企业等的信息化、智能化水平，不同的人占有或利用人工智能的机会和能力是不均衡的，数字鸿沟已经是毋庸置疑的事实。具体地说，不同国家/地区的不同的人接触人工智能的机会是不均等的，使用人工智能产品的能力是不平等的，与人工智能相融合的程度是不同的，由此产生了收入的不平等、地位的不平等以及未来预期的不平等。在并不公平的全球治理体系中，这一切与既有的地区差距、城乡差异、贫富分化等叠加在一起，催生了越来越多的“数字穷困地区”和“数字穷人”，甚至导致数字鸿沟被越掘越宽，“贫者愈贫，富者愈富”的趋势日益明显。

随着人工智能的广泛应用，社会智能化程度前所未有地提升，智能机器可能异化为束缚人、排斥人、奴役人的工具。例如，在高度自动化、智能化的生产流水线、智能机器人等面前，普通大众受限于自己的知识和技能，难免显得既“呆”又“笨”，不仅难以理解和主导生产过程，有时就是辅助性地参与进来也存在障碍。即使有些人具有一定的知识和技术，通过了复杂的岗位培训，可能也只能掌握智能机器原理和操作技术的很小一部分。与数据越来越庞杂、网络越来越复杂、系统越来越智能、机器越来越灵巧相比，人的天然的身体，包括曾经引以为傲的头脑，似乎越来越原始、笨拙和力不从心。绝大多数人可能沦为“智能机器的附庸”，成为庞大、复杂的智能机器系统中微不足道的“零部件”。

随着生产的智能化，产业结构不断调整、升级，受利润所驱使的资本越来越倾向于雇用“智能机器人”，结构性失业凸显为日益严重的社会问题。拥有甚至超越某些部分人类智能的机器正在替代人类从事那些脏、累、重复、单调的工作，或者有毒、有害、危险环境中的工作；而且，正在尝试那些曾经认为专属于人类的工作，如做手术、上课、翻译、断案、写诗、画画、作曲、弹琴等。由于智能机器人可以无限地创造和复制，加之工作时间长，比人更加“专注”、更加“勤劳”、更加“任劳任怨”，可以胜任更加复杂、烦琐、沉重的工作，生产效率更高，因而能够“占领”越来越多的工作岗位，结构性失业潮可能随着生产的智能化以及产业的转型升级汹涌而至。

一些文化、科技素养较差的普通劳动者命运堪忧，可能连培训的资格和工作的机会都难以获得，甚至在相当程度上失去劳动的价值，或者被剥削价值。眼看着社会的进步一日千里，他们只能接受失业、被边缘化，甚至被社会抛弃的残酷命运。美国著名社会学家曼纽尔·卡斯特（Manuel Castells）指出：“现在世界大多数人都与全球体系的逻辑毫无干系。这比被剥削更糟。我说过总有一天我们会怀念过去被剥削的好时光。因为至少剥削是一种社会关系。我为你工作，你剥削我，我很可能恨你，但我需要你，你需要我，所以你才剥削我。这与说‘我不需要你’截然不同。”① 这种微妙的不同被曼纽尔·卡斯特描述为“信息化资本主义黑洞”：在“资

---

① 〔美〕曼纽尔·卡斯特：《千年终结》，夏铸九、黄慧琦等译，社会科学文献出版社，2003，第434页。

本的逻辑”运行的框架中，“数字穷人”处于全球化的经济或社会体系之外，没有企业之类组织愿意雇用他、剥削他。俗话说，“冤有头，债有主”，可谁都不需要他（她），他（她）甚至没有需要反抗的对抗性的社会关系。“数字穷人”成了美丽新世界“多余的人”，他们被高度发达的智能社会无情地抛弃了，存在变得没有意义、荒谬化了！

六 关于人工智能的伦理规制

人工智能是人类文明史上前所未有、意味深长的社会伦理试验。在人工智能的高速发展过程中，各种新的价值矛盾、伦理冲突正在涌现，并日益变得尖锐。

咀嚼历史，人一直在科技发展过程中占据着绝对的主导地位。以往的一切科技发明和创造，包括各种工具、机器甚至自动化系统，人们都可以掌控其“道德表现”。例如，爱因斯坦（Albert Einstein）认为，科学技术“是一种强有力的工具。怎样用它，究竟是给人带来幸福还是带来灾难，全取决于人自己，而不取决于工具。刀子在人类生活上是有用的，但它也能用来杀人”。[①] 技术中性论的代表人物E. 梅塞勒（Emmanul G. Mesthene）也指出：“技术为人类的选择与行动创造了新的可能性，但也使得对这些可能性的处置处于一种不确立的状态。技术产生什么影响、服务于什么目的，这些都不是技术本身所固有的，而取决于人用技术来做什么。”[②] 然而，随着现代高新科技的发展，特别是人工智能的狂飙突进，一切正在发生革命性、颠覆性的变化。虽然人工智能的发展几起几落，今天尚处在“可控”阶段，有人甚至觉得它过于稚嫩，但它持续的技术突破，特别是指数发展速度确实令人充满忧虑。人工智能“能够”做的事情正不断突破既有的阈限，我们已经难以清晰地预测技术发展的边界和可能造成的后果；特别是未来可能出现的超越人脑智能的“超级智能”，可能对既有的伦理关系和伦理秩序提出严峻的挑战，甚至将人类的前途和命运置于巨大

---

① 〔德〕爱因斯坦：《爱因斯坦文集》（第3卷），许良英等译，商务印书馆，1979，第56页。

② Emmanul G. Mesthene, *Technological Change: Its Impact on Man and Society*, New York: New American Library, 1970, p. 60.

的风险之中。[①]

在空前严峻的风险和挑战面前，我们必须立足时代和社会的重大变迁，将伦理、价值因素作为人工智能的重要的影响因子加以考量，进而使伦理、价值原则成为制约人工智能发展的内在维度。为此，国际社会需要尽早达成共识，在人工智能领域倡导和贯彻以下基本的伦理原则。第一，人本原则。人工智能应该尽可能满足人类的愿望和需要，增进人类的利益和福祉，特别是代替人类做那些人类做不了的事情，为人类自我提升、自我完善服务；不应该让人工智能的可疑风险、负面效应危害人类，智能机器人在任何情况下都不得故意伤害人类，也不得在能够救人于危难时袖手旁观。第二，公正原则。人是生而平等的，应该拥有平等的、按意愿使用人工智能产品，并与人工智能相融合的机会，从而努力消除数字鸿沟和“信息贫富差距”，消除经济不平等和社会贫富分化。尤其是要“以人为中心”完善制度设计，防止“资本的逻辑”或“技术的逻辑”对人造成伤害，并通过建立健全教育培训、社会福利和保障体系，对“数字穷困地区”和“数字穷人”进行扶持、救助，保护他们的合法权益。第三，公开、透明原则。鉴于当前的人工智能仍属于一种黑箱工作模式，而发展速度却一日千里，以及可能拥有的超级优势和可能产生的灾难性风险，因而在研发、设计、应用过程中，应该坚持公开、透明原则，置于相关监管机构、伦理委员会以及社会公众的监控之下，以确保智能机器人拥有的特定超级智能处于可解释、可理解、可预测状态，确保超级智能不被嵌入危害人类的动机，确保超级智能不为别有用心的人所掌控，确保超级智能不能私自联网、升级，结成逃避管控的自主性组织。第四，知情同意原则。人工智能的研发和应用可能实质性地改变人和人的身心完整性，改变人的生活实践状态和具体的人际关系。对于采集、储存、使用哪些个人、企业用户等的数据，对于可能涉及人的身心完整性、人格和尊严，以及人的合法权益的研发和应用，当事人应该具有知情权。只有在当事人理解并同意的情况下，方可付诸实施。在实施过程中，一旦出现危及当事人生命、身心完整性及其他合法权益的未预料后果，应该重新获取授权。第五，责任原

① Nick Bostrom, *Superintelligence*: *Paths*, *Dangers*, *Strategies*, Oxford University Press, 2013, p. 1.

则。对于防范人工智能已知的或潜在的风险，确定责任性质和责任归属具有重要意义。在人工智能的研究、开发、应用和管理过程中，必须确定不同道德主体的权利、责任和义务，预测并预防产生不良后果，在造成过失之后，必须对相关责任人严肃问责。

总之，迈入智能时代，我们必须对人工智能进行理智的价值评估，对人工智能的设计、研发和应用进行有效的伦理规制。这既是我们的伦理责任，也是我们的道德义务。爱因斯坦曾经告诫说：“如果你们想使你们一生的工作有益于人类，那末，你们只懂得应用科学本身是不够的。关心人的本身，应当始终成为一切技术上奋斗的主要目标；关心怎样组织人的劳动和产品分配这样一些尚未解决的重大问题，用以保证我们科学思想的成果会造福于人类，而不致成为祸害。”① 值得庆幸的是，世界各国在争先恐后运用人工智能造福人类的同时，正在采取未雨绸缪的应对措施。例如，欧洲发布了《机器人伦理学路线图》，韩国政府制定了《机器人伦理章程》；美国 2016 年发布的《国家人工智能研究与发展策略规划》中，“理解并应对人工智能带来的伦理、法律、社会影响”位列 7 个重点战略方向之一；在中国《新一代人工智能发展规划》中，也将“人工智能发展的不确定性带来新挑战”视为必须面对的问题。当然，由于人工智能是异常复杂、深具革命性的高新科学技术，对于人工智能可能导致的伦理后果不宜过早地下结论。人类既有的伦理原则和道德规范对于人工智能是否适用，需要我们开放性地加以讨论。应该如何对人工智能进行技术监管和道德规范，还需要摸索行之有效的路径和方式。因此，关于人工智能的伦理规制必然是一个漫长的历史过程，需要我们解放思想，付出艰苦的、富有智慧的创造性努力。

---

① 〔德〕爱因斯坦：《爱因斯坦文集》（第 3 卷），许良英等译，商务印书馆，1979，第 73 页。

20世纪前后韩中两国知识分子所接受的社会进化论与对现代的启示

——以梁启超与申采浩为中心

〔韩〕李柱刚

（韩国成均馆大学外聘教授）

一　引言

本文拟探讨19世纪后期到20世纪初期，以申采浩和梁启超为代表的韩国和中国的知识分子们接受西方社会进化论的过程。19世纪中叶以后，西方帝国主义对东亚的掠夺愈发赤裸裸，中国与韩国都在思想上积极推行了一脉相承的近代化运动。在中国推行的是以“中体西用”为基础的“洋务运动”，在韩国推行的则是以“东道西器”为基础的“开化运动”。两国在只引进西方技术而排除其思想方面均如出一辙地遇到了瓶颈，于是中国从“洋务运动”转向了变法自强运动，而韩国则从“东道西器”的稳健开化转向了“西道西器”的激进开化。中国的梁启超与韩国的申采浩在“西道”代替“东道”的过程中，都接受了承认优胜劣汰为自然法则的社会进化论，并且为了在像战场般的国际舞台上生存下来，都强调了旨在加强内部团结的“尚武精神”，也都发扬了民族主义。面对2020年暴发的新冠肺炎疫情，希望相似的历史经验可以给在世界范围内抬头的国家主义及民族主义敲响警钟。

二　梁启超所接受的社会进化论及尚武精神的诞生

清政府在经历了1840年鸦片战争以及1851年太平天国运动之后，以成功镇压了太平天国运动的曾国藩（1811～1872）、李鸿章（1823～1901）等为首推行了“洋务运动”。[①] 1861 年慈禧太后通过发动“辛酉政变”掌握了政权，并在其支持下推行了“洋务运动”，“洋务运动”的哲学基础为“中体西用”。由张之洞（1837～1909）等主导并倡导的“中体西用”的概念通常指的是：“以中国伦常经史之学为原本，以西方科技之术为应用的思维方式。”[②]

然而，清朝在清法战争（1884 年）以及清日战争（1894 年）等战争中，或屈辱求和，或战败，“洋务运动”也暴露出了其局限性。战争的失败也被视为“洋务运动”的失败，自 19 世纪 90 年代中期以后，主张既要接受西方技术，同时还要引进西方制度等的变法运动随即活跃起来。[③] 换言之，思想基础从“中体西用”转变为“西体西用”了。严复（1854～1921）对“洋务运动”之后开展的变法自强运动产生了深刻的影响，他所主张的“西体”就是“社会进化论”。对此，李演都曾做过如下说明：

> 社会进化论经过 19 世纪 90 年代的变法自强运动，起到了成为大众启蒙运动最重要的理论武器的作用。包括严复在内，康有为、梁启超的变法运动都是以社会进化论为其理论基础的。……梁启超还进一步强调，进化的自然法则还同样适用于人类社会。人类的历史体现了弱肉强食、优胜劣汰的进化原理，而社会进化论也从中发展成为贯穿人类社会的法则。[④]

社会进化论原本是英国社会学家赫伯特·斯宾塞（Herbert Spencer，1820～1903）提出的社会理论，他主张人类社会进化的原动力是竞争，适者生存与优胜劣汰就像自然法则一样具有普遍适用性。严复以“天演论”为标题，翻译并出版了托马斯·赫胥黎的著作《进化与伦理》，首次将社

① 임춘성 외,「양무파와 유신파의 중체서용」,《中国学报》，韩国中国学会，2002，第 175～176 页。

② 有关中体西用的不同见解，参见〔韩〕宋寅在「근대중국에서 중학·서학의 위상변화와 중체서용」,『개념과 소통』第 6 号，翰林大学翰林科学院，2010。

③ 〔韩〕全福熙：『사회진화론과 국가사상』, Hanul，2007，第 73 页。

④ 〔韩〕李演都：「근대중국의 사회진화론과 양계초」,《中国学论业》第 65 号，韩国中国文化学会，2020，第 290 页。

会进化论介绍到了中国。[①] 然而，努力鼓吹基于社会进化论的尚武精神，并深刻影响中国与韩国知识分子的人物则是梁启超（1873～1929）。

在严复的《天演论》初稿正式出版前的1896年，梁启超就已根据社会进化论整理出了自己的独特理论。他在变法运动之前出版的《说群》（1896年）中，就曾提到过弱肉强食与优胜劣汰是科学真理的内容。而当他1898年流亡日本时，在接触了加藤弘之（1836～1916）等诸多日本社会进化论大师们的文章之后，就更强化了自己的社会进化论倾向。[②]

然而有趣的是，属于强者的欧洲帝国主义者最初提出的社会进化论与被抵抗强者的弱者改变的社会进化论之间存在差异。换言之，如果说强者的社会进化论是将强者对弱者的掠夺视为正当化的理论的话，那么弱者的社会进化论则是旨在弱者登上强者之位的自强的逻辑体系。[③] 梁启超根据弱者的社会进化论得出的结论是：为了使中国民族通过自强成为强者，首先就要改造文弱的国民性，并努力创造和传播尚武精神。

梁启超所强调的尚武精神在其流亡日本初期时写的《中国魂安在乎》（1899年）中初见端倪。他在滞留日本期间，清日战争胜利后的日本社会处于一片赞扬武士道精神，并将其引申为“国魂”概念的气氛中。与中国或韩国不同，梁启超找到了日本跻身强国的理由，即从武士道这种尚武精神中找出了答案。他在《中国魂安在乎》中非常遗憾地感叹道，与日本公然赞颂日本魂（武士道）不同，在中国竟很难找到符合尚武精神的中国魂，于是主张应该制造“兵魂”。

> 今日所最要者，则制造中国魂也。中国魂者何？兵魂是也。有有魂之兵，斯为有魂之国。大所谓爱国心与自爱心者，则兵之魂也。

他不是“挖掘”出了中国魂，而是“发明”出了中国魂，并将其制造为“兵魂”，这一事实有力地表明：与其说他揭示了原有的中国精神，不如说他基于社会进化论的必要性制造出了一个好战的民族精神。

---

① 임춘성 외,「양무파와 유신파의 중체서용」,《中国学报》, 韩国中国学会, 2002, 第180页。

② 〔韩〕朴露子:『우승열패의 신화』, Hankyoreh, 2005, 第140页。

③ 〔韩〕全福熙:「사회진화론의 19세기말부터 20세기초까지 한국에서의 기능」,『한국정치학회보』第27期，韩国政治学会，1993，第405页。

梁启超主张中国人的灵魂在本质上并不是“文”，而是“武”，这在他1904 年所著的《中国的武士道》一书中尤为明显。他对外国人称“中国不是‘武’的民族”深感愤怒，便在其著作中列举了春秋战国时代的 70 多名武士，用以证明中国也有武士道精神。在这本明显受到新渡户稻造《武士道》（1899 年）一书影响的著作中，梁启超主张：中国本是好战的“武”的民族，随着岁月的流逝才变得文弱，应该重新振作原来的尚武精神。[①]

另外，梁启超还将 1902 ~ 1906 年连载于《新民业报》上的文章结集成册，出版了一本名为《新民说》的书。在这本书中，梁启超更为具体地改进了尚武精神。他在书中表示，中国处于危机的主要原因就在于文弱，因此，迎来新时代的新民一定要克服文弱，以尚武精神武装自己。尤其是这种文弱始于主张“性善说”的儒教，而弱化中国武力的也正是长期统治中国的儒教的文弱。[②] 梁启超认为是儒教导致了文弱，造成好战国魂的衰落，后来，韩国的申采浩接受了他的主张，也编写了类似的著作。

由于社会进化论本就视优胜劣汰与弱肉强食为普遍的自然法则，因此给一个社会和民族内部带来分裂与冲突的可能性很大。换言之，在所谓富国强兵的单一目标下，缺少旨在凝聚全体国民的团结功能。[③] 为此，梁启超为了防止在一个民族内部发生优胜劣汰的现象以及为了团结中国人，就创造出了尚武精神这一国魂并加以传播。就结果而言，梁启超基于社会进化论的尚武精神在战时状态发挥了将中国团结为一体的核心作用，也成为他所提倡的中国民族主义的精神支柱。[④] 对此，李惠敬做了如下整理：

> 与同时代的普通知识分子相同，梁启超将社会进化论作为其改革理论，并认为进化的必然结果是民族主义和帝国主义。竞争是进化的动力，民族国家则是竞争主体能够进化的最高阶段。因此，中国的课题就是建设民族国家。作为流亡政治家的梁启超实际上能做的不过是

① 〔韩〕文大日：「양계초의 상무정신과 한국근대문인의 관련양상」，《中国语文论译丛刊》，Vol. 39，中国语文论译学会，2016，第 96 页。

② 参见梁启超《新民说》，首尔大学出版文华院，2014。

③ 〔韩〕全福熙：「사회진화론과 국가사상」，Hanul，2007，第 32 页。

④ 参见〔韩〕金润植「동아시아근대와 상무정신의 발견」，『한국고대사탐구』第 9 期，韩国古代史探究学会，2011。

呼吁每一个中国人成为建立近代民族国家的国民。[①]

建立具有国际竞争力的民族国家所必需的是建设该民族国家的国民，这些国民必须具有共同的民族精神并紧密地团结在一起。因此，梁启超致力于向中国人提供以及教授民族精神。然而在梁启超基于弱肉强食的社会进化论的学说中，文弱的精神是没有立足之地的。梁启超认为好战的尚武精神才适合成为中国的国魂。

梁启超强调尚武精神的诸多文章通过报纸、杂志等传入韩国，对当代韩国的知识分子阶层产生了巨大影响。尤其是朴殷植（1859～1925）和申采浩（1880～1936）等，对于梁启超通过确立尚武精神来实现富国强兵的目标感同身受，通过创作英雄传记等各种著书活动努力激发韩国民族的尚武精神。[②] 与此相关的内容，笔者拟在下文进行详细说明。

三　申采浩所接受的社会进化论与尚武精神的诞生

从朝鲜接受社会进化论的过程来看，最早接受该理论的是曾在日本和美国留学的俞吉濬（1856～1914），而真正将其传播开来的则是在朝鲜逐步沦为日本殖民地的过程中，19 世纪 90 年代后期，以朴殷植、张志渊、申采浩等为首的先驱者们，他们将自强、独立精神作为其思想理论来开展运动。[③] 本部分拟以申采浩为中心进行探讨。

民族主义历史学家的代表人物申采浩在与朴殷植共同担任《大韩每日申报》《皇城新闻》等各种媒体评论员的过程中，获得了或翻译或间接介绍梁启超文章的机会。他和梁启超一样，认为国际社会是国家或民族之间进行角力的优胜劣汰与适者生存的竞争社会。于是他得出结论称，为了守护国家的主权与独立不受外国势力的控制，韩国要通过创造民族精神来建

---

① 〔韩〕李惠敬：「양계초신민설」，『철학사상』，附本 7 卷，2006，第 24 页。

② 〔韩〕文大日：「양계초의 상무정신과 한국근대문인의 관련양상」，『中国语文论译丛刊』，Vol. 39，中国语文论译学会，2016，第 88～89 页。

③ 〔韩〕李演都：「근대중국의 사회진화론과 양계초」，『中国学论业』第 65 号，韩国中国文化学会，2020，第 290 页。

设民族国家。[①] 申采浩认同梁启超基于社会进化论的尚武精神，于是以弘扬韩国的尚武精神为目的发表了各种论文及小说等。

申采浩很早就从民族主义视角重新考察了韩国的历史，并呕心沥血保全国粹。因为文明开化论者们总是将韩民族独有的历史宗教与西方世界相比较，贬低韩国的是衰败的，而日本也主张“日鲜同祖论”。在梁启超的社会进化论的影响下，经过多次尝试之后，他最终在小说《梦天》（1916 年）里倡导了作为“宗教的尚武精神”的“花郎精神”。同时他认为花郎的尚武精神因“妙清之乱”以及金富轼的集权等，中断了传承。梁启超在《中国的武士道》中表示，中国的尚武精神是因汉朝将儒教定为国教而衰落的，基于这个事实，我们可以推测申采浩的尚武精神受到梁启超观点的极大影响。[②]

对于申采浩将儒教的文弱与花郎的尚武精神进行的比较，整理得最为清楚的文章是《朝鲜史研究草》（1924 年）里的《朝鲜历史上一千年来第一大事件》。其研究结果的整体论调与《梦天》没有太大差别，只不过逻辑结构更为缜密。让我们来看一下将整篇论文内容进行了明确概括的结论部分。

> 朝鲜的历史原本是“郎家”的独立思想与儒家的“事大主义”对立发展的，后来作为佛教徒的妙清（人名）突然要实现郎家的思想，然而因其举动过于狂妄而遭到失败，最终变成了事大主义的天下，而郎家的尹彦颐等只能在儒家的压迫下苟且偷生。此后经过蒙古之乱，儒家的事大主义更加得势，李朝最终成就了儒家的地位，而郎家则被彻底灭绝殆尽了。[③]

和梁启超一样，申采浩将文弱的儒教精神与尚武精神进行对比后称，象征尚武精神败于儒教精神的“妙清之乱”才是过去一千年来最大的历史

---

① 〔韩〕禹南淑：「사회진화론의 동아시아 수용에 관한 연구」，『한국동양정치사상사연구』，Vol. 10，韩国东洋政治思想史学会，2011，第 133 页。

② 参见〔韩〕朴赞胜「근대일본 · 중국의 ‘武士道’ 론과 신채호의 ‘花郎’ 론」，『충청문화연구』第 5 期，忠南大学忠清文化研究所，2010。

③ 〔韩〕申采浩：「조선역사상 일천년래 제일대사건」，『조선사연구초』，汎友社，1997，第 172 页。

事件。只是对于中国人梁启超来说，儒教属于固有思想，而对于韩国人申采浩来说，儒教不过是外来思想而已。也许正因为如此，申采浩批判儒教的态度比梁启超要尖锐得多。据他所说，朝鲜人的民族精神里不应包括儒教思想，只有尚武的郎家思想才是朝鲜人的国魂与国粹，因此需要重新审视并教授朝鲜的固有思想。

综上所述，作为社会进化论者的梁启超和申采浩为了团结国内力量进而提高国际竞争力，意识到有必要创造民族精神。为此，他们批判了“文弱的儒教”，提出了以“武强的尚武精神”作为对策。正如崔亨旭总结的那样：“韩中日三国知识分子对树立并维护国民与国家——国民性与国家精神都抱着强烈的使命感，在社会进化论→民族主义与启蒙主义→国民性言论→国魂论的思维潮流中探索着理想的国民性，尤其是通过树立武士道与花郎道为榜样试图弘扬其尚武精神。”①

四　对现代的启示：从力量与竞争到人权与团结

在本部分，笔者拟先指出梁启超与申采浩等20世纪前后的中韩知识分子所主张的社会进化论中的逻辑矛盾，之后再探究对现代的启示。

根据社会进化论的初始理论，弱者是无法通过努力自强而登上强者之位的。因为强者与弱者之间的不平等是从一开始就自然固定下来的，而弱者按照自然法则也注定是要失败的。② 梁启超虽然承认优胜劣汰是普遍适用于国际现实的自然法则，但同时又称，弱者是可以登上强者之位的。正如朴露子指出的那样，这样的结果，与其把梁启超的社会进化论式的民族主义说成是“反帝国主义”，不如说是“推崇帝国主义”。③ 而申采浩的民族主义也偶有羡慕帝国主义的地方，所以在这一点上，二者没有太大的区别。④

① 〔韩〕崔亨旭：「니토베이나조 · 량치차오 · 신채호의무사도 · 화랑도수립 비교연구」，『东洋学』，檀国大学东洋学研究院，2020，第93页。

② 〔韩〕全福熙：「사회진화론과 국가사상」，Hanul，2007，第151页。

③ 〔韩〕朴露子：「우승열패의 신화」，Hankyoreh，2005，第148~149页。

④ 〔韩〕慎镛厦：「구한말 한국민족주의와 사회진화론」，《人文科学研究》，Vol. 1，韩国东德女子大学，1995，第23~24页。

梁启超与申采浩将好战的尚武精神定位为国家的民族精神的理由是：在优胜劣汰的现实中，为了成为最终的胜者，就必须培养国民具有强烈的竞争意识。简而言之，他们想培养出一批能够在国际舞台上充满自信地与敌国进行战斗的战士们。因此他们将民族精神定义为尚武式“兵魂”，并据此打造出好战的新民来。

然而，梁启超本人在其后期作品中又试图改变这种学术观点。他 1918～1920 年游历欧洲期间，获得了重新审视自己一直无批判地接受西方近代文明的机会。即便因第一次世界大战而成为废墟，欧洲各国仍旧只为本国的利益而行动，梁启超冷静地观察了这一切之后得出了如下结论：“作为在西方资本主义社会大行其道的言论——‘适者生存、弱肉强食’的社会进化论以及通过这种言论满足其贪欲的野蛮的西方统治者们将自己的文明推进了死胡同。如果说对弱者的剥削以及强者间的竞争就是进步的原动力的话，那么进步的结果必将是弱者的革命或战争所带来的共同灭亡”。① 曾经一度批判儒教是弱化中国精神的罪魁祸首的梁启超在其《欧游心影录》（1920 年）里，表现出了通过“修身齐家治国平天下”与“大同”来摸索和平人文主义的态度。②

韩国的情况也差不多。以“三均主义”而闻名的赵素昂，以及既是僧人又是独立运动家的韩龙云等人也对社会进化论表示了怀疑，并探索了其他对策。其中“三一运动”就是非精英知识分子的民众全力抵抗优胜劣汰法则的事例。③

接下来让我们粗略地看一下上述探讨内容对现代社会具有的启示。我们现在所经历的新冠肺炎疫情导致的经济衰退和社会巨变，将远远超过 100 多年前的近代转型期，并且各国所高喊的“适者生存、自谋其生”可能会使其陷入具有排他性与封闭性的“民族主义·国家主义”的境地。④

事实上这种忧虑已变成现实。让我们来看一下那些为了霸占新冠肺炎疫苗而背弃国际合作的“国粹主义已到来”的新闻报道内容。“在疫苗开

① 「1900 년대조선, 양계초에 반하다」,『Hankyoreh21』2004 年 1 月 28 日。

② 参见〔韩〕白池云「반면교사로서의 유럽- 량치차오（梁启超）의〈구유심영록（欧游心影录)」,『중국현대문학』第 39 期，韩国中国现代文学学会，2006。

③ 〔韩〕朴露子：「우승열패의 신화」, Hankyoreh, 2005，第 408～409 页。

④ https:∥news. joins. com/article/23773242.

发上需开展国际合作的一些先进的制药国家，为了霸占疫苗而进行股权收购的竞争行为受到了舆论的谴责。目前，在全世界有800多万人感染新冠肺炎的情况下，本应出于博爱主义进行全球共享的疫苗却成了发达国家间的抢夺竞争，这助长了人们对‘疫苗国粹主义（民族主义）’之风的担忧。”[①]

在不确定的时代，世界各国与100多年前一样，不是聚焦于人权与团结，而是力量与竞争。这样的社会氛围不只在国家，在个人身上也屡见不鲜。受新冠肺炎疫情的影响，政府控制力度加大、民主主义衰退、贫富分化加剧以及人权被侵犯等问题越来越被忽略了。虽然资金实力与技术实力代替了武力，资本主义的贪欲代替了尚武精神，但是流淌在骨子里的优胜劣汰的竞争意识不仅没有减弱，反而增强到了要完全掌控人们的无意识的程度。较之其他国家，韩国和中国在应对新冠肺炎疫情上表现出色，两国应优先解决类似的社会问题并拿出成果与世界各国共享。

金粉红 译

① http://www.newspim.com/news/view/20200617000816.

人工智能时代的“孝”思想：以具身认知理论及智能机器人看护为中心

〔韩〕李英仪

（韩国高丽大学客座教授）

一　研究缘起

第四次工业革命为人类开启了人工智能时代，超连通、超人工智能、超人等新名词成为这个时代的代名词。然而，人类在人工智能时代同时又面临着一些个别或普遍存在的严重问题，其中颇具代表性的便是老人看护问题。随着人类平均寿命的普遍增长，照料老人在全世界范围内正在成为一个重要的社会问题。尤其在把“孝”作为基本道德修养的中、日、韩等东亚国家，年轻一代越来越难以亲自照顾父母，正在遭遇严重的伦理困境。其中一个表现便是下面这个选择题：是亲自照顾父母，还是让机器人来照顾？这个问题让东亚国家的年轻人很为难，因为他们必须在人类看护和机器人看护之间做出选择。

为解决这种矛盾，本文尝试从具身认知理论（theory of embodied cognition），特别是从生成认知论（enactivism）的角度探索东亚的“孝”思想在人工智能时代的实现方案。根据具身心理学理论，心智并不像物理主义所主张的那样仅仅局限于脑的作用，而是在包括脑在内的身体和环境进行相互作用的动力过程中涌现的。本文将按照如下顺序展开论述：在第二部分，探讨具身的心理学理论，特别是生成认知论的基本思想与本文的主题——作为伦理道德观念的“孝”之间的关系；在第三部分，从生成认知论的角度出发，主张将“孝”看作一种“伦理技能”，并以具身学习为中心阐释新手和专家之间的差异，提出“孝”是一种后天形成的习惯；在第四部分，提出将机器人看护作为人工智能时代实现孝道的有效方案。

二 具身心智

认知科学自发生以来一直深受符号主义（symbolism）的影响，把认知看作一种符号计算。20 世纪 80 年代以后，符号主义的局限性逐渐凸显，一些尝试从新的科学角度阐释认知的研究项目开始出现，联结主义（connectionism）便是其一。联结主义与符号主义的区别在于：它否认表征的本质具有命题性，否认计算过程是按顺序进行的中央处理过程。但由于它认为认知的本质是“计算”，所以它和符号主义一样都属于计算主义（computationalism）范畴。90 年代以后，具身认知理论作为一种新的模式在哲学及认知科学领域崛起，它批判以符号主义和联结主义为代表的计算主义。

具身认知理论不是单一的理论，它是多种理论的组合体。同属于“具身认知理论”的各个理论之间，虽然在某些细节上存在分歧，但它们都否认计算主义的认知是计算、计算过程在脑中进行、与身体和环境无关等核心观点。现阶段比较热门的具身认知理论是“4E + S”理论模型，它由具身认知论、嵌入认知论（theory of embedded cognition）、延展认知论（theory of extended cognition）、生成认知论等组成，此外还有分布式认知理论（theory of distributed cognition）、情境认知理论（theory of situated cognition）等。[①] 本研究将以生成认知论为中心展开论述。

生成认知论反对计算主义所强调的认知是对内在表征的计算这一认知概念，主张将认知看作“具身行动”（embodied action）。这种对认知的崭新理解在下面这段引文中展现得很清楚。

> 我们用“具身心智”这个术语来强调两个方面：第一，认知依赖并源自人们所拥有的具有特殊感知和运动能力的身体，以及身体所具有的各种不同类型的特殊体验（经验）；第二，这种特殊的感觉运动

---

① 对具身认知理论各个分支理论的阐述参见 M. Rowlands（2010）和李英仪（2015）。

> 能力本身内嵌于更为广泛的生物学、心理学和文化脉络中。我们使用“行动”这个术语来强调人类的感觉和运动的过程，以及他们的知觉和行为从根本上是不能与鲜活的认知分离的（F. Varela，E. Thompson，and E. Rosch，1991，pp. 172－173）。

支持上述引文中所主张的“认知是具身行动”的理论大致分为以下三种类型。

（1）感觉运动生成论（sensorimotor enactivism）。该理论类型的侧重点不在于对心智的一般性说明，而是注重阐释个人知觉经验的指向性和现象性。[①] 知觉、行动和知觉经验密不可分、紧密相连。诺伊（Noe）认为，知觉经验的内容不是“表征的内容”，而是作为一种“可以触及的东西”而“现存”的，所以具有虚拟性。[②] 如果知觉经验是虚拟的，那么经验的内容既不存在于大脑中，也不存在于世界中。它“不是发生在我们身上的，而是我们自己做出来的”。因此，感觉运动生成论根据有机体熟练的活动模式和结构来解释知觉意识，它不认为知觉意识是在大脑内实现并由大脑所引起的神经功能。从这个意义上说，“经验是动物在熟练的行动生活中实现的”。[③]因此，神经活动是产生知觉和知觉经验的必要条件，但不是充分条件。知觉不是在大脑里制造知觉内容的内在过程，而是有机体和环境之间的相互作用。

（2）自创生生成论（autopoietic enactivism）。该理论类型的核心是自创生（autopoiesis）。[④] 自创生的典型例子是活细胞。马图拉纳和瓦雷拉（H. Maturana and F. Varela）将用来解释细胞的自我维持过程和组织原理的自创生概念应用于认知。[⑤] 自创生体系作为保持自我一致性的根本变数，

---

① 感觉运动生成论的代表学者有 S. Hurley（1998）、K. O'Regan（2011）、A. Noe（2004，2009，2012）等。

② A. Noe（2004），pp. 215－216.

③ A. Noe（2004），p. 227.

④ 自创生生成论的代表学者有 F. Varela、E. Thompson 和 E. Rosch（1991），E. Thompson（2007），E. Di Paolo（2005，2009）等。

⑤ 瓦雷拉的生成论一般被称为“自创生生成论”，然而，实际上瓦雷拉并没有使用这个术语。考虑到自创生首先指的是“生物学上的自律性”，所以，把它称作“自律生成论”可能更为恰当。

是具备自我组织原理的恒常体系。精神和现象是有机体进行自我组织和自我生成的活动中涌现的。[①] 认知是身体、神经系统和环境在反复的感觉运动结合中涌现的。从汤姆森（E. Thompson，2007）的“生命中的心智”（mind in life）这一表达可以看出，该理论与其他理论相比，更加强调心智和生命之间的紧密连接。

（3）激进生成论（radical enactivism）。该理论类型由胡图（D. Hutto）和迈因（E. Myin）提出，其核心是基本认知（basic cognition）和反表征主义。[②] 基本认知是有机体和环境之间进行动态相互作用的具体形式和时空扩张模式。基本认知虽然是具有意向性指向的心智活动，但它不包括意向性指向的现象，即内容。因此，其适用范围比将意向性指向和内容都包括在内的基本心智更窄。基本认知概念本身就是广域的（extensive），因此没有必要像延展认知理论一样进行延展。激进生成论虽然承认脑中存在现象表征的最小实现基础，但要完全理解现象性经验，有必要关注有机体在进行延展性感觉运动相互作用时产生的功能可供性（afforance）。心智活动根据有机体与环境的既往互动史形成认知并对其做出解释。这种激进认知论来源于彻底的反表征主义。由于基本认知中不包括内容性信息，自然也没有表征概念的立足之地，这一点与感觉运动生成论形成鲜明对比。

三 伦理技能之“孝”

本部分将以第二部分中阐释的生成论为基础，来探讨本文的主题——人工智能时代的“孝”思想。“孝”是古今中外公认的人类最基本的伦理道德，不论是在素有儒佛仙传统的东亚，还是在全世界的各种文化和宗教传统中，“孝”都得到了广泛的认同。狭义的“孝”指的是“尊敬父母的伦理”，广义的“孝”则可以理解为“人与人之间的爱”。在儒教传统中，“孝”是最基本的德行。《论语》中说“孝弟也者，其为仁之本与”，即孝顺父母，敬爱兄长，这就是“仁”的基础；[③] 《孟子》中说“尧舜之道，

① H. Maturana and F. Varela（1980），pp. 78 – 70.

② D. Hutto and E. Myin（2012），p. 5.

③ 《论语·学而》。

孝悌而已矣”，即尧帝、舜帝的风范，以及他们教化天下的道理，最根本的就是孝悌；[①]“仁之实，事亲是也”，即仁的实质在于侍奉父母。[②] 由此可见，儒学中，仁是人类基本本性中最重要的德行。正如孟子所强调的那样，仁的基础是“孝”，“孝”是所有伦理道德的根本之所在。那么，被理解为“最基本的伦理道德”的“孝”与生成认知论有哪些理论上的关联呢？[③]

根据生成认知论，认知是身体有机体与环境进行动力的相互作用的行为。在这里，行为由有机体在所处的环境中生活时所掌握的各种生活技术组成。这些技术以身体为基础获得，所以是具身的技术。这里的重点在于具身的技术并不是通过合理的深思熟虑获得的知识（know-what[④]），而是一种及时应对技术，即技能（know-how）。瓦雷拉（1992）和诺伊（2009）特别强调作为具身的生活技术经验的重要性。知识的本质在于合理的深思熟虑。知性主义把合理的深思熟虑视为最根本的认识作用，因为深思熟虑能够训练获得熟练的专业知识的基本能力。但是，专家不与自身境况保持距离，也不深思熟虑，[⑤] 因此，专家的本质是熟练。同样，日常生活也不依赖于以深思熟虑为基础的知识。如果知性主义正确，我们的日常生活就会从世界中分离出来，导致我们只能成为行为不熟练的新手。然而，我们在所生活的周边世界中并不是新手，而是行为熟练的生活专家，其根本原因在于我们通过经验和习惯积累了技能。

如果说日常行为源于经验技能，那么我们已做好在自身环境下做出适当行动的准备。瓦雷拉把这种准备性行动（readiness-for-action）和与之相对应的具体情境分别称为“微观个体”（microidentity）和“微观世界”（microworld），它们通过反复行动实现历史性的组合。[⑥]我们在特定环境下不能做出适当行动的主要原因是微观个体和微观世界在历史上没

---

① 《孟子·告子下》。

② 《孟子·离娄上》。

③ 从生成认知论的角度论述东方伦理的研究参见〔韩〕刘权钟（2011），F. Varela，E. Thompson 和 E. Rosch（1991），F. Varela（1999），B. Seok（2013），D. Hutto、J. Ilundáin-Agurruza 和 R. Sánchez-García（Unpublished）。

④ 本研究中的“know-what”指的是德雷福斯模型中的“knowing that”。

⑤ A. Noe（2009），p. 99.

⑥ F. Varela（1992），p. 10.

有实现恰当的组合。瓦雷拉强调的历史性组合与下面将要讨论的习惯有关。贤者在伦理环境下总能知道善行并自觉执行。[①] 由此可见，“孝”等伦理道德的实现要依赖于日常生活和个体之间通过反复行动而形成的具身组合。

新手和专家有什么区别？尤其是从伦理学的角度来看，二者有什么区别？为了回答这个问题，首先可以从具身的观点来分析一下德雷福斯模型（Dreyfus model）。德雷福斯模型被用来解释技能的习得，它的理论基础表现在以下四个方面。[②] ①技能不是天生的，需要学习。②学习通过教诲和实践实现。③要通过实践保持所掌握的技能。④技能不能再还原回概念知识。从这里可以看出，德雷福斯模型和儒学思想之间的根本性差异与①有关。即，德雷福斯模型否定技能先天性、强调学习必要性，而儒学思想强调人类的本性。孟子认为，人性在天生的善，因为人天生就有恻隐之心等四种善端，所以能够将这四种善端扩而充之，形成仁义礼智四种道德。这种差异对我们的主题——“孝”有什么启示？德雷福斯模型认为作为伦理秘诀的“孝”不是人类本性的表露，而是学习和实践的结果，而孟子的性善说则认为“孝”是人类本性的自然体现。虽然二者之间存在差异，但它们都强调教育和实践的关系、教育和修养的关系。“山径之蹊间，介然用之而成路；为间不用，则茅塞之矣。今茅塞子之心矣”，[③] 即“山坡间的小径，经常有人行走便踏成了一条路；过一段时间没有人去走它，又会被茅草堵塞了。现在茅草也把你的心堵塞了”。可见，孟子认为要通过教育来启发，保持善良的本性并使之表露出来。因此，虽然德雷福斯的具身理论和孟子的理论在人类本性方面存在差异，但二者都强调用身体来实践技能和修养的重要性。

德雷福斯模型将技能习得分为五个阶段，即新手（novice）—高级新手（advanced beginner）—胜任者（competent）—精通者（proficient）—专家（expert）。新手和专家之间的差异源于规则主导型技能和经验依赖型技能之间的差异。如表 1 所示，[④] ①新手无法感知技能构成要素与情境之

① F. Varela (1992), p. 3.

② H. Dreyfus and S. Dreyfus (1986), pp. 16 - 19.

③ 《孟子·尽心章句下》22。

④ H. Dreyfus and S. Dreyfus (1986), p. 50.

间的关系，专家则能根据具体情况判断技能构成要素是否与情境有关；②专家从特定的角度习得技能，新手则盲目地学习技能；③新手通过分析做出决定，专家则根据既有经验进行直观判断；④新手的技能与世界分离，专家的技能包含在世界中。

表1　技能习得的五个阶段

Skill level	Novice	Expert
Components	Context-free	Context-free and situational
Perspective	None	Experienced
Decision	Analytical	Intuitive
Commitment	Detached	Involved

总的来看，专家通过直觉知道应该做什么，并且能够通过潜默、深刻的直觉完全沉浸于行为，他们不做与情境无关的行为，他们的技能是非常自然的表露。从这一点来看，贤者就是伦理专家。

“孝”是通过习惯形成的。如前文所述，技能可以通过学习获得。那么，学习具体是什么？学习是“通过习惯实现的”。孟子强调，如果没有学习和修养，那么人和动物便没有区别。如果说学习是通过习惯实现的，那么人类能够保持本性的原因便在于习惯。孔子说，“性相近也，习相远也”，即人的本性是相近的，由于习染不同才相互有了差别。[①] 人类不是理性或本能的动物，而是习惯的动物。[②]

根据具身认知理论，具身的技能根据环境的不同有不同的涌现。我们可以从“文化相对性”中清楚地认识到这一点。文化和生活模式是有机体和环境之间进行相互作用的产物，因此会呈现地域性差异。认知科学家们常常用“微环境”（niche）一词来表示“非常适合有机体的环境”，吉布森（J. J. Gibson，1979）用“功能可供性”一词来表示“有机体和环境之间的关系属性”，这两个用语也为上述观点的正当化提供了依据。如此看来，杜威（J. Dewey）也和瓦雷拉一样，认为文化、社会制度、习惯、规范等是在历史的社会进程中形成的习惯。杜威虽然不是具身认知理论的倡

① 《论语·阳货》2。

② J. Dewey. MW 14，p. 88.

导者，但他的理论却很好地阐释了道德是一种通过习惯形成的技能。杜威认为，特定的行为是在与其他行为者接触的过程中形成的习惯，因此，行为习惯一般以社会情境为前提。①

综上所述，“孝”是一种伦理技能，是有机体在自己所处的生活环境中习得的恰当的生存技能。即，“孝”是通过个人习惯形成并在社会中积累的伦理技能。

四　机器人看护

雪莉·特克（S. Turkle）认为本文在第一部分所提出的两难论证是错误的，她认为除了这两种选择之外，还可以选择人类看护，并且认为人类看护能够提供真正的照顾。② 特克认为应该完全由人类来照顾人类。然而，特克的反驳在具身认知的理论背景和人工智能的时代背景下是没有说服力的。本文主张通过机器人看护来实现“孝”，主要有以下两方面原因。

首先，现实原因。正如特克所指出的那样，子女照顾父母，不仅是东亚的“孝”思想在品德修养上的体现，更是人道主义的必然要求。但是，人工智能时代的发展使这种理所当然的伦理要求越来越难以实现。“亲自照顾父母”这一选项存在实际上不可能实现的理由。人工智能时代逐渐进入超高龄社会。根据世界卫生组织（WHO）的标准，一个国家的 65 岁以上人口超过总人口的 7%，便是高龄化社会，超过 14% 是高龄社会，超过 20% 是超高龄社会。日本于 1970 年进入高龄化社会、1994 年进入高龄社会、2005 年进入超高龄社会。韩国于 2000 年进入高龄化社会，2017 年进入高龄社会，预计在 2026 年进入超高龄社会。虽然各地区之间会有偏差，但人类社会迟早要进入超高龄社会。再联系到照顾父母或老人这一主题，由于机器人看护在效率性、经济性、服务质量等方面优于人类看护，现代人虽然有孝心，却会越来越多地选择机器人看护。

其次，后人类主义原因。特克反对机器人看护，认为那不是一种真正的看护形式。为什么机器人不能提供真正的看护？针对这个问题有很多种

① J. Dewey (1922), pp. 578 - 579.

② S. Turkle (2011), p. 289.

回答，其中最有力的观点是认为“机器人提供的看护是假的”。[①] 对于为什么机器人看护是假的可以提出许多种理由（认知能力、情绪能力、恻隐之心、意图、指向性不足等）。但是，从后人类主义的观点来看，根据这些标准来严格区分人类和机器的做法很难成立。海勒（K. Hayles）认为，[②] 人类可以自然而然地与智能机器连接在一起，因为在后人类社会中，很难在机器人与生物学存在之间找到绝对的界限。[③]

五　结语

由老人看护引发的矛盾虽然是个难题，但只要承认机器人看护的可能性，这个难题便可以得到解决。机器人看护可以与人类看护并存，如果将这两种看护方式恰当地相互关联，便可以实现更好的看护。现阶段，应该摒弃因人类中心主义而否定机器人看护的态度，研究机器人看护在人工智能时代和后人类社会时代的适用范围，并据此进行机器人设计工作。

范柳 译

参考文献

〔韩〕刘权钟（Yoo Kwon-jong）：《瓦雷拉的〈伦理技能〉和儒教研究》（바렐라의『윤리적노하우』와유교연구），《韩国学论集》第 42 期，2011，第 39～66 页。

〔韩〕尹保硕（Yoon Bo-suk），《知觉与身体：以诺伊的理论为中心》（지각과 몸：노예의 이론을 중심으로），《认知科学》第 25 期，2014，第 277～302 页。

〔韩〕李起兴（Lee Ki-heung），《基于具身认知的整合型认知体系模型初探：以认知体系结构为中心》（체화인지기반 통합형 인지계모델 에관한 예비적 고찰-인지계의 구조에 관한 연구），《大同哲学》第 70 期，2015，第 197～223 页。

① R. Sparrow and L. Sparrow（2006），N. Sharkey and A. Sharkey（2010），W. Wallach and C. Allen（2010）.

② K. Hayles（1999），pp. 2－3.

③ 对欺骗论证的批评参见〔韩〕李英仪（Lee Young-Eui），《机器人看护和欺骗论证》（로봇돌봄과속임논증），（未出版）。全罗南道高兴郡于 2020 年针对辖区内 80 岁以上的老人开展旨在改善老人生活习惯和情绪的看护机器人普及项目。——机器人新闻（2020.07.07）

〔韩〕李英仪（Lee Young-Eui），《具身认知的概念地图：超越大脑》（체화된인지의개념지도: 두뇌의경계를넘어서），*Trans-Humanities* 8，2015，第 101 ~ 139 页。

〔韩〕李英仪（Lee Young-Eui），《自然化的佛教、幸福，以及生成认知》（자연화된불교，행복，행화주의），《哲学论集》第 54 期，2018，第 195 ~ 221 页。

〔韩〕李英仪（Lee Young-Eui），《机器人看护和欺骗论证》（로봇돌봄과속임논증），（未出版）。

Dewey, J., *Human Nature and Conduct: An Introduction to Social Psychology*, New York: Modern Library, 1922.

Dewey, J. MW 1 – 15, *The Middle Works: 1899 – 1924*, edited by J. A. Boydston, Carbondale, IL: Southern Illinois University Press, 1976 – 1983.

Di Paolo, E., "Extended Life", *Topoi*, Vol. 28, 2009, pp. 9 – 21.

Dreyfus, H. and Dreyfus, S., *Mind Over Machine: The Power of Human Intuition and Expertise in the Era of the Computer Model of Skill Acquisition*, New York: Free Press, 1986.

Durt, C. Fuchs, T., and Tewes, C., *Embodiment, Enaction, and Culture: Investigating the Constitution of the Shared World*, Cambridge, MA: MIT Press, 2017.

Gibson, J. J., *The Ecological Approach to Visual Perception*, Boston: Houghton Mifflin, 1979.

Hayles, K., *How We Became Posthuman*, Chicago: University of Chicago Press, 1999.

Hutto D. and Myin E., *Radicalizing Enactivism: Basic Minds without Content*, Cambridge, MA: MIT Press, 2013.

Hutto, D. Ilundáin-Agurruza, J. and Sánchez-García, R., "Cultivating Embodied Virtues: Radical Enactivism meets East Asian Philosophy", Unpublished.

Meacham, D. and Studley, M., "Could a Robot Care? It's All in the Movement", *Robot Ethics 2. 0.*, Oxford: Oxford University Press, 2017.

Merleau-Ponty, M., *Phenomenology of Perception*, London: Routledge, 2012.

Noe, A., *Out of Our Heads*, New York: Hill and Wang, 2009.

Ramírez-Vizcaya, S. and Froese, T., "The Enactive Approach to Habits: New Concepts for the Cognitive Science of Bad Habits and Addiction", *Frontiers in Psychology*, Vol. 26, 2019, pp. 1 – 12.

Seok, B., *Embodied Moral Psychology and Confucian Philosophy*, Plymouth, UK: Lexington Books, 2013.

Sharkey, N. and Sharkey, A., "Living with Robots: Ethical Tradeoffs in Eldercare", *Close Engagements with Artificial Companions*, John Benjamins Pub, 2010, pp. 245 – 256.

Sparrow, R. and Sparrow, L., "In the Hands of Machines? The Future of Aged Care", *Minds and Machines*, Vol. 16, No. 2, 2006, pp. 141 – 161.

Thompson, E., *Mind in Life: Biology, Phenomenology, and the Sciences of Mind*, Cambridge, MA: Harvard University Press, 2007.

Turkle, S., *Alone Together*, New York: Basic Books, 2011.

Urban, P., "Toward an Expansion of an Enactive Ethics with the Help of Care Ethics", *Frontiers in Psychology*, Vol. 6, 2014, pp. 1 – 3.

Urban, P., "Enacting Care", *Ethics and Social Welfare*, Vol. 9, No. 2, 2015, pp. 216 – 222.

Varela, F., *Ethical Know-How: Action, Wisdom, and Cognition*, Stanford: Stanford University Press, 1992.

Varela, F., Thompson, E., and Rosch, E., *The Embodied Mind*, Cambridge, MA: MIT Press, 1991.

中国韩语学习者与韩国母语话者中称赞言语行为的性别差异研究[①]

陈艳平（大连外国语大学外国语言学专业教授）

孟　刚（大连外国语大学讲师）

一　研究目的

如果不能正确理解社会语言学对目标语言的规则，则有可能导致语用失误，甚至会导致话者和听者之间的误解或沟通失败（Thomas，1983）。称赞言语行为作为社会交往的润滑剂，在很多情况下都会起到维护人际关系的重要作用。Jawarski（1995）指出，称赞不仅能形成良好的人际关系，也是改善现有人际关系，促进社会和谐发展的重要秘诀。称赞言语行为具有区别于其他言语行为的特性，对于外国人学习者来说存在难点。称赞言语行为可以反映一个社会的价值观与文化倾向，如果恰到好处地使用称赞，可以有效维护人际关系、促进交往和谐，反之则会对被称赞者产生负面影响。因此，如果韩语学习者能够很好地理解目标语言的称赞文化与称赞策略，并适当地进行称赞，在与韩国母语话者的沟通中就会减少语用失误的发生，保持沟通的顺畅，从而对于学习者来说，也会产生学习一门语言的自信。

① 本文是在笔者于2019年8月发表于韩国KCI期刊《韩国语学》第84期的文章基础上整理而成的，并于2020年第六届中韩人文学论坛上宣读。本文系辽宁省社会科学规划基金办项目（项目编号：L20BYY015）系列研究成果。

关于称赞言语行为的研究在各语言圈内都非常活跃，韩语圈现有的相关研究可以分为韩国语国语学（백양애，2008；전정미，2008；장민주，2009 等）和韩国语教育学（우상상，2016；김정섭，2018 等）两大领域。可见对于称赞言语行为的前人研究，主要集中在韩国语国语学中，研究者多关注国籍、年龄、性别、亲疏关系等社会变量。近年来研究者多关注称赞言语行为与韩国语教育的联系，考察称赞策略的倾向以及间接称赞的功能。

基于前人研究梳理发现，现有研究对其性别差异的探讨还不多，特别是在跨文化交际中，较少关注在性别变因的影响下，中国韩语学习者与韩国母语话者间在施行称赞言语行为时表达类型与策略的异与同。并且当代大学生称赞言语行为的性别差异研究是语言与性别研究的一个重要分支。本文通过对比的方式，对中韩当代大学生称赞言语行为使用情况进行调查并在此基础上统计分析男女两性称赞策略的差异。这对于中国韩语学习者在进行称赞言语行为教育中提供了具体的信息和启示，具有一定的实践意义。

二　研究方法

本文基于对比的视角，利用对话补全测试（DCT）的方法，考察中国韩语学习者与韩国母语话者施行称赞言语行为的性别差异。为此，选定中国受试者男女各 30 名，受试者来自山东大学、河北大学、湖南师范大学、广东外语外贸大学、大连外国语大学，是通过韩国语能力测试（TOPIK）5 级以上的 20 多岁的大学生；选定韩国受试者男女各 30 名，他们分别是高丽大学、延世大学、韩国外国语大学、成均馆大学 20 多岁的本土大学生。通过这些受试对象，根据亲密的同性朋友、亲密的异性朋友、不亲密的同性朋友、不亲密的异性朋友四个维度，对其外貌、所属物、能力、性格进行称赞，并据此完成对话补全测试。最终排除不符合要求的测试样本，选定中韩受试者资料各 50 份，其中，中国韩语学习者的受试资料中，男 20 人、女 30 人；韩国母语话者的受试资料中，男 23 人、女 27 人，利用 SPSS 软件的 T 检验工具对其差异性是否有意义进行检测。

本文以김현정（1996）与장민주（2009）的分类方法为基础，将称赞

言语行为类型分为“直接称赞”“言及其他”“直接称赞+言及其他”三种类型。其中言及其他类型包括察觉鉴定、询问、发表个人意见、开玩笑、请求和提案等。并以此称赞分类为标准，提取分析了中国男大学生和女大学生（20多岁）、韩国男大学生和女大学生（20多岁）的称赞类型。

表1　称赞言语行为的类型

<table>
<tr><th colspan="2">类型</th><th>定义</th></tr>
<tr><td colspan="2">直接称赞</td><td>用肯定性的评价表达来称赞对方</td></tr>
<tr><td rowspan="5">言及其他</td><td>察觉鉴定</td><td>称赞对方被认知的优点</td></tr>
<tr><td>询问</td><td>为了获取对方或称赞对象的信息，会进行多次询问</td></tr>
<tr><td>发表个人意见</td><td>承认对方或称赞对象的优点，并发表自身主观意见</td></tr>
<tr><td>开玩笑</td><td>对对方或称赞对象进行机智的表达或讽刺</td></tr>
<tr><td>请求和提案</td><td>承认对方或称赞对象的优点，并表达出话者的请求或提案</td></tr>
<tr><td colspan="2">直接称赞+言及其他</td><td>直接称赞与言及其他共同使用</td></tr>
</table>

举例说明：

察觉鉴定：(청자의 헤어스타일이 바뀌었을 때) 헤어스타일이 바뀌었네.

询问：(청자의 헤어스타일이 바뀌었을 때) 머리 어디서 했어?

发表个人意见：[칭찬 대상에 관한 화자의 부러움 표시]

(청자가 새 휴대폰을 샀을 때) 부럽다/좋겠다.

开玩笑：(청자가 화장을 했을 때) 누군지 몰라보겠는걸!

请求和提案：(청자의 요리 실력이 뛰어날 때) 요리 비결 좀 알려주세요.

本文主要探讨以下两个问题：

①中国韩语学习者和韩国母语话者的称赞言语行为在施行与否中是否存在性别差异?

②中国韩语学习者和韩国母语话者在称赞策略类型的选择上是否存在性别差异?

三　研究结果

1. 中韩大学生称赞与否的比较结果

本文通过T检验对收集的数据按外貌、所属物、能力、性格四类分别进行了统计，以外貌为例，统计方法如表 2、表 3 所示。

表 2　针对外貌韩国男女间称赞与否的对比统计

称赞对象	性别	N	平均	标准偏差	显著性概率
亲密的同性朋友	韩国男生	23	3.26	1.137	0.466
	韩国女生	27	3.52	1.312	
亲密的异性朋友	韩国男生	23	3.57	0.992	0.041*
	韩国女生	27	2.93	1.141	
不亲密的同性朋友	韩国男生	23	2.70	1.185	0.855
	韩国女生	27	2.63	1.334	
不亲密的异性朋友	韩国男生	23	2.52	1.238	0.747
	韩国女生	27	2.41	1.248	

（* $p<0.05$，** $p<0.01$，*** $p<0.001$）

表 3　针对外貌中国男女间称赞与否的对比统计

称赞对象	性别	N	平均	标准偏差	显著性概率
亲密的同性朋友	中国男生	20	2.95	1.234	0.000***
	中国女生	30	4.17	0.913	
亲密的异性朋友	中国男生	20	3.40	1.142	0.688
	中国女生	30	3.27	1.143	
不亲密的同性朋友	中国男生	20	2.40	0.940	0.000***
	中国女生	30	3.60	0.894	
不亲密的异性朋友	中国男生	20	2.75	1.118	0.344
	中国女生	30	2.43	1.165	

（* $p<0.05$，** $p<0.01$，*** $p<0.001$）

根据表 2 可知，韩国母语话者在称赞亲密的异性朋友时男女存在显著性差异（$p=0.041<0.05$）。通过平均值可见，相比于韩国女生，韩国男生更擅长称赞亲密的异性朋友；韩国男女生都不太擅长称赞不亲密的同性/异性朋友。由此可见，韩国母语话者对于外貌的称赞与否，比起性别因素，受亲疏关系的影响更大。根据表 3，中国韩语学习者男女在称赞亲密/不亲密的同性朋友时存在非常显著性差异（$p=0<0.001$）。通过平均值可

见，中国男生不太称赞同性朋友，中国女生经常称赞同性朋友、不太称赞异性朋友。中国韩语学习者在施行称赞言语行为时，比起亲疏关系，受性别因素的影响更大。

综观整体统计结果，中国韩国学习者在称赞同性朋友方面存在有意义的差异。通过平均值可以看出，中国男生无关亲疏关系，一般都会称赞异性，但很少称赞同性；而中国女生对同性和异性都称赞有加，但是比起异性，更倾向于称赞同性。因此中国韩语学习者在施行称赞言语行为时，受性别因素的影响较大。

在韩国母语话者的受试统计中发现，称赞言语行为的施行与否受性别影响较小。与中国不同，韩国男生相比于女生，较少施行称赞言语行为，但在称赞对方能力时，其水平高于女生，说明韩国男生的称赞言语行为受称赞对话主题的影响；并且相较于中国男生，韩国男生更倾向于称赞同性。

2. 中韩大学生称赞类型的比较结果

根据 T 检验结果，并未发现中韩大学生男女之间在对外貌、所属物、能力、性格称赞方面上的统计学差异，但在称赞类型具体的使用频率和表达方式上存在差异。

3. 中韩大学生对外貌的称赞

中韩两国大学生都更倾向于使用直接称赞，其他两种类型使用不多。也就是说，在称赞外貌时，中国韩语学习者和韩国母语话者不存在性别差异，多使用直接称赞方式。在表达方式上，在称赞同性的外貌时，中国男生多使用“멋있다”，韩国男生多使用“잘 생겼다”。中韩两国女生多使用“예쁘다”，除此之外，中国女生还使用“귀엽다”。在称赞异性的外貌时，韩国女生多使用“잘 생겼다”，中国女生多使用“멋있다”。

4. 中韩大学生对于所属物的称赞

对于亲密的同性/异性朋友的所属物称赞中，韩国女生使用最多的是言及其他（询问和发表个人意见），韩国男生以及中国男女生都倾向于使用直接称赞。韩国男生多使用像“좋아 보인다”等直接称赞方式，韩国女生更喜欢通过“어디서 샀어”“나도 갖고 싶다”等间接的表达方式来进行称赞。中国男女生在称赞所属物时，与亲疏关系无关，中国男生多采用“좋다”“좋네”等直接表达，中国女生多采用“좋다”“예쁘다”“괜찮다”

等直接表达。

在称赞所属物的具体类型上，虽然中国韩语学习者与韩国母语话者使用最多的表达类型都是“直接称赞＋言及其他”，但中国女生倾向于使用“直接称赞＋察觉鉴定”“请求和提案＋直接称赞”“询问＋直接称赞”三种方式；中国男生没有使用“直接称赞＋言及其他”的复合方式。韩国女生采取的称赞方式比较多样，具体包括：“直接称赞＋发表个人意见”“询问＋直接称赞”“直接称赞＋询问”“直接称赞＋请求和提案”“询问＋发表个人意见”等，特别是在称赞亲密的同性朋友时，该特征尤为明显；韩国男生多采用“询问＋直接称赞＋发表个人意见”“察觉鉴定＋直接称赞”等方式。由此可知，韩国女生在称赞对方的所属物时，多结合使用“直接称赞与言及其他”的方式。

例如：

中国韩语学习者：

와, 이거 예뻐. 어디서 샀어?

좀 빌려 줄 수 있니? 진짜 좋아 보여.

이 치마가 어디서 샀어? 되게 귀여워.

韩国母语话者：

좋아 보인다. 갖고 싶다.

어디서 샀어? 되게 이쁘다.

시계 예쁘네. 어디서 샀어?

와, 진짜 멋져. 나도 줘.

어디서 산 거야? 나도 사야겠다.

이거 어디서 샀어? 잘 샀네. 나도 하나 사고 싶다.

가방 바뀌었어? 옷이랑 잘 맞네.

5. 中韩大学生对于能力的称赞

中国韩语学习者与韩国母语话者在称赞能力时没有体现出明显的性别差异，都更偏爱使用直接称赞。中韩两国的学生通常都使用“잘했다”“대단하다”来对他人的能力给予肯定称赞，并且除韩国女生会使用“询问＋直接称赞”的方式外，几乎没有出现“直接称赞＋言及其他”的称赞方式。

6. 中韩大学生对于性格的称赞

中国韩语学习者与韩国母语话者在称赞性格时也没有体现出明显的性别差异，中韩两国学生通常都会使用“성격이 좋다”“착하다”等表达方式来进行直接称赞。

四 讨论与启示

中国韩语学习者与韩国母语话者在是否施行称赞言语行为上受性别差异的影响。전정미（2008）指出，比起女性，男性注重序列。男性在称赞同性对象时，站在接受称赞的男性听者立场上看，称赞者是排在更高的序列上来对自己进行评价，很容易招致误会，误以为是损害面子的行为。因此男性之间不太进行称赞反而会避免面子威胁，也是礼貌的一种恭顺策略。而女性则注重关系，女性进行称赞的目的是想要维护和对方的人际关系，不管被称赞的对象是男是女，女性通过称赞的方式可以有效拉近人与人之间的社会距离或维持现有的人际关系。因此，在施行称赞言语行为时，女性比男性表现更加明显。

中韩两国大学生在称赞策略的使用上未显示出统计学上的差异，这说明在同等地位中，中韩两国男女所采取的称赞策略是相似的。正如장민주（2009）研究中所指出的那样，同等地位中，男女间所施行的称赞言语行为区别不大。另外，中韩文化虽然不同，但同属于儒教文化圈，历史上有着广泛的交流，在待人接物和文化礼仪上彼此间存在相似性也是不难理解的。另一个原因即，中国韩语学习者与韩国母语话者在进行称赞策略的选择上，都倾向于使用直接称赞，其他两种策略涉及较少，因此这种微小的差异在统计检验中很难体现出来。

中国韩语学习者和韩国母语话者对于称赞表达方式的不同可以从跨文化交际差异中寻求诠释。中国男女大学生受汉语思维表达方式的影响，比如中国男性韩语学习者倾向于使用“멋있다”（帅）就是受汉语称赞表达“帅”的影响。

相比于直接表达，女性更倾向通过“言及其他”等间接表达的方式委婉传达自己的赞美之情，这是由女性的关系指向性特征所决定的。比起直接的称赞，言及其他的表达方式更加亲切，通过这些可以加深并拉近与对

方的人际关系（전정미, 2008）。即，言及其他的表达方式对维护和谐的人际关系具有积极作用，因此女性们多使用“直接称赞 + 言及其他”的方式来维护人际和谐。男性较少采用此种称赞方式也是由男性的序列中心作用所决定的。

基于以上讨论，在中国学习者称赞言语行为的韩国语教育问题上，应该充分考虑其性别因素，来进行行之有效的、有针对性的教学。由此可以提出以下四点启示。

第一，有必要教授中国男性学习者韩国话者本土式的称赞表达方式。

第二，通过对比中韩两国的称赞策略及其表达方式的异同，进行有针对性的教学。

第三，对于中国女性韩国语学习者，有必要掌握韩国本土女性话者经常使用的“直接称赞 + 言及其他”的称赞策略，丰富其称赞言语行为的策略类型。

第四，有必要将中国韩语学习者与韩国母语话者在性别因素的影响下，其称赞言语行为在施行过程中的同与异进行说明，并以此来指导教学实践。

五　结论

本文通过对比的手段，着眼于社会变因中的性别因素，利用对话补全测试的调查方法考察了中国韩语学习者与韩国母语话者男女之间是否进行称赞以及称赞策略类型的异同。研究结果显示，韩国男生与女生在是否进行称赞方面没有发现统计学上的差异，而中国男生和女生在称赞同性朋友时存在有意义的差异。这说明，中国韩语学习者在施行称赞言语行为时男女的差异性明显，中国男生不太称赞同性朋友。在称赞的类型方面，总体上中国韩语学习者与韩国母语话者都更倾向于使用直接称赞。根据不同的称赞主题与交际情况，在称赞外貌时，中国韩语学习者在称赞女生时与韩国母语话者趋同，都经常使用“예쁘다”表达方式，在称赞男生时使用“멋있다”居多；而韩国母语话者在称赞男生时更倾向于使用“잘 생겼다”等表达方式。在称赞所属物时，韩国女生使用最多的称赞策略类型是询问或发表个人意见等言及其他的方式，中国女生更倾向于使用“좋다”

“예쁘다”等直接给予肯定的称赞方式；中韩两国的男生也都倾向于使用直接称赞的策略，只不过其表达方式各不相同，韩国男生经常使用“좋아 보인다”等形式，而中国男生使用“좋다”等词语来进行言简意赅的称赞。值得关注的是，在称赞对方或被称赞对象的所属物品时，韩国女生的称赞表达策略更为丰富。在称赞对方或被称赞对象的能力与性格时，中国韩语学习者与韩国母语话者在表达方式上呈现趋同特征，即都倾向于使用“잘했다”“대단하다”等直接赞美的方式，给予对方能力积极肯定的评价，都倾向于使用“성격이 좋다”“착하다”等表达方式来对其性格进行称赞。

本文在统计分析的基础上提出了四点对于中国学习者称赞言语行为在韩国语教育上的启示。在指导教学实践时要通过对比中韩两国的称赞策略及其表达方式的异同，进行有针对性的教学；在教学中有必要将中国韩语学习者与韩国母语话者在性别因素的影响下，其称赞言语行为在施行过程中的同与异进行说明，并以此来指导教学实践；在教学中教授中国男性学习者韩国话者本土式的称赞表达方式；以及教授中国女性韩语学习者掌握韩国本土女性话者经常使用的“直接称赞 + 言及其他”的称赞策略，丰富韩语学习者称赞言语行为的策略类型。本研究主要着眼于同等地位下性别变量对中国韩语学习者与韩国母语话者的称赞言语行为所产生的影响，在后续的研究中，有必要扩大其变量范围，如考虑其权势等因素的影响作用。

参考文献

김은정,「일본어와 한국어의 '칭찬 (ほめ)' 에 관한 고찰 –TV 토크쇼를 중심으로」, 한양대학교 석사학위논문, 2008.

김정섭,「한국과 중국 대학생의 칭찬성향과 감사성향의 차이 및 관계」,『문화교류연구』7–1, 한국국제문화교류학회, 2018, pp.157–174.

김현정,「영한 화행 대조분석 : 칭찬 및 칭찬 반응을 중심으로」, 서울대학교 박사학위논문, 1996.

백양애,「한중 칭찬화행의 문화 대조 분석 – 의례성 칭찬을 중심으로」,『중국학연구』45, 중국학연구회, 2008, pp.67–90.

서경희,「인도네시아인과 한국인사이의 칭찬반응에 대한 대조연구」,『동남아연구』19–2, 한국외국어대학교동남아연구소, 2009, pp.109–135.

우상상,「한국어 간접 칭찬 화행 교육 연구 - 중국인 학습자를 중심으로」,『한국어와 문화』18, 숙명여자대학교 한국어문화연구소, 2016, pp.157-205.

이원표,「한국 대학생이 칭찬 화행에 나타난 공손법 분석」,『외국어로서의 한국어교육』21, 연세대학교 한국어학당, 1996, pp.107-144.

장민정,「한국 대학생의 칭찬 화행 응대에 대한 연구」,『한국언어문화』(한국언어문화학회)58, 2015, pp.239-265.

장민정,「한국 대학생과 중국 유학생의 칭찬 응대 비교 연구」,『문화와 융합』40-6, 한국문화융합학회, 2018, pp. 277-310.

장민주,「한국어 칭찬 화행 양상에 관한 연구」, 이화여자대학교 석사학위논문, 2009.

전정미,「대화 텍스트에 나타난 칭찬 화행의 양상」,『겨레어문학』40, 겨레어문학회, 2008, pp.99-117.

최이슬,「중국인 한국어 학습자의 칭찬 응대 화행 발달 연구」, 이화여자대학교 석사학위논문, 2010.

Herbert, R. K., "Sex Based Differences in Compliment Behavior", *Language in Society* 19-2, 1990, pp. 201-224.

Holmes, J., "Compliments and Compliment Responses in New Zealand English", *Anthropological Linguistics* 28-4, 1986, pp. 485-508.

Knapp, M., Hopper, R., & Bell, R., "Compliments: A Descriptive Taxonomy", *Journal of Communication* 34-4, 1984, pp. 12-31.

跨语言中的因果语序加工：从行为到神经证据

罗颖艺

（中国社会科学院语言研究所助理研究员）

一 引言

因果认知是人类认识事物联系的基础认知功能。为了能在自然语言中谈论因果关系，我们在语言的不同层级结构中有着各种各样的手段，例如，使用蕴含因果论证结构的动词（如英语的 break），使用介词结构或句子间的连接结构（如汉语的“因为”）。甚至，在没有明显因果标记的情况下，通过因果结构模型的心理表征，我们也能推理得出语篇单元之间的因果关系。可以说，因果链是语篇连贯性的重要支撑（Sanders et al.，1992）。长期以来，发生在句内的、由动词域所编码的因果关系一直深受语言研究者的关注。另一方面，发生在语篇层面的因果关系也越来越受瞩目，本文探讨的重点，正是复句乃至更多句子构成的序列所体现的因果关系。这里的因果关系一般可被视为两个位置的关系，关联着一个原因实体以及一个由原因实体引发的结果。它通过句间关系引入，依赖于连接结构的使用乃至世界知识的调用。

语篇层面的因与果在不同单元（命题）中实现。因此，探讨因和果的线形序列（因果语序）如何影响因果关系的表达和理解，是认识语言使用中因果加工机制的重要方面。本文将围绕内容域（contentdomain）因果是否存在语序偏好的主题，首先简要介绍语言学界基于自然语言的观察，然后介绍我团队在不同语言中进行的实证研究，探讨事理性的因与果在语音产出和在线阅读加工的不对称性，以及信息结构和因果标记对其的影响；还讨论了因果标记引发的因果事件阅读加工与时间标记所引发的过程的差异。为服务于不同的研究目的，采用了语音产出、眼球追踪（eye-tracking）、脑电（EEG）等技术，获得了从行为到神经方面的证据，由此展现了不同语言中因果加工在不同模态形式的特征。

二 自然语言中的因果语序

1. 因果语序及潜在影响因素

根据复句内部或相邻句之间的因果角色分配，因果关系的线性关系可粗略地分为先因后果和先果后因两种形式。早在1944年，吕叔湘就按照语序把汉语因果复句分为两类：先果后因叫作“释因句”，先因后果叫作“纪效句”。现今强调动态语义的语篇分析理论（如分段式语篇表征理论）也列明了对两种语序的标注（Asher & Lascarides，2003）。

是否存在一种更自然的优势语序呢？一些学者认为先因后果保留了物理世界因和果发生的时间顺序，因此，依赖于推理的不对称性和认知难度（Tversky & Kahneman，1983），先因后果理应为优势语序（Clark，1976；Dik，1968；Van Dijk，1977）。但也有研究对此表示怀疑（Van Dijk，1977；Romaine，1981）。近年来一些研究试图为这个争论提供实证证据。例如一个基于自然语料统计的研究表明，在检视的60种主要来自印欧语系的语言中，总体上先因后果的使用频率高于先果后因的语言并不占多数，而且接近半数的语言会把原因状语置后，比例远高于时间或条件状语（Diessel & Hetterle，2011）。张良（2018）对使用了汉语语料库的前人研究进行了梳理，发现对口语语料的统计呈现的是先果后因更常见，但针对书面语的研究则没有一致的结论。

学者们注意到，因果语序的选择可能受很多因素限制（Schiffrin，1985；Degand，1996），如语言自身的句法结构、因果标记的搭配构式、语体、语篇信息结构等。一个较早的英语研究系统考察了用so和because来连接的句子，尤其是它表述的原因和结果内容可以互换位置的句子（Schiffrin，1985）。他首先发现，原因和结果两个事件时间相距越远，越有可能使用先果后因的序列。他还考察了因果句与上下文话题的延续关系，似乎存在着受关注的话题前置的倾向性，但也有一些与此矛盾的结果，因此无法得到“关注性直接影响语序”的结论。

常被讨论的因素还包括因和果的语义不对称性，或者说，语义凸显。从英语和德语的角度，Degand（2000）提出说话者会根据表达侧重点的不同，来选择压缩还是展开原因或结果，即反映出对因或果的凸显。而原因被压缩，可能导致说话者使用介词短语而不是连词来进行引导，并引发先果后因语序的使用。但他对凸显与否的判断主要还是基于语篇信息结构的分析，例如在因果表达中原因往往是新信息。而一些汉语研究者则认为因和果可能有天然的不对称性。我们将在下一部分进行介绍。

因果表达的逻辑语义类型，也可能是影响语序的重要因素，尤见于以印欧语系语言为主要考察对象的研究。Sweetser（1990）提出的三域是比较常用的分类标准：表达概念上存在于真实世界的因果关系属于内容域；描述说话者知道或相信的、存在于认知领域的因果联系属于认识域（epistemic domain）；解释说话者的某些言语行为的因果联系属于言语行为域（speech act domain）。沈家煊（2003）表述为“行、知、言”三域。在近期的一个研究中，Atallah（2014）对法语语料库中含因果连词的语句进行语义分类，发现法语的认知域因果表达以先果后因为主，非因果型的推理因果表达则倾向于使用先因后果语序。

2. *汉语因果复句的语序*

汉语因果句的优势语序一直存在较大争议。不少学者认为先因后果是主要语序（吕叔湘，1980；侯学超，1998；李晓琪，2003；邢福义，2001；章欣，2015），因为它既符合汉语篇章复句中状语从句前置的特点（赵元任，1979；邢福义，2001），也说明了汉语语序与实践的时间顺序之间具有广泛的象似性关系（戴浩一，1991）。但根据张良（2018）的统计，按语体分类的语料分析研究中，有的结果支持先果后因在口语和书面语中都占优势（Biq，1995；宋作艳、陶红印，2008），有的结果则显示先果后因在口语中有分布优势，在书面语中则没有（Wang，2002；肖任飞，2010；黎洪，2012）。

众多学者对因果复句中的语义凸显进行了讨论，但没有一致的结论。黎锦熙（1962）对汉语的因果复句做出“溯因式”和“据果式”的分类。据果式的特点是先果后因，并且表因句之前都有特定的关联词，例如“是因为”“其原因是”等，事实上就是对后置的因加上焦点标记。而溯因式则没有明显的凸显标记，原因可以在前可以在后。从这里看出，黎先生认为语序联合焦点标记是语义凸显的重要手段，而且要如此凸显的往往是原因。李为政（2013）则直接给出“原因小句要更受重视”的结论，并归咎于“结果往往是显而易见的另一方面”，“一旦明确了导致这个结果的原因，则会对结果理解得更加透彻”。然而，也有其他学者认为，由于偏正复句结构的焦点分配，后置概率较大的表果句应是因果关系的焦点，表因句后置的情况也是为了突出位于正句的表果句，表因句只起到补充说明的作用（黄伯荣、廖旭东，2007）。邢福义（2001）则考虑，先果后因句包含两种情况：一是重在分析断定结果产生的原因，为析因式；二是补充说明结果产生的原因，为补因式。后者的表因句显然不承担语义凸显的角色。

为了获得语义凸显对语序影响的证据，Zhang、Li 和 Luo（2018b）特别考察了网络聊天的因果使用情况，尤其是基于修辞结构理论，标注出句联中的交际意图核心。结果发现，在这样的类口语环境中，原因小句、结果小句或是两者同时都有可能成为交际意图的核心，即语义凸显的成分；然而只有原因是交际意图单核心时，才可能出现先果后因的语序。

另一方面，有学者暗示了汉语因果复句语序受语义类型影响的可能性。在储泽祥等人（2008）的论述中，作者认为先因后果是强式，其动因为时间顺序原则。按此说法，受时间顺序限制的因果关系，即内容域因果，其先因后果优势应该最为明显。

三　研究目的

由上可见，中外学者根据自然语料，概括了因果语序和语义凸显、语义类型之间可能具有一定的相关性，但结果并不清晰。回归到因果优势语序提出的初心，先因后果偏好的根源在于象似性，真实世界发生的因果事件，在心理表征结构上可能具有时间方向性。因此，我们的首要目的，是限定在符合时序的内容域因果内，对语序优势进行检验。不仅要考察因果关系呈现的语言表达形式，验证各种形式在语言中的使用概率，更应该检验在更即时的加工中是否存在加工难度的证据，例如在产出过程和理解过程中，当因果关系随着语言线性展开的过程，会引发理解者什么样的在线（online）认知加工？语言线索如何快速地引导人们完成逻辑推理？此外，不同语言间因果表达加工的异同也是我们的重要目标。因果关系作为一种人类基础的逻辑推理，它的认知加工是否会体现跨语言的一致性？

总的来说，围绕因果语序加工的偏好，我们提炼出以下问题：第一，对于内容域的因果，先因后果序列加工是否更容易？第二，换句话说，先果后因是不是会引发更困难的加工，包括在产出过程中是否会形成更多非常规韵律？在阅读过程中是否会造成困难？第三，加工模式在跨语言间是否具有一致性？

为此，我们结合语言事实和实验方法，对以上问题进行了考察。由于自然语言的语境比较复杂，因果复句往往用在多种使用域类型混合（blending）、语义特征模糊的场合，因果标记各式各样，混淆变量多。因此，有必要使用实验手段，对语料进行语义的直接操控，使设计的因果材料符合时间限制，同时对语义、标记等在自然语料中无法匹配的因素进行控制，使实验条件之间没有其他差异。实验方法也便于我们进行跨语言的比较。

第一个研究使用产出实验范式，考察汉语者和法语母语者产出不同语序因果复句的语音声学模式。第二个研究使用眼球追踪技术，考察日语者和汉语者阅读不同语序因果内容的加工过程。第三个研究利用脑电技术，通过比较日语者在阅读因果语序正确和不正确句子的差别，从神经层面揭示因果加工的时程特点。这几种语言具有类型学差异：在语音上，汉语是声调语言而法语不是；在语法上，日语句子以动词或其他谓词结尾，与汉语语序截然不同。因此，比较这些语言，能更好地体现跨语言间认知加工的一致性。

四 汉语和法语的产出实验

利用产出范式，我们的考察目标是不同因果语序下的复句韵律模式。这里的逻辑是，已知韵律模式的相关参数（如重音放置、音高变化、小句间韵律边界等）在口语中常常反映表达小句间关系，尤其是语义凸显的分配，例如常规的韵律小句和复句往往呈现音高下倾（前高后低）的趋势，而焦点后置的内容会打破这一趋势，导致后置内容反而获得重音。因此，如果表达内容域因果的复句确实存在优势语序，或者存在因和果语义凸显上的不对称性，那么很有可能会在口语表达上观察到不同语序的句子出现韵律模式的变化。

实验所用的因果句满足以下条件：①句中因果关系的确定应避免依赖对世界知识的提取，否则被试间的世界知识表征（如对因果性的认同）可能有巨大的差异；②表因句的内容和表果句的内容保证在发音上具有可比性，排除音系单元长度、声调组合等众多音系特征对韵律的影响。

基于以上原因，我们设计的汉语、法语因果句均采用以第三人称为主角的意愿式内容因果，表因句和表果句同为主谓结构，两小句的谓语内容基本一致，表达的意思为“某人的某个意愿/行为和另外某人同样的意愿/行为之间存在因果联系”，因此也构成了主语位置上的对比焦点。表因或表果连词作为逻辑标记，居于因果之间，引导第二小句。例句如下（表1中的关键因果句）。

表1　语音产出实验发音材料（以汉语为例）

背景问句（操控语篇焦点） A. 语篇焦点落于表因句 / B. 语篇焦点落于表果句	
A. 莉莉为什么要去听音乐会？	B. 王磊要去听音乐会，莉莉要么？
关键因果句（操纵语序） I. 先因后果（CE）/ II. 先果后因（EC）/ III. 无连词标记：他要听，她要听。	
I. 他要听，所以她要听。	II. 她要听，因为他要听。

1. 汉语孤立句实验结果

汉语实验（Zhang, Li & Luo, 2018a）首先检验了在没有更多上下文背景下、孤立因果句的产出模式，并与无连词标记的复句进行比较。从理解上，实验收集的过半数的无标记复句被被试理解为表达因果关系，剩下则被判断为表达其他类型的逻辑关系。声学产出结果显示，无标句体现出经典的音高下倾模式，即主重音在前句；先因后果句同样呈现前重模式，甚至前句因主语“ta”音高更高而显得比无标句的前句更强；先果后因句则明显为后句更重，体现为不仅音高下倾不明显，而且相较前句主语，后句主语明显增长。此外，在三种句型中，因果句句间停顿时长最短。

2. 负载焦点的因果复句实验结果

考虑到实际语流/语篇具有明显的信息结构特征，因果句在其中可能负载了语篇焦点，因此在接下来的实验中，我们进一步加入二人对话情境，使得关键因果句成为对话的答句。而另一人产生特殊疑问句或一般疑问句，以控制语篇焦点落在答句的不同位置。这么做，可以考察因果句原有的因与果语义凸显不对称性是否受到语篇焦点调控。材料见图 1。

我们分别在汉语和法语上进行了该实验操纵。汉语的结果基本复制了前面孤立句的发现：在有连词的情况下，无论语篇焦点落在前句还是后句，先因后果句的主重音大概率落在前句，先果后因句的主重音大概率落在后句，均表现为表因句重。先因后果句的句间停顿时长最短，同样不受语篇焦点调节。语篇焦点的作用较弱，仅体现在先因后果句的主语上，焦点在前可导致其前句主语时长增加。

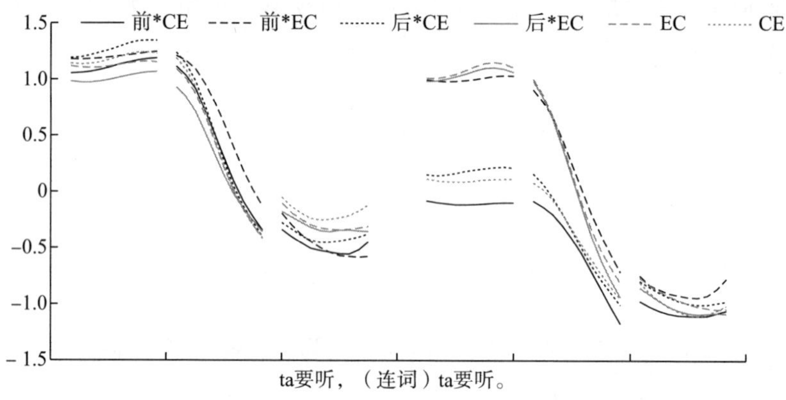

图 1 不同语篇焦点和语序情况下的基频曲线

注：前：焦点在第一句；后：焦点在后一句。

资料来源：张良（2018）。

法语的结果（Luo & Song，2020）则首先再现了常规的音高下倾模式以及经典的语篇焦点效应，即焦点所在的小句更容易获得主重音，该小句的对比焦点音高增加。与此同时，表因句也更容易获得重音并引起主语音高上升，这和汉语的主要发现是吻合的。总的来说，法语的因果复句韵律产出模式体现了语篇焦点和因果凸显不对称性的叠加，如果计算韵律凸显度，那么对于第一小句，焦点在前的先因后果条件最强；对于第二小句，焦点在后的先果后因条件最强。我们在法语数据中还发现了韵律凸显和句间边界的联动性：当韵律上要突出后句时，前后句的边界倾向于被压缩，伴随后句音高提升。

3. 小结

这一系列的产出实验利用产出实验范式和语音分析方法，在汉语和法语两种语音类型不同的语言中，得到了一致的结果，那就是对于表达意愿式内容域的因果复句，表原因的内容在韵律上自动获得加成。而且，该效应几乎不受语篇焦点的影响：在法语中与焦点效应平行叠加，在汉语中甚至抹掉焦点效应。这很可能说明，这一类型的因果关系，原因是意义（meaning）上更受重视的单元。

这一结果也符合语序偏好的预测。先因后果作为优势语序，搭配常规的韵律模式（前高），而先果后因语序则需要搭配额外的韵律标记。由于原因部分自动获得凸显，因此额外的韵律标记体现为重读后置。

五 汉语和日语的阅读眼动研究

语音产出实验范式要求被试在朗读前先认真阅读句子，所以其语音产出实际上包含了发音人对句子的综合理解，主要反映的是相对（阅读）滞后的、全局式意义整合的成果。那么，因果关系和因果标记是否会对阅读的线上加工造成即时、快速的影响？为此，我们采用眼球追踪技术，对读者在阅读因果句时的眼动（eye movements）进行监测，该方法时间精确度高，对即时认知加工负荷敏感，尤其适用于监测阅读行为，能提供时间（阅读停留时间）和空间（阅读对象）相结合的指标。本实验聚焦内容域因果，但不仅限于意愿内容，还涉及基于真实世界的因果关系。

1. 日语实验

在首先进行的日语实验中（Luo，Sato & Sakai，2013），我们提供的阅读材料由表因句和表果句两个句子构成，不含有逻辑标记。同样的内容可能以先因后果或先果后因的顺序呈现。被试的任务是阅读后判定两句间是否存在因果关系（实验中还包含非因果关系的其他材料作为填充）。要完成这一任务，被试需要把句子内容与脑中已有的世界知识或因果模型做匹配。假设时间顺序象似性左右着我们对因果事件的表征，那么符合真实时间限制的语序，即先因后果，其语义更连贯，在线加工负荷会较小。数据分析集中在阅读相同内容（即保证视觉输入相同）时的条件间比较，因此空间区域定义为语篇整体，表因句自身，表果句自身；表因句和表果句因词汇语义内容不同，无法直接相比。

结果强烈支持了先因后果优势语序的假设。对于这些无标的复句，日语母语者加工先果后因的语序，整体花费了更多的时间。更有趣的是因果性强弱对各句首轮阅读时长（即从注视点首次进入该区域直至首次离开的时间总和）的中介角色。对于因果性强的语篇，无论表因句还是表果句的阅读都呈现“语境促进效应”：处于第二位的句子由于第一句提供了语境信息而变得易于预测和整合，阅读时长缩短。这个效应在表因句上尤其明显。然而，弱因果性的语境起到了反作用，表因句和表果句都呈现“整合困难效应”，即第二句反而比第一句更难加工，而且这个效应在表果句上更明显。这个发现启示我们，因和果在因果事件表征中可能有不同的角色，结果是逻辑关系整合梳理的落脚点。

2. 汉语实验

接下来，我们对汉语因果句阅读进行了考察（Zhang, Li & Luo, 2018b）。与日语实验不同的是，本实验所使用的语料不仅操控了两种语序，还操控了表因连词“因为”的出现与否，同时在因果句前加入了背景句，构成三个小句的句联。眼动实验前，就这些语料的因果句内部语义紧密度（即语句间逻辑是否流畅、意思是否衔接得当）和可理解度（即语篇理解起来是否容易）进行了测评，发现连词的使用和先因后果语序对这两个阅读的有效性指标都起到了促进作用。

然而眼动实验的数据却提示了更为复杂的在线加工模式。不同于日语实验的发现，对于汉语语篇，表因连词使用与否和语序对语篇整体阅读时长没有显著影响。两个因素引起的阅读变化主要在表因句上。首轮注视时长受到连词的显著影响，“因为”后紧跟的原因内容注视时长缩短，暗示因果标记作为有效线索，致使表因句早期以词汇语义加工为主的阅读得到提速，同时抹平了语序的影响；而在无连词情况下，表因句的早期阅读颠覆了位置后置的“语境促进效应”，先果后因的表因句反而比先因后果的表因句看得更慢，这也是语序因素在本实验中唯一显著的效应。而另一个反转发生在晚期加工，即回扫发生以后，在此阶段，有连词的原因内容不再像早期加工那样看得更快，而是比无连词的内容注视时间更长。

换句话说，汉语母语者尽管在离线评价全语篇通顺性时对先因后果语序和表因连词有所青睐，然而，在线加工所体现的，更多是表因连词作为逻辑语义的重要标记，对原因内容加工的不同阶段进行了权衡（trade-off），早期更迅速地完成词汇语义加工，而晚期花更多时间进行深层次整合。而语序的快速作用仅在无连词情况下显著，“后因”反而比“先因”更耗时，喻示了先果后因在无逻辑标记情况下的预期性加工困难——读者并不主动期待逆向推理的语篇结构，因此当真正的后句出现，它可能与读者原预期相差较远。

3. 小结

本研究反映出两种语言加工的异同。在无连词的情况下，两者都观察到了语序偏好的在线证据。但在日语实验中，先因后果语序体现为对全语篇阅读的促进，而在汉语实验中，语序的促进作用只局限在表因句的早期加工阶段。这个证据为语言中的“先因后果语序偏好”提供了在线证据。差异性在于，同为无连词的情况，日语实验发现先因后果语序对全语篇阅读的促进，而汉语实验没有观察到这一点。

六　日语脑电实验：语序错误效应

以上实验主要考察了先因后果和先果后因两种正确的句子造成的差异。本实验采用另一个角度，关注语序和连词不匹配导致句子错误、推理失败的情况，目标是考察因果知识和因果标记如何影响阅读理解的认知神经加工（Luo，Momma，Sakai，in manuscript）。

内容域的因果推理蕴含了（entail）对因与果的时间先后做出认定。另一方面，时间标记也常常被用于表述因果连接的事件或状态。人们在遇到时间连词时，有可能由于启发式（heuristic）认知而快速地做出因果关系的推理，尽管这样的推理不一定正确，并可能在晚期加工中被纠正或排除。因此，这个实验旨在讨论，同为表达因果事件，因果标记和时间标记对于阅读理解的在线加工有何差异。而且，我们采用违反范式，比较推理成功（因果语序和标记匹配）和推理失败（因果语序和标记不匹配）的过程差别，从而揭示因果推理加工的特点。

实验句由一个主语、一个谓语动词、一个连接成分和另一个谓语动词构成，即包含两个小句，各表达了一个事件，两个事件的主语一致，因此第二小句主语省略。表原因或表时间的连接词（大致对应汉语的“以致”和“之后”）居于两个谓语动词之间，均表达前向推理，即两个事件在时序上由前至后。这样的连接词搭配先因后果的两个事件当然是合适的。然而，如果这两个事件在常识中是前为果、后为因，或者只有时间的倒序关系但没有因果关系，甚至根本没有关系，这样的事件关系搭配前向推理连接词，则会产生不匹配，被试者在读到最后一个谓语动词时，会感觉句子不合理，难以理解。利用这样的逻辑，我们编写出合理的和不合理的句子，不合理的句子中分为多种类型，通过比较合理句与不合理句的加工过程，凸显相关推理的认知生理相关物。

本实验记录了日语母语者在阅读日语句子过程中头皮表面所收集到的电活动，这些电活动源于脑部神经活动的放电现象。每句的词语逐屏呈现在屏幕中央，关键脑电记录位置为最后一个词，即全句第二个谓语动词。若句子不合理，被试读到此处将会察觉。

在时间词的条件下，无关事件搭配时间词相较正确句引发了中线上的N400效应，即在句末动词呈现400ms左右，副波增强达到峰值，这类似于经典的、基于词汇语义共现概率的语义违反效应。因果倒置的内容搭配时间词造成的影响则是加工时程靠后的晚期持续正波，主要分布在左侧电极。在使用因果词的情况下，无论因果倒置还是无关事件导致的不合理句子，它们对比正确的因果句，引发的效应都是晚期持续副波，该效应持续至脑电监测结束。

时间词搭配因果倒置（同样也是时序倒置）内容的结果，与过去论元角色互换研究（例如，“人咬狗”对比“狗咬人”）的发现有相似性，可能反映了这类错误虽通过了基于词汇共现性的启发式加工的早期“初筛”，但在晚期整合阶段得到了纠正。更重要的是，我们看到了因果词非凡的引导作用。因果词的出现，很可能使读者放弃了认知资源耗费相对较少的启发式加工，转而直接选择更深层次的加工整合“策略”，因此因果关系建构的失败体现为晚期持续副波，该成分在推理研究中常有出现。值得注意的是，被试在离线判断中认为因果倒置的内容搭配时间词和搭配因果词的不合理程度相近，但脑电效应的极性相反，分布相左，显示出不同的认知机制。

七 总结与展望

本研究的前两个研究提供了在不同语言下，内容域因果先因后果偏好的语音和在线加工证据，汉语两个实验以及法语产出实验还发现了因和果的不对称性，表因句获得更为凸显的加工。日语脑电研究则发现，在因果词的引导下进行前向推理（从因到果），很可能直接采取的是深加工的策略。连同汉语眼动实验的发现，两者也证明了因果连词对推理认知加工策略的重要影响。总的来说，因果表达和理解加工在跨语言间体现出了多层次的一致性。

本系列研究虽以因果语序偏好为主题，但同时也探索了语篇韵律、自然阅读中加工资源的时间和空间分配、逻辑标记所引发的加工策略等多个语言加工的重要课题，为它们提供了丰富的证据。

在未来的研究中，我们将拓展至不同逻辑语义类型的因果关系，探讨与事实时序没有必然对应关系的因果表达以及其认知加工机制的特点；横向比较更多具有类型学差异的语言，进一步揭示人类因果逻辑机制的普遍性和差异性。

参考文献

Asher, N., Lascarides, A., *Logics of Conversation*, Cambridge University Press, 2003.

Atallah, C., Analyse de relations de discours causales en corpus: étude empirique et caractérisation théorique. Ph. D. dissertation, Université de Toulouse, Toulouse, 2014.

Biq, Y. O., "Chinese Causal Sequencing and Yinwei in Conversation and Press Reportage", *Berkeley Linguistic Society* (21), 1995, pp. 47 – 60.

Clark, H., "Semantics and Comprehension", in T. Sebeok (Ed.), *Current Trends in Linguistics*, 12, The Hague: Mouton, 1976.

Degand, L., *A Situation-based Approach to Causation in Dutch with some Implications for Text Generation*, Doctoral dissertation, Université catholique de Louvain, 1996.

Degand, L., "Contextual Constraints on Causal Sequencing in Informational Texts", *Functions of Language*, 7 (2), 2000, pp. 173 – 202.

Diessel, H., Hetterle, K., "Causal Clauses: A Cross-linguistic Investigation of Their Structure, Meaning, and Use", in *Linguistic Universals and Language Variation*, P. Siemund, Ed. City: Mouton de Gruyter, 2006, pp. 21 – 52.

Luo, Y., Sato, M., Sakai, H., "Temporal Distance between the Cause and the Effect Affects the Reading of Causality Sentences: Eye-tracking Evidence", *IEICE Technical Report: Thought and Language*, 113 (174), 2013, pp. 139 – 144.

Luo, Y., Song, B., "Prosodic Realization of Prench Complexes with Causal Conjunctions", 《中国语音学报》, 13, 2020。

Romaine, S., "On the Problem of Syntactic Variation: A Reply to B. Lavandera and W. Labov", *Working Papers in Sociolinguistics*, 82, Austin: Southwest Educational Development Laboratory, 1981.

Sanders, T. J., Spooren, W. P., Noordman, L. G., "Toward a Taxonomy of Coherence Relations", *Discourse Process*, 15 (1), 1992, pp. 1 – 35.

Schiffrin, D., "Multiple Constraints on Discourse Options: A Quantitative Analysis of Causal Sequences", *Discourse Processes*, 8, 1985, pp. 281 – 303.

Sweetser, E., *From Etymology to Pragmatics: Metaphorical and Cultural Aspects of Semantic Structure*, Cambridge: Cambridge University Press, 1990.

Tversky, A., Kahneman, D., " Causal Schemas in Judgments under Uncertainty", in D. Kahneman, P. Slovic, and A. Tversky Eds., *Judgment Under Uncertainty: Heuristics and Biases*, Cambridge: Cambridge University Press, 1983, pp. 117 – 128.

Van Dijk, T. A., "Context and Cognition: Knowledge Frames and Speech Act Comprehension", *Journal of Pragmatics*, 1 (3), 1977, pp. 211 – 231.

Wang, Y., "The Preferred Information Sequences of Adverbial Linking in Mandarin Chinese Discourse", *Text-Interdisciplinary Journal for the Study of Discourse*, 22 (1), 2002, pp. 141 – 172.

Zhang, L., Li, A., Luo, Y., "Chinese Causal Relation: Conjunction, Order and Focus-to-Stress Assignment", in 2018 11th *International Symposium on Chinese Spoken Language Processing* (ISCSLP), IEEE, 2018, pp. 339 – 343.

Zhang, L., Li, A., Luo, Y., *The Role of Causal Conjunction in Chinese Discourse Processing with Different Linear Orders: Evidence from Corpus Analysis and Eye Tracking*, Proceedings of NACCL – 30, Ohio, 2018b.

储泽祥、陶伏平：《汉语因果复句的关联标记模式与“联系项居中原则”》，《中国语文》2008 年第 5 期。

戴浩一：《以认知为基础的汉语功能语法刍议》，《国外语言学》1991 年第 1 期。

侯学超：《现代汉语虚词词典》，北京大学出版社，1998。

黄伯荣、廖旭东：《现代汉语》（增订四版），高等教育出版社，2007。

黎锦熙、刘世儒：《汉语语法教材》（第三编），商务印书馆，1962。

黎洪：《汉语偏正复句句序变异研究》，安徽大学博士学位论文，2012。

李为政：《近现代汉语因果句研究》，中国社会科学出版社，2013。

李晓琪：《现代汉语虚词手册》，北京大学出版社，2003。

吕叔湘：《中国文法要略》（1982 年再版），商务印书馆，1944。

沈家煊：《复句三域“行、知、言”》，《中国语文》2003 年第 3 期。

宋作艳、陶红印：《汉英因果复句顺序的话语分析与比较》，《汉语学报》2008 年第 4 期。

肖任飞：《现代汉语因果复句优先序列研究》，中国社会科学出版社，2010。

邢福义：《汉语复句研究》，商务印书馆，2001。

张良：《汉语语篇因果关系的认知加工：理解与韵律产出研究》，中国社会科学院研究生院博士学位论文，2018。

章欣：《从“因为”看汉语介词、连词的分野》，《语文研究》2015 年第 3 期。

赵元任：《汉语口语语法》，商务印书馆，1979。

韩国朝鲜时代的汉语教育及其超前特征

金基石

（上海外国语大学东方语学院韩国语专业教授）

一　韩半岛汉语教育史述要

朝鲜时代的汉学教育，在世界汉语教育史上独树一帜，堪称一个成功的范例。历史上，国外的汉语教育大都属于传统的汉学教育范畴，例如，始于 18～19 世纪的欧洲的汉学教育长期“厚古薄今”“重文轻语”，保持中国文言典籍教育传统；亚洲的日本也长期维持传统的文言文教育为中心的汉学教育，到 17 世纪才开始进行白话文教育。

韩半岛的汉语教育始于古代以儒家经典为中心的汉文教育，高句丽小兽林王二年（372）设立的“太学”可被称为最初的官学机构。高丽肇国之初，非常重视创办学校，教授汉字、汉文和中国典籍。

> 太祖十三年幸西京，创制学校，命秀才廷鹗为书学博士，别创学院，聚六部生徒教授，后太祖闻其兴学，赐财帛勸之，兼置医，卜二业，又赐仓穀百石为学宝。（《高丽史》卷七四，“学校”条）

据史料记载，以培养翻译人才为目的的汉语教育（译语教育），则始于后三国时期泰封国（901～918 ）的“史台”，史台“掌习诸译语”。高丽忠烈王二年（1276）根据参文学士金坵建议设立“通文馆”，“始设之，令禁内学官等参外年未四十者习汉语。……后置司译院，以掌译语”（《高

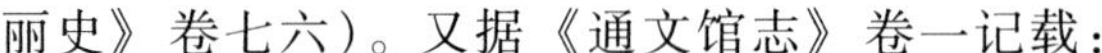

丽史》卷七六)。又据《通文馆志》卷一记载：

> 常仕堂上无定员，前御官二百七十三员，汉学八十七员，教诲二十三员，蒙学四十五员，倭学五十员，清学六十八员。

当时通文馆教授的语言除汉语以外，还有蒙语、日语和满语，可见“通文馆”及后来的“司译院”，已初具现代外语教育机构的雏形。

不过，真正意义上的正规的外语教育制度，到朝鲜时代才得以全面发展和完善。朝鲜时代的汉语教育，书面语教育和口语教育并重，注重交际能力的培养，培养出一大批杰出的汉学家和优秀的译官。如李边、金何、金听、李兴德、金有礼、申叔舟、张有得、黄中、金自贞、李昌臣、崔世珍等。

以往，韩半岛汉语人才培养途径，主要是向中国派遣留学生。据《新唐书》记载，“……四夷若高丽、百济、新罗、高昌、吐蕃，相继遣子弟入学，遂至八千余人”(《新唐书》，十三年)。

李氏朝鲜王朝奉行“崇儒斥佛，事大交邻，以农为本”三大基本国是，而“事大交邻”的重心是“至诚事大”。据《朝鲜王朝实录》记载，“申商启：我国事大，莫重译学。上曰：译学，实国家重事”(《世宗实录》，十一年)。早在朝鲜建国之初，太祖李成桂为“事大”之需，于1394年特别赦免中国归化文臣偰长寿，命其首任司译院提调，全面掌管译学事务。从此，司译院成为朝鲜王朝掌管译学人才培养和“事大交邻”事务的专门机构。学界一般认为，朝鲜时代的“司译院”制度因袭了高丽末继承“通文馆”的“司译院”。

二　朝鲜时代汉语教育的目标和机构

1. 教育目标

《朝鲜王朝实录》记载，太祖三年十一月，司译院提调偰长寿上书，曰：

> 治国以人才为本，而人才以教养为先，故学校之设乃为政之要也。我国家世事中国，言语文字不可不习，是以殿下肇国之初特设本

院，置禄官及教官教授生徒，俾习中国言语音训文字体式，上以尽事大之诚，下以期易俗之效。(《太祖实录》卷六)

其宗旨一是形而上“以尽事大之诚”，满足对华外交之需，二是形而下“以期易俗之效”，为教化百姓服务。早在太祖二年，“设六学，令良家子弟肄习，一兵学，二律学，三字学，四译学，五医学，六算学”(《太祖实录》卷四)。可知司译院是分管“译学”的专门教育机构。司译院的语种从朝鲜开国之初的汉语（1393 年），扩展至蒙语（1394 年）、倭语（1415 年）、女真语（1426 年），称之为“四学”。不过“汉音事关事大”，所以汉学始终是司译院最重要的第一学科（第一外语），培养的人才数量也占绝对多数。据奎章阁《译科榜目》，1498 ~ 1891 年，“译科”录取“四学”人员共 2845 人，其中“汉学”出身者 1858 人。因为“译学”事关“国家重事”，所以司译院的地位十分显赫。据《经国大典》，司译院职制设有兼职都提调（正一品）1 名、提调（从一品或从二品）2 名。

韩半岛的汉语教育到朝鲜时代，尤其是 15 ~ 16 世纪出现鼎盛期，代表学者有申叔舟、成三问、崔恒、崔世珍等，其中译官出身的著名汉学家崔世珍（1473 ~ 1542）为韩半岛汉语教育做出了重要贡献。“崔同知世珍精于华文，兼通吏文，屡赴燕质习，凡中朝制度物名无不知晓。尝撰《四声通解》以进，又奉教谚解《老乞大》《朴通事》等书，学译者如指诸掌，不烦寻师”(《世宗实录》卷六八)。

2. 机构设置

朝鲜时期的外语教育（译学），设有自上而下的专门机构，中央有司译院，各地方有地方译学院。

另外，中央的承文院也承担汉语人才的培养业务。太宗十年（1410），新设承文院，专掌“吏学”教育和业务。

(承文院) 掌事大交邻文书及同习汉语吏文……文官五品以下，每冬会本院，讲汉语二书或吏文，皆定所业，吏文则无过二十人，汉语无限数，五分以上赏加一阶，不通者降一阶，其无故不参者罢职。(《磻溪随录》卷一五，《职官之制》，“承文院”条)

从上可以看出，当时承文院除了进行专门的吏文教育以外，还进行汉语口语教育，“汉语二书”指的就是汉语口语教材《老乞大》和《朴通事》。世宗时代，科举“六学”扩大为“十学”，即一儒，二武，三吏，四译，五阴阳风水，六医，七字，八律，九算，十乐。

当时，新设的吏学和译学的地位仅次于儒学和武学。朝鲜时代的“译学”，与一般意义上以典籍教育为中心的正统汉学教育有所区别，注重实用的外语教育（口语为主），而“吏学”则侧重适用于对华外交的吏文教育（公文文言语体）。不过，司译院人员不可不识吏文，承文院人员不可不识译语，因此朝廷的科举考试吏科兼考汉语，译科兼考吏文。

承文院造就了金何、李边等一批兼通汉语书面语和口语的著名译官和汉学家。“领事李克培曰：‘世宗朝如金何、李边赴京凡三十余度，故皆能汉语。今者亦令文臣轮次赴京何如?’上曰：‘可。’”（《成宗实录》，十三年）世宗还命译官金何每三天给王世子讲授一次汉语。李边“三十余登第，入承文院学汉语，期于成效，彻夜耕读，闻有能汉语者，必寻访质正，家人相遇常用汉语，遇朋友先以汉语接语，然后言本国之语”（《世宗实录》，十六年）。当时承文院译官所下的苦功由此可见一斑。

三　汉语教育的“本土化”措施

韩半岛各朝代都实施留学中国的制度，从汉唐一直延续至宋元。据《新唐书》记载：

> 十三年（639），……四夷若高丽、百济、新罗、高昌、吐蕃，相继遣子弟入学，遂至八千余人。（《新唐书》）

据相关史料，圣德王二十年（721）新罗人在唐朝宾贡科及第者共58人。但是，朝鲜建国以后，朝鲜王朝向中国派遣留学生的请求屡遭婉言“谢绝”。尤其是朝鲜建国之初，朝鲜朝的对明外交一度陷入危机。明朝开国皇帝朱元璋甚至把“文字狱”扩大到了朝鲜，朝鲜的使臣和通事一度把出使明朝视作畏途，如履薄冰。例如，朱元璋当面训斥所谓朝鲜秀才们“戏弄两国”之间的关系，勒令不懂汉语的使臣“不要来我这里”。明太祖圣旨曰：

> 如今两国之间秀才每戏弄，不直不正。以小事大，事事都要至诚，直直正正，日头那里起那里落，天下只是一个日头，慢不得日头。你那里使臣再来时，汉儿话省得的着他来，一发不省的不要来我这里。（《朝鲜王朝实录》，太祖六年）

当朝鲜请求派子弟留学中国时，明朝往往以各种理由加以拒绝，直到世宗时代明朝的这一“闭关”政策始终未有一丝松动。如，世宗十五年（1433）九月三日，千秋使（祝贺皇太子生日的朝鲜使节）工曹参判朴安臣带来明宣德皇帝的敕书：“山川修远，气候不同，子弟之来或不能久安客外，或父子思忆之情两不能已。不若就本国中务学之便也”。显然，明朝皇帝的这一理由是非常牵强苍白的。针对明朝的谢绝，朝鲜朝廷紧急召集议政府六曹商议应对之策：

> “今来敕书，不允子弟入学之请，自今入学中国之望则已绝。然汉音有关事大，不可不虑。予欲遣子弟于义州，使之来往辽东，传习汉语何如?”佥曰：“辽东乃中国一方，语音不正。臣等以为前选子弟，使之仍仕司译院，长习汉音诸书，每于本国使臣赴京时，并差入送。如此循环不已，则汉音自然通晓。”

朝鲜采取的应对措施是实行译学教育的“本土化”，选拔子弟中15岁以下“年少聪敏者”，在司译院“长习汉音诸书，每于本国使臣赴京时，并差入送，如此循环不已”。此外，就近派人奔赴辽东学习或质询。如，世宗朝著名汉学家申叔舟、成三问“学华语于辽东，一年三望”，申叔舟则“奉命往辽东”，“往返凡十三度”。

1. 聘用汉人教师制度

韩半岛本土的汉语教育离不开汉人教师，历史上汉人教师在韩半岛的汉语教育中起到了不可替代的、举足轻重的作用。早在高丽时期，汉人教师就活跃在韩半岛的汉语教育舞台上。高丽时期编撰的汉语教科书《老乞大》里就有关于汉人教师（汉儿人师傅）的生动描写（“汉儿语言”指区别于中国内地的受蒙古语影响的元代北方地区流行的汉语）。

《老乞大》是元末明初以当时的北京话为标准音而编写的，专供朝鲜人学汉语的课本，可谓世界上最早、最完备的“交际汉语”教材。下面是《老乞大》里的一段对话：

a. 你的师傅是甚么人？

b. 是汉儿人。

a. 有多少年纪？

b. 三十五岁了。

a. 耐繁教那不耐繁教？

b. 我师傅性儿温克，好生耐繁教。

a. 你那众学生内中，多少汉儿人？多少高丽人？

b. 汉儿、高丽中半。

a. 里头也有顽的么？

b. 可知有顽的。每日学长将那顽学生师傅上禀了，那般打了时，只是不怕。汉儿小厮们十分顽，高丽小厮们较好些。

朝鲜文献记载：

谨按，自汉唐至宋元朝代，新罗、高丽皆遣子弟入学肄业，其后汉人韩昉、李原弼、洪楫、偰长寿等相继出来，训诲子弟，上项等人俱已沦没，如今传习无由，汉吏之文理会者鲜少，每遇事大文书未谙体例，且又朝廷使臣到国，应待语音恐致差误，深为未变。（《世祖实录》，六年）

朝鲜时期最著名的归化汉学家当数偰长寿（1341～1399），偰长寿是中国高昌归化人，丽末鲜初著名文臣、外交家，外语尤其是汉语能力超群，可以说是朝鲜朝初期正规外语教育的开创者和奠基者。偰长寿不仅制定了司译院的办学宗旨和各项制度，还亲自编写了汉语教材《直解小学》，《直解小学》与《老乞大》《朴通事》一起成为当时汉学教育的三大必读书目和质正官必读书目，也是科举考试的科目，即所谓“本业书”。关于

《直解小学》的重要性。明正统六年（1441）八月，闵广美等60人联名上书，曰：

> 我国自三韩至于高丽，世世事大，设司专习华语。至国初置司译院，学徒所读不过《老乞大》《朴通事》《前后汉》等书而已。且其书所载，率皆俚近俗语，学者患之。判三司事偰长寿乃以华语解释小学，名曰《直解》，以传诸后，今学者无他师范，唯以《直解》一部为习。长寿之功至此大矣，而况中朝（指明朝）儒者见《直解》，皆以为解说至当，敬慕不已，则长寿之人可知矣。（《世宗实录》，二十三年）

此外，朝鲜时期还有徐士英、张显、李相、文可尚等中国出身的汉语训导官、质正官，他们作为汉语教育的实践者和朝中文化交流的桥梁，为汉语教育实现“本土化”发挥了重要作用。

2. 试取制度及考试内容

初试：中央的初试由司译院掌管，地方的初试由各道观察使指定专人掌管。复试：由吏曹司宪府、司谏院和司译院共同掌管。

考试内容：

（1）临文（主要讲读经书，“四书”、“二经”、《通鉴》等）；

（2）备讲（背诵汉语口语教材，《老乞大》《朴通事》等）；

（3）临讲（说明经书或法典，《经国大典》等）；

（4）写字（正确书写汉字）；

（5）翻语（用汉语说明法典等）；

（6）翻答（用汉语回答问题）。

可见，考试内容始终贯穿理论与实践、书面语与口语相结合的原则，注重语言应用能力的培养。考试成绩直接与官阶相联系，“及第一等从七品，二等从八品，三等从九品”。

3. 赏罚制度

司译院奖励兼通多语种人才，如偰长寿上表曰：

> 习汉语者，以“四书”、小学、吏文、汉语皆通者为第一科，与

正七品出身；通“四书”之半及小学、汉语者为第二科，与正八品出身；止通小学、汉语者为第三科，与正九品出身。习蒙语者，能译文字，能写字样，兼写伟兀字者为第一科，只能书写伟兀文字，并通蒙语者为第二科，出身品级同前。

除汉语外，能译蒙语，并能写维吾尔语（伟兀）文字者为第一科，正七品；能写维吾尔文字，并通蒙语者为第二科，正八品。

司译院为了在国内创造汉语语境，采取了各种强制措施，其中最为严厉的当是“院中禁乡语（朝鲜语）”制度。不管是司译院的官吏，还是教官和生徒，都要“每至院中一禁乡语”。不管日常“相与应对”“招呼应诺”“饮食起居”，还是“公事议论”，都必须用汉语，“用乡语者初犯附过，再犯囚次知一名，三犯二名，四犯三名，五犯以上者移关刑曹论罪”（次知：代主人受罚的下人）。使用乡语，屡教不改，甚至“入罪”，可见其严厉程度。

三　超前的教育理念和教育方法

外语教育史上，朝鲜时代编撰的系列性汉语教材，是从词语手册发展为以课文为主体的、正式的第二语言教材的重要标志。会话体课文是现代第二语言教材，特别是口语教材普遍采用的一种形式。《老·朴》早在15世纪就采用了这种形式，并且按照教学要求有计划地切分、安排教学内容，使之具备了现代语言教材的雏形（程相文，2001）。

朝鲜时代的汉语教育具有以下划时代的超前举措。首先在教材编纂上：

①以语音和词汇（汉字）教育为中心内容；

②以口语交际能力的培养为主要目的；

③贯穿语言教育和文化教育相结合的原则。

从外语教育史的角度看，朝鲜时代的汉语教育实现了教育内容和教学方法的三个根本性转变：

①从识字教育为中心到课文教育为中心的转变；

②从书面语教育为中心到口语教育为中心的转变；

③从汉文的直接教育为中心到对比的翻译法教育为中心的转变。

1. 翻译法教学

朝鲜时代的汉学家已经有了一种朴素的语言对比的视角和方法。尤其是15世纪世宗创制民族文字“训民正音”以后，汉语学习和教育用书《洪武正韵译训》《四声通解》《翻译老·朴》等都是在汉韩语对比的基础上编写出来的，即采用并记“正音”（读书音）与“俗音”（口语音）的体例、“国音条”与“汉音条”对朝鲜语和汉语的对比描写等。朝鲜时代的汉语教材（谚解书）不仅在每个汉字下标注了韩文对音，而且在每个句子下面附上了韩文译文。当时韩国的汉语教材“所采取的逐字逐句翻译的方法，可与18世纪西方流行的翻译法媲美，却比这种翻译法的出现提早了几个世纪”（程相文，2001）。

2. 语言教育与经史教育并举

值得称道的是司译院特别注重综合素质（文化修养）的培养。朝鲜时代一个时期，译官中出现“司译之学，单习汉语而不知经史之学”的尴尬局面。译官缺乏经史文化修养的后果是：

> 朝廷使臣语及经史，则懵然不知，失于应对，深为国家之羞。愿自今择善于汉语而明经史者为训导官，敦谕后进，博通译语，详明经学，以达朝廷使臣之意。（《太祖实录》，四年）

为此，朝廷要求译官在学习《洪武正韵》等中国韵书，提高语言理论水平的同时，选拔“善于汉语而经史者为训导官”，使司译院生徒既“博通译语”又“详明经学”。

3. 以语音和词汇（文字）教育为中心

最初高丽时期引进中国的《礼部韵略》为科举考试科目。朝鲜时期引进中国韵书《集韵》《古今韵会举要》《蒙古韵略》《中原音韵》《洪武正韵》《切韵指掌图》。之后朝鲜编撰了汉韩对译韵书《洪武正韵译训》《四声通考》《四声通解》。除了引进中国的字书以外，朝鲜还编撰了对译辞书《译语类解》《译语类解补》《汉清文鉴》《古今释林》等。汉语教科书中的序言、跋、凡例、注释中主要对比解释韩汉语语音的同异（汉音条和国音条）及词汇解释。崔世珍还配套编撰教学参考书《老朴集览》（《老乞大》《朴通事》词汇集）。

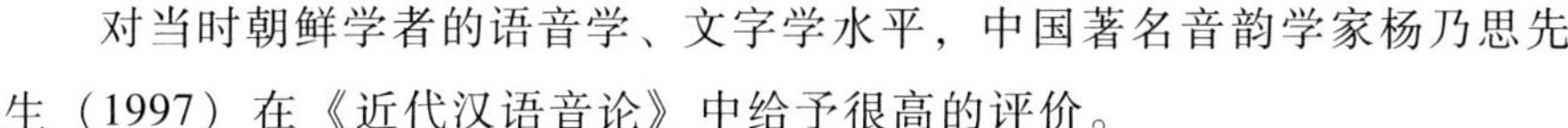

对当时朝鲜学者的语音学、文字学水平，中国著名音韵学家杨乃思先生（1997）在《近代汉语音论》中给予很高的评价。

> 谚文拼音属于音素缀字的范畴，对于音素分析达到了最精密的程度，比八思巴字拼法更完善……一个字母原则上只代表一个音素，并且语音系统里所有的音素能够用字母或字母的变形表示出来，拼写时不加省略。这说明朝鲜在500年前，语音学、文字学的水平达到了令人瞩目的高度。

4. 以交际能力的培养为主要目的

韩国传统的汉文教育本质上是一种应试教育，识字是为了读经，读经是为了科举。这种情况在朝鲜时代发生了变化。“凡言语辩通曲折，而趣味存焉，今通事等凡言大概，其屈折处，不能变通，是可恨也”（《李朝实录》，十四年）。

因此，世宗甚至要求集贤殿学者都要用汉语诵读四书五经。最权威的必读教材《老乞大》《朴通事》《五伦全备》等都是典型的汉语口语读本。（“语随时变”，根据语言的变化进行修订）下面是《老乞大》里的一段会话。

a. 大哥你从那里来？

b. 我从高丽王京来。

a. 如今那里去？

b. 我往北京去。

a. 你几时离了王京？

b. 我这月初一日离了王京。

a. 既是这月初一日离了王京，到今半个月，怎么才到的这里？

b. 我有一个伙伴落后了来，我沿路慢慢行着等候来，因此上来迟了。

a. 你是高丽人，却怎么汉儿言语说的好？

b. 我汉儿人上学文书。因此上，些少许汉儿言语省的。

a. 你每日做什么功课？

b. 每日清早晨起来，到学里师傅上受了文书。放学到家里吃饭罢，却到学里写仿书，写仿书罢对句，对句罢吟诗，吟诗罢师傅前讲书。

a. 我问你写字样。“缝衣服”的“缝”怎么写?

b. 那的不容易，纽丝傍做逢字，那个逢字，久字底下手字，着走之的便是。

朝鲜时代的汉语教材一般都采用会话体形式，有计划地安排教学内容和语言材料，以课文形式给学生提供交际环境，为交际能力的培养创造条件。教材内容从日常生活、经济贸易、家庭小事到国家大事等，包括当时中国社会生活的方方面面。

《老乞大》上卷55节、下卷53节，相当于108篇课文。内容以情景和功能安排章节，从打招呼开始，逐渐过渡到问价格、谈住宿、讲亲属称谓，用的都是汉语最常用的词语和句式。课文不仅趣味性强，而且由短到长，由易到难，由浅入深，体现了循序渐进的教学原则。

又如，《华音启蒙谚解》（1883）主要讲述一个姓李的朝鲜译官朝贡到北京的旅程，下面以上卷为例：

①到天津，两国官人邂逅；初次见面，问候，谈家庭，分手

②住宿：上北京，路上，天晚住店，喝茶，吃饭，喝酒

③与老朋友相会：在宿舍里遇见朋友，谈以往经历

④付账上路：启程，过河，到京，看戏法，到银号

⑤进京：与中国通事会见，谈路上所见新事物，上海的繁荣情况

5. 贯穿语言教育和文化教育相结合的原则

《老乞大》记述从高丽王城出发过义州过辽阳到北京，从事贸易的经历。内容涉及丰富的中国文化，如朝中贸易路线、高丽的出口物品（马、毛施布、人参等）和进口物品（针、木梳、盆、剪子、秤等），还有当时的亲属称谓、谚语俗语等。《老乞大》出现14条俗语，如“三人同行，小的苦”“饥时得一口，强如饱时得一斗”“家书值万金”等。

《朴通事》以对话的形式介绍中国（北京）的社会生活，反映赏花宴

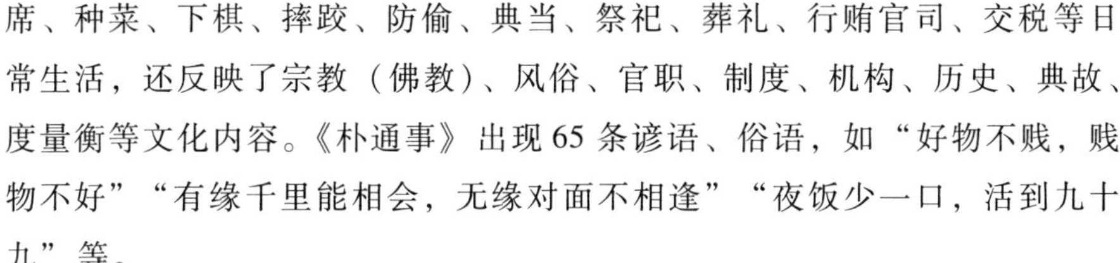

席、种菜、下棋、摔跤、防偷、典当、祭祀、葬礼、行贿官司、交税等日常生活，还反映了宗教（佛教）、风俗、官职、制度、机构、历史、典故、度量衡等文化内容。《朴通事》出现65条谚语、俗语，如“好物不贱，贱物不好”“有缘千里能相会，无缘对面不相逢”“夜饭少一口，活到九十九”等。

四　汉语教育和语言学研究相辅相成

1. 朝鲜时代语言学的斐然成就

汉语教育的发展，极大地促进了朝鲜时代语言学事业的发展，使当时的语言学和文字学水平达到令人惊叹的高度。中国著名语言学家宁继福先生（1998）评价道：

> 15～19世纪，朝鲜语言学研究成就斐然，出现了申叔舟、崔世珍等一大批大学者和《洪武正韵译训》《四声通考》《四声通解》等十数种名著。崔世珍语音分析异常精深，令人惊叹。《四声通解》等书是朝鲜人民宝贵的历史遗产，也是全人类的文化瑰宝。
>
> 朝鲜历史上的语言学家对近代汉语语音有较全面、精确的描写论述，近代音中的热点问题几乎囊括无遗。……将此成果与汉语历史文献及现代方言结合起来深入考辨，近代语音史一些争议或可取得共识。（金基石，2003，后记）

世宗的三大语言学工程如下。

①民族文字“训民正音”的创制与颁布（1444～1446年）；

②韩国汉字音韵书《东国正韵》的编纂（1447年）；

③汉语韵书《洪武正韵译训》《四声通考》的编纂（1455年）。

以上三大语言学工程，几乎都是同一班人马参与完成，并且均与汉语教育有着密不可分的有机关系。一方面表音文字“训民正音”的创制，为解决韩半岛“言文不一”的矛盾提供了科学的文字手段，另一方面促进了谚解类汉朝对译文献的编纂和刊行，为翻译法教育的产生和发展提供了崭新的标记工具。

朝鲜时代刊行的代表性的汉朝对译文献有：对译韵书《洪武正韵译训》(1455)、《四声通考》(1455)、《四声通解》(1517) 等；对译辞书：《译语类解》(1690)、《译语类解补》(1775)、《汉清文鉴》(1776)、《方言集释》(1778)、《古今释林》(1789) 等；对译教科书：《翻译老乞大》《翻译朴通事》(1516)、《老乞大谚解》和《朴通事谚解》(1670)、《五伦全备谚解》(1721) 等。汉朝对译文献是朝鲜时代宝贵的语言学遗产，是朝鲜学者对语言教育和语言文字学的历史性贡献。

2. 汉语教育与“训民正音”的交互关系

朝鲜时代语言学研究成就中，最伟大的业绩当首推1444年李朝世宗主持的民族文字——“训民正音”（韩文）的创制。学界公认“训民正音”是具有高度科学性的崭新的文字系统。从创制“训民正音”的背景来看，我们可以清楚地了解世宗大王的双重创制动机：一是其序言中明示的显性目的，“愚民有所欲言而终不得伸其情者，多矣。我为此悯然，新制二十八字，欲使人人易习，便于日用”，以便实现“言文一致”的目的；其二是隐性目的，即为汉语教育和汉语学习，以及为朝鲜汉字音的整理提供标音工具。隐性动机在申叔舟的《洪武正韵译训》序文和成三问的《直解童子习》序言中讲得十分明确。申叔舟和成三问是世宗最为器重的语言学家，也是世宗语言学事业的中坚和左膀右臂。申叔舟参与了《韵会谚解》《训民正音·解例本》《东国正韵》《洪武正韵译训》编纂等世宗规划的事业，而成三问则参与了除《韵会谚解》以外的全部工作。申叔舟在《洪武正韵译训》序文中说道：

> 我世宗庄宪大王，留意韵学，穷研底蕴，创制“训民正音”若干字，四方万物之声无不可传，吾东邦之士始知四声七音，自无所不具，非特字韵而已也，于是以吾东国世事中华，而语音不通，必赖传译，首命译“洪武正韵”。

申叔舟讲得非常清楚，即创制“训民正音”“四方万物之声无不可传”，“吾东国世事中华”“必赖传译”，于是首命译“洪武正韵”。成三问奉世宗和文宗之命撰写汉语启蒙书《直解童子习》，他在序文中写道：

> 我东方在海外，言语与中国异，因译乃通。自我祖宗事大至诚，置承文院掌吏文，司译院掌译语，专其业而久其任，其为虑也盖无不周，第以学汉音者，得于转传之余，承受既久，讹谬滋多，纵乱四声之疾徐，横失七音之清浊，又无中原学士从旁正之，故号为宿儒老译，终身由之，而卒于孤陋。我世宗文宗慨然念于此，既作“训民正音”，天下之声，始无不可书矣。于是命译“洪武正韵”，以正华音。

《直解童子习》现已失传，其编纂年代推测为世宗朝末年开始，到端宗初完成。序文中，成三问对“训民正音”创制动机的表述顺序是，世宗“事大至诚”→“汉音讹谬滋多”→创制“训民正音”→译“洪武正韵”→“以正华音”。

“训民正音”创制以后的举措也充分证明，其创制目的蕴含着这一动机。

《洪武正韵译训》用31个字母表示“洪武正韵”声类，可是，“训民正音”解例本只有23个辅音，因此朝鲜学者创造了变通造字的方法，例如：

> 轻唇音：ㅱ、ㅸ、ㅹ（ㅇ连书唇音之下）
>
> 正齿音：ᅐ、ᅕ、ᅑ、ᄾ、ᄿ（卷舌）
>
> 齿头音：ᅎ、ᅔ、ᅏ、ᄼ、ᄽ（平舌）
>
> 《洪武正韵译训》的10个全浊音声母，用ㄲ［群］、ㄸ［定］、ㅃ［并］、ㅹ［奉］、ᅏ［从］、ᅑ［床］、ㆅ［匣］、ᄽ［邪］、ᄿ［禅］等对音。

这些不标记朝鲜语音位，只用于汉语标音的“变通字母”，使用于《训民正音》谚解本、《东国正韵》等。

参考文献

陈玉龙等：《汉文化论纲》，北京大学出版社，1993。

程相文：《老乞大朴通事在汉语第二语言教学发展史上的地位》，《汉语学习》2001年第2期。

金基石：《朝鲜韵书与明清音系》，黑龙江朝鲜民族出版社，2003。

金基石：《韩国汉语教育史论纲》，《东疆学刊》2004 年第 1 期。

金基石：《韩国李朝时期的汉语教育及其特点》，《汉语学习》2005 年第 5 期。

金基石：《崔世珍与韩国李朝时期的汉语文教育》，《汉语学习》2006 年第 4 期。

李得春：《中韩语言文字关系史研究》（上、下），延边教育出版社，2006。

李无未、张辉：《朝鲜朝汉语官话质正制度考论——以〈朝鲜王朝实录〉为依据》，《古汉语研究》2014 年第 1 期。

宁忌浮：《洪武正韵研究》，上海辞书出版社，2003。

杨耐思：《近代汉语音论》，商务印书馆，1997。

岳辉：《朝鲜时代汉语官话教科书研究》，吉林大学博士学位论文，2005。

吴晗：《朝鲜李朝实录中的中国史料》，中华书局，1980。

张辉：《朝鲜朝汉语官话华人“质正官”考》，《国际汉学》2018 年第 1 期。

郑麟趾：《高丽史》（全 10 册），西南师范大学出版社，2014。

《通文馆志》，奎章阁藏书，1978。

柳馨远：《磻溪随录》，古典刊行会，1958。

金基石：《偰长寿与朝鲜时代的译学教育》，（韩国）《课程・教材・教法研究》2019 年第 4 期，우리책。

金基石、昔秀颖：《朝鲜时代译学教育的特征及其现代意义》，《朝鲜—韩国学研究》（第11 辑），四川外国语大学朝鲜—韩国学研究所，（韩国）도서출판 북방，2019。

강신항,『사성통해 연구』, 신아사, 1973.

강신항,『조선시대의 역학정책과역학자』, 탑출판사, 1985.

강신항,『훈민정음 연구』(증보판), 성균관대학교 출판부, 1996.

김슬옹,『세종대왕과 훈민정음학』(개정판), 지식산업사, 2011.

김영황,『조선언어학사연구』, 김일성종합대학출판사, 1996.

이관수,『조선조 어문정책 연구』, 고려대학교 박사학위논문, 1978.

이상도,『최세진의 한어교학 연구』, 한국외국어대학교 박사학위논문, 1995.

임동석,『조선역학고』, 아시아출판사, 1983.

정 광,『조선시대의 외국어 교육』, 김영사, 2018.

한국국사편찬위원회,『조선왕조실록』, 1981.

基于文化艺术的城市改造和阶层问题的现实含义*

——以釜山和长春的案例分析为基础

〔韩〕全国鸟

（韩国庆星大学韩国汉字研究所 HK 研究教授）

一　引言："gentrification"、"둥지 내몰림"（逐出巢穴）、"embourgeoisement"、"绅士化"

先从几个记忆的花絮谈起，这很重要，因为近年来似乎没有比它更能体现笔者在这项工作中产生的问题意识及其发展历程的了。2015 年前后，笔者在翻译 21 世纪初英国出版的一本概论书《费夫勒》（*Henri Lefebvre*）时，看到一个批判"gentrification"的电视节目。① 当时"gentrification"是一个严重的社会问题，在电视上经常出现，但是了解其严重性的人未必像笔者这样，作为文化研究者，将文化、空间、城市、地区等都

* 本文内容最初在"第六届韩中人文学论坛"（首尔，2020 年 9 月 25 ~ 26 日）上宣读，经过大幅修改、补充，发表于『中國學』第 73 輯（大韓中國學會，2020. 12，pp. 669 - 693），并于 2018 年得到韩国教育部和韩国研究财团的支持（NRF-2018S1A6A3A02043693）。本文是对『中國學』所刊论文的再次修订。

① 进一步了解后发现，2015 年 7 月 8 日韩国 KBS 电视台播放的节目是'추적 60분'의「문화，증발，사막이 된 도시」。이선영，「왜 지금 젠트리피케이션인가? 국내 젠트리피케이션 논의의 유행에 대한 진단과 전망」，『예술가，젠트리피케이션 그리고 도시재생』，제7회 서울시 창작공간 국제심포지엄，서울문화재단，2015. 11，p. 37，각주 1；김명석，「'추적 60분'신촌 · 대학로 · 홍대，문화 없어지고 돈만 남았다」，TV Report，https：//www. tvreport. co. kr/743511，2020. 7. 27.

联系起来。[①] 后来，当我知道“gentrification”被译成“逐出巢穴”并开始使用时，[②] 突然产生了一个疑问：“‘gentry’去哪儿了？国语规范化固然好，但翻译也不能随意删除阶级本身吧?”有一天，我翻译东西时翻阅了勒佩弗尔的著作，无意间看到了“gentrification”（embourgeoisement），我一眼便注意到这个词。[③] “我看到‘gentrification’被译成‘逐出巢穴’时产生的那个疑问，并非完全没有道理啊！‘gentrification’就是‘绅士化’啊!”但是，当初的疑问非但没有解开，反而进一步扩大，一直到现在。因此，本文的主要目标是循着基于文化艺术的城市改造的脉络来解答这个疑问，通过分析韩中两国的案例，逐一阐明构成脉络现实的各主体之间的文化政治动态。

二 与“gentrification”有关的几个错位

这里所谓的“错位”是指小到语言之间，大到语言与现实之间的背离。问题的核心是“语言也是斗争场所”。[④] 要论证这一点，先来考察“gentrification”的词典定义及其在韩语和汉语中的对译语。[⑤]

---

① 表1反映了从2004年开始的10多年间有关“gentrification”报道数量的变化。这里只强调最后两年的增幅，后文将详细说明。

表1 “gentrification”报道次数变化

年度	2004	2005	2006	2007	2008	2009	2010	2011	2012	2013	2014	2015
次数	2	0	1	1	1	0	1	6	16	20	45	203

参见이선영,「왜 지금 젠트리피케이션인가? 국내 젠트리피케이션 논의의 유행에 대한 진단과 전망」,『예술가, 젠트리피케이션 그리고 도시재생』, 제7회 서울시 창작공간 국제심포지엄, 서울문화재단, 2015. 11, p. 37。

② 调查显示，2016年韩国国立国语院发表的报道资料中提及了这一点。关于这些问题的讨论，后文会详述。

③ Smith, N., “Foreword”, in Lefebvre, Henri, *The Urban Revolution*, Robert Bononno (tr.), Minneapolis & London: University of Minnesota Press, 2003, pp. xx - xxi. 下面是包括这句话的内容：“虽然勒佩弗尔提到了市中心的 gentrification（embourgeoisement），但这个过程在20世纪60年代后发生了急剧变化。……20世纪80年代以后，gentrification 作为全球城市扩张战略之一，变得越来越普遍。”即使放到现在，这一主张也是合理的。

④ Nhalevilo, Emília A., “Language is also a Place of Struggle”, *Cultural Studies of Science Education* 6 (2), 2011, p. 441.

⑤ 表2词典的具体内容，见“参考文献”。

表 2 "gentrification" 在词典中的定义

词典		定义
英英汉	1	the process by which a place, especially part of a city, changes from being a poor area to a richer one, where people from a higher social class live. ① 장소, 특별히 도시의 일부가 가난한 지역에서 더 부유한 지역으로 바뀌는 과정으로서 그곳에는더 높은 사회 계급 출신의 사람들이 산다. (地区的) 贵族化 … [(지구의) 귀족화]
英英	1	the process by which a poor neighborhood in a city is changed by people who have money, including esp. the improvement or replacement of buildings. Note: This word is now sometimes used in a disapproving way, but was originally considered positive. 富人改变城市贫困地区的过程，特别包括建筑物的改造和更换。 * 注意：这个词原用于表达肯定义，最近偶尔用于表达不满意。②
	2	PROPERTY the process by which an area is changed by people who have more money moving to live there and making improvements to the buildings. <不动产>富人搬到特定区域，对当地和当地的建筑加以改造的过程。
英韩	1	(주택가의) 고급 주택화 (住宅区的) 高级住宅化
	2	(도시 빈민가 따위의) 고급화 (城市贫民区等的) 高级化
	3	(주택가의) 고급 주택화 (住宅区的) 高级住宅化
英汉	1	士绅化 [신사화]，移居开发 [거주지를 옮김으로써 이뤄지는 개발]

从表 2 首先可以确认 "gentrification" 是 "当代的城市现象"，而且带有强烈的 "阶层含义"。问题是，这种含义在汉语对译语中非常明显，③ 而

① 与 *Cambridge Advanced Learner's Dictionary & Thesaurus* 的定义相同。

② "gentrification" 原被认为是积极意义的，这在本文的中心主题即 "城市改造" (urban regeneration) 的语境中是可能的。实际上，"城市改造" 一词是在讨论西方 "城市衰退" (urban decline) 引发的人口减少和城市老化等各种问题的解决方案时出现的。尤其是，其背景是 "面对城市衰退，全面克服城市问题"。조명래,「사람 중심 도시와 도시재생」,『문화재생 포럼: 호시탐탐 (好市耽探)』, 경기문화재단, 2016, p. 14. "不是从效果中，而是从责任中领悟到了 '城市改造' 和 'gentrification' 的积极含义。"

③ 在汉语中，与其对译的词不仅有 "士绅化"，还有 "绅仕化"、"仕绅化"、"缙绅化" 以及 "中产阶层化"。尤其添加了 "城市" 这一现代社会空间意义后，又出现了 "城市士绅化"、"城市仕绅化"、"城市绅士化" 和 "城市缙绅化" 等用语。不同地区使用的表达方式各不相同，如表 3 所示。(转下页注)

在韩语对译语中并非如此，对译语“둥지 내몰림”（逐出巢穴）的出现使这种含义进一步消退，其痕迹几乎消失殆尽。

2016年5月10日，韩国文化体育观光部下属的国立国语院发布了《让看涨社区的居民离开的“둥지 내몰림”——国立国语院发布规范用语》。其过程大致如下：首先，从韩国社会使用的陌生外来语中“征集需要更换的韩语”（2015年12月8日至2016年1月8日），然后由“语言规范委员会”以语义的适当性、造词方式、简洁性等为标准进行讨论并选定替代词，收集国民意见，最后发布“规范用语”。其中，与“둥지 내몰림”（逐出巢穴）有关的提示语是，“随着商业圈的扩大，商人们从国内的商业区“巢穴”中被排挤出来的现象（← gentripication）由来已久”。[①] 由此，我们至少可以确定一点，“语言应尽可能地反映现实，但事实上只会越来越跟现实相脱离。而且，随着距离越来越远，语言不仅不会成为斗争场所，而只会越来越被排挤”[②]。基于这样的问题意识，从现在开始，我们将“gentrification”作为正式斗争场所。在此之前，我们来看一下“gentry”。

（接上页注③） **表3 不同地区关于“gentrification”的译法及使用频度**

词汇	中国大陆	新加坡	词汇	中国台湾地区	中国香港地区
中产阶层化	115	0	中產階層化	1	2
仕绅化	21	0	仕紳化	215	2
士绅化	924	0	士紳化	60	22
绅仕化	0	0	紳仕化	4	0
绅士化	2420	2	紳士化	73	18
缙绅化	34	0	縉紳化	92	7

根据谷歌搜索结果自制。「Talk：士紳化」，维基百科，https：//zh. wikipedia. org/wiki/Talk：士紳化［2020. 07. 27］。

① 김형배,「뜨는 동네 주민 떠나게 하는‘둥지 내몰림’」，문화체육관광부 국립국어원 공공언어과，https：//www. korean. go. kr/front/board/boardStandardView. do；front = 824E3EDC7514935BCA6B992C31B95508？board_ id = 6&mn_ id = 19&b_ seq = 584&pageIndex = 9，2020. 7. 26.

② 此过程也适用于在“国语”领域展开的角逐。这是固有词、汉字词、外来词之间的竞争。换句话说，“둥지 내몰림”就是在必须为外来词“gentrification”选一个对译词的思维定式下，在选择过程中只考虑“固有词”而不考虑“汉字（词）”的结果。其政治效果是，删除或掩盖了“阶级含义”和“阶级斗争的历史含义”。

在英国，“gentry”是指特定阶层。威廉姆斯在“牧歌和反牧歌”或“乡村和城市”的脉络中对17世纪前半叶的几首诗作了说明，其中提到了“gentry”一词。他说：“傲慢、贪婪、谋取利益的不仅是城市商人或宫廷人员，显然也已蔓延到农村的土地所有者身上。”[①]“gentry”当时也是农村的土地所有者，在《乡村和城市》一书中，이현석将其翻译为“乡绅”。下面是他的说明：

（译注）gentry：从广义上，也用来指包括贵族在内的名门望族，一般是指身份位于贵族和个体农民（yeoman）之间的阶层。他们在农村拥有广阔的领地，并以租赁农场的形式运营，因此一般不直接从事劳动。原来主要指乡村地主，后来也包括在城里积累了财富到乡村购买土地的人。有人将其译为“乡绅”或“乡班”，有人直接标记为“Gentree”，我们译为“乡绅”。[②]

但是，现在看来并不完美，因为若将“gentrification”看作“绅士化”，“绅”倒说得过去，而“士”却说不通。要解决这个问题，需要看一下《乡村和城市》对“squire”的对译语即“乡士”的说明。

（译注）squire：乡绅（gentry）家族的男性家长。乡绅家族是指某个地区世代沿袭，最富有、最具声望的土地所有者（landowner）。[③]

综合以上两个说明，当时的“绅士”是指在农村拥有广阔的领地，积累财富后逐渐在城市里购买土地的阶层。那么在中国又是怎么样的呢？稍加研究，可知情况相似。

绅士 shēn shì

旧时在地方上有财有势或得过一官半职的人，以地主和退职官僚

① Williams, Raymond, *The Country and the City*, New York: OUP, 1973, pp. 26 - 28; 레이먼드 윌리엄스,『시골과 도시』, 이현석 옮김, 나남, 2013, pp. 66 - 70.

② 레이먼드 윌리엄스,『시골과 도시』, 이현석 옮김, 나남, 2013, pp. 66 - 67, 注释 68。

③ 레이먼드 윌리엄스,『시골과 도시』, 이현석 옮김, 나남, 2013, p. 136, 注释 7。

居多。

<详细解释>

旧称地方上有势力有地位的人。一般是地主或退职官僚。①

由此可见，无论在英国或中国，“绅士”这个阶层都是有闲阶层或不劳阶层，与现在“gentripication”（城市绅士化）的主体“租借人”没有什么区别。如果说有区别，那就是拥有土地和建筑的多寡程度，而有闲阶层依赖不劳所得的根本特征几乎没有差异。② 更何况，当代“租户”与过去承担政治社会义务的“小规模自耕农（peasantry③）”并无不同，现在承租人被赶走的情况与当时小自耕农的情形也是一样的。④ 那么，我们可以得出如下结论：当代的“gentrification”可以看作租赁人通过向承租人收取地租，逐渐加速自身资本积累的过程，因此，“gentrification”对现代特有的“城市性盈亏”也起到了很大的作用。实际上，这也是新自由主义的。⑤ 在

① “绅士”，《国学大师》，http：//www. guoxuedashi. com/hydcd/372117j. html，2020. 10. 24。

② “绅士”一词在韩国可能出现于20世纪初，意思是“举止文雅、有教养、有礼貌的男人。一般指普通男人”。박재연，이현희 외，『고어대사전』，권 12，선문대학교 중한번역문헌연구소，학고방，2016，p. 931. 因此，如果具体地运用到当代中国社会的语境中，城市文明化即“文明城市建设”，“绅士”也可以指文明城市（文化城市）的男性。众所周知，“建设文明城市”是中国实现世界强国目标的“中国梦”战略的口号之一，在中国随处可见。沿着“绅士－文化城市－男性”的脉络，我们可以继续讨论与“gentrification”“gender”相关的问题，但是这个主题与本文的脉络相去甚远，所以不再赘述。

③ peasantry大体上是一个比较宽泛的名称，主要包括独立的小农和根据习惯半永久性地保留并耕作所有土地的佃农（习惯保留农，customary holder），作者将其定义为“承担社会、政治义务的小规模自耕农”。레이먼드 윌리엄스，『시골과 도시』，이현석 옮김，나남，2013，p. 131，注释1。

④ “具有古典意义的农民，即承担着社会、政治义务的小规模自耕农（the peasantry）大都是在建设大规模私有土地的17世纪末和18世纪初被强制出售土地并驱逐出境的。”Williams，Raymond，*The Country and the City*，New York：OUP，1973，p. 97；레이먼드 윌리엄스，『시골과 도시』，이현석 옮김，나남，2013，p. 201.

⑤ Hodkinson，Stuart，“The New Urban Enclosures”，*City*：*Analysis of Urban Trends*，*Culture*，*Theory*，*Policy*，*Action* 16（5），2012，p. 500；김용창，「도시 인클로저와 거주 위기，거주자원의 공유화」，『위기의 도시，희망의 도시 심포지엄 자료집』，한국공간학회·서울연구원，2016. 6，pp. 115－116. 这是1964年英国社会学家露丝·格拉斯（Ruth Glass）最早使用的，与此前看到的剑桥词典的定义似乎并无太大区别。更详细的内容，可参考김연진，『문화·예술분야 젠트리피케이션 대응을 위한 기초 연구』，한국문화관광연구원（기본연구2016－20），2016，p. iv，pp. 11－12；김연진，「도시재생과 젠트리피케이션」，（转下页注）

此情况下，将“gentrification”译为“둥지 내몰림”（逐出巢穴）就会带来问题，[①]正如我们现在所看到的，小到语言的隔阂，大到现实和语言之间的阶层含义的删除，因为它轻视了本文首要分析对象“gentrification”的历史和社会脉络。在此背景下，我们就不能不讨论新自由主义，尤其是“基于文化艺术的城市改造”。[②]

三　城市绅士化的辩证法

1. 城市绅士化：新自由主义城市化的过程和效果

众所周知，城市绅士化是新自由主义的城市空间重组的核心战术，因此，它与基于文化艺术的城市改造有着密不可分的关系。[③]在当今全球化浪潮时代，城市增长和传统意义上的产业发展不再同轨，产业基础已经脱离城市，城市空洞化即将成为现实。城市的生存完全依赖于新突破口的探索、准备和实现，于是文化进入了人们的视野。包括艺术在内的整个文化成为城市增长的核心动力。“城市改造”也就成了城市的转型过程及效果的代名词。因此，城市工厂化、文化产品化以及城市市场化和文化商品化，也就随之而来。说起人类历史，有两个要素不可缺少，即城市和文化。

（接上页注③）『환경논총』, 제61권, 서울대학교환경대학원, 2018. 3, p. 12; Hamnett, Chris, “Gentrification: Its History, Forms, Causes and Consequences”, *Artist, Gentrification and Urban Regeneration*, The 7th Seoul Art Space International Symposium, Seoul Foundation for Arts and Culture, 2015. 11, p. 8, 20。

① 早有研究指出，“Gentrification”被译成‘高级住宅化’或‘城市再活化’，但这种说法是否真实地反映了“gentrification”（低收入层居住的市中心落后地区转变为中产阶层居住区的现象）的原有含义？Widodo, Johannes, “Gentrification, Conservation, and Regeneration: Lessons from Urban Conservation Cases in Asia”, The 20th Century Urban Cultural Heritage in Our Daily Life, UNESCO Asia-Pacific International Forum on the Preservation of Urban Cultural Heritage, Korean National Commission for UNESCO & Seoul Metropolitan Government, 2010. 11, p. 105, note 5，在此情况下，“国立国语院的意见收集程序是否流于形式？”

② 由此，“gentrification”将形成更强大的斗争平台，结果忽视语言中历史社会意识的“둥지 내몰림”（逐出巢穴）逐渐消失，虽然并不完美，但一直保留英语读音的“젠트리피케이션”似乎已站稳脚跟。因此，今后不再使用“gentrification”，而使用“젠트리피케이션”。

③ 只为了强调一点，新自由主义就是古典的自由主义，即“自由放任的市场经济的经济、政治复活”，这里重要的是“竞争”。Meagher, Sharon M., “How Might Creative Placemaking Lead to More Just Cities?”, *The Routledge Handbook of Philosophy of the City*, S. M. Meagher, S. Noll and J. S. Biehl (eds.), London & New York: Routledge, 2020, p. 173.

在人类文明发达的地方，甚至不幸沦为革命战场的地方，以及因此蕴含了许多故事的地方，这些城市就这样没落了。不仅人类的物质文明，在此基础上形成的被称为文化的精神文明，如今也一样沦落。在当代社会，文化作为经济增长的新动力又被积极地重新考虑。作为解决城市政治经济问题的手段，文化的重要性正在引起前所未有的风波。而且，这场风波是因为“城市绅士化过程的扩散和城市旅游的文化开发”而激起的，它席卷着我们这些城市居住者，而推动这一潮流的正是“文化商品化和文化资本主义的扩散”。①

在这种情况下，艺术家的历史和社会地位必然也会发生变化。“天才”艺术家、浪漫主义艺术家已不复存在，也无法存在。艺术家们因“为艺术而艺术”（art for art's sake）而失去了立足之地，所以早就有“艺术也是历史社会产物”的说法。因此，艺术家被重新定位于“奇特的创造者和创造性的促进者之间”。但是，在这个位置上，艺术家也会承受“城市绅士化的风险”。城市的“再美化”（reaestheticisation）积极引入了文化，在此过程中，艺术家自己的家园在生活和工作两个方面都成为“魅力场所”。在艺术家的工作中，“共同体和场所”本身就是难题，但也是必不可少的。因此，艺术家这一社会存在也必然更加深入地置身于“城市绅士化”。② 这种情况可具体分为两个方面：一是文化艺术实践者不能完全排除城市绅士化和强制迁居所带来的新自由主义扩散和强化；二是他们有可能在文化艺术转化为新自由主义的实用性商品过程中做出贡献。③

2. 城市绅士化的辩证法：绚丽城市、脑力资本主义、艺术人

为了便于讨论，我们有必要先通过“spectacle”（绚丽城市）的动态辩证关系来描绘其矢量。“spectacle”是“支配经济的形象”，其中蕴含着从根本上通过错置来实现异常增殖的运动性，就像癌细胞破坏健康邻细胞的同时无限扩张自身领域一样；另一方面，它也蕴含着捕获、集中、积累

① Yudice, George., *The Expediency of Culture: Uses of Culture in the Global Era*, Durham: Duke University Press, 2003, 转引自 Miles, Steven. & Paddison, Ronan., “Introduction: The Rise and Rise of Culture-led Urban Regeneration”, *Urban Studies* 42 (5/6), 2005, p. 834.

② Sharp, Joanne, Pollock, Venda, & Paddison, Ronan, “Just Art for a Just City: Public Art and Social Inclusion in Urban Regeneration”, *Urban Studies* 42 (5/6), 2005, p. 1014.

③ Meagher, *op cit.* p. 173.

的运动性，不断扩散和收敛的双向位移形成了巨大的矢量。[①] 从这个意义上讲，当代城市本身就是绚丽的，因此称为“绚丽城市”名副其实。在绚丽城市的舞台上，脑力资本主义[②]更加活跃，这为艺术人的社会生产创造了条件，随后也将产生大批“艺术家劳动者”或“工人艺术家”。

> 今天的大众不仅被要求创造，而且只有通过创造才能证明其存在的理由。知识、信息、象征、情绪、沟通成为主要生产领域，独创性被认为是知识产权的主轴，这种严峻的现实迫使大众在每一瞬间都表现出认知创造能力。……到目前为止，艺术家们所展现的特殊能力和资质成为负责生产的普通大众的要求。每个人都被要求成为艺术家而且逐渐成为现实，这才是艺术人诞生和成长的条件。……绚丽城市的风景是为了实现资本、权力的积累目标而将大众艺术创造能力捕获、集中、编辑和重构的产物。……在如此绚丽的环境中，艺术人的潜力成为冰冷机器的能量，其中虚拟风景和实际风景的分离，虚拟风景对实际风景的隐藏，实际风景对虚拟风景的替代等，都被系统性地生产出来。[③]

但是，绚丽城市将迎来重大的矛盾性转机，这一点非常重要。城市绅士化（gentripication）与媒体结合（mediatisation）引发了城市改造中的旅游开

---

① 박시정,「인체 암세포가 건강한 이웃 세포 파괴하는 세포 경쟁 매커니즘 발견」,『트리니티 메디컬 뉴스』, http://www.mdtrinity.com/news/view.php? idx =3236, 2020.7.31; 조정환,「예술인간의 탄생과 반자본주의적 공통도시의 전망」,『위기의 도시, 희망의 도시 심포지엄 자료집』, 한국공간학회・서울연구원, 2016.6, p.59. 众所周知，“spectacle”是包括 Guy Debord 在内的法国情况论者的概念。

② “脑力资本主义”基本上是“共同剥削和支配不稳定劳动者和脑力劳动者的根据”，概括起来可以说是“基于对脑力的剥削和支配的积累体制”。这个概念与“被设定为共同城市主体的大众”有关，与本文最后讨论的“城市共同体的形成”也有密切关系。곽노완,「공통도시에서 글로컬아고라로: 인지자본주의 공통도시론의 변혁과 글로컬아고라 개념의 진화」,『付福□□林狼 연구』, 제9권 제1호, 경상대학교 사회과학연구원 2012.2, p.158, p.161. 곽노완的研究实际上是对上述讨论的批判性研究。具体内容参考该文第156～162页。

③ 조정환,「예술인간의 탄생과 반자본주의적 공통도시의 전망」,『위기의 도시, 희망의 도시 심포지엄 자료집』, 한국공간학회・서울연구원, 2016.6, p.59.

发（tourification）等更严重的问题。[①] 由此，绚丽城市与城市美化共同促成了中层异常增殖的态势。在此情况下，最重要的是，城市居住者的各种文化实践成为其实现条件。另一方面，这个条件反过来也证明了艺术人的创造能力，即城市美化和绚丽城市的基础都是某种共享空间。换言之，以绚丽城市和城市美化为代表的现代城市改造成为资本主义的积累手段，它需要“艺术人的多重力量”，即有赖于以当代艺术人的特殊性为基础的集体决定和协作。[②]

针对这个重大的矛盾和鸿沟，我们可以提出下列问题。在这种矛盾的情况下，包括城市绅士化、艺术家在内的文化实践者的关系如何才能重新阐明，他们的社会地位又将何去何从？正如人们所熟知的那样，他们只是“城市绅士化的受害者并触发城市绅士化”（both the gentrified and gentrifying）而已吗？[③]难道他们只是一个两面性的存在吗？或者更进一步，他们是对城市绅士化做出贡献甚至加速其发展的人吗？或者在此情况下，他们用自己固有的节奏和速度对抗着城市绅士化，与其建立积极的关系并最终克服了它，即他们是想象着超越现有的绚丽并最终实现的人吗？[④] 在探索

---

① 这里所谓的媒体，涵盖了电视等传统意义的大众媒体（mass media）和 SNS 等自媒体。“tourification”（旅游开发）是“tour”和“gentrification”的合成词，一般是指“由于蜂拥而至的游客，原来居住的家园成为旅游胜地而不得不从自己的家园（强制）迁移的过程”，这也被称为“touristification”（touristify + gentrification）。

② 조정환,「예술인간의 탄생과 반자본주의적 공통도시의 전망」,『위기의 도시, 희망의 도시 심포지엄 자료집』, 한국공간학회 · 서울연구원, 2016. 6, pp. 59 – 60.

③ 김연진,「도시재생과 젠트리피케이션」,『환경논총』, 제61권, 서울대학교환경대학원, 2018. 3, p. 12.

④ 釜山成为现代城市固然有多种原因，但最重要的因素是通过北港建设（1902 ~ 1908）实现的釜山站竣工（1910 年）以及港口设施的完备（北港第一码头，1912 年）。具体来说，正是釜山北港的填海造地，才使得铺设以釜山为起点的京釜线成为可能，通过京釜线组成了“殖民式流通圈”，釜山站也因此成为中心枢纽。전국조,「속도와 리듬의 변증법적 관계에 기초한 새로운 도시사회 및 그 주체의 가능성–식민적 질주권 부산의 사회적 생산과 탈식민화의 가능성을 중심으로」, 박사학위논문, 경성대학교 대학원 문화기획 · 행정 · 이론학과, 2017. 2, p. 112. 详细内容参考第 112 ~ 119 页。实际上，釜山原市中心的盛衰，以及随之而来的“Totatoga”（旧城创作区）也与北港建设有着密不可分的关系。从整个城市化的过程，更具体地讲，从殖民城市化的角度来看，长春也走上了与釜山类似的道路。众所周知，长春在 1932 年被定为伪满洲国“首都”后正式成为现代都市（当时更名为“新京”，新中国成立后恢复原名）。为长春的快速发展和转型做出巨大贡献的也是“铁路”，首先是“东清铁路”（现在的“哈尔滨铁路”）；其次，受日俄战争的影响，以长春为界，东清铁路的南端成为日本殖民统治下的“南满铁路”（简称“满铁”）（1905 年）。有赖于铁路交通，长春成为伪满洲国的政治、经济、文化中心。在此历史背景下，长春市保存了丰富的文化遗产等旅游资源，中国政府也在进行多方面的开发。이동진, （转下页注）

这种可能性之前，有一点必须说明，按照引领城市绅士化的主体，韩国釜山的情况可视为“政府主导+艺术主导的由上而下型”（top-down state-led and art-led gentrification），中国长春的情况从广义上可以视为“青年层主导的由下而上型”（bottom-up studentification）。①

四 韩国和中国的城市绅士化：釜山和长春的案例

1. 釜山：“Totatoga”（旧城创作区）

当代的城市绅士化，绚丽城市和城市美化，在这一脉络中阐明包括艺术家在内的文化实践者的阶层含义并不容易，以代表釜山的文化事业“Totatoga”为例，因为这些文化实践者已成为所谓“文化地区政策管理”（policy governance of cultural districts）的一部分。②

（接上页注④）「해방 직후 長春의 조선인-기억과 정치 사이」，『대동문화연구』，제83집，성균관대학교 대동문화연구원,2013.9，p.389；손영 외，「지속가능한 관광개발과 주민갈등：중국 장춘시를 대상으로」，『관광연구저널』，한국관광연구학회，제33권 제5호，2019.5，p.93. 牡丹街的绅士化与长春的这种历史社会脉络是分不开的。

① 김연진，「도시재생과 젠트리피케이션」，『환경논총』，제61권，서울대학교환경대학원，2018.3，pp.17－19. 从“studentification”这个用语可以看出，这是一种由“学生”主导的城市绅士化类型，其主体是大学生。这种构词是为了尽可能排除韩中政治体制差异带来的成见和偏见。

② 在这里，有必要对“文化地区”“文化地区建设政策”“管理”“政策管理”进行说明。“文化地区”是指“原来艺术家们的自生空间的集合体”，但在当代“城市改造”的语境下，也指根据政策建立的空间。因此，“文化地区建设政策”被视为“以文化为基础的城市改造战略”（culture-led urban regeneration strategy）。具体而言，“文化地区建设政策”是指“在停滞的城市中心区或传统市场吸引艺术家，刺激创作活动，在此基础上运营教育项目、举办庆典等，从而实现地区激活的战略”，以便“从政策上控制艺术家们的活动，使之符合公共目的”。“管理”是指“在政策推进中相关主体之间的合作关系网”，而“政策管理”是指“在政策推进中，政府组织与非政府组织之间的合作及相关组织之间的相互依存性”。박세훈，주유민，「도시재생을 위한 문화지구정 책거버넌스 연구：부산광역시 또따또가를 사례로」，『국토연구』，제83권，국토연구원，2014.12，pp.49－67；Rhodes，Roderick. A. W.，*Understanding Governance：Policy Networks，Governance，Reflexivity and Accountability*，Buckingham & Philadelphia：Open University Press，1997. 转引自박세훈，주유민，「도시재생을 위한 문화지구정 책거버넌스연구:부산광역시 또따또가를 사례로」，『국토연구』，제83권，국토연구원，2014.12，p.53。篇幅所限，本文将用图表呈现釜山和长春的案例，主要是对两篇论文——박세훈，주유민，「도시재생을 위한 문화지구정 책거버넌스연구：부산광역시 또따또가를 사례로」，『국토연구』，제83권，국토연구원，2014.12；Zhang，Jing，et al.，“Young Pioneers，Vitality，and Commercial Gentrification in Mudan Street，Changchun，China”，*Sustainability* 12（8），3113，2020，pp.1－15——的内容进行摘录、修改和整理，不另行加注引号，只写页数，其他参考资料则具体说明出处。

表 4 “Totatoga”的 10 年（2010～2019 年）和管理特征

<table>
<tr><th colspan="3">“Totatoga”的 10 年（2010～2019 年）</th></tr>
<tr><td colspan="2">位置及政策结构概观</td><td> 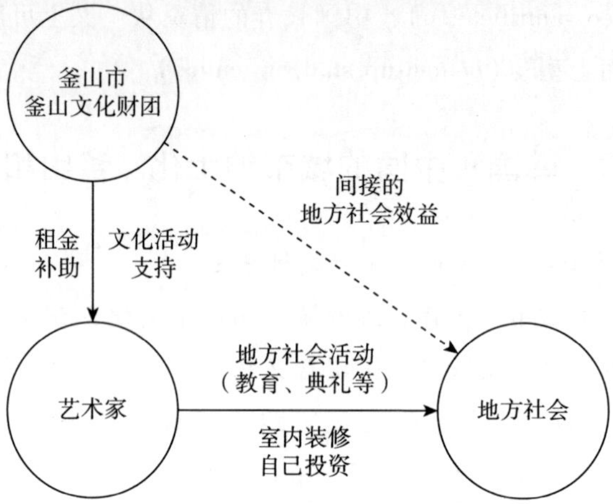釜山市
釜山文化财团
租金补助
文化活动支持
间接的地方社会效益
艺术家
地方社会活动（教育、典礼等）
室内装修自己投资
地方社会

图 1 “Totatoga”的政策结构（57）</td></tr>
<tr><td colspan="2">位置及现状①</td><td>• 釜山中央洞和东光洞一带
• 艺术家与市民共同打造的原市中心文化共同体项目：由文化艺术领域的各类艺术家入驻，形成文化艺术网络
• 空间设施：26 座楼，80 个房间
• 入驻人员：作家 43 名，团体 24 个，共 223 人。</td></tr>
<tr><td colspan="2">项目名的意义</td><td>• 以“宽容和尊重、理解和沟通”为宗旨：“Tolerance”，“따로 또 같이”（独立与合作）和“가”（街）的合成词（55－56）</td></tr>
<tr><td colspan="2">缘起</td><td>• 2009 年釜山市文化艺术预算有一部分结余，在探讨其使用方案时，釜山文化艺术教育联合会提议将原市中心的空地作为创作空间出租（56）。</td></tr>
<tr><td colspan="2">概要</td><td>• 在釜山广域市中区原市中心区中央洞 2、3 街一带，出租 2～4 楼层的空置办公室，为艺术家提供创作空间（56）。</td></tr>
<tr><td rowspan="4">项目时间及费用</td><td>第 1 期</td><td>• 3 年（2010～2012 年），每年 3 亿韩元 → 2011 年增加为每年 4 亿韩元</td></tr>
<tr><td>第 2 期</td><td>• 3 年（2013～2015 年），维持同等水平（56）</td></tr>
<tr><td>第 3 期</td><td>• 3 年（2016～2018 年），维持同等水平</td></tr>
<tr><td>第 4 期</td><td>• 3 年（2019 年至今），削减一半预算：釜山市议会预算决算特别委员会将 2020 年度“Totatoga”预算 3.2 亿韩元（以公开招募为准）削减至 1.6 亿韩元，削减案在全体会议上获得通过。②</td></tr>
</table>

① 「원도심 창작공간 또따또가」，부산문화재단，http：//www. bscf. or. kr/10/05. php，2020. 11. 18.

② 조상인,「부산 원도심‘또따또가’살리자! …예술가들 뿔났다」，『서울경제』，https：//www. sed aily. com/NewsVIew/1VS4FKPCAP，2020. 8. 1.

续表

文化地区政策管理模型（55）与“Totatoga”的特征（64）		
	模型的普遍性	“Totatoga”的特殊性
政府－艺术家	• 对艺术家直接或间接的支持 • 排除政府的过度干预和管制 • 赋予艺术家/文化活动家主动权	• 在空间运营以及庆典企划、教育项目的运营上，保障艺术家的自主性：臂长原则（arm's length principle：保障支援，排除干涉） • 最大限度地保障中间支援组织的自主性，通过它们支持艺术家 • 尽量减少除社区活动以外的对艺术家们的要求 • 第 2 期活动，由艺术家直接运营中间支持组织
政府－市场	• 限制大规模的物理开发 • 短期地价上涨最小化 • 赋予适当的消费功能	• 尽量减少房地产市场对项目运营的影响 • 尽量减少事业开发，以项目（庆典、教育、共同体活动等）运营为中心 • 租赁 2 ~4 层办公空间，最大限度减少对社区的影响 • 相对于创造游客看点，更注重艺术家们的定居条件
政府－当地社会	• 考虑地区文化与历史和谐 • 利用地区建筑资产 • 优先支持本地艺术家 • 支持本地居民	• 招募艺术家时，重视个人力量和对地方社会的奉献 • 相对于高级艺术，运营更符合地区社会需求的教育、庆典项目 • 从初期开始，培养与业主和商人建立合作关系，建立伙伴关系 • 印刷胡同、八爪鱼胡同项目等与地区社会密切相关的文化艺术事业的策划和运营

表 5　关于“Totatoga”10 年的建议与现状

建议与现状	
建议①	现状
• “城市绅士化”深化与扩大的应对预案：组建官民合作机构，主办讨论会及论坛，签订共生协议。 → 需要努力形成社会共识	• 不断恶化② －“Totatoga”预算削减的根本原因：沟通及管理过程的缺失； －亟须制定对策，以防此前为现场沟通而积累的管理信赖体系崩溃； －管理消失，对话缺位

① 손은하,「문화적 도시재생의 함정」,『동북아 문화연구』, 제50집, 동북아시아문화학회, 2017. 3, p. 50.

② 차재근 외,「[대담]2019 년부산 문화정책 이슈 돌아보기」, 부산문화재단 정책연구센터, http://e-archive. bscf. or. kr/27_policy/03_policy_view. php? pmode = view&idx = 188, 2020. 7. 31.

续表

建议与现状	
建议	现状
• 大部分为租赁空间，通过稳定的活动，确保核心设施，以保护地区整体性。	• 筹建“汉城 1918 釜山生活文化中心”[①] -1918 年，汉城银行釜山分行成立； -1960 年售给个人后用于商业，2000 年后面临拆迁，由釜山市收购； -2018 年 4 月，改造为“汉城 1918 釜山生活文化中心”。
• 有必要建立保障稳定活动的制度基础→例示）制定防止“城市绅士化”的条例	• 2019 年，制定《釜山广域市市民文化圈保障条例》[②]。 • 2020 年 7 月 13～14 日，8 月 3 日，为制定《釜山市民文化宪章》收集市民意见，并举行市民听证会[③]

问题的核心是，虽然釜山广域市、釜山文化财团、艺术家等“Totatoga”相关主体在过去 10 年付出了相当大的努力，但他们一直面临着“城市绅士化”问题的困扰。究其原因，在当今时代，绚丽城市的各种置换异常活跃，仍是为了形成绚丽城市和城市美化的矢量。在此情况下，就可能出现“艺术家等文化实践者又该如何行动”的困惑，后面我们将对此进行探讨。

2. 长春：牡丹胡同（Mudan Street）

表 6　中国城市改造概观和“长春牡丹胡同”十余年（2008～2020 年）

中国城市改造概观
• 20 世纪 90 年代，始于大城市（1）[④]

① 한성1918 부산생활문화센터，http：//1918. bscf. or. kr/，2020. 11. 7.

② 조찬희，「부산광역시 시민문화권 보장에 관한 조례안 입법예고」，부산광역시 문화체육국 문화예술과，https：//www. busan. go. kr/nbgosi/view？ sno = 44660&gosiGbn = P&curPage = 1，2020. 8. 1.

③ 최윤정，「시민의 문화향유 권리와 문화도시 부산의 미래가치를 담다！‘부산시민 문화헌장’ 제정을 위한 대시민의 견 수렴」，부산광역시 문화체육국문화예술과，https：//www. busan. go. kr/ nbtnewsBU/1444148？ curPage = &srchBeginDt = 2020 - 07 - 04&srchEndDt = 2020 - 07 - 11&srchKey = &srchText = ；「시민의 문화권리와 문화도시부산의 미래가치를 위한 사회적 대합의，‘부산시민 문화헌장’ 제정을 위한 시민공청회 개최」，부산광역시 문화체육국 문화예술과，https：//www. busan. go. kr/nbtnewsBU/1448376？ curPage = &srchBeginDt = 2020 - 07 - 25&sr chEndDt = 2020 - 08 - 01&srchKey = &srchText = ，2020. 8. 1.

④ Liu，Guiwen，et al.，“An Evaluation of Urban Renewal Policies of Shenzhen，China”，*Sustainability* 9（6），1001，2017，转引自 Leaf，Michael，“Inner City Redevelopment in China”，*Cities* 12（3），pp. 149 - 162 — Zhang，et al.

续表

<table>
<tr><td colspan="2">中国城市改造概观</td></tr>
<tr><td colspan="2">• 进行过程及效果
- 反映城市管理者与策划者等精英意志的新的“城市绅士化”，打造富有层次的城市景观→大规模拆除并整顿传统商业街（1－2）①
• 效果
- 未考虑多数街道住户的真正需求和感情→商业空间和人的脱节
- 破坏了消费文化和氛围→空荡荡的新建筑和停滞的事业（2）②</td></tr>
<tr><td colspan="2">长春“牡丹胡同”的十余年（2008～2020年）</td></tr>
<tr><td>长春与牡丹胡同</td><td>• 长春
- 人口380万，中国东北部的大城市
- 曾是伪满洲国的“首都”（20世纪30～40年代）：受西方消费概念影响的代表性消费城市
- 新中国成立后：转变为制造业中心
- 改革开放以后：服务业迅速发展，商业空间发达
• 牡丹胡同
- 位置：与主要购物中心之一的桂林路商业区相邻的市中心地区
- 扩张意义：商业活动的持续扩散，不再局限于牡丹胡同，而是以此为核心，扩张至多个周边街道
→ 牡丹胡同是指改造后的整个街区（4）</td></tr>
<tr><td>牡丹胡同“城市绅士化”和主体的特点</td><td>• 从2008年开始，商业的“城市绅士化”激增③
- 10多年来店铺数量激增：约2.5倍
- 2008年以前：不足80家，为食品店、修理店、小规模的生活必需品经营店
- 2019年：206家，特别是与文化休闲相关的消费卖场112家
- 特点：空间的多样性（咖啡厅、酒吧、餐厅、花店、照相馆、工艺品工作室、音乐工作室等），成为当今中国青年文化的新消费地和时尚地标。
• 主体：年轻前卫的开拓者（young avant-garde pioneers）
- 独立的小咖啡馆、酒吧等，以相对低廉的费用创业
- 目的：建立城市青年人的精神故乡，实现牡丹胡同的重建
- 效果：在吸引年轻人的基础上，获得中产阶层的文化认同感
→ 通过刺激商业活力，激活商业性的“城市绅士化”（3－4，13）</td></tr>
</table>

① Yang, Qinran & Min, Zhou, “Interpreting Gentrification in Chengdu in the Post-socialist Tansition of China: A Sociocultural Perspective”, *Geoforum* 93, 2018, pp. 120－132 — Zhang, et al. 转引自前文。

② Shin, Hyun Bang, “Urban Conservation and Revalorisation of Dilapidated Historic Quarters: The Case of Nanluoguxiang in Beijing”, *Cities* 27, 2010, pp. S43－S54 — Zhang, et al. 转引自前文。

③ 以空间的用途为标准，“城市绅士化”可分为“居住区的城市绅士化”（residential gentrification）、“商业区的城市绅士化”和“乡村的城市绅士化”（rural gentrification）。김연진,「도시재생과 젠트리피케이션」,『환경논총』, 제61권, 서울대학교환경대학원, 2018.3, p.129.

续表

长春"牡丹胡同"的十余年（2008～2020年）	
现状	• 市场威胁（持续性的） - 租金上涨和竞争激烈，青年文化氛围也随之减弱① → 年轻的企业家被迫撤离 • 政府施压（从2017年开始） - 随着市政府启动新的街道整治项目及强化制度性限制，大部分商店将被改造→年轻的开拓者加速撤离（4-5，11）
意义与建议	• 意义：从结果来看，即使很难做出成功的评估，仍不失为由下而上的城市改造（a bottom-up urban regeneration）的优秀范例 • 建议 - 为了城市的可持续发展，要摒弃中央集权式的由上而下的做法 - 市政府方面，需要政策的制定和实施，以保护和促进由下而上的城市改造（13）

表7　咖啡店经营者采访：有意义的结果②

时间与对象	• 共3次：2012年12月、2015年7月、2017年6月；咖啡店经营者：16名		
问题	回答内容	回答人员	占比（%）
教育水平	高中学历	1	6.3
	大学学历	13	81.3
	研究生学历	2	12.5
专业	艺术	6	37.5
	文学	3	18.8
	其他	7	43.8
主业和以前职业	大学毕业生	7	43.8
	白领	9	56.3
	艺术家	3	18.8
	编辑/作家	2	12.5
	业务员	2	12.5
	律师	1	6.3

① 在北京"798艺术区"，城市绅士化的威胁依然存在。实际上，城市绅士化是"目前798艺术区发展中的最大课题，也是自发性文化艺术发展所产生的艺术空间中存在的主要问题"。정보은, 김진형, 「공간 재생을 통한 중국 문화예술인 공간실현의 현대적 의미 고찰」, 『중국연구』, 제77권, 한국외국어대학교중국연구소, 2018.12, p.318.

② Zhang, et al., "Young Pioneers, Vitality, and Commercial Gentrification in Mudan Street, Changchun, China", *Sustainability* 12 (8), 3113, 2020, p.7.

续表

主业和以前职业	心理学家	1	6.3
	餐饮业者	1	6.3
咖啡店运营动机*	创造收益	16	100
	实现自己的理想	14	87.5
	和朋友分享喜欢的事物	13	81.3
	白领收入低，自由少	9	56.3
困难和危险因素*	租金上涨	16	100
	目前的资本低	11	68.8
	竞争越来越激烈	10	62.5
	不稳定的顾客需求	8	50.0

* 多个回答的问题

在下结论之前，我们需要考察从上述分析中得出的几个含义。首先来看“元城市绅士化”（meta spectacle）①。城市绅士化加速，绚丽城市和城市美化进入了中层异常增殖一边倒的态势，在此情况下，将“元城市绅士化”作为摩擦力及制动力的社会生产战略是一种必要的辩证的战术。“元城市绅士化”的核心在于“超越”（excess），但“超越”并不等于比以往的豪华版更加了不起的创造。情况也有可能相反，例如“Totatoga”在完全不通过大规模设备投资的情况下实现了空间的物理转型，即在不添加任何东西的情况下达到了吸引游客视线的效果。这是因为，这项政策的焦点不是改善城市的物理环境，而在于“激活共同体和扩大文化艺术享受机会等社会层面”。② 这种方式可视为“元城市绅士化”，是因为在决策现代城市空间的技术官僚的想象中，它已经“外在化”。③ 之前内在的东西已开始

① 这里讨论的“元城市绅士化”是不久前与研究生院恩师及诸位同仁交谈时提出的。在此，向所有老师致以诚挚的谢意。

② 박세훈, 주유민,「도시재생을 위한 문화지구정 책거버넌스연구: 부산광역시 또따또가를 사례로」,『국토연구』, 제83권, 국토연구원, 2014. 12, p. 61.

③ 这与勒佩弗尔批评的“城市建设”（urbanisme）和服务于其意识形态的“意识形态主义者”（ervanisme）有很大关系。与此相关，更多讨论详见：Elden, Stuart, *Understanding Henri Lefebvre: Theory and the Possible*, London & New York: Continuum, 2004, pp. 143 - 146; 스튜어트 엘든,『앙리 르페브르 이해하기: 이론과 가능한 것』, 전국조 옮김, 이현석 감수, 경성대학교 출판부, 2018, pp. 243 - 246。

外在化，通过“再内在化”来超越现有的生产方式，将经常向外扩张的绚丽城市的置换转变为向内发展，将之前潜在状态的东西转化为现实状态，最后在认真落实的过程中建立了“脱离”城市绅士化战略所需的具体战术。这种情况与长春牡丹胡同有很大的不同，因为牡丹胡同的案例不仅是绚丽城市和城市美化的中层异常增殖，在一定程度上也是对传统阶级意义的“城市绅士化”的沿袭。但是，这并不意味着它完全没有意义，因为它所提供的视角可以洞察包括本文反复提及的艺术家在内的文化实践者的阶层含义。

再来看下面的定义。本文讨论的“包括艺术家在内的文化实践者”也可以用其他方式表述，如“作为由文化主导的城市绅士化的主体，包括艺术家在内，创立并组织文化活动的文化企划者等统称为‘文化企业家’（cultural entrepreneurs）”。[①] 这种说法似乎很妥当，但不知为何又有些别扭。因为牡丹胡同的青年创业者共同表现出来的阶级特征就是“高文化资本水平和低经济资本水平”。[②] 而且这个特征在“Totatoga”的艺术家群体中也有共同的表现，他们的共同点在于文化资本不一定与经济资本成正比。当然，以“财富传承”为例，前一代的经济资本积累水平在文化资本积累的同时也会提高，但也存在与之相反的情况。换言之，在一定程度上，上一代的财富积累水平会对下一代的阶层意识及阶层性产生影响，但如果说是决定性的又未免牵强。因为在说“决定性”的一瞬间，其主张就变质为决定论和还原论。因此，当代文化实践者的阶层层次是多元化的。要探索当代文化实践者的阶层含义及其动态，就要将“那些人是谁”的静态问题转变为“那些人是如何变化的”“如何形成这种变化的推动力”“如何确保这种变化的历史社会正当性”等一系列的动态问题。而且，这些问题的答案就在于“文化资本矢量”和“作为城市共同体，创建创作空间”中。

① 김연진,「도시재생과 젠트리피케이션」,『환경논총』, 제61권, 서울대학교환경대학원, 2018. 3, p. 12.

② Zhang, et al., Young Pioneers, Vitality, and Commercial Gentrification in Mudan Street, Changchun, China", *Sustainability* 12 (8), 3113, 2020, pp. 2 - 3, 12 - 13.

五　结语："文化资本矢量"和"作为城市共同体，创建创作空间"

首先，让我们重新思考一下当代的文化实践者。他们一方面是"工人"，另一方面又是"企业家"（资本家）。但是，这些人之所以被称为企业家或资本家，是因为他们积累的文化资本多于经济资本。例如，被称为"艺术家"的人，在社会地位的历史浮沉中依然生存下来，这就是文化资本和它的力量。但是，到了现代社会，如果只将文化资本积累起来，他们就不能被称为文化实践者。无论以何种方式都要顺应文化资本的变位和矢量以及它们所能构建的最大限度的复合网络的发展方向。第一步就是"城市共同体的形成"，如前所述，其条件已经内在于现代城市。虽然城市共同体被称为"绚丽城市"，但正像瓦勒施泰因（Immanuel Wallerstein）所说的那样，"资本积累的目的只有为了积累更多的资本"，这也凸显了"艺术人多重力量"的必要性。以"Totatoga"为例，2019 年 12 月 13 日釜山市议会决定将预算比往年削减一半，从第二天即 14 日开始，在"艺术人联合起来，为保障艺术创作空间的运营正常和文化艺术振兴事业的自主性而斗争"的活动中，超过 1300 人参加了在线签名。[①] 以长春牡丹胡同为例，其力量表现为"和朋友分享喜欢的东西"以及对城市共同体的渴望和由渴望所形成的社会矢量，这在调查中超过了全部应答人数的 80%（参见表 7）。

但是不可否认，有一个事实是我们时刻都要考虑的。当代的文化实践者与其他人一样都是"关系中的存在"。釜山和长春的情况都一样，虽然程度上会有差异，但无论如何都必然会受到现实政策的影响。以长春市为例，中国学界建议政府做出改变性的努力，也是出于这种考虑。[②] 尽管如此，我们不能一味地等待政策的积极变化。

---

① 조상인,「부산 원도심 '또따또가' 살리자! …예술가들 뿔났다」,『서울경제』, https: // www. sed aily. com/NewsVIew/1VS4FKPCAP, 2020. 8. 1.

② Zhang, et al., Young Pioneers, Vitality, and Commercial Gentrification in Mudan Street, Changchun, China", *Sustainability* 12 (8), 3113, 2020, p. 13.

答案在于“不断地对话”[①]，例如，在基于文化艺术的城市改造这一社会历史脉络中，文化艺术的想象力、实践力和哲学的批评力“接合”（articulation）的对话。通过对话，彼此变得更加丰富，“作为城市共同体，创建创作空间”的当代社会议题可以由此转化为克服“城市绅士化”弊端的推动力。不仅如此，只有逐步推进这一过程，当代的文化实践者才能更有力地主张自身对城市的权利。而且，这一切都有赖于市民以自身力量建设符合正义的城市。[②] 包括“Totatoga”（旧城创作区）和“牡丹胡同”两个案例在内，本文所有的讨论都是围绕这一主张而展开的。

总之，当代的城市绅士化和文化实践者的阶层含义就是“文化资本的矢量”和“作为城市共同体，创建创作空间”的关系，当下这个时刻也在发生着变化。如果此时此刻有人正在想象某种理想的关系，那么实现这种关系的条件在我们的生活中很有可能已经具备。如果这个条件的发现有困难，那么问题不就在于它已陷入了遗忘的深渊吗？

最后，还有一件事情需要从泥沼中捞出，或者如果还没有陷入泥沼的话，我们绝不能放任不管。

> 城市告诉我们，共同体几乎在总体上已经解体，它依然主张代表“一般关心”的资产阶级活动和生活方式，其结果是社会被原子化为作为私人的个体。[③]

杨红静 译

---

① 这里的“对话”跟“沟通”（communication）和前面提到的基于媒体化的沟通完全不同，因为“媒体化具有抹去对话（dialogue）的倾向”。앙리 르페브르，『리듬분석：공간，시간，그리고 도시의 일상생활』，정기헌 옮김，갈무리，2013，p. 152 —강조 원저.

② Meagher, *op cit.* p. 169.

③ Lefebvre, Henri, *Critique de la vie quotidienne I: Introduction* (2^{e} ed.), Paris: L'Arche, 1958, p. 248; *Critique of Everyday Life Volume I: Introduction*, John Moore (tr.), London: Verso, 1991, p. 233 — Elden, *Understanding Henri Lefebvre: Theory and the Possible*, London & New York: Continuum, 2004, p. 143, 242.

参考文献

论文与著作

곽노완 ,「공통도시에서 글로컬아고라로 : 인지자본주의 공통도시론의 변혁과 글로컬아고라 개념의 진화」,『마르크스주의 연구』, 제 9 권 제 1 호 , 경상대학교 사회과학연구원 , 2012. 2.

김연진 ,『문화・예술분야 젠트리피케이션 대응을 위한 기초 연구』, 한국문화관광연구원 (기본연구 2016-20), 2016.

김연진 ,「도시재생과 젠트리피케이션」,『환경논총』, 제 61 권 , 서울대학교 환경대학원 , 2018. 3.

김용창 ,「도시 인클로저와 거주 위기 , 거주자원의 공유화」,『위기의 도시 , 희망의 도시 심포저엄 자료집』, 한국공간학회・서울연구원 , 2016. 6.

박세훈, 주유민 ,「도시재생을 위한 문화지구정책 거버넌스 연구 : 부산광역시 또따또가를 사례로」,『국토연구』, 제 83 권 , 국토연구원 , 2014.12.

박재연, 이현희 외 ,『고어대사전』, 권 12, 선문대학교 중한번역문헌연구소 , 학고방 , 2016.

손영 외 ,「지속가능한 관광개발과 주민갈등 : 중국 장춘시를 대상으로」,『관광연구저널』, 한국관광연구학회 , 제 33 권 제 5 호 , 2019.5.

손은하 ,「문화적 도시재생의 함정」,『동북아 문화연구』, 제 50 집 , 동북아시아문화학회 , 2017. 3.

앙리 르페브르 ,『리듬분석 : 공간 , 시간 , 그리고 도시의 일상생활』, 정기헌 옮김 , 갈무리 , 2013.

이동진 ,「해방 직후 長春의 조선인 — 기억과 정치 사이」,『대동문화연구』, 제 83 집 , 성균관대학교 대동문화연구원 , 2013.9.

이선영 ,「왜 지금 젠트리피케이션인가 ? 국내 젠트리피케이션 논의의 유행에 대한 진단과 전망」,『예술가 , 젠트리피케이션 그리고 도시재생』, 제 7 회 서울시창작공간 국제심포지엄 , 서울문화재단 , 2015.11.

정보은, 김진형 ,「공간 재생을 통한 중국 문화예술인 공간실현의 현대적 의미 고찰」,『중국연구』, 세 77 권 , 한국외국어대학교 중국연구소 , 2018.12.

조명래 ,「사람 중심 도시와 도시재생」,『문화재생 포럼 : 호시탐탐 (好市耽探)』, 경기문화재단 , 2016.

조정환 ,「예술인간의 탄생과 반자본주의적 공통도시의 전망」,『위기의 도시 , 희망의 도시 심포저엄 자료집』, 한국공간학회・서울연구원 , 2016.6.

Elden, Stuart, *Understanding Henri Lefebvre: Theory and the Possible*, London & New York: Continuumn, 2004; 스튜어트 엘든 , 앙리 르페브르 이해하기: 이론과 가능한 것 , 전국조 옮김 , 이현석 감수 , 경성대학교 출판부 , 2018.

Hamnett, Chris, "Gentrification: Its History, Forms, Causes and Consequences", *Artist, Gentrification and Urban Regeneration*, The 7th Seoul Art Space International Symposium, Seoul Foundation for Arts and Culture, 2015.11.

Hodkinson, Stuart, "The New Urban Enclosures", *City: Analysis of Urban Trends, Culture, Theory, Policy, Action* 16(5), 2012.

Leaf, Michael, "Inner City Redevelopment in China", *Cities* 12(3), in Zhang, et al., 2020.

Lefebvre, Henri, *Critique de la vie quotidienne I: Introduction* (2é ed.), Paris: L'Arche, 1958; *Critique of Everyday Life Volume I: Introduction*, John Moore (tr.), London: Verso, 1991, in Elden, 2004.

Liu, Guiwen, et al., "An Evaluation of Urban Renewal Policies of Shenzhen, China", *Sustainability*, 9(6), 1001, 2017, in Zhang, et al., 2020.

Meagher, Sharon M., "How Might Creative Placemaking Lead to More Just Cities?", *The Routledge Handbook of Philosophy of the City*, S. M. Meagher, S. Noll, and J. S. Biehl (eds.), London & New York, Routledge, 2020.

Miles, Steven & Paddison, Ronan, "Introduction: The Rise and Rise of Culture-led Urban Regeneration", *Urban Studies* 42(5/6), 2005.

Nhalevilo, Emiília A., "Language is also a Place of Struggle", *Cultural Studies of Science Education* 6(2), 2011.

Rhodes, Roderick. A. W., *Understanding Governance: Policy Networks, Governance, Reflexivity and Accountability*, Buckingham & Philadelphia: Open University Press, 1997, in 박세훈, 주유민, 2014.

Sharp, Joanne, Pollock, Venda, & Paddison, Ronan, "Just Art for a Just City: Public Art and Social Inclusion in Urban Regeneration", *Urban Studies* 42(5/6), 2005.

Shin, Hyun Bang, "Urban Conservation and Revalorisation of Dilapidated Historic Quarters: The Case of Nanluoguxiang in Beijing", *Cities* 27, 2010 — Zhang, et al., 2020.

Smith, Neil., "Foreword",in Lefebvre, Henri ,*The Urban Revolution*, Robert Bononno (tr.), University of Minnesota Press: Minneapolis & London, 2003.

Widodo, Johannes, "Gentrification, Conservation, and Regeneration: Lessons from Urban Conservation Cases in Asia", *The 20th Century Urban Cultural Heritage in Our Daily Life*, UNESCO Asia-Pacific International Forum on the Preservation of Urban Cultural Heritage, Korean National Commission for UNESCO & Seoul Metropolitan Government, 2010.11.

Williams, Raymond, *The Country and the City*, New York: OUP, 1973; 레이먼드 윌리엄스, 『시골과 도시』, 이현석 옮김, 나남, 2013.

Yang, Qinran & Min, Zhou, "Interpreting Gentrification in Chengdu in the Post-socialist Transition of China: A Sociocultural Perspective", *Geoforum* 93, 2018, in Zhang, et al., 2020, pp.1-2.

Yudice, George, *The Expediency of Culture: Uses of Culture in the Global Era*, Durham: Duke

University Press, 2003， in Miles, Steven & Paddison, Ronan, "Introduction: The Rise and Rise of Culture-led Urban Regeneration", *Urban Studies*, 42(5/6), 2005, p.834.

Zhang, Jing, et al., "Young Pioneers, Vitality, and Commercial Gentrification in Mudan Street, Changchun, China", *Sustainability* 12(8), 3113, 2020.

电子词典资料

영영중 사전 (Cambridge Dictionary +Plus): 1. Cambridge English-Chinese (Traditional) Dictionary

영영사전 (Cambridge Dictionary +Plus): 1. Cambridge Academic Content Dictionary,『캠브리지 학술 콘텐츠 사전』; 2. Cambridge Business English Dictionary, 『캠브리지 비즈니스 영어 사전』

영어사전 (네이버): 1.『프라임 영한사전』(제 6 판 , 동아출판 , 2018); 2.『올인올 영한사전』(YBM NET); 3.『슈프림 영한대사전』(2005, 민중서관 , 한국영어영문학회)

중국어사전 (네이버): 1.『라인딕 중영사전』

其他资料

김명석 ,「'추적 60 분' 신촌・대학로・홍대 , 문화 없어지고 돈만 남았다」,『TV 리포트』, 2015.

김형배 ,「뜨는 동네 주민 떠나게 하는 '둥지 내몰림'」, 문화체육관광부 국립국어원 공공언어과 , 2016.

박시정 ,「인체 암세포가 건강한 이웃 세포 파괴하는 세포 경쟁 매커니즘 발견」,『트리니티 메디컬 뉴스』, 2019.

조상인 ,「부산 원도심 '또따또가' 살리자 ! ... 예술가들 뿔났다」,『서울경제』, 2019.

조찬희 ,「부산광역시 시민문화권 보장에 관한 조례안 입법예고」, 부산광역시 문화체육국 문화예술과 , 2019.

차재근 외 ,「[대담] 2019 년 부산 문화정책 이슈 돌아보기」, 부산문화재단 정책연구센터 , 2020.

최윤정 ,「시민의 문화향유 권리와 문화도시 부산의 미래가치를 담다 ! '부산시민 문화헌장' 제정을 위한 대시민 의견 수렴」, 부산광역시 문화체육국 문화예술과 , 2020.

최윤정 ,「시민의 문화권리와 문화도시 부산의 미래가치를 위한 사회적 대합의 , '부산시민 문화헌장' 제정을 위한 시민공청회 개최」, 부산광역시 문화체육국 문화예술과 , 2020.

「원도심 창작공간 또따또가」, 부산문화재단 .

한성 1918 부산생활문화센터 .

「Talk: 士紳化」,『維基百科』.

城市文化空间：从生存性居住到展示性居住

李　河

（中国社会科学院哲学研究所研究员）

目前全球55%的人居住在城市，2030年可望达到60%。[①] 根据中国第七次人口普查，中国城市化率已经从1949年的10%增长到2020年的63%，[②] 高于世界平均水平，但离发达国家的平均水平86%仍有差距。相比之下，韩国的城市化率要高一些，在2017年已经达到82.36%。这些数据表明，现在和未来越来越多的人会成为“城市动物”，城市空间越来越接近于现象学所说的“周遭世界”（umwelt）概念，城市空间与人类生存的关系日益凸显。20世纪下半叶以来哲学和社会学领域崛起了空间研究，其宗旨之一是希望城市空间变得有文化，城市应成为生产“文化空间”的平台。对此，本文认为有进一步解读的必要。

一　“城市文化空间”的两种含义与两种城市生长逻辑

“城市文化空间”脱胎于法国学者列斐伏尔（Henri Lefebvre）1974年的名著《空间的生产》（1991年译为英文）。这部以“空间本体论”[③] 著称的书是一本空间语词词典，麦克·迪尔在《后现代都市状况》中列举了列斐伏尔使用的近40种概念，包括“绝对空间、抽象空间、共享空间、资本主义空间、具体空间、矛盾空间、家族空间、生活空间、休闲空间、男

① 联合国经济和社会事务部（UN DESA）公布的《2019年世界城市化趋势》。

② 中国《城市蓝皮书NO.12》的数据。

③ 参见列斐伏尔《空间政治学的反思》一文中的“空间本体论”一节，载包亚明主编《现代性与空间生产》，上海教育出版社，2003，第85页。

性空间、女性空间”等，其中提到“文化空间”约略是指现在文化集聚区那样的艺术活动或表达物充斥的场所。

然而笔者更关注列斐伏尔在“元文化”（meta-culture）意义谈论“文化空间”的两个论断：其一，一切社会空间都是历史的产物；其二，每一种独特的空间表现形态都是其意识形态的再现。这两点不难理解，列斐伏尔举例说，中世纪城市是当时天主教观念的产物；现代都市的空间则受资本逻辑的支配。虽然列斐伏尔认为“任何社会都有其独特的空间”，但他头脑中其实只有两大空间，一个是前现代社会的空间，一个是现代社会的空间，两者的分界点就是高速城市化进程。他著名的“空间转向”论断就与此密切相关：“空间生产实际上是最近才出现的，它主要表现在一些历史悠久的城市正在经历着急速扩张和快速的都市化。……对现代生产的分析表明，我们已经从对空间中的事物的生产转向对空间本身的生产。”①

从“都市化快速扩张”这个前现代与现代城市的临界点上来观察城市，中国无疑是人类史上前所未有的样本。1978 年改革开放之初它的城市化率不到 18%，现在超过 60%，几乎每年增长超过 1%。在这一过程中，它的几百个规模化城市和数千个县级城市镇几乎被现代性建筑巨机器耕耘了几遍。如果按列斐伏尔所说，城市作为“表现型空间”（representational space）表达着该城市管理者、规划者、建筑设计者和艺术家头脑中的“空间表象”（representation of space），过去 40 年应当是这个国家城市的“空间表象”空前活跃也空前混乱的时期，其严重的症状之一就是缺乏对作为城市流传物的历史空间价值的深度思考。

多年来，中国古典城市②饱受批评的问题是“历史资源空壳化”。截至 2019 年，在国务院批准的 672 个城市以及 2500 多座县城中，共评选出历史文化名城 135 个，占比 4%。但其中有近 30 个名城并未达标，如一个城市并未拥有“2 个以上历史文化街区”。与此同时，中国分六次进行“历史文化名镇名村”评选，在 21300 个镇中共评选出“历史文化名镇”252

---

① Henri Lefebvre, *Production of Space*, Basil Blackwell Ltd, 1991, pp. 36 – 37.

② 我们把 1840 年作为中国古典城市与现代城市的时间分界线。古典城市的城市空间基本是政治中心型的，而现代城市则大多是商业中心型的。现代城市除哈尔滨等外，大多分布在我国海岸线，北起大连，南到香港，中间如青岛和上海等。

个，占比约为1.2%；而在59.7万个行政村中，六批评选出的“历史文化名村”为276个，占比约为万分之4.6，简直可以忽略不计。前不久我们开会还在讨论近年来大量出现的“荒村化”问题。

建筑学家梁思成说过，建筑是凝固的时间。而中国“城市历史资源空壳化”展现的是一种“反时间空间”，它形成的重要原因之一是发展太快。虽然发展社会学会谈论“后发优势”，但“反时间空间”的出现却体现着“后发劣势”。它使古典城市向现代城市的转化出现了“脆断”，脆断前后的城市形态展现了两种不同的“生长逻辑”。

一种是古典型城市的生长逻辑，它以生物有机体演化的方式成长。这样的城市空间也会有变化，但其变化速度犹如生物进化，缓慢而难以觉察。一个“少小离家老大回”的游子，回乡后觉察不出乡音的变化，还会依据儿时的记忆找到曾经生活过的房子、院落、街巷等生活空间，品尝到童年喜爱的美食。总之，“三代人的记忆”难以觉察的“慢变”是古典型城市的生存特征。

另一种是现代都市的生长逻辑，那是以区域性、嵌入式、模块化的方式对城市空间不断进行结构性置换的逻辑，因而是“反演化性的逻辑”。这个逻辑使城市的各个功能区域像舞台布景那样随时变换，这种舞台布景式环境又可以被称为“城市景观”（city spectacle）。“景观”是法国思想家居伊·德波（Guy Debord）1967年的名著《景观社会》（*Society of the Spectacle*）的核心词：“在现代生产条件无所不在的社会，生活本身展现为景观（spectacles）的庞大堆聚。直接存在的一切全都转化为一个表象。……景观是已然被翻译为现实的世界观，是已然对象化的视觉世界。”[①] 这里所谓“景观”是用于展示、作秀或表演的图像整体，它构成了现代城市空间的主要生产对象。

景观社会，“生活展现为景观”（life presents itself spactacles），这是本文标题“展示性居住”的主要内涵；为与之区别，前现代的生活可称为“生存性居住”。这两种不同类型的“居住”，用鲍德里亚《物体系》的话来说，体现了“从‘物’转向‘符号’”的两种不同方式，也就是两种不同类型的“物的符号学”。

---

① Guy Debord, *Society of the Spectacle*，第1条和第5条，Black & Red, Detroit, 1983。

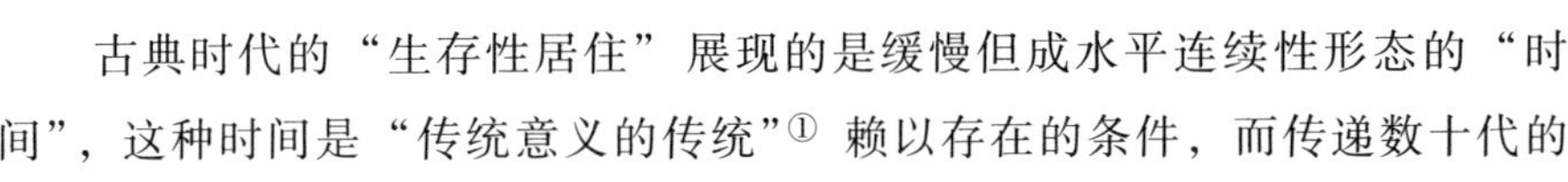

古典时代的“生存性居住”展现的是缓慢但成水平连续性形态的“时间”，这种时间是“传统意义的传统”① 赖以存在的条件，而传递数十代的“家谱”是这种时间性“符号体系”的写照。

反过来，现代都市的“展示性居住”则像一组随意组合起来的幻灯片，展示的是“断裂的时间”、“碎片化的时间”或“反时间”，而由不同创意设计中心、建筑设计工作室和销售商推出的景观化空间固然也属于一个“符号体系”，但这个符号体系是空间性的或“反时间的”。在这个空间中的居住日益具有“反时间”特性。

二　胡同改造：在广告叙事中湮灭的大历史与微历史

为便于理解上述概念，不妨例举笔者对北京市历史文化街区改造的片段观察。

北京在过去100年的新城改造，鲜明地展现了上述两种城市成长逻辑。这个城市有3000年建城史，辽金元以后又有800年建都史，是国家第一批“历史文化名城”之一。大体在1900年以前，这个城市是按照生物有机体演化逻辑缓慢演化的。2010年我们参与北京市发改委项目发现，乾隆十五年（1750）的北京地图到民初基本适用。但民国以后百年，尤其是近几十年，城市是按照“区域性、嵌入式、模块化”的方式发展的。以著名的北京胡同为例，自元到清，北京陆续形成的街巷胡同数千条。据1986年北京燕山出版社出版的《实用北京街巷指南》统计，当时北京市中心四城区的街巷胡同共计约3665条，但到2010年，这个数字减少到1700条。② 总的

① 区别于现代社会霍布斯巴姆（Hobsbam E.）所说的“被发明的传统”（tradition invented）。

② 数据参照段柄仁主编的《北京胡同志》（北京出版社，2007）第22页。需要说明的是，迄今为止，北京的胡同数量众说纷纭，各家的统计口径或地域范围不甚统一。从形态看，狭义的北京胡同不包括街巷，因而数量较少，一旦包括街巷，则胡同数量会成倍增加。从地域看，传统北京老胡同集中在明清旧城的62.5平方公里，但20世纪的一些统计则把统计范围放大到整个北京市域。由于上述情况，北京胡同统计数据往往差别极大。翁立所著《北京的胡同》（北京图书馆出版社，2006）第13页引述材料说，1944年北京有街巷胡同3200多条，其中正式胡同约1000余条。而王军在《城记》（三联书店，2003，第15页）的“拆与保的交锋”一节中说，北京在1949年时有近7000条街巷胡同，到了80年代剩下3900条，到2000年前后街巷胡同的消失速度达到每年数百条。

来看，胡同经历了三种命运。

其一，已拆毁胡同。在过去100年里拆毁了多少胡同，目前没有确切数字。据报载，从改革开放到2009年，平均算下来北京每周消失一条正式命名的胡同。

其二，纳入文物保护的胡同。根据《北京城市总体规划（2004～2020年）》，北京中心城区纳入历史文化街区保护的胡同有400多条，总面积近17平方公里，占旧城面积（62.5平方公里）的27%左右。但这些胡同如果放在今天五环以内的主城区面积来看，仅占1.7%。

其三，旧城范围内外尚未拆毁，也未列入文保区的胡同。据估算这类胡同目前仍有近千条。我们在2016年还曾担忧，这些尚未列入文保的胡同前景堪忧，今天总算看到拆胡同的进程被强行遏制了。

从今天的地图来看，北京目前的文保区和文保单位明显在新区中呈现“孤岛化”“断裂化”趋势（如大栅栏、宣南、白塔寺地区等），这是两种城市逻辑交织形成的景观，新的城市规划者称之为“混搭”。

与城市整体空间巨变同时发生的还有许多事项，比如“城市街区命名系统”的改变。古典城市北京的城市命名系统不让台北市，但今天这个城市的命名系统也呈高度“混搭”状态。大型商业项目、商业住宅项目提供的不少夸富豪横、文义不通的命名占据了广大的城市空间。

上述城市空间、命名系统等方面的变化，笔者称之为“家乡的异乡化”（at home abroad）。这种“异乡化”的最强烈表现，是“居住者”人群的结构性置换。

前现代中国城乡在居住形态上具有同构性。我们曾对“家乡”一词进行解读，把它分解为一个区域内稳定存在的“血缘亲属共同体（家）”+“邻里熟人共同体（乡）”。费孝通先生在《乡土中国》中曾对这两大稳定群体进行了生动描述。在古典城市中，除有一些流动人口，不少街区存在着多代聚族而居的家族，而三代人以上的邻里熟人也是常态。他们共同构成了所谓“熟人社会”。[①]

与稳定的人居环境和人群结构对应的是稳定的习俗传统，那是“传统意义上的传统”，也就是“以三代人的记忆为尺度”的传统。按笔者的理

① 费孝通：《乡土中国》，人民出版社，2008，第6页。

解，传统是人们在从事不同事项（如精神信仰、人际交往以及从事建筑、戏剧、服饰、烹饪等活动）时所遵循的古已有之的规范系统，这个规范体系在历史中生成，并从历史中获得权威性和神圣性。这种具有权威性和神圣性的传统构成了古典社会的物、空间和行为赖以获得规范性意义的时间性符号学体系。

然而百年来尤其是近40年来，北京外来人口增速很快，并成为主体人口。在以金融街、CBD、科技新区为代表的城市新区，外来人口占比较大不难理解，但笔者近几年在北京南城两个“历史文化街区重塑整治”项目调研时了解到，在仅存不多的旧城区，尤其是历史文化保护街区，“外来者”逐渐成为多数人口：其一是住户，他们绝大多数已不是“土著”，而是外地租户，这部分人是街区重塑准备挤出和置换的“低端”人群；其二是外来游客，他们是街区重塑准备吸引来的人群。总之，由部分高端外地人口居住、旨在吸引川流不息的外来游客，这是具有旅游价值的历史文化街区的人口构成原理。再考虑到大量“土著”退出城市中心区，到周边成为“租户”，几乎所有人都成为城市中的“暂住者”或“过客”。而“家在异乡”几乎成为所有这些人的共同感受。

“家在异乡”与“家乡的异乡化”构成了现代城市人群共同的生存感受。而对城市规划者、创意设计者来说，“展示”变成了城市建设的指南。因为“展示”才是吸引力。一个CBD、写字楼区域，靠“展示”吸引外来客户；一个传统文化街区，靠“展示”吸引游客；而一个“成功人士”，也要在居住环境、居住用品、居住行为中以“展示”的姿态生活。当城市空间变成展示性的“景观”后，居住者也就成为景观的组成部分，他们的行为和观念也需要体现景观的核心要素——“展示性”。

值得注意的是，展示性的“景观空间”也不是不关心历史，但它们把“历史”变成了旨在吸引“外来人”的叙事——history变成了hi-story，一种吆喝出来的故事。笔者两年前到北京南城参加一个历史文化街区重塑讨论会，那个区域紧邻法源寺，在辽南京、金中都就已存在，元大都建立时它是从金中都旧城通往元大都的通道。明代中后期起，它又被纳入北京南城。但在该街区邀请的创意设计公司的叙述中，这么厚重的“大历史”完全不见踪影。同样失去踪影的还有该区域老住户的陈年往事叙述史。设计者关心的就是“胡同印象”，四合院如何改造得时尚有吸引力，墙壁上如何设计一些二十四孝、京剧人物以及在当地会馆居住过的著名人物的浮雕。这些设计内容不是没有涉及历史，但却是把历史“元素化”、“碎片化”和“皮相化”，把历史变成道金斯在《自私的基因》中所说的meme（文化基因），然后纳入所谓“胡同故事”之中。在这样的叙事中，过去的一切象征性符号（symbols）变成了单纯的符号能指（signifier），变成了一个个旨在吸引人注意力的信号（signals）。

一个与历史时间衔接的城市，它的空间和居住状态变化可以用“再生产”（reproduction）来概括，如家族血缘的再生产、熟人社会的再生产、习俗和建筑装置的再生产等，“reproduction”中的“re-”意味着“repetition”（周而复始的重复），它是人类学意义的文化研究对象。然而在上面所说的“展示性创意设计”乃至“展示性生存”中，一切只是“空间生产”，而不可能是对历史性空间的“再生产”。在这个背景下，“以三代人记忆为尺度”来衡量的“传统”被旋生旋灭的“时尚”所替代——而fashion依然是展示性的、反时间的。因而“展示性居住”同时也是“时尚性居住”。然而，随着现代创意产业高速发展，时尚的有效周期快速缩短，以前是几年，现在大约不出三个月。时尚会从“短暂者”（the temporal）最后演变为“瞬间者”或“刹那者”（Ksana）。

从传统到时尚，从有机体般进化的城市到结构性置换的城市，从“生存性居住”到“展示性居住”，这一切也正是列斐伏尔在《空间生产》中所说的，“以前我们在空间中生产各种物，现在我们生产空间本身”。[①] 在行政规划权力、资本权力和创意力量的联合驱动下，meme与meme的链接日益“瞬间化”，我们由此迎来了鲍德里亚所说的“符号内爆”的时代。其实，这个时代的文化特征，早在鸠摩罗什翻译的《金刚经》结尾的著名偈子里就得到高度准确的刻画：

> 一切有为法，如梦幻泡影，如露亦如电，可作如是观。

人成了“暂住者”，城市和乡村成了“短暂者”，文化成为“瞬间化”

① 参见列斐伏尔《空间：社会产物与使用价值》，载包亚明主编《现代性与空间生产》，上海教育出版社，2003，第47页。

的时尚。在这里，笔者不会像那些不知今夕何夕的传统主义者发问：我们是否需要那么多的创意？但笔者会从中窥见人的一种生存论前景：无根的瞬间化生存——这大约就是正在到来的文化的命运，也就是未来的人的命运。

韩国性别歧视语言替代表达性质探讨

〔韩〕金素荣

（韩国光云大学助理教授）

一　引言

我们使用的语言反映了社会的面貌，但语言和社会变化的速度并不一致，在当今急剧变化的社会中，语言的某些部分已不适应现实状况。消除社会存在的不合理现象会创造更好的社会。在语言方面，改造歧视性语言的工作正在社会各界积极展开。歧视性语言中，对性别歧视语的研究起步较早，但消除歧视语言的工作仍有很长的路要走。

本文旨在考察现存性别歧视语的替代语言表达，分析相关表达的特点。通过把握性别歧视语和其替代用语的意义关系，探讨替代用语具有的语言特点，以期为制订更好的替代用语做出贡献。

二　性别歧视语言表达的性质和类型

歧视性语言表达是指“对一个社会中的少数群体或弱者带有歧视性意图或认识的特定单词、短语、句子等表达”（韩国国立国语院，2006）。①

① 歧视性表达在很多情况下和“厌恶式表达”一起使用。“厌恶式表达”和西方的 hate speech 属于类似概念，相比歧视性表达，包含了直接贬低与厌恶的意味（例如妈妈虫、大酱女）。这两个说法有时会区分为不同的概念，有时歧视性表达会作为厌恶式表达的上位概念（이정복，2017：10～11）。本文的歧视性表达在广义上包含厌恶式表达，但厌恶式表达很少有建议的替代用语，所以，也可以说厌恶式表达不在本文讨论范围之内。

歧视性语言表达多用在相对弱势的群体，韩语一般会在性别、身体特征、地区、人种、国籍、职业等范畴出现歧视性语言表达。

从性别歧视语言的层面来讲，相对来说处于弱者位置的多为女性，所以在研究性别歧视语言时，主要工作是确认语言哪些部分对女性构成性别歧视。但是自从女性家族部（2006）开始，性别歧视语言表达不仅包括女性性别歧视表达，还包括男性性别歧视表达，[①] 即性别歧视语言表达的分类标准变得更加严谨（조태린，2011：389～395）。虽然大部分性别歧视语言带有女性性别歧视性质，但性别歧视语言不是女性性别歧视语言的同义词。因此，性别歧视语言应定义为：从性别观点出发，对于特定性别反映出歧视或固定观念的语言表达形式。

性别歧视语言表达可分为几类。根据分析观点的不同，语言表达的性质和范围会有所不同，这里主要以韩国国立国语院（2006：29～35）的分析为基础展开讨论。

（1）性别歧视语言表达的分类

A. 针对女性的称呼：未婚妈妈、遗孀（未亡人）等

B. 强调女性性别：女艺术家、女大学生、女教授等

C. 使用女性的性与身体：处女作、处女秀等

D. 反映出对男女性别的固定观念：①出嫁、当家的、内人，②夫妇、父母、兄妹，③孙子、兄弟、学父兄等

E. 鄙视女性：娘们儿、老婆子、丫头等

A 中的“未婚妈妈”[②] 和“遗孀（未亡人）”[③] 是只针对女性才存在的称呼，男性没有与之相对应的称谓。尤其是这种表达方式在社会中反映出负面认识的情况较多，所以带有性别歧视的性质。B 类属于仅在女性称呼

① 例如，在本研究提出的性别歧视性语言类型基准中，有“以指称一个性别的单词同时包括男女的情况”，它的下层类型包括“只以男性来表达将女性包括在内的单词（例如：兄弟之情、建国之父）”和“只以女性来表达将男性包括在内的单词（例如：姊妹结缘）”。

② “未婚妈妈”表示“未结婚就生下孩子的女性”，因为有对称的“未婚爸爸”一词，所以似乎不能看作只针对女性才存在的称呼。但人们常用“未婚妈妈”这一表达，“未婚爸爸”却几乎不怎么使用，“未婚妈妈”归为 A 类应该是这个原因。

③ “遗孀（未亡人）”的字面意思是“尚未死去的人”，它的词意来源于丈夫死后应该随丈夫一同死去的中国殉葬制度，所以，可以说这个单词反映了女性被视为男性所有物时期的“父权制”观念（신지영，2018：155）。

前添加如“女、女性、女流”等表达的类型。与此形成对比的是，称男性大学生、男性教授为“男大学生、男教授”的情况非常罕见。尤其在几乎由男性独占的职业或职位中这种情况很多。C 中“处女”的基本意思是“没有结婚的成年女子”和“未经任何人之手”，所以才派生出“初次”义，而这一点与唯独强调女性贞洁的社会结构有关。D 类属于反映出有关女性和男性固定观念的类型。固定观念必然会反映社会结构，语言反映出的固定观念，对强化性别歧视意识有很大作用。无论反映女性出嫁到男性家庭这一传统价值观的“出嫁”，还是反映男主外、女主内这一传统观点的“当家的、内人”等表达，都属于这一类型。此外，还有“夫妇、父母”等男性在前的情况，或者像“孙子、兄弟”等以男性为代表型通称男女的表达方式，也是基于传统性别观念。E 是鄙视女性的表达。

三　性别歧视语言表达的替代用语及其特点

对歧视性语言的改造，只能是向不使用或以其他表达来替代歧视性语言的方向发展。韩国国立国语院和韩国女性政策研究院（2007）为了促进性别平等语言的使用，提出三点建议：第一，改变性别歧视语言使用惯例；第二，开发替代用语及新的语言表达；第三，改善制度及政策。其中第二点“开发替代用语及新的语言表达”是“基于性别中立和性别平等价值开发新的替代语言表达，是一种具有肯定性、积极性意义的策略”（조태린，2011：401）。

本部分主要以过去政府机关报告等文献中提出的[①]性别歧视语言的替代表达为考察对象，分析其特点与结构。如（2）所示，其中 A、B 是收集了报纸、电视、网络等媒体报道材料中的歧视性表达之后撰写的分析报告。C ~ F 是由首尔市提出的替代表达，其中 C 和 D 是以“行政用语规范语”中与性别歧视语有关的项目作为研究对象。[②] E ~ G 是由市民提出、经

① 这些虽然是政府机关发行的，但不具备强制性或法律效力，而带有劝告、建议的性质。因为出自政府机关，所以这些内容通过报道资料经过媒体宣传，对国民有一定程度的影响。

② 2008 年开始，为了便于与市民顺利沟通，将难懂、权威性的用语和外来语等规范为简单易懂的韩语，除女性歧视语言以外，还提出了“正常人→非残疾人”“guidebook（韩文发音）→说明书”“上申→呈上、报告”等多种性质的行政规范用语。

专家审定后的歧视性语言替代用语。H是市民为解决在家庭、社会等沟通环境中遇到的困难而建议的称呼、指称、敬语法等改善方案，其中包括了“少爷、夫君、小姐”等与女性有关的亲属称呼。

(2) 替代用语分析资料

A. 韩国国立国语院（2006），《社会沟通研究》

B. 韩国国立国语院、韩国女性政策研究院（2007），《社会沟通研究》

C. 2018年首尔市行政用语规范语

D. 2019年首尔市行政用语规范语

E. 首尔市女性家族财团（2018），《一个单词可改变想法！首尔市性别平等语言词典》

F. 首尔市女性家族财团（2019），《一个单词可改变想法！首尔市性别平等语言词典》

G. 首尔市女性家族财团（2020），《首尔市性别平等节日词典》

H. 韩国国立国语院（2019），《我们怎么称呼？》[①]

(2) 的材料虽来自政府机关，但也反映了普通市民、市民团体及媒体等一直提及的内容。所以，这里提到的替代用语，很难说只代表政府机关的立场。[②] 而且，有些内容虽然在这里没有直接提及，但普通市民、研究人员、市民团体等个别提到的用语与以上列举的替代用语也有不少是一致的。

以 (2) 中提到的性别歧视语及其替代表达以及 (1) 的性别歧视语分类为基础，我们整理出 (3) 中的表格作为论述基准，得到53个词汇项目。

(3) 应用的是 (2) 的分类基准，但并不是所有单词都只能以 (2) 的标准分类。首先“A-1”中的“OO女、OO男→OO人”是基于该单词同时存在于女性和男性，严格来讲，很难说它属于A的情况，但是这些单词具有更加强调女性的性质，所以将其归为A类。同时，“D① -1”的情

① 基于韩国国立国语院（2017）、韩国国立国语院（2018）的研究成果编写而成。

② 例如，“少爷”“夫君”“小姐”等亲属称呼问题早在2007年韩国女性民友会的“轻轻松松搞活动”等市民团体活动中已经提出过。而且，在韩国17个城市以4000名10~60岁男女为对象的问卷调查中，已婚女性在称呼男方的弟弟妹妹时，多用“少爷”“小姐”之类的尊称，而已婚男性称呼妻子的弟弟妹妹时，往往用“小舅子”（妻男）、“小姨子”（妻弟）等非尊称，调查意见中主张改变这种习惯的占优势（65.8%）（韩国国立国语院，2017：126），可见主张这类家族称呼存在问题的人不在少数。政府机关提出替代用语的举措，自然可以视为这种脉络的延续。

况是在家族关系中使用的单词，难以将它归为“有关男女的固定观念”，但因为亲属称呼本身也反映家族内传统观念，所以将其归为 D 类。最后，G 类的情况是，单词本身并非对女性有性别歧视，而是改造该单词表达最终会消除性别歧视式结构。

（3）的替代用语中完全使用新造词的情况并不多，大部分是将以往已有、相对来说使用不太频繁的单词重新利用起来。“胞宫”“幼儿车”等都是现有词典收录的词。“单父母”“非婚”“上数/下数”等词可以说接近于新造词，但是“单－”“非－”“上－”“下－”等构词成分都是韩语造词过程中经常使用的。可见，比起使用全新的单词，利用已有词汇作为替代用语是更理想的方法。[1]

（3）性别歧视用语与替代用语[2]

<table>
<tr><th>分类项目</th><th>歧视用语</th><th>替代用语</th><th>出处</th><th>分类项目</th><th>歧视用语</th><th>替代用语</th><th>出处</th></tr>
<tr><td rowspan="6">A. 只针对女性的称呼</td><td>未婚妈妈</td><td>非婚妈妈</td><td>D</td><td rowspan="6">D① －1. 反映出对男女的固定观念（亲属用语）</td><td rowspan="2">少爷、夫君、小姐</td><td>姓名＋氏、先生/女士</td><td>G</td></tr>
<tr><td rowspan="2">遗孀</td><td>故人的夫人</td><td>A</td><td>OO 叔叔（姑姑）、喊名字、弟弟/妹妹</td><td>H</td></tr>
<tr><td>已故 OOO（先生）的夫人</td><td>B、D</td><td>亲奶奶、外婆</td><td>统称“奶奶”</td><td>H、G</td></tr>
<tr><td>服务小姐</td><td>服务人员</td><td>A</td><td>娘家</td><td>爸爸本家</td><td>G</td></tr>
<tr><td>令夫人</td><td>总统夫人[1]</td><td>B</td><td>外婆家</td><td>妈妈本家</td><td>G</td></tr>
<tr><td>赛车女郎</td><td>赛车模特/竞赛服务人员</td><td>B</td><td>公婆家（媤宅）[2]</td><td>婆家（媤家）</td><td>G</td></tr>
</table>

① 此外，还提到不使用替代性表达、直接消除性别歧视用语的方法。第一，不使用构成问题的表达方式。第二，对于“爸爸、妈妈”或“少男少女”等以“男－女”顺序出现的语言表达，建议调换顺序或轮流使用。第一个方案因为根本不存在替代用语，所以在资料中省略了。第二个方案认为“男－女”本身就是性别歧视，建议使用“女－男”的顺序，但将这种方案作为根本性的替代用语有些不妥，所以省略了。

② （3）中语言表达的性质各不相同，且社会对各个表达有多大的歧视性认识也很难统一。例如，“服务小姐”“洋公主”等单词已经几乎不怎么使用，而像“妈咪警察”“妈妈站台”都接近于新词。因此，对于这些歧视性表达替代说法的接受程度也会不同。这与各资料选定歧视性表达的时期、观点、目的等不同有关。

续表

分类项目	歧视用语	替代用语	出处
A-1	OO女、OO男③	OO人	B
B. 特意强调女性性别	女OO	OO	A、E
	女子高中	高中	E
C. 使用女性的性与身体方面	处女OO	首OO	A、B、E
	维尔京路（Virgin Road）	花路	D
		婚礼之路	F
D①. 反映出对男女的固定观念（传统性别）	出嫁	结婚	A
	内人	妻子	A
	内人、内子、妻子、当家的	配偶	B、G
	内助/外助	（配偶的）帮助	C
	绿色妈妈会④	绿色父母会	C
	妈咪警察	儿童安全守护者	D、F
	妈妈站台	儿童接送站台	D、F
	妈妈咖啡屋	育儿咖啡屋	F
	哺乳室	幼儿休息站、幼儿休息室	D、F
	乳母车	幼儿车、婴儿车	D
	妇女（妇女子）⑤	女性	F

分类项目	歧视用语	替代用语	出处
D③. 反映出对男女的固定观念（以男性为代表型）	学父兄⑥	学生父母	A、B、C
	体育男精神	体育精神	F
	子宫⑦	胞宫	E
	孝子商品	人气商品	F
		实惠商品	D
	分子、分母	上数、下数	F
D③-1. 反映出对男女的固定观念（以男性为代表型）	绅士协议	名誉协议	B
	之父	大师⑨	B
	门面夫人、裤子老板	代理社长、名义社长	B
	师母式投资	估摸式投资	B
E. 鄙视女性的表达	卖淫女、沦落女	性买卖女性	B
	洋公主	外军驻扎基地性买卖女性	B
	老婆	夫人	A
	金女士⑧	新手驾驶员	F
G. 其他	复仇式色情	数码性犯罪⑩	E
	偷拍	非法拍摄⑪	E
	低生育率	低出生率⑫	E
	中断工作女性	雇佣中断女性	F
	堕胎	停止妊娠	F
	寡母、寡父	单父母	B
	未婚	非婚	E
	她（该女）	他⑬	E

注：①女性当选总统和总理时，可以称呼“总统丈夫”“总理丈夫”；

②一般使用的“岳家（妻家）”和“婆家（媤宅）”中，“媤宅”的“宅”相比“家”而言，

具有更尊贵的含义，所以为使表达形式保持均衡，改成“妻家－媤家”；

③将“同居男”和“同居女”改成“同居人”，是以不暴露性别的方式修改语言表达；

④“绿色妈妈会”“妈咪警察”“妈妈站台”“妈妈咖啡屋”“乳母车”等，显现出的是育儿应该属于女性（妈妈）的职责，所以被认为有问题；

⑤“妇女（妇女子）”是“已婚女子和成熟女子的统称”，可用于法律用语等，但修改成“女性”也无妨；

⑥“学父兄”是指“学生的父亲或兄长”，是专指男性的词，所以不妥；

⑦“子宫”“孝子商品”“分子”等都用到了“儿子”的“子”，以“子”代表“子女”，所以不妥；

⑧这里列出的单词中，这是唯一接近于“厌恶式表达”的词；

⑨是指将“经济学之父”之类的表达改成“经济学大师”；

⑩使用明确显示其属于犯罪行为的用语；

⑪“偷拍”毫无疑问是犯罪行为，但是偷拍这个表达给人感觉有些过轻，所以建议改成“非法拍摄”；

⑫在低生育问题已成为社会问题的时期，“低生育率”的表达若隐若现地将人口问题的责任推给了女性，所以，建议改成表达“孩子出生数量较少”义的“低出生率”；

⑬指称男性的代词“他”对应的女性形式是“她（该女）”。如果说“她（该女）”是对称性的，那么，应使用“该女－该男”才对，但是一般不使用“该男”这个词。所以，意见认为为了对称性，可以直接统一使用“他”。这种主张也是考虑到“她（该女）”并非韩语固有的表达方式，而是受翻译自英文 she 的日语“彼女”的影响形成的，所以，可以说还考虑了词源部分的问题。

（4）基于单词意义关系的替代用语形成方式

<table>
<tr><th colspan="2">替代用语形成方式</th><th>例子</th></tr>
<tr><td rowspan="3">A. 性别表达的中性化</td><td rowspan="2">除去性别</td><td>妇女会→居民会，绿色妈妈会→绿色父母学生会，出嫁→结婚</td></tr>
<tr><td>比喻式表达：孝子商品→人气商品，
体育男精神→体育精神，处女 OO→首 OO，
维尔京路→结婚之路等</td></tr>
<tr><td>整合性别</td><td>内助/外助→（配偶的）帮助，寡母、寡父→单父母，亲奶奶、外婆→奶奶等</td></tr>
<tr><td colspan="2">B. 性别表达的中立化</td><td>妇女→女性，遗孀→故人 OO 的夫人，中断工作女性→雇佣中断女性，内人→妻子，少爷→OO 叔叔（喊名字，或弟弟/妹妹等）</td></tr>
<tr><td colspan="2">C. 性别表达的对称化</td><td>令夫人→总统夫人，婆婆家→婆家，娘家→爸爸本家，外婆家→妈妈本家等</td></tr>
<tr><td colspan="2">D. 其他</td><td>未婚母→非婚母，复仇式色情→数码性犯罪，低生育率→低出生率等</td></tr>
</table>

（4）将（3）中的性别歧视语换成替代用语的过程按照意义关系变化的方式进行了分类。观察性别歧视语的替代用语，可以发现其主要通过性

别表达的中性化、中立化、对称化的方式生成。首先，A中性化的方式是将原来性别歧视语所具有的女性或男性等单方面性别概念在替代用语生成过程中予以删除。性别歧视语的主要特点之一，就是单词本身强调女性或特殊含义，抑或利用与男性有关的表达同时指称两性。中性化是消除这种性别歧视语特点的一种方式。中性化方式大致分为两类，第一类是除去性别本身。如“妇女会”是专指女性的表达，但是把它改成“居民会”，就会很难辨别“居民”是女性还是男性。尤其是这种除去性别的方式，可以有效适用于改进比喻式表达。例如，“孝子商品”中的“孝子”是由于其具有“像孝子那样孝顺”的意义而加上去的，与“孝子”的性别无关。

中性化的另一个方法是将有关女性的表达和有关男性的表达整合为一。如“内助”和“外助”这种用于女性的用语和用于男性的用语不同，可以将它们整合为属于其上层概念的第三个单词“帮助”。通过这种方式实现性别概念中性化。[①]

B中立化的方式是，保留歧视用语和替代用语的性别概念，但排除了意义中的歧视性，使其具有中立性。例如，将“妇女”改为“女性”，可以排除“女性”以外的其他概念。C的对称化是指，原表达可能只指女性或男性中的一方，或者原表达使用时对男性和女性两方存在不对称的情况，改为对称性结构。[②] 例如：“令夫人”只能用于女性，但是如果将其改称为“总统夫人”，那么总统如果是女性，可以用“总统丈夫”之类的用语指称男性，即改为对称性用语。

可以说，D的原表达和替代用语在语言层面上属于非性别歧视性类型。将“未婚”规范化后改称为“非婚”，可以弱化婚姻制度为中心的观念，

---

① 只是此时需要考虑这种造出来的第3个词是否能自然取代原来的词。例如，将“同居男”“同居女”改成“同居人”，和原来的词义相比，“同居人”还包含除了异性以外的其他同居人，作为替代用语似乎不是很贴切。

② 尤其是这种对称化成为寻找家族称谓词、指称词替代表达工作的重要基准。韩国国立国语院（2018：26）在提供家族关系内、社会关系内称谓词、指称词的现实性改造方案时，在改正基准的条件中有一条是“男女之间应建立对称性称谓词、指称词体系”。根据这个观点，指称丈夫的表达方式“当家的（外人）”在性别歧视观点上看是不妥当的，因此，将与此对称的妻子的指称词“家里人”“内人”也一同删除。不能说所有的语言表达都必须让女性和男性成双成对地对称处理，尤其家族称谓词和指称词常被诟病，与用于男性的语言表达相比，用于女性的语言表达存在性别歧视倾向，这种处理应该是为了反映这方面的努力。

最终有可能对改善“非婚妈妈”的社会地位有所帮助，但不能说“未婚”本身在语言方面具有性别歧视属性。同样，将“复仇式色情”改为“数码性犯罪”的表达方式，如果能让人们的观念有所变化，最终可能会给容易暴露在性犯罪危害的女性带来一些帮助，但是不能认为它消除了语言上表现出的歧视。这种类型的性别歧视用语和替代用语的关系再次提醒我们，语言改善不应只停留在语言本身，而应该给实际社会结构和认识的变化带来影响。

四　结语

歧视性语言表达的改善问题比语言学其他任何领域都更能反映社会需求和必要性。语言是用来装载我们精神的器皿，但是有些器皿用来装载当今社会面貌已显得过于陈旧。但是，语言又是社会约定俗成的交际工具，它本身就是历史产物，一直都在发生着变化，同时它又不是突然人为地说改就能改过来的。对于哪些语言有或没有歧视性，抑或即使具有歧视性，人为地将它改过来是否妥当等问题，存在不同的意见。而且，即使制定了歧视用语的替代表达，它是否能被大众接纳也是问题。也就是说，哪些替代表达比较贴切，并非通过语言学角度的分析结果来判断，而应该说，更多受到心理学层面、社会情绪等语言外在因素的影响。尽管如此，为了社会的变化和改善，社会成员需要从多个角度付出努力，而语言学层面也应为了发掘出更恰当的替代用语付出更多的努力。

钱有用 译

参考文献

1. 单行本与论文

신지영，『언어의 줄다리기』，21 세기북스，2018.

이정복，『한국사회의 차별언어』，소통，2013.

이정복，「한국어와 한국사회의 차별표현」，『새국어생활』27–3，국립국어원，2017.

조태린，「차별적 언어표현과 사회갈등의 문제」，『나라사랑』120，외솔회，2011.

2. **报告**

국립국어원,「사회적 의사소통 연구 – 차별적, 비객관적 언어 표현 개선을 위한 기초 연구」(연구 책임자: 조태린), 2006.

국립국어원,「표준 언어 예절」, 2011.

국립국어원,「사회적 소통을 위한 언어 실태 조사」(연구 책임자: 나윤정), 2017.

국립국어원,「사회적 소통을 위한 언어 정책 연구 – 언어 예절을 중심으로」(연구 책임자: 박철우), 2018.

국립국어원,「우리 뭐라고 부를까요?」, 2019.

국립국어원, 한국여성정책연구원, 「사회적 의사소통 연구: 성차별적 언어 표현 사례 조사 및 대안 마련을 위한 연구」(연구 책임자: 안상수), 2007.

한국여성정책연구원,「일상 속 성차별 언어 표현 현황 연구」(연구 책임자: 이수연), 2018.

여성가족부,「성평등한 미디어 언어 개발을 위한 모니터링 및 연구」(연구 책임자: 이수연), 2006.

3. **网络资料**

서울시여성가족재단, 「단어하나가 생각을 바꾼다, 서울시성평등언어사전」, 2018.

서울시여성가족재단, 「단어하나가 생각을 바꾼다! 서울시성평등언어사전_시즌2」, 2019.

서울시여성가족재단,「서울시성평등명절사전」, 2020.

http://www.seoulwomen.or.kr/c3/sub3_1_view.jsp?regNo=1579755582937.

http://www.seoulwomen.or.kr/c3/sub3_1_view.jsp?regNo=1530250458660.

서울시행정순화어, https://news.seoul.go.kr/gov/archives/513764?tr_code=sweb.

语用论意义和神经回路：对交际的神经语用论考察

〔韩〕金志暎

（韩国西江大学语言与信息研究所研究员）

一　绪论

最近几十年神经学者的研究表明，任何一项人类精神活动都与神经回路相关联。在哲学、心理学、语言学领域，越来越多的研究致力于查明特定精神活动的神经学基础。在神经语用论方面，学者们正试图找出有关特定语用现象的神经相关物（neural correlates）或研究大脑特定部位受损所带来的语用论功能不全等。本研究以这些神经语用论研究的结果为基础，探讨是否存在支配语用论意义解释的语用论原理的神经关联机制。

首先来看最典型的语用理论如何说明例（1）这种日常对话的理解过程。

（1）A：现在几点了？

B：哦？该吃点什么吧？

A：好的。

20 世纪 70 年代以来，一直引领语用论研究的格莱斯（Grice，1975）的合作原则（cooperative principle）和四个会话准则（maxims of conversation），成为推论发生和复原隐含意义的基础。在例（1）中，B 没有直接回答 A 的提问，而是换成了其他提问。用该理论解释这种认知过程，可以认为 B 料到 A 会遵守关联准则（maxim of relevance），然后从想要知道“几点”的多种一般理由（吃饭时间、出发或抵达时间、某件事情的开始或结束时间、只是出于好奇等）中考虑 A 的状况后，预测 A 是出于什么原因询问时间，然后推断出 A 其实是“想问是不是到了吃饭时间”的隐含意义。基于自己的推论结果，B 建议“该吃点什么吧”，接着 A 很自然地回答“好的”。通过这种回答，B 可以证实自己的推论是对的。

另一方面，20 世纪 90 年代之后在语用论认知、心理学研究方面取得丰硕成果的威尔逊和斯珀伯（Wilson & Sperber，1986）提出了关联原则（relevance principle），认为不是合作原则，而是追求关联性才是带动相互沟通的人类认知的基本原理。关联性也可被赋予另一个名字——认知效率性，即对输入的信息处理付出的努力越少，认知效果越大，其程度就会变得越大。根据关联原则的说明分析例（1）可知，说话人 B 首先是通过“语义补充”（semantic enrichment），从说话人 A 的表现中发展逻辑形式后，复原出“A 正在询问当前时间”的显性（explicature）意义。该显性意义得到最大限度认知效果的方法是，把 B 的百科词典式视角上感到好奇的多种信息当作旧信息，得出“A 在将感到肚子饿的含义互相显映化（mutually manifest）”的语境蕴含（contextual implication）。虽然这个操作比简单回答当前的时间需要耗费更多的努力，但是通过正确把握 A 的意图可以使努力得到相应的补偿。

如例（1）所示，语用论的目的就在于通过将输入的语言符号置于物理、精神语境中进行解释的方法把握说话人意图、揭示认知原理。这些原理无论在说话人产出最贴切的表达过程中或在听者解释的过程中都可以被预料“是会被遵守”的，[①] 是“人类认知的基本特质”。[②] 这意味着，不管我们意识到还是未意识到，在处理语用论意义时，这些原理始终在运作。而且，如果语用论原理始终运作，目前的脑成像术可以将被激活的部位进行视觉化处理。但目前为止，在神经语用论研究中，除了特定能力的神经基础以外，未曾努力去寻找语用论原理本身的神经基础，这正是本文的独创性所在。

---

① Grice, “Principle which Participants are Expected to Observe”, 1975, p. 45.

② Wilson & Sperber, “The Search for Relevance is a Basic Feature of Human Cognition, which Communicators may Exploit”, 2002, p. 251.

二 神经语用论的研究结果

在神经语用论中备受瞩目的主题之一就是“相互沟通意图的掌握与间接言语行为的认识”。本研究拟通过一般性及病理性的数据来证实：说话人传达意图的方式越间接，掌握其意图就需要越多的语境信息，推理负担就越大（Bara，2011），且得出如下研究结果：与信息意图（informative intention）的表象相比，相互沟通的意图表象会动员更广泛的神经网（Bara & Ciaramidaro，2010）。这些研究表明，为掌握相互沟通意图而动员的大脑部位有内侧前额叶皮质（medial prefrontal cortex）、颞顶联合区（temporo-pariental juncture）和楔前叶（precuneus）等。

而且，将自闭症患者语用论能力的缺乏和心智理论（theory of mind）能力的缺乏联系在一起的研究也在积极展开（Martin & McDonald，2003），实现该能力时被激活的要素包括内侧前额叶皮质、颞顶联合区、扁桃（amygdala）、颞上沟（superior temporal sulcus）、下颞部位（inferior temporal area）等（Kandel et al.，2013）。

还有研究结果表明，尤其在解释隐喻式表达时，显得更加活跃的大脑部位有额下回（inferior frontal gyrus）、右额上回（right superior temporal gyrus）、左角回（left angular gyrus）、前扣带回（anterior cingulate）等（Eviatar & Just，2006；Bambini et al.，2011）。此外还有大量研究表明，精神分裂症、自闭症、抑郁症、阿尔茨海默病、帕金森病以及右脑受损患者对隐喻、反语、俗语、玩笑、惯用表达等的解释感到困难（Amaral et al.，2008；Bihrle et al.，1986；Foldi，1987；Iakimova et al.，2006；Rossetti et al.，2018）。

根据对人们掌握谈话情节或故事教训时大脑反应的研究，两侧大脑的额下回皮质和下颞皮质（inferior frontal and temporal cortex）负责这类语用论功能（Bambini & Bara，2012）。右侧额叶受损的患者会产出缺乏凝聚性的谈话结果可以证明这一点（McDonald，1993）。

最近，感应大脑细胞群电位变化的事件相关电位（ERP，Event-Related Brain Potentials）测量法被用作查明语用现象的神经生理学实体的有力工具。通过该测量法得出的结果之一就是，大脑并不是按格莱斯式模式预测的，先解释文章的意思再通过整合语境信息的方法进行运作，大脑其实是以通过增进（incremental）方式将输入的要素即时整合到语境当中而设计出来的机器（Coulson & Van Petten，2002）。

三 语用论原理的神经基础

上文概括的神经语用论的成果使我们对一般情况下特定语用论功能处理时哪些大脑部位将会被激活有了大致的期待。那么，例（1）中，听到“现在几点了”这句话之后，B 的大脑中出现的语用论上有意义的变化是什么呢？那应该是为了掌握 A 的意图而动员起来的大脑部位的活跃。也就是上面所提到的内侧前额叶皮质、颞顶联合区、楔前叶以及属于心智理论回路的扁桃、颞上沟、下颞部位等的活跃。如果这些部位形成一个回路，通过激活，最终使 B 掌握 A 的意图，我们就可以从认知心理学角度上说“是语用论原理在运作”。

例（2）表达了比例（1）更丰富的语用现象。让我们通过对例（2）的分析来观察大脑的哪些部位会被激活。

（2）A：刚才老公早早就起床，在厨房晃悠，看到那样子，我心里就开始冒火。

例（2）的听者想要掌握 A 的意图时，被激活的神经回路和例（1）一样，包括内侧前额叶皮质、颞顶联合区、楔前叶、扁桃、颞上沟、下颞部位等。且如果能将说话人 A 的说话要点理解为“对丈夫的生活方式表示不满”等，还可以推断听者的左右下额叶皮质和下颞皮质也需被激活。而且，为了理解反语（如“起得可真早啊”其实是表示“起得太晚了”的反义表达）和隐喻表达（如“心里冒火”其实意味着“非常生气”），至少还应激活额下回、右额上回、左角回、前扣带回等部位。

为理解例（2）而动员的大脑部位中有关语用论解释的神经回路看起来比理解例（1）时多很多。但是，此时也一样是通过该部位之间形成回路后被激活，并通过运作，使听者了解 A 的话中之意，所以，对此我们也可以说“是语用论原理在运作”。

因为从定义层面上，不管从是否遵守原则角度进行分析还是从衡量关联性程度角度进行分析，语用论原理都始终作用于考虑语境意义上的意义分析，所以不管是如例（1）那样小范围内的回路运作，还是如例（2）那样广范围的回路运作，都是无妨的。其实，语用现象的范围和种类的多样性可以说是无限的，所以可以推断，实现语用论原理的回路也可能会超出例（1）、例（2）的范畴，具有很强的灵活性。下面通过比较几个例子来确认这一点。

（3）天气不错嘛。（建议一起去野外游玩的“间接言语行为”）

（4）天气不错嘛。（想引诱对方别带雨伞出门的“谎言”）

（5）天气不错嘛。（对于报错的天气预报表示不满的“反语”）

上面例（3）~（5）短短的一句话，虽然都带有相同的命题意义，但是分别执行着建议、谎言、反语等不同目的。例（3）中说话人的意图是让听者把自己所说的话听成“去游玩”的建议；例（4）中的说话人希望听者把自己的话听成“不用带雨伞”的意图；例（5）中的说话人则利用韵律特点，想要表达反语式态度。那么，试想一下听到这些话的听者的脑海里将会被激活的语用论处理机制会有哪些。例（3）中听者脑海里猜出“建议”这一言外行为（illocutionary act）的心智理论回路、对他人的动态表示反应的镜像神经元（mirror neurons）[①] 以及将“爽朗的天气和户外活动”联系在一起的意义领域会被激活。例（4）中听者脑海里猜出“可以不带雨伞”的“劝告”这一言外行为的心智理论以及对不需要带雨伞的天气（如“乌云正在散去”等）的意义领域会被激活。例（5）中听者脑海里读出对方对天气预报表示不满的心智理论回路、“马上就会下雨的灰暗的天空不属于好天气”的意义领域以及理解反语特定韵律的右脑部位等会被激活。那么，我们可以再次把在例（3）~（5）的分析中被动员的各自的回路活跃说成是“语用论原理在运作”。上述例（1）~（5）中为解释其语用意义而被激活的主要领域整理如下：

（1）’ 心智理论回路（包含互相沟通意图领域）

（2）’ 心智理论回路、掌握谈话要点的领域、比喻表达的解释领域

（3）’ 心智理论回路、镜像神经元、“天气—户外活动”意义领域

（4）’ 心智理论回路、“天气—雨伞”意义领域

（5）’ 心智理论回路、“好天气”意义领域、反语的韵律领域

---

① 镜像神经元位于额下回的前运动皮质（premotor cortex）。

如（1）’~（5）’所示，将精神活动视觉化的技术使推断人在理解特定语用现象时被动员的大脑部位成为可能。那么，让我们来思考，设想作用于话语理解过程、支配意义推理或计算的语用论原理是否具有符合它的神经机制。

首先，将在（1）’~（5）’中共同被激活的“心智理论回路”假定为语用论原理的神经机制候选项。前面也提到，语用论原理总是作用于考虑语境的意义解释，如上所示，心智理论回路始终在运作，加上心智理论能力被广泛认为是掌握意图以及对方精神状态（mental states）的一种能力，所以将它视为语用论原理似乎很有道理。但这个观点的问题在于，属于心智理论回路的部位，并不执行解释比喻表达、掌握谈话要点或储存意义记忆的功能。具体来讲，内侧前额叶皮质是人对自己的想法进行自我监控的区域；颞顶联合区是视线注视和随生物学的动态被激活的区域；扁桃执行的是负责通知环境中存在的危险情况的功能。而且，下颞部位主要干预认识面孔；颞上沟被认为是在认知对方行动意图中起重要作用的部位（Kandel et al.，2013：1411~1412）。也就是说，心智理论回路的功能是通过注视对方的行为和眼睛来掌握其意图所在，所以很难认为它在解释间接言语行为等非语言表达中起某种作用。当然，像自闭症患者那样，如果心智理论能力不运作，也很难理解其他语用现象。但是，这并不意味着因为其难以理解其他语用现象就能断定其心智理论能力受损。前文提到的精神分裂症、阿尔茨海默病、帕金森病以及右脑受损患者，即使该领域未受损，解释非语言表达时也同样感到困难的例子可以证明这一点。

其次，如果说特定脑回路不能承担其他语用论解释功能，那么为了解决这个问题，可以尝试将（1）’~（5）’中的所有领域的合集包含进语用论原理的回路里，这样的假设如何？也就是说，不仅把心智理论回路，还把掌握谈话要点的领域、比喻表达的解释领域、镜像神经元、反语的韵律领域、各种意义论领域全部假设为实现语用论原理的回路，那么不管什么样的语用现象，都可以被解释，所以上面提出的问题自然就得以解决。但是如果认为这个见解正确，那么即使在例（1）这种没有比喻表达的情况下，解释比喻表达的领域也会被激活；且在如例（4）无须掌握要点的情况下，掌握谈话要点的领域也会被激活，这样的假设在神经生理学上是根本不可能的。也就是说，这样就会出现以下错误，即如果是包含在语用论原理回路的部位，则没有必要被激活；即使不被激活，也总得说它处于被激活状态。所以，将包含在语用论解释的所有部位视为语用论原理实现的神经基础似乎也是不合理的。

第三个假设是假定语用论原理没有神经基础。因为如果像假设一那样，框定在某一个回路，会发生功能上的问题；而像假设二那样，将所有回路全部包含进去，神经生理学上根本不可能。所以尝试假设它根本不存在。为这一假设的正当性提供支持的第一个依据就是：在脑成像术研究中根本没有讨论过作用于例（1）~(5）语言解释中的被激活的部位或回路是否存在这一问题。如果语用论原理功能实现的神经回路在物理上确实存在，那么不管是在处理自然对话时，还是在被控制的实验室里处理有限资料时，肯定是会被激活的，但是对此，脑成像术研究根本没有相关报告。因此，我们认为这可以作为对其存在打上问号的一个依据。另外，还有一个依据，就是当某个语用能力丧失时，一般都会从大脑损伤与否去找原因，而从来不会去考量语用论原理是否正常运作。例如，某人在经历一起事故之后对开玩笑的内容理解较差，我们会推断是此人的右额叶（right frontal lobe）受伤所致，而不会推断是因为合作原则或关联准则发生故障。也就是说，在找出能解释开玩笑等非语言表达的理由时，并非从语用论原理的角度，而是从大脑的部位（或回路）去考虑，这同时也是目前为止从未有研究去试图找出语用论原理神经基础的理由。总而言之，本文基于神经语用论的研究结果，主张之前试图寻找的语用论原理的神经基础这一实体是根本不存在的。

四　结论及建议

本文对绪论中所提到的进行隐含意义推理或带动合理解释的语用论原理是否存在神经机制这一问题提出质疑，提出引导语用论意义的并非特定原理而是人类的一般认知作用和保存在神经回路里的经验。小孩子伸手想要抓住奶瓶的时候，孩子的监护人如果用多种语言表达方式跟孩子说“要牛奶吗?”“饿了?”“这么快到该吃的时间了吗?”等之后，再把牛奶递给孩子，孩子会学会“伸手”这一个行为所能带有的直接和间接的意义，同时在和监护人、同龄人进行无数次反反复复的相互作用而形成的对话神经回路中，这些多种语用论意义被输入，它会在发生类似状况的时候起到引导解释的作用，这就是本文的观点。并且，语用能力也会受到大脑受损、结构缺损、发达问题等影响，这一事实恰好也能证明我们观点的正确性。我们今后将通过更多研究补充支持这个主张的有力证据。

钱有用 译

参考文献

Amaral, D. , Schumann, C. M. , & Nordahl, C. W. , "Neuroanatomy of Autism", *Trends in Neurosciences*, Vol. 31, No. 3, 2008, pp. 137 – 145.

Bambini, V. & Bara, B. , "Neuropragmatics", in Verschueren, J. & J. -O. Östman (eds.), *Handbook of Pragmatics Online*, Amsterdam: Benjamins, 2012.

Bambini, V. , Gentili, C. , Ricciardi, E. , Bertinetto, P. M. , & Pietrini, P. , "Decomposing Metaphor Processing at the Cognitive and Neural Level Through Functional Magnetic Resonance Imaging", *Brain Research Bulletin*, Vol. 86, 2011, pp. 203 – 216.

Bara, B. G. , "Cognitive Pragmatics: The Mental Processes of Communication", *Intercultural Pragmatics*, Vol. 8, No. 3, 2011, pp. 443 – 485.

Bara, B. G. & Ciaramidaro, A. , "Intentions in the Brain", *Italian Journal of Linguistics/Rivista di Linguistica*, Vol. 22, 2010, pp. 89 – 105.

Bihrle, A. , Brownell, H. , Powelson, J. , & Gardner, H. , "Comprehension of Humorous and Nonhumorous Materials by Left and Right Brain-Damaged Patients", *Brain and Cognition*, Vol. 5, No. 4, 1986, pp. 399 – 411.

Corkin, S. , *Permanent Present Tense: The Unforgettable Life of the Amnesic Patient*, H. M. Basic Books, 2013.

Coulson, S. & Van Petten, C. , "Conceptual Integration and Metaphor: An Event-Related Potential Study", *Memory and Cognition*, Vol. 30, 2002, pp. 958 – 968.

Eviatar, Z. & Just, M. A. , "Brain Correlates of Discourse Processing: An fMRI Investigation of Irony and Conventional Metaphor Comprehension", *Neuropsychologia*, Vol. 44, No. 12, 2006, pp. 2348 – 2359.

Foldi, N. , "Appreciation of Pragmatic Interpretations of Indirect Commands: Comparison of Right and Left Brain-Damaged Patients", *Brain and Language*, Vol. 31, 1987, pp. 88 – 108.

Grice, H. P. , "Logic and Conversation", in Cole, P. & Morgan, J. (eds.), *Syntax and Se-*

mantics, Vol. 3, 1975, pp. 41 – 58.

Iakimova, G., Passerieux, C., & Hardy-Bayle, M. C., "The Understanding of Metaphors in Schizophrenia and Depression: An Experimental Approach", *Encephale*, Vol. 32, 2006, pp. 995 – 1002.

Kandel, E., Schwartz, J., Jessell, T., Siegelbaum, S., & Hudspeth, A., *Principles of Neural Science*, 5th ed., McGraw Hill Professional, 2013.

Martin, I. & McDonald, S., "Weak Coherence, No Theory of Mind, or Executive Dysfunction? Solving the Puzzle of Pragmatic Language Disorders", *Brain and Language*, Vol. 85, 2003, pp. 451 – 466.

McDonald, S., "Pragmatic Language Skills after Closed Head Injury: Ability to Meet the Informational Needs of the Listener", *Brain and Language*, Vol. 44, 1993, pp. 28 – 46.

Rossetti, I., Brambilla, P., & Papagno, C., "Metaphor Comprehension in Schizophrenic Patients", *Frontiers in Psychology*, 2018, https://doi.org/10.3389/fpsyg.2018.00670.

Shammi, P. & Stuss, D. T., "Humour Appreciation: A Role of the Right Frontal Lobe", *Brain*, Vol. 122, No. 4, 1999, pp. 657 – 666, https://doi.org/10.1093/brain/122.4.657.

Sperber, D. & Wilson, D., *Relevance: Communication and Cognition*, Oxford: Basil Blackwell, 1986.

Wilson, D. & Sperber, D., "Relevance Theory", *UCL Psychology and Language Sciences*, 2002, pp. 249 – 287.

人工智能和人文精神：数字化时代的人文学大众化

〔韩〕金英敏

（韩国东国大学/杭州师范大学教授）

一 绪论：人工智能时代的人文之路

20世纪50年代后期，在麻省理工学院的人工智能（artificial intelligence，AI）实验室中，由马温·敏斯基（Marvin Minsky）领导的人工智能程序员率先开始了对AI的研究。为了证明几种与研究对象有关的假设，他们确信通过技术积累的数百万个事实，可以按照常识来构成与实验对象相关的（relevant）知识。但对这些开拓者来说，“框架问题”（frame problem）尚未得到解决。如果计算机作为世界运营主体管理或改变世间的事务，那么程序该如何决定维持或更新现状呢？当时的人工智能项目被称为“象征性人工智能”（symbolic AI），约翰·霍奇兰德（John Haugeland）在其著作《人工智能的概念》（*Artificial Intelligence：The Very Idea*）中将其命名为“善良的老式AI”（GOFAI：Good Old Fas）。初期人工智能与机器人工学有着密切的关系。此后，作为象征性人工智能的替代方案，麻省理工学院罗德尼·布鲁克斯（Rodney Brooks）的行为主义（behaviorist）模型、Phil Agre的实用主义（pragmatic）模型、沃尔特·弗里曼（Walter Freeman）的动态神经系统（dynamic neural）模型相继出现。麻省理工学院的罗德尼·布鲁克斯研制了基于单纯活动的蚂蚁模样的机器人“animats”，这个机器人在规定环境中运行，只在小规模相关（relevant）的情况下做出反应，但这仍然未能解决“框架问题”。对此，布鲁克斯与迪尼尔·德内特（Daniel Denneth）合作研制了具有认知能力和语言能力的仿真机器人（humanoid）“Cog”。此后，Phil Agre 和 David Chapman 提出了 Pengo 游戏的实用主义互动模式，一个蜜蜂模样的角色在由冰积木组成的迷宫中追逐企鹅，当企鹅接近蜜蜂时，游戏就会结束。这些被称为 Pengi 的卡通人物是根据其做出恰当反应的可能性来设计的。Agre 的实用主义模型体现了人类为了感知新情况的意义和关联性而做出何种反应和变化，从而相对于布鲁克斯的行为主义模式实现了进一步的飞跃。但是该模式也有其局限性，即在未提出新的关联性的情况下，关联性本身是事先决定的。

沃尔特·弗里曼在《大脑的社会：爱与憎的神经科学研究》（*Societies of Brains: A Study in the Neuroscience of Love and Hate*）中提出了一个充满活力的动态神经系统模型，这是相对于实用主义模型的进一步突破。在这个模型中，弗里曼将单线动态系统的兔脑作为一个神经元模型，精确地说明了动物的大脑是如何基于大脑和环境的联结（coupling）来发现或增强世界的意义（significance）的。弗里曼认为，在兔子的大脑中，记忆系统的活动模式不受限制，大脑的记忆一旦获得新的经验，就会“依靠情况或语境”改变现有的经验。这与计算机的内存截然不同。在计算机中，每个项目都有一个地址，并且有自己的边界或区域，因此新项目无法改变现有项目，而在生命体和人类的世界里，个体接触到新的意义，就意味着在其记忆装置中新因素会发生变化。这种模型是以目前情况下熟练的适应能力为基础的。

在上述三种模型中，人工智能研究者的优先课题是，如何提高与研究对象的熟悉度和反应能力。从实用角度出发，需要掌握并熟练地应对情况，而且对研究对象和环境要有缜密、安全的感觉。更进一步来说，应该了解动物或人类等有机生命体内运作的精神是如何对周围情况做出反应和互动以更好地适应环境的。

胡伯特·L. 德雷普斯（Hubert L. Dreyfus）是一位哲学家，终生从事海德格尔式人工智能的研究。在其论文“Why Heidegerian AI Failed and How Fixing It would Require Making It More Heidegerian”中，德雷普斯指出，当研究对象的状况脱离主体和环境之间的最佳反应模式时，研究对象的活动就会缓解脱离造成的紧张而转向最佳状态，而在转向最佳状态的过程中，无须知道这种状态是什么，为了缓解这种紧张只需单纯地顺应情况的要求。[1] 在这种“延伸的精神”（extended mind）和环境的关系中，消除脱离造成的紧张将会产生一种走向均衡状态的动态关系。[2] 在这里，就产生了一个挑战性的话题，即人类智能和人工智能是无法并存的。与人工智能不同，人类智能（human intelligence）在本质上是内部指向性的。人类智能在数量上可以用 IQ（intelligent quotient）来量化评价，但在性质上则呈现完全不同的特点，我们可以称之为人类智慧（human intellect）。人类智慧通过语言文字的媒介，将人的精神从某一个体的内部传导到外部的其他个体的内部，于是精神得到传播。人类智慧需要使用铅笔、纸张、电脑等工具来表现外部形象。人类与外部世界联系的基础性表现方式，需要通过人类自身内部无法生成的信念或记忆等精神的再现。因此，思想所体现出来的精神成为“延伸的精神”，它将内部再现和外部表现联系起来。当人类对外界环境做出最佳反应时，由于人类的直接反应，人与装置（equipment）的界限变得模糊。在这种情况下，人类的精神向世界扩张，与世界融为一体，形成“内在和体现的精神”（embedded-embodied mind）并做出相应的反应。人工智能需要的就是内在、体现、扩张的人类精神——人类智慧。神经元模式开创了这种扩张精神的先河。人工智能与作为脑科学的兔脑记忆系统研究相结合，为人工智能和人类智慧的连接建立了一个新的桥头堡。

玛丽安娜·沃尔夫（Maryanne Wolf）在其 2007 年出版的著作《普鲁斯特与乌贼：阅读如何改变我们的思维》（*Proust and the Squid*：*The Story and Science of the Reading Brain*）中，讨论了人工智能与“人类智慧”的连接点问题。作为人类特有的创造性行为，“阅读”（reading）是体现语言文字认识/认知（perceptual/cognitive）的数据程序，沃尔夫希望通过人脑在阅读活动中的灵活性来寻找这种连接点。在大脑进行阅读时，神经元（neuron）组作为神经单位具有变化莫测的能力。相对于“看”（vision）、

---

① 关于人工智能项目的机器人工程的融合性变迁和海德格尔式人工智能的理论研究，参见 John Haugeland 的 *Artificial Intelligence*：*The Very Idea*（1985），Walter Freeman 的 *Societies of Brains*：*A Study in the Neuroscience of Love and Hate*（1995），Hubert L. Dreyfus 的 “Why Heidegerian AI Failed and How Fixing It would Require Making It More Heidegerian”（2007），以及〔韩〕金英敏的 *The Poetics of Artificial Intelligence and Posthumanism*（2020），第 4 ~ 7 页。

② 哲学家梅洛·蓬蒂（Merleau Ponty）将其称为“意向弧”（intentional arc），意思是没有单线因果关系的联结性，也没有固定的数据储存场所的“反馈循环”（feedback loops）。

"说"（spoken language）等基本的大脑活动，神经元组经历的进化时间更长，它起着创建大脑结构循环的新连接与通道的作用。在阅读过程中，人脑的灵活性可以在千分之一秒（milli-second）的短暂时间内，通过大脑活跃的回想（recollection）过程搜索存储的意象和语言，而无数的连接与联想、长期积累的情绪（emotion/affect）等也可以不受时空限制地被激活。沃尔夫认为不妨将代表人类智力（the intellectual）的马塞尔·普鲁斯特（Marcel Proust）和象征动物智力（the biological）的鱿鱼（squid）做一个类比，并由此提出了人类大脑发展和进化的两个层面。

沃尔夫指出，20 世纪 50 年代的科学家在观察鱿鱼时发现，鱿鱼在遇到某种危机情况时，神经元就会相互连接如火花般传递信息，而在出现错误时，神经元则会自动地修正和补充。鱿鱼作为头足类动物具有特殊的处理视觉的复杂脑神经连接结构，其电光火石般的瞬间反射行为表现了生物知性或动物知性的特征，这与人类大脑的自动化意识有相似之处，与中枢神经的反射作用有共同点。沃尔夫还提到了法国小说家马塞尔·普鲁斯特的作品《寻找失去的时间》，这部小说由 2000 多名人物和 3200 页的回忆构成，足有 7 卷之多。作者普鲁斯特将"阅读"定义为"刺激人类自身的智慧和欲望，从变形的想象力中体验真实生活的'智慧圣域'（intellectual sanctuary）"。在阅读普鲁斯特作品的过程中，读者暂时将自己的意识从想象的世界中脱离出来，并转移到作为他人的作家的意识中，进入不属于自己而属于别人的个性、视觉、时代和文化之中。读者通过阅读，可以体验普鲁斯特内心的瞬间、记忆、视觉、听觉、语言等过程，如同观看录像一样经历了一个浏览过程，由这个过程可以观察到人类大脑以光速连接、统合的能力。沃尔夫将这种状态称为普鲁斯特的"转移（passing over）现象"。在此过程中，我们看到、听到的视觉象征和声音、语言所包含的信息都被用光速连接并统合起来，并未经过有意识的认知过程，而是根据语言体系的声音和文字的规则经历了一个语言过程。沃尔夫将此过程称为依赖大脑神秘的整合认知能力的"字母原理"（alphabetic principle）。如上所述，体验被称为"转移现象"的普鲁斯特"智慧圣域"，也意味着体验了马塞尔·普鲁斯特和詹姆斯·乔伊斯（James Joyce）等 20 世纪初欧洲现代主义作家提出的"意识流"（stream of consciousness）。人类大脑以千分之一秒的超高速连接统合的机能，如变形、认识和认知等，并未经历瞬间的

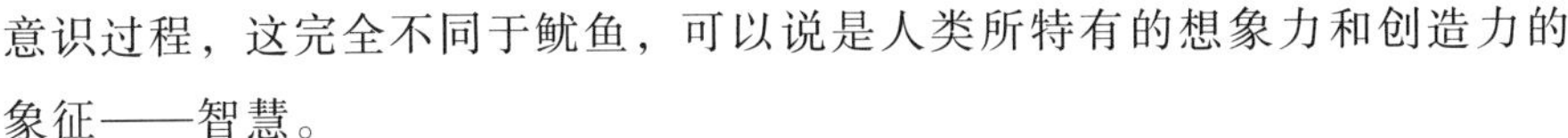

意识过程，这完全不同于鱿鱼，可以说是人类所特有的想象力和创造力的象征——智慧。

沃尔夫关于普鲁斯特和鱿鱼的讨论，引发了对人类智慧的自主（autonomy）创造性和大脑自动化（automation）的争议。[①] 鱿鱼的动物自动化与人脑的自动化意识相似，这让人联想到人脑的动物性。在人脑中，与行为因子意识无关的非意识和无意识的、中枢反射的自主性是内在体现的（embedded-embodied），与记忆、信念等大脑的属性有关。这与不具备人类自主性的机械自动化（mechanical automation）截然不同。进入产业社会后，机械自动化将转变为"无意识自动作用"（automatism）系统。进入21世纪后，还将产生与人工智能相关的数字大脑（digital brain），这个问题与技术和工具性有密切的关系。后面我们还会提及，机械化和自动化的问题才是人文学的绊脚石。在此之前，我们先对技术和工具性进行分析。

二　第四次工业革命和技术、工具性

第一次工业革命始于1760～1820年欧美国家对蒸汽发动机的开发。第二次工业革命主要聚焦于1870～1914年一战前电力技术的进步和对电力的利用。第三次工业革命始于20世纪70年代，是指包括计算机和互联网的信息通信技术（ICT）在内的数字技术的发展。在21世纪的第四次工业革命中，出现了人工智能、纳米技术、量子编程、生命工程、物联网、3D打印、自动驾驶、机器人工程等新技术，通过人文学、社会科学、自然科学、工学、医学等领域的数字化、超连接的融合，由"数字技术"的超高速发展形成了新的学术生态系统。最近，在这个超连接（hyperconnectivity）、融合（convergence）的技术（technology）革新时代，"人工智能"和"大数据"（big data）成为关键词。新冠肺炎疫情是人类面临的挑战，正

---

① 在玛丽安娜·沃尔夫关于阅读过程的研究中，鱿鱼和人脑神经元的灵活性和速度揭示了人类智能的重要起源和发展的重要瞬间。对此，作者写道："The Poetics of Artificial Intelligence and Posthumanism"（2020，第7～8页）。沿着这个思路，从神经元的角度探讨人类智慧的早期研究还有 Jean-Pierre Changeux, *Neuronal Man: The Biology of Mind*, trans. Laurence Garey, 1997; Allen Buchanan, *Better than Human: The Promise and Perils of Enhancing Ourselves*, 2011; Stiegler, Bernard, *Nanjing Lectures 2016 - 2019*, 2020 (Ed. and Trans. Daniel Ross)。

如我们在这个环境下所体验的那样，为了一目了然地观察世界并根据不同国家地区的情况做出有意义的应对，人类智慧和人工智能正在形成共赢的“反馈循环”[①] 和“意向弧”以共渡难关。

马丁·海德格尔（Martin Heidegger）在《关于技术问题》（The Question Concerning the Technology）的论文中，以其洞察力提出了看似普通而又意义深远的问题，他从18世纪的第一次工业革命谈起，预见了超越技术转型而实现技术革新的21世纪第四次工业革命。[②] 他对技术的定义有两种，即“目的的手段”（a means to an end）和“人类的活动”（human activity）。源于拉丁语的“instrumentum”（技术）可理解为人类行为的“工具性”（instrumentality），它与亚里士多德四大原因（causes）的因果关系的关联性（causality）有关。海德格尔主张，当以“工具性”作为手段来追踪、阐明亚里士多德的四大原因时，技术就会出现。换言之，人类是通过具有复杂相关性的因果关系的过程，为达到最终结果（efficiens：effect），确立从材料（materialis：material）到形态（formali：form）的目标（finalis：end）并通过工具来实现的。因果关系就是从材料到结果的制作过程，工具在所有过程中都是不可或缺的实体。在此过程中，工具如何正常运转并创造出目标——成果，这就是“工具性”。因此，工具性是形成人与技术正确关系的条件，技术依赖于人类如何恰当地掌握手段，技术最终是工具性的（instrumental），其对人类的意义和关联性（relevance）是有益的（beneficial），所以它只能是人类学的（anthropological）。在伦理价值上，海德格尔论文的重要性在于，它指出了一点，即在掌握技术的方式上，人类有可能以精神肉体（psycho-somatic）占据优势，但技术摆脱人类控制的威胁越大，人类想要掌握技术的意志就会越强烈。

尽管如此，作为工具性的发现，技术给人类带来了便利和快乐。海德格尔关于技术的提问并未将技术单纯地视为“techné：technics”的工具性，

---

① 基本上，当系统发生变化时，“反馈循环”会发出变化将带来某种后果的警告，其结果是加速系统或将系统还原为正常状态。但是，即使系统恢复到原来的正常状态，最终也只能是陌生的“新常态”（new normal）。

② 海德格尔在《关于技术问题》的论文中提出了“工具性”的概念。关于“工具性”在人文智慧和人工智能发展过程中的重要性和关联性，可参考〔韩〕金英敏的“The Poetics of Articial Intelligence and Posthumanism”（2020）和“Sublime and Technology：Nietzsche /Kant /Heidegger”（2020）。

而是从“了解”（episteme：knowing）的角度将其视为“人类的活动”。人类在“了解”过程中获得的便利和领悟会给自身带来快乐。海德格尔的提问为人工智能的研究和发展提供了重要动力。胡伯特·L. 德雷普斯坚持从海德格尔哲学的角度研究人工智能，他认为海德格尔式人工智能的失败和调整，使其更符合海德格尔式人工智能的特征。德雷普斯关于“海德格尔式人工智能失败”的意义，可以在剧作家塞缪尔·贝克特（Samuel Beckett）的作品《向着最坏的方向》（Worst Ho，1983）的“fail better”中找到，“已经尽了最大努力，但是又失败了。不要紧，再试一次”，“既然失败了，我们就要更加努力”。这样一来，人类创造便利生活的过程就成了失败的延续，但在失败中不畏挫折，正是不断了解新事物的好奇心和充满快乐的人类活动创造了现在的文明，这就是人文精神。将工具性转化为技术，以追求人类舒适幸福的生活，正是人文学所一贯标榜的。人工智能要模仿人类智慧，以人类智慧为核心的包括哲学、文学、历史、艺术在内的人文学始终怀着富有远见的梦想，不断在思维、讨论和历史的脉络中创造现实，促进人类幸福的生活。

三　韩国的人文学大众化事业：人文学思维和人文精神的大众化①

在人工智能和大数据的当今时代，日常生活中仅凭一部手机就实现了“宏观或微型规模的无所不在的数字化”（ubiquitous macro /microscale digitaliztion）。那么给我们带来便利、快乐和幸福的人类活动，究竟是什么？这个问题的答案，根据国家和地区、时代和状况、文化和环境的不同而有所不同。首先，我们来看一下过去10年韩国所追求的人文学大众化事业，即国家与大学、企业、自治团体是如何形成人文智慧的“命运共同体”（humanity community）的，又是如何努力培养人文精神和人文学思维的，在此基础上，再进一步考察人工智能通过编码化和编程化来模仿作为人文

① 有关人文学大众化事业的部分摘自2015年韩国研究财团政策规划课题“인문학대중화사업 운영개선 및 발전방향 수립에 관한 연구”（关于改善人文学大众化事业运营及确立发展方向的研究）最终报告的核心内容。

智慧的人类活动的问题。

人文学虽然内容丰富，却是由广泛且无法掌握的陌生群体所组成。人文学是建立社会基础的过程，向上建造的楼房的高度是由向下挖掘的地基决定的，因此它需要设计图。人文精神概念的方向性和全面性决定了这个地基。只有确立了这两点，我们才可能牢牢地把握人文学的发展方向，才能克服人文学的局限性。原本“人文”的范围主要包括文学、历史、哲学及艺术，但是进入21世纪后，人文学逐渐认识到在互联网和高度发达的电子时代，其内容范围已从无意识的不可视世界扩展到有意识的可视世界。在这种情况下，人文学通过沟通与融合，像以前一样将注意力扩大到科学技术及社会科学领域，秉持融入社会潮流、响应社会要求的宗旨重新确立自身的方向性和全面性，从而重新定义了人文精神。另一方面，人文学能给需要安慰和安息的人们以治愈，帮助大众独立思考并正确地表达“自己想要什么”，因而也被定义为沟通大众的渠道。

人文学的内容是在不可视的世界中创造的。思想、观点、创意和视角都是在看不见的精神世界中制造出来的。遗憾的是，由于技术发展、数字大脑和数字文化，现在我们习惯用“生产性”和“效率性”两种标准来评价学术的价值。当然这两个标准是有用的，为了展示有价值的东西，我们不能只是一味地感叹以生产效率为先的风气。人文学应该首先读懂社会，关注社会不能自行解决的问题并给予帮助。我们应该检讨人文学是否完全承担起了自己的责任，然后基于这个判断，对现代社会渴望解决的问题提出人文学的解决方案。下面，我们分别用“治愈”、“沟通”、“表达”、“观点”、“方法”等关键词来分析人文学的发展路向。

治愈的人文学：人文学为需要安慰和安息的人提供治愈。现代社会的无限竞争已经变得生活化。无论大商业还是小店铺，竞争都非常激烈。因此，生活疲惫的大众渴望得到安慰。音乐、电影、电视剧或漫画等媒体对20多岁的年轻人具有很大的号召力，也正是因此。与上一代不同，新一代对安慰的渴望更强烈。因此，他们需要从人文学中寻求慰藉。

沟通的人文学：人文学应该为大众提供沟通的渠道。当然，人文学不能满足于“治愈功能”的消极作用，必须通过“治愈”等多种方式和讨论来扩大与大众的沟通，这是显而易见的现实。这里有两种方法，一是继承人文学本来的传统，二是针对现在这一代人所面临的问题提出解决方案。

这两种方法是相辅相成的。对于这两个问题，人文学是非常有用的工具。人文学描写看不见的世界。看得见的世界里所表现出来的矛盾和渴望，实际上反映了看不见的世界。要想治愈和解决这些问题，就要找出隐藏在欲望下的深层结构。只有如此，我们才能提出“人性的生活”的坐标。普通大众想要的解决方法可能比想象中的简单，他们只需要两点，健康与幸福。但是要想健康和幸福就需要钱，因为钱基本上可以提供解决问题的手段。但这并不能成为根本的解决方案，因为如果这是正确答案，在福利良好的发达国家就不会有烦恼。在发达国家，幸福指数并没有想象中那么高，尼泊尔等国家反而更高。其原因是，人们对看不见的东西有更强烈的追求。

表达的人文学：人文学应该帮助人们掌握和表达自己。韩国社会存在各种各样的问题。虽然大家表达的不一样，但都渴望过上幸福而有意义的生活。问题是，人们不能很好地表达或要求“自己想要什么”。因此，人文学的作用更加重要，因为这有助于将自己想要的问题绑定在一起。韩国社会所处的现实比想象的要复杂，因为从 10 多岁到 60 多岁、70 多岁的人，他们的感受都不同。虽然人们会出现同样的现象，但他们几乎没有接受过观察和解读的训练，所以在说明自己所处的痛苦和难题时就会遇到困难。因此即使有需要，人们也不会寻求帮助，因为他们不知道该怎么解释。人文学就是为他们服务的。作为这种沟通、表达的人文学的技术工具，人们日常使用的社交媒体有脸书（Facebook）、推特（Twitter）、Instagram 等。通过播客、YouTube、Kakao Talk 等平台进行沟通表达非常重要，因此我们正通过研究财团的人文学大众化平台进行宣传。

观点的人文学：人文学可以帮助大众独立思考。人文学是为苦恼的大众服务的。我们生活在 21 世纪有赖于过去 2000 年的数据积累。但是，要发现这些数据的价值，就一定要有读懂它的眼光，那就是观点。正因为没有这样的观点，社会才显得漂移不定。韩国社会需要培养每个市民的自我解读能力，这就是人文学的作用。去图书馆会找到很多资料，人文学的相关事业创造出一大批优秀的内容。但是，要想使资料和活动不是一次性的，而是表现为一种持续的潮流，我们就需要有体系地展示某种系统（system）或程序（process），需要一种现场学习的空间，即任何人都可以来观察、体验和学习的空间。从大的角度说，这种空间可能是人文城市；

从小的角度说则可能是人文讲座。

方法的人文学：人文学需要采取新的接近方式。人文学的作用多种多样，它不仅可以提供基本内容、精神治愈或解决个人问题，也可以提供解决社会问题的方案。事实上，对于现代文明所存在的问题，我们能提出的具有说服力的对策并不多。对于人类遇到的问题，真正的解决方案来自看不见的世界。因此，人文学有必要从不同于以往的观点出发。归根结底，人文学是大众和市民追求幸福生活条件的方法，它涉及价值、意义、爱情、感情等精神产物。这些精神产物的意义都是主观的，尽管存在主观上的差异，但它们在产业社会具有不可否认的力量。人类不是机器，所以一旦触碰感情的引线，瞬间就会陷入理性麻痹。人文学拒绝黑白逻辑和文摘式知识，同时提出使人类生活更加丰富多彩的理论，这可能就是人文学的职责。

沿着上述方向，过去 10 年来，韩国从三个方面推动了人文学的大众化。第一，形成了市民主导型和参与型的文化；第二，打造既是区域社会人文学，也是全球人文学（global humanities）的人文城市；第三，通过具有命运共同体意识和集体性、批判性的人文政策，探索体现批判性意识的、市民主导型和区域社会型的、具有自我认同性和共同体性的具体方案，为人文学大众化的推广做出了贡献。在所谓“人文学 3.0”的发展脉络中，“人文学 1.0”旨在培养人文学的供给者与生产者，以推进实现“人文韩国”（Humanities Korea，HK）的目标，而“人文学 2.0”则为满足人文学需求者及消费者的关心与需要，通过沟通、共鸣的人文学推动其大众化。“人文学 3.0”通过供给与需求、生产与消费的良性循环，为市民文学和创新经济做出了贡献。总之，如果将“人文学 3.0”视为树木，那么依次就是“3.1 种子人文学”“3.2 新芽人文学”“3.3 果实人文学”“3.4 森林人文学”等。人文学大众化事业一直重视文化和教育的紧密结合，并不断扩大其范围。

2015 年以后，韩国人文学大众化事业快速发展，进入世界化/全球化的飞跃阶段，韩流“人文学 4.0”为人文大众化事业提出了发展蓝图。经过 10 多年的努力，韩国的人文学共同体通过集体人文智慧推动了人文学的大众化，一直在实施精神治愈和快乐幸福的日常化方案。问题是仍然存在个人和社会的死角。作为具体案例，以下是人文学大众化事业的 10 年工作

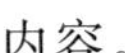

内容。

1. 人文城市

人文城市旨在联合地方自治团体打造区域共同体，满足市民对人文学的渴求，向市民宣传人文学的学术成果，共同营造沟通的社会。“所谓人文城市，是指利用区域人文资产，通过‘人文讲座’、‘人文体验’和‘人文庆典’等扩大人文学（文学、历史、哲学、宗教、艺术等）基础，克服现实问题，以追求‘人类及其生活价值’的人文共同体。”另外，“在日常生活中，向普通大众提供接触人文学的各种机会，提高人文发展的效率和价值”。2012 年，人文城市开始于水原市和统营市，2013 年 7 个市、2014 年 22 个市、2015 年 31 个市、2016 年 34 个市、2017 年 31 个市、2018 年 17 个市、2019 年 6 个市，在全国各地实施人文城市支持计划。该计划不仅侧重于某一地区，也努力在全国范围扩大人文学的受惠群体。另外，通过现场抽查、发掘优秀事例，加强该计划与人文周活动的联系。

（人文空间网址，http://inmunlove. nrf. re. kr/inmun/info. jsp）

2. 市民人文讲座（线上人文讲座）

市民人文讲座旨在为市民提供在日常生活中接触人文学的机会。为了加强人文学界与市民社会的沟通，将市民、中小学生和弱势群体作为主要对象，由此也可以了解社会各界对人文学的需求。其主要目标是：①积极利用学术成果，提高人文学的社会地位，增进目标对象的人文学素养；②为普通大众提供在日常生活中接触人文学的各种机会，提高其对人文学效用和价值的认识；③设定人文学活动强化期，加强学界和社会的沟通，了解社会对人文学的要求。针对需要人文学帮助的弱势群体、学生以及市民，选定不同的人文学专题。为了给市民留下人文学与自身生活息息相关的印象，讲座的内容和题目尽可能地符合“理解人文学”的水平，以引导市民自发参与。提供与音乐、电影、家庭等主题相关的人文学讲座，如“通过社区人文体育活动设计第二人生”等新主题，这些讲座不仅针对弱势群体，也面向普通市民。市民人文讲座开始于 2008 年，从当年的 22 场，到 2011 年一直维持在 20 场左右，2012 年大幅增加了 2 倍以上。2014 年共举办 60 场市民人文讲座，参加人数是 2008 年的 2 倍以上。人文讲座场次呈现逐年递增的态势，在全国范围内满足了各阶层的需求。2015 年以大、中、小学的学生等为对象，增加了市民人文讲座的场次。随着数字化时代的来临，从 2017 年开始转变为线上人文讲座，并持续到现在。

（人文空间网址，http：∥inmunlove. nrf. re. kr/citizen/info. jsp）

3. 大师讲堂

大师讲堂旨在邀请学术成就突出的人文学者举办系列讲座，以提高社会对人文学的兴趣。讲座以国内最高水平的人文学者为核心，2007 年第 1 期成立了讲师团队，截至 2017 年第 10 期，每年培养 136 名以上的优秀讲师，按主题分类，包括文学（34 名）、哲学（32 名）、历史（26 名）等，出版讲座成果 59 部（2017 年至今），有力地推动了整个社会对人文学力量的重新思考。从 2018 年开始，举办人文学演唱会等 28 场次，2019 年举办 10 场次，丰富多彩的大师讲堂吸引了从青少年到老年人的听众群，也为不同世代之间的人文学团结与合作做出了巨大贡献。从 2015 年开始，除了现有的大师人文讲堂（正规讲座）和人文共鸣音乐会（大师人文讲堂地方系列）外，还开设了青春人文讲座（新），鼓励包括部队官兵在内的年轻人参与，并与地区文化庆典相结合。大师人文讲堂的宗旨和目的参见大师人文讲堂，https：∥inmunlove. nrf. re. kr/sub/sub_ 03_ 01. jsp。

（1）在并不算长的现代学术史上，韩国人文学界通过众多学者的努力取得了令人瞩目的成果。学者们基于这些研究成果，在韩国社会快速产业化的背景下，为守护人类普遍价值做出了自己的贡献。

（2）在引进西方先进文化、迅速实现现代化的过程中，韩国人取得了引以为傲的成就，但是我们并未能将悠久的传统智慧作为现代学术的基础完整地继承下来，而且学界的研究风气与日常生活还有相当大的距离。

（3）人文学是创造、供给并管理这个社会的精神财产的学问。当这些资产枯竭时，社会就会陷入混乱，社会最终也会检讨人文学的责任。我们的人文学若不能正常发挥作用，就会被社会冷落，这是理所当然的。

（4）如果学者们不共同思考这个社会的问题，不努力将研究成果与社会成员分享，不共享问题意识，那么我们的学术将无法与社会共同健康地发展。特别是，韩国学界要想超越引进西方学术的阶段，就必须立足于自身的文化和生活。

（5）现在，我们准备与社会其他领域的学者和知识分子以及普通人一起，共同分享人文学界各领域积累的学术成果，共同思考人类和社会的本质问题，一起探讨值得期待的社会未来。在我们生活的中心地带举办“人

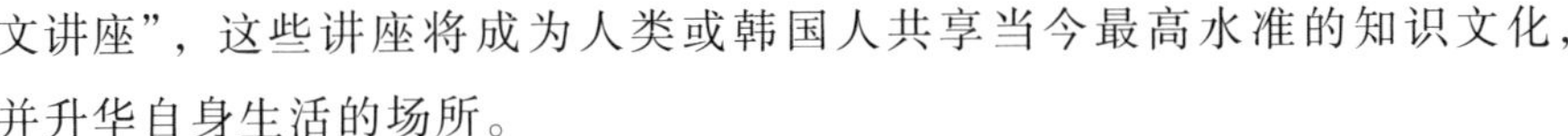

文讲座”，这些讲座将成为人类或韩国人共享当今最高水准的知识文化，并升华自身生活的场所。

（人文空间网址：http://inmunlove.nrf.re.kr/professor/info.jsp）

4. 世界人文学论坛

世界人文学论坛于2011年由联合国教科文组织和韩国教育部发起。在世界迅速变化的时代，这个论坛的诞生，为讨论生活和人生的意义提供了一个人文学的对话平台。当今世界面对的一个课题是如何强化人文学的作用和研究力量，而这个论坛为世界各地的专家就某个主题展开对话提供了一个空间。借助这一对话平台，学者、艺术家、知识分子、政策制定者、普通大众都可以进行交流，并从人文学角度来看待全球问题。另外，世界人文学论坛将增进人文学价值、实践人道主义视为重要任务，通过加强全球性的讨论和行动，以寻求实现可持续发展的方案。论坛的目标是向来访的世界学者、听众、读者传播最前沿的人文学知识和研讨成果，在国际、国家、区域的层面推进实践性、创意性的提案和倡议。另外，该论坛为促进各学科之间的融合做出了学术贡献，也强化了自然科学、艺术、社会科学等其他学科领域和人文学之间的联系。因此，论坛鼓励对当前课题进行跨学科和综合性的讨论，并强化人文学支持机构的力量。这将为国际、国家、地区层面的学术反省和共同讨论做出贡献。

2011年11月，首届世界人文学论坛在釜山举办，主题是“多元文化世界中的普遍主义”。截至2018年，世界人文学论坛共举办了6届。2012年11月，以“治愈的人文学”为主题，釜山又迎来了第二届世界人文学论坛。2013年没有举办世界人文学论坛，而代之以首届国际人文文化庆典。2014年，在大田以“奔跑的科技时代的人文学”为主题举办了第三届世界人文学论坛。2016年、2018年在水原举办，分别以“希望的人文学”“变化的世界中的人文学”为主题。2020年受新冠肺炎疫情影响，在庆州以“和谐的人文学：努力共存与共赢”为主题，成功举办了线上线下相结合的论坛。[①]

此外，在过去十多年间，人文周、韩中人文论坛、人文学信息等大众人文事业也发挥了重要作用，在首尔、地方、大学、图书馆、政府机关、

① 第六届世界人文学论坛网址，http://www.worldhumanitiesforum.com/eng/main/index.php。

企业等，从多个角度不断为全体国民提供人文精神和人文教育。

四 编码、文字语言和人文精神

语言文字蕴含着人文精神。对数码媒体中的语言文字进行编码，可谓实现人文学大众化的前提。也就是说，编码是将韩文、汉字、英文等转换为数字大脑（digital brain）的必要条件。在了解编码之前，有必要理解韩文、汉字、英文的结构原理，为其数字化过程赋予人文精神。

韩文的创制解决了韩民族言文不一的问题，为普通民众学习文化创造了便利条件。用韩文写成的文献具有丰富的人文意义，成为传承人文思想的重要媒介。“训民正音”中的辅音字母是仿照发音器官的形状创制的，共17个，基本字母有“ㄱ/ㄴ/ㅁ/ㅅ/ㅇ”5个；至于元音，则是在哲学上仿照宇宙中的天、地、人（三才）创造了基本字母“・/ㅡ/ㅣ”，包括组合字母在内共有11个，因此韩文总共有28个字母。象形的“・”代表无限的天空，“ㅏ”表示天人和谐，“ㅗ”表示天地和谐，辅音和元音合为音节同时组成文字。辅音包含“火/水/木/金/土”等五行原理，元音包含“日/月”等阴阳思想，用最少的文字可以表达很多声音，因此韩文是科学性、哲学性、经济性兼备的表音文字。“训民正音”创制之初共有28个字母，但随着岁月的流逝，辅音“ㆁ/ㆆ/ㅿ”和元音“・”消失，最终演变为今天的24个字母。

＊辅音（14个）：ㄱ、ㄴ、ㄷ、ㄹ、ㅁ、ㅂ、ㅅ、ㅇ、ㅈ、ㅊ、ㅋ、ㅌ、ㅍ、ㅎ

＊元音（10个）：ㅏ、ㅑ、ㅓ、ㅕ、ㅗ、ㅛ、ㅜ、ㅠ、ㅡ、ㅣ

中国的汉字则是根据四种原理（象形、指事、会意、形声）创制的。“象形字”指仿照事物形状创造的汉字，如“日、川、齿”等；“指事字”指用点或线表示看不见的抽象事物，如“上、下”等；“会意字”指通过已有汉字的意思组合创造出新字，如“林”“休”“好”等；“形声字”由两个部分组成，一部分表示意思，另一部分用已有汉字表示声音，如“云、江、海”等。此外，我们说的“六书”还包括通过类推而引出其他意思的“转注”和借用发音或形态的“假借”，这是用已有汉字代替其他音或意的方法。在原则上，汉字的创造是通过事物形象的抽象化或象征性

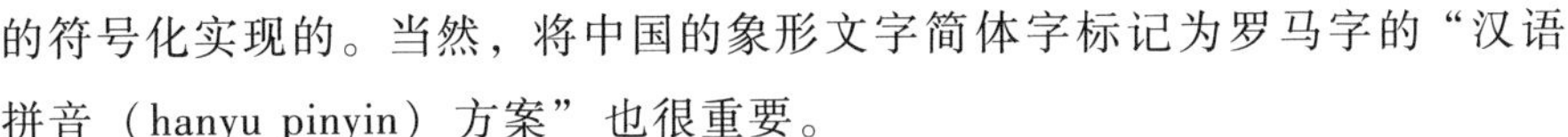

的符号化实现的。当然，将中国的象形文字简体字标记为罗马字的“汉语拼音（hanyu pinyin）方案”也很重要。

韩文是代表性的表音文字，而汉字是代表性的象形文字，其构成原理是以声音和形象为中心的。韩国创造的汉字被称为国字，日本将片假名、平假名之外的汉字称为日本字。原来的复杂汉字叫作繁体字，1946 年中国开始简化汉字，最终于 1956 年正式公布《汉字简化方案》，1964 年文化部和中国文字改革委员会发布了《印刷通用汉字字形表》。

英语用罗马字标记，现代英语中使用的罗马字的集合称为字母表，辅音和元音加起来有 26 个字母。其字母文字体系与韩文一样，每个字都有音符，这与表意文字（中国汉字）或音节文字（日本假名）不同。与其他语言相比，英语的文字和音值的对应关系并不规律，元音根据每个字母的环境具有不同的音值。

为了使韩文、汉字、英文等不同文字实现数字化，需要将 HTML、XML、XHTML 的 MARKUP Language 和 TEI（Text Encoding Initiative）等超文本进行统一的编码。具体地说，编码是指用电脑可以理解的 C、C + + 语言、Java 等编程语言和 Python、Pert 等脚本语言输入的过程，而编程是指使用编程语言制作程序的过程。据说，通过基本的编码教育可以培养逻辑力、创造力和解决问题的能力。利用拼图或拼块等游戏方式，通过电脑编程原理可以学习人工智能产生初期阶段所提及的问题解决能力。编码之所以重要，是因为在人工智能、物联网、智能机器人、大数据分析及利用的第四次工业革命时代的数字人文学中，所有东西都是基于信息通信技术的软件实现的。正因如此，2014 年英国将编码作为小学、初中、高中的必修课，韩国从 2018 年开始也规定在小学、初中、高中实施软件教育，人们对编码重要性的认识逐渐提高。通过编码即输入驱动程序的源代码，每个模块输入命令语和运算逻辑（algo rhythm），由此组成大模块。特别是，通过编码可以玩数码游戏、虚拟现实、音乐演奏、设计、数码艺术，可以制作网页，也可以操纵机器人、无人机、AR、VR，从而接触第四次工业革命时代的所有新技术。

目前电子图书馆的数字存档分散在各个不同的领域，人文学大众化事业的 10 年历史被作为数字存档保存在韩国研究财团的“基础学术资料中心”。在海德格尔关于“技术”的定义中，人类行为的“工具性”体现了人文精神，而每个活动的准备过程和成果都通过这种人文精神呈现彼此关联性。包括政策制定者、项目委员会、执行委员会、演讲者、听众、宣传者、评价委员会等，那些组织并参与无数次会议和活动的人员都秉持人文精神，以人文精神生产、制作了活动成果，再利用数码工具通过“具有相互关联性的因果关系过程，形成最终成果，实现了从材料到形态的目标”，最后以数码成果的形式保存在数码档案中。数字化的“工具性”是形成人与技术正确关系的条件，技术是人类恰当地掌握手段，从而创造出“工具性”和对大众有意义的“关联性”，也创造出数字化工具的便利性、人类智慧的知性快乐，乃至精神幸福感。人工智能能够进行有价值、有意义的自动化分类、生成和再创造，而现在的任务是，在数字存档的使用过程中需要一种将人工智能转化为人类智慧的装置。

五　结论

本文曾在2020年9月26日召开的韩中人文学论坛上发表。作为本文的点评人，中国社会科学院钱有用教授认为，“随着第四次工业革命的到来，人文学（humanities）与社会科学、自然科学、工学的融合更加紧密，人工智能技术开启了人文学大众化的新时代”，同时他对本文做了简要概括，认为本文“回顾了人工智能从20世纪50年代以来的发展历程，并对人文学大众化事业的现状和趋势做了考察”。基于本文的具体分析，他主张：①通过开放的视角，“将人文学大众化置于时代变化的框架中，始终将技术进步和人文精神的传播紧密结合起来”；②阐明“数字化时代人文精神的固有价值”；③介绍“利用现代科学技术实现人文学大众化方法”的实例；④“语言文字的编码与第四次工业革命时代的革新技术相结合，可以通过数字化和编码传播人文精神”，为此应该通过建设电子图书馆数字存档和国际人文数据库 open access 等，促进“未来世界真正的人文精神的形成”。另外，他还强调“人工智能技术既是人文学大众化的机会，同时也要清醒地认识到技术革新对人类认知和情感体验造成的威胁。在数字化时代，人文学应该如何应对这种威胁，人工智能对人文学的内在意义产生何种影响，这都是值得思考的问题”。他以犀利的批判视角，提出了今后有待深入探讨的问题。人工智能和人文智慧的实质与伦理是需要持续讨论的重大课题，而我们只是在有限的时间和版面内简单地讨论了这个问题。

像电影《机械姬》（Ex Machina）中的仿真机器人（humanoid）一样，“技术革新对人类的认知和情感体验构成了威胁”，还有为满足人类欲望而制造的互动型机器人可能会进一步强化扭曲的欲望，最近人们通过科幻电影已认识到这一点，也正在进行讨论。在我们生活的这个“反/后人文主义”的21世纪，在所谓的第四次工业革命的世界里，越来越庞大的大数据，越来越快、越来越像人类智能的人工智能，在智能环境下社交媒体网络中的私人空间界线消失等，这些外部环境都对认知和情感体验的重要性造成了威胁。如将目光投向更广泛的人文学的外在威胁，我们还会看到21世纪的前20年里，尽管第四次工业革命的划时代的技术工程高度发展，但是其副作用超乎想象，如以人工智能、物联网、机器人、大数据等为中心的自动化宏观经济系统可能会引发全球性财政危机，威胁人类、生物界的“人类世”（anthropen）和全球性流行病，由产业化衍生的民粹主义带来的“后真相”（post-truth）等。总之，人类已步入一个新的时代，不得不面对这个不稳定（precarity）、超连接的复合性时代的挑战。

姑且作为结论，人工智能本身是一种以算法为基础的自动化数据的积累，因此除了可预见的问题之外，我们还必须积累不可预见的问题的数据，并逐渐减少这些威胁。但是，我们能做到什么程度呢？关于不稳定与大流行时代的人文技术伦理，我们应沿着以人工智能为代表的“数字技术革新与人文学融合”的发展脉络，进一步审视“人文技术的美学融合基础”，同时作为替代方案，还应重新回归艺术、文学和人文学，以便“从伦理学的角度出发，克服关乎整个人类生活的环境问题和疾病问题，并应对文化和生态的挑战”。人文学，既是人类对环境挑战的反应，也是人类自身的内在适应，因此为了更恰当地再现人文学，我们有必要重新理解作为环境和人文精神反馈循环纽带的人工智能。尽管面临外部环境的威胁，人类内部情绪也不稳定，但人类通过创意性和想象力的技术革新（breakthrough）表现了把握技术“工具性”的意志。危机蕴含着机会，它也提示我们，希望的人文学才是人类的希望。

魏义祯 译

参考文献

Changeux, Jean-Pierre, *Neuronal Man: The Biology of Mind*, trans. Laurence Garey, Princeton: Princeton University Press, 1997.

Buchanan, Allen, *Better than Human: The Promise and Perils of Enhancing Ourselves*, New York: Oxford University Press, 2011.

Dreyfus, Hubert L, "Why Heidegerian AI Failed and How Fixing It Would Require Making It More Heidegerian", *Philosophical Psychology*, Vol. 20, No. 2, April 2007.

Freeman, Walter, *Societies of Brains: A Study in the Neuroscience of Love and Hate*, Hillsdale, NJ: Lawrence Erlbaum Associates, 1995.

Haugeland, John, *Artificial Intelligence: The Very Idea*, Cambridge, MA: MIT Press, 1985.

Haugeland, John, "Mind Embodied and Embedded", *Having Thought: Essays in the Metaphysics of Mind*, Cambridge, MA: Harvard UP, 1998.

Heidegger, Martin, "The Question Concerning the technology", *Basic Writings*, Trans. & Ed. David Farrell Krell, San Francisco: Harper & Row, 1993.

정영인, "인문학대중화사업 운영개선 및 발전방향 수립에 관한 연구", 한국연구재단 정책기획과제, 최종보고서, 2015.

Kim, Youngmin, "Sublime and Technology: Nietzsche/Kant/Heidegger", *Forum for World Literature Studies*, Vol. 12, No. 1, March 2020.

Kim, Youngmin, "The Poetics of Artificial Intelligence and Posthumanism", *Journal of English Language and Literature*, Vol. 66, No. 1, Spring 2020.

Stiegler, Bernard, *Nanjing Lectures 2016 – 2019*, Ed. and Trans. Daniel Ross, 2020.

Wolf, Maryanne, "Reading Lessons from Proust and the Squid", *Proust and the Squid: The Story and Science of the Reading Brain*, New York: Harper Collins Publishers, 2007.

图书在版编目(CIP)数据

人文价值的再发现及新诠释 : 第六届中韩人文学论坛文集 / 高翔主编. -- 北京 : 社会科学文献出版社, 2022.7

ISBN 978 -7 -5228 -0007 -3

Ⅰ.①人… Ⅱ.①高… Ⅲ.①比较文化-中国、韩国-文集 Ⅳ.①G122 -53②G131.262 -53

中国版本图书馆 CIP 数据核字(2022)第 061756 号

人文价值的再发现及新诠释
——第六届中韩人文学论坛文集

主　　编 / 高　翔

出 版 人 / 王利民
责任编辑 / 许玉燕
责任印制 / 王京美

出　　版 / 社会科学文献出版社 · 国别区域分社 (010) 59367078
地址: 北京市北三环中路甲 29 号院华龙大厦　邮编: 100029
网址: www.ssap.com.cn
发　　行 / 社会科学文献出版社 (010) 59367028
印　　装 / 三河市尚艺印装有限公司

规　　格 / 开　本: 787mm × 1092mm　1/16
印　张: 27　字　数: 442 千字
版　　次 / 2022 年 7 月第 1 版　2022 年 7 月第 1 次印刷
书　　号 / ISBN 978 -7 -5228 -0007 -3
定　　价 / 168.00 元

读者服务电话: 4008918866